U0754279

普通高等教育"十二五"应用型规划教材

信息资源检索与利用实用教程

主　编：马春晖

副主编：周晓丽　李艳芬

国家圖書館出版社
National Library of China Publishing House

图书在版编目（CIP）数据

信息资源检索与利用实用教程/马春晖主编 . — 北京：国家
图书馆出版社,2016.9（2025.7重印）
ISBN 978-7-5013-5903-5

Ⅰ.①信… Ⅱ.①马… Ⅲ.①信息检索－高等学校－教材
Ⅳ.① G254.97

中国版本图书馆 CIP 数据核字（2016）第 191246 号

书　　名	信息资源检索与利用实用教程
著　　者	马春晖　主编
责任编辑	金丽萍
重印编辑	唐　澈

出版发行　国家图书馆出版社（北京市西城区文津街 7 号　　100034）
　　　　　（原书目文献出版社　北京图书馆出版社）
　　　　　010-66114536　63802249　nlcpress@nlc.cn（邮购）
网　　址　http://www.nlcpress.com
印　　装　北京科信印刷有限公司
版次印次　2016 年 9 月第 1 版　2025 年 7 月第 3 次印刷

开　　本　787mm×1092mm　1/16
印　　张　20
字　　数　280 千字
书　　号　ISBN 978-7-5013-5903-5
定　　价　100.00 元

前　言

　　信息检索课是培养大学生信息素质的重要途径，也是一门知识性和实践性较强的课程。随着信息技术的广泛应用、数字信息资源的迅速增加，信息检索课的内容也越来越丰富和充实。如何使高校学生更快更好地适应日新月异的数字化新环境，改变学生的学习观念和教育模式，培养学生的信息能力和创新能力，是我国大学课程与教学改革必须着重研究和思考的重大课题。基于此，在充分调研现有同类教材和高校信息资源检索与利用教学实际的基础上，我们编写了这部《信息资源检索与利用实用教程》。

　　《信息资源检索与利用实用教程》以提升信息素养和强化信息检索技能为目标，通过对信息与信息资源相关概念以及信息检索原理的介绍，使读者掌握信息检索的基础知识和基本方法。同时，从广大师生的实际需求出发，尽可能地提供国内外最新的信息资源的发展情况，介绍其形式与内容、提供检索与利用的方法，并注重将基本理论的叙述与实际操作应用有机结合起来，列举大量检索实例，图文并茂。本教材区别于一般的同类教材，将数据库按照文献内容所属学科分为化学、食品科学、计算机、商管财经、法律、艺术传播等专业学科数据库，结合实例详细介绍了数据库的检索步骤和方法，更加突出实用性、指导性和时效性。此外，本教材不仅对于开放获取资源和学术发现系统等进行了重点推介，而且对于现代图书馆的信息资源平台、网络学科与课程导航等服务进行了系统阐述，尽可能地反映近年来知识发现、数据挖掘及其应用所取得的新成果，期望能为相关的研究者和实践工作者迅速获取所需的知识和信息提供帮助。每章附有思考题，既启发读者进行探究式学习，又便于教师开展教学工作。

　　本教材共分十二章。主要包括信息检索概述、数字图书馆信息资源利用、全文型文献数据库检索、引文数据库、电子图书检索、特种文献检索、多媒体学习资源检索、自然科学类和人文社科类文献数据库检索、网络免费学术资源检索与利用、常用个人文献管理工具、文献检索综合利用等内容。既可作为高等院校文献检索课程的教材，又可作为图书馆与信息管理从业人员及科研人员使用的指南。

　　本教材由马春晖任主编，周晓丽、李艳芬任副主编，分别负责全书的组织策划、大纲拟定、体例设计和修改定稿工作。本教材的内容由工作在信息检索教学和信息参考咨询服务第一线的老师合力撰写完成：宋维平编写第一章，程宏伟编写第二章，熊欣欣编写第三章，宁兆椿编写第四章，刘芳编写第五章，刘亮编写第六及十章，宰姣姣编写第七章，张南编写第八章，滕蔓编写第九章，张煊编写第十一章，周晓丽编写第十二章。熊欣欣负责全书的统稿工作。

　　本教材在内容组织、整理和写作过程中，参阅了大量的相关文献，包括同行学者的学术论著以及相关数据库与检索系统的培训课件和使用指南等,在此致以谢忱!文后参考文献或未罗列详尽,尚请见谅。

由于编写匆忙,加之教学急用,限于编者水平,本书难免有疏漏和不妥之处,真诚欢迎各位专家和读者批评指正,以便在本书修订时加以补充、更正和完善。

编者
2016 年 6 月于北京

目　　录

第一章　信息检索概述

第一节　信息与信息资源

一、信息与信息资源基本概念

(一)信息的概念与基本特征

1. 信息的概念

信息,在我们的生活中无处不在。根据《现代汉语词典》的解释,信息可以表述为"音信、消息",这也是最常见的用法。作为学科术语,信息是一个争论颇多的尚无定论的概念,但又是一个对许多研究领域,包括自然科学和社会科学领域,都有着十分重要意义的概念。因其形式与内容的复杂性,在不同的学科领域,有不一样的解释。

(1)图书情报领域的认识。美国学者巴克兰德(M. Buckland)(1991)认为,当我们今天谈到信息系统的时候,我们是在"事物(thing)"的意义上使用"信息"一词的,因为信息系统是围绕记录、文本、数据等事物而运行的。也就是说,信息可以定义为事物或记录(record)。巴克兰德进一步归纳,许多事物都可以是信息,文本固然是信息,图片、录音磁带、博物馆陈列品、自然物体、实验、事件等也是信息。[①] 总之,只要环境条件许可,任何事物都可以是信息。巴克兰德的信息定义很实用,但过于宽泛,它未能区别信息与信息载体以及信息与信息源。

另一位美国学者萨克利夫(J. Tague-Sutcliff)在其专著《信息测度》(1995)中从信息服务的角度对信息进行了界定。他认为,信息是人和人所生产的记录跨越时空与其他人所交流的内容。信息是依赖于人类的概念化和理解能力的无形的东西,对于记录而言,它所包含的信息对于读者(或用户)则是相对的。信息是读者通过阅读或其他认知方法处理记录所理解的东西,它不能脱离外在的事物而独立存在,它是与文本和读者以及记录和用户之间的交互行为相关的,是与读者大脑中的认知结构相对应的东西。[②]

西班牙学者库拉斯(Emilia Curras)则在给 *International Forum on Information and Documentation*(《国际信息和文献工作论坛》)(1993)的一封信中谈了自己对信息的认识。她首先用文学的语言对信息进行了描述:信息什么也不是但又是任何事物,没有它生活是不可能的;它是人类活动的内驱力和能量。信息可以被传递、被感知和被理解,它需要有形的载体以变为实实在在的信息。信息是一种现象和一个过程,前者是指无意识感知的信息,用来调

---

① Buckland M. Information as thing. Journal of American Society of Information Science, 1991, 42 (5): 351—360.

② Tague-Sutcliffe J. Measuring Information: An Information Services Perspective. San Diego: Academic Press, Inv. , 1995: 18—21.

整我们的知识状态和态度;后者是我们需要和寻求的信息,是从文献中的数据经处理而来的。①

（2）通信和信息科学领域的认识。信息的概念最早出现在通信领域,指通信系统传输和处理的对象,一般指事件或资料数据。1988 年,钟义信在其出版的《信息科学原理》一书中指出,信息是事物运动的状态与方式,是事物的一种属性。信息不同于情报,情报通常是指秘密的、专门的、新颖的一类信息,可以说所有的情报都是信息,但不能说所有的信息都是情报。信息也不同于知识,知识是认识主体所表述的信息,是序化的信息,而并非所有的信息都是知识。②

（3）心理学领域的认识。从某种意义上说,心理学所研究和处理的也主要是信息现象。加拿大学者桑盖特(W. Thorngate)(1995)认为,心理学家在定义什么是信息方面,与其他人同样感到困难,但他们至少能说明信息不是什么——信息不是知识。信息是存在于我们意识之外的东西,它存在于自然界、印刷品、硬盘以及空气之中;知识则存在于我们的大脑之中,它一般与不确定性(uncertainty)相伴而生,我们一般用知识而不是信息来减少不确定性。信息是外在的,是不依附于人的意志而存在的;知识则不然,它是人类大脑的产物。

（4）信息资源管理领域的认识。信息资源管理是现代信息技术在管理领域的应用所激发的一种新的信息理论,其对信息的认识更多地受计算机领域的影响。美国学者史密斯(A. N. Smith)和梅德利(D. B. Medley)在其所著的《信息资源管理》中认为,信息是数据处理的最终产品。具体地说,是经过收集、记录、处理,以可检索的形式储存的事实或数据。③

通过比较各学科领域的定义,我们认为,作为与物质、能量同一层次的信息的定义,取钟义信所归纳的信息是事物运动的状态与方式最为适宜。因为这个定义具有最大的普遍性,不仅能涵盖所有其他的信息定义,而且通过引入约束条件,还能转换为所有其他的信息定义。④ 此外,不同领域对信息及其相关概念的认识不是对等的,心理学家的信息定义不同于图书情报领域的信息定义,也就是说,我们在应用不同的理论时,首先应弄清有关的概念并予以区别。

2. 信息的基本特征

（1）普遍性。信息是普遍存在的,是自然界、人类社会和思维领域中客观存在的基本现象。只要有事物存在,有事物运动,就会有信息存在。特别是现代社会,人的一切行为和社会活动,都离不开信息的传递和交换。

（2）客观性。信息是事物及其运动状态和规律的表征,是客观现实的反映。信息是物质的一种属性,如果被人为地篡改了,那么信息就会失去它的价值。信息本身的产生和存在都不受人的主观意识而改变,但是它可以被感知、储存、传递和利用。

（3）无限性。物质的世界是无限的,人们对于物质的认识也是无限的,认识过程中产生

---

① Emilia Curras. The influence of systems science on the concept of information. International Forum on Information and Documentation,1993,18(2):32.

② 钟义信.信息科学原理.福州:福建人民出版社,1988:41—45.

③ Smith A N,Medley D B. Information Resource Management. Cincinnati:South Western Publishing Co.,1987.

④ 孟广均.信息资源管理导论.北京:科学出版社,2000:33—36.

的信息还是无限的。信息是一切事物运动的状态和方式,事物的发展变化是无限的,因此信息具有无限性。

(4)时效性。信息的实效性是信息的重要特征。信息具有使用价值和交换价值,它可以为人们所认识和利用,但其价值会随着时间的流逝而减少。因此只有及时将信息加工、收集、传递,才能发挥信息的时效性,使之对人类生活和社会发展产生积极的作用。

(5)依附性。信息本身不是实体,没有体积和重量。因此信息在产生和传输的过程中,必须依附在一定的载体上存在(如纸张、声波、电磁波、化学材料、磁性材料等),并且同一信息可以有不同载体。信息离开语言、文字、图像、符号等记录手段就不能表达,但信息的内容却不会因为记录手段或物质载体的改变而发生变化。

(6)可传递性。信息可以跨越时空进行传递,能够从源物质转移到另一物质,并能脱离源物质而存在。实际上,信息的获取必须通过各种介质或载体的转换在不同的主体之间传递。语言、文字、表情、动作等都是人类常用的信息传递方式。

(7)共享性。这是信息的一个重要特征。信息在传递过程中,并不是此消彼长。同一信息不仅可以被多个主体同时共有,而且还能够被无限地复制、传递。

(二)信息资源的概念与基本特征

1. 信息资源的概念

信息已与能源、材料并列为当今世界三大资源。信息资源(information resources)在现代社会当中起着举足轻重的作用,谁掌握了信息,谁就能更有效地利用物质和能量资源,在竞争中处于优势地位。鉴于信息资源的重要性,我们有必要了解一下信息资源的概念。

关于信息资源的概念,由于学科的不同或研究者本身的理解不同,学术界尚未形成统一的看法,但一般从狭义和广义两种角度来认识和理解信息资源的含义:狭义的信息资源只限于信息本身,而不包括其他因素,它指人类社会经济活动中经过加工处理的、有序化并大量积累的有用信息的集合,包括文字、声像、印刷品、数据库、网络信息等。广义的信息资源是指信息活动中各种要素的总和,既包括信息本身,也包括与信息相关的人员、技术、设备和资金等各种因素。

信息与信息资源之间,既有联系,又有区别。首先,信息是构成信息资源的根本要素,但信息并不等同于信息资源,它的外延比信息资源更广。其次,信息在经过有序化加工处理后,大量累积才能成为信息资源。没有控制、没有组织的信息是没有价值的,也不能够被称为信息资源。

2. 信息资源的基本特征

当今社会,科技的发展和人们的日常生活学习,都离不开对信息资源的有效利用。与自然资源、物质资源相比,信息资源具有流动性、多样性、无序性等特点,能够被重复使用,人们对其检索和使用不受时间、空间的制约。信息资源是有用信息的集合,它具备信息的基本特征。同时,信息资源作为一种经济资源和具有特殊配置形式的社会资源,还有以下特性:

(1)共享性。信息资源是人类智慧的结晶,可以被共享和重复使用。爱尔兰剧作家萧伯纳曾说过:"你有一个苹果,我有一个苹果,彼此交换一下,我们仍然是各有一个苹果。如果你有一种思想,我也有一种思想,我们相互交流,我们就都有了两种思想,甚至更多。"这段话形象地说明了信息的共享性。显而易见,信息在传递过程中,并不是此消彼长。同一信息可以被多个主体同时共有,而且还能够被无限地复制、传递。

（2）时效性。信息资源比其他任何资源都更具有时效性。在情报科学领域，常用"半衰期"来衡量某学科文献老化的速度。例如，美国人巴尔顿（R. E. Burton）和凯普勒（R. Kebler）利用引文数据计算出医学学科的半衰期仅为 3 年，这意味着现有正在被使用的该学科文献中有 50% 是在 3 年内发表的。3 年后，该学科发表的文献就会因内容老化而失去参考价值。[①]

（3）知识性。信息资源是人类所开发与组织出来的信息，是脑力劳动和认知过程的产物。人们在一定的知识水平条件下，吸收外来的信息，引起思考，对其进行加工和整理，并加以利用。可见，信息资源是人类知识利用的集中体现。不同的信息资源反映了不同社会或者地区的知识水平。

（4）不均衡性。信息资源的不均衡性表现在人们对其掌握程度和其区域分布的差异。由于不同的个体存在认识能力、知识储备和信息环境等方面的不同，导致所掌握的信息资源也存在差距；而随着社会发展不平衡的加剧，经济发达地区占有了大量的信息资源，在一定程度上造成了知识鸿沟的形成。

二、文献信息资源类型

（一）文献的概念

"文献"一词，在古代指典籍及熟悉掌故的人（贤者），最早见于《论语·八佾》："子曰：夏礼吾能言之，杞不足征也；殷礼吾能言之，宋不能征也。文献不足故也。"南宋朱熹《四书章句集注》认为："文，典籍也；献，贤也。"所以这时候的"文"指典籍文章，"献"指的是古代先贤的见闻、言论以及他们所熟悉的各种礼仪和自己的经历。随着时代的发展，文献的含义仅侧重于"文"，一般泛指具有史料价值的图书和档案，"贤"的意义逐渐消失了。

现在的文献有狭义和广义之分。狭义的文献指具有历史保存价值和现实使用价值的书刊文物资料，包括各学科主要的书刊资料，以及历史文物档案资料。广义的文献指记录、传递有知识和消息的一切载体。目前，关于文献的权威性定义有两个：中国国家标准《文献著录总则》（标准号：GB3792.1—1983）指出，文献是记录有知识的一切载体。国际标准化组织制定的《文献情报术语国际标准》（标准号：ISO/DIS5127）对文献的定义是："在存储、检索、利用或传递记录信息的过程中，可作为一个单元处理的在载体内、载体上或依附载体而存储有信息或数据的载体"。

（二）文献的要素

简言之，文献就是记录有知识和信息的一切载体。根据定义可以看出，文献是由知识、载体、记录 3 个要素组成的。知识是文献的信息内容，是文献的核心与灵魂；载体是文献的存在形式，如龟甲、兽骨、纸张、胶片、光盘等，知识信息必须依附于一定的物质载体才能得以保存和传播；记录是二者之间的纽带，知识信息要借助于文字、图形、音频、视频记录下来才能被人认知。因此，离开 3 个基本要素中的任何一个，均不能构成文献。

（三）文献的分类

文献的类型多种多样。按编写或出版形式，可分为图书、连续出版物、会议文献、专利文献、科技报告、学位论文、政府出版物、技术标准和规范、产品样本说明书、技术档案等。按文

---

① 王绍平. 图书情报词典. 北京：汉语大词典出版社，1990：33.

献的加工深度,可分为零次文献、一次文献、二次文献、三次文献。按文献的载体形式,可以划分为印刷型、微缩型、视听型、机读型文献等。

三、文献信息源的获取途径

（一）文献信息源的概念

文献信息源是指用一定的记录手段将系统化的信息内容储存在纸张、胶片、磁带、磁盘和光盘等物质载体上而形成的一类信息源。

（二）文献信息源的获取途径

1. 文献阅读

文献阅读是了解文献信息源基本信息的一条主要途径。通过阅读的方式,我们可以从各种类型的图书、报纸、杂志、简报及其他文献资料中搜集文献信息源的相关信息。如杂志中的推荐书目或书评通常会提供一些图书的出版信息及内容简要;某些文章会推荐和介绍一些学科的信息资源,这些资源可能是一本工具书、一个数据库或者一些网站;各种综合和专业的文献检索教材中,也有大篇幅的信息资源及检索工具的介绍。

2. 浏览图书馆等信息服务机构的网站

图书馆等信息服务机构一般都会在自己的网站上通过各种方式向读者揭示本机构所拥有的各种信息源。例如印刷型的书刊信息可通过馆藏书目系统检索获取,也可通过新书通报等方式了解;数据库则一般会按语种、字顺或学科分类列出,并附上简单的资源介绍,方便读者选用。此外,许多信息服务机构还精选了互联网上优秀的免费资源,加以组织之后推荐给读者使用。因此,浏览这些信息服务机构的网站将能快速地获得众多文献信息源的相关信息。

3. 参加会议、展览或培训

了解文献信息源的基本信息,我们还可以通过参加会议、展览和培训的方式。如参加学术会议,掌握本学科的最新研究成果及其出版情况;参加图书展销会,了解相关图书的基本信息;参加图书馆举办的培训活动,了解某些数据库资源的基本情况及使用方法。

4. 咨询专业人员

通过阅读和参加会议的方式获取的文献信息源信息毕竟有限,有的时候,咨询专业的检索人员,全面了解某个领域的文献信息源基本情况,有针对性地收集资料,也是一条比较快捷的途径。咨询专业人员,可以通过三种途径:一是咨询本学科的专业人员、老师、同行或朋友,二是咨询图书馆的专业检索人员,三是参加图书馆或数据库供应商针对学科举办的专业资源介绍讲座。

5. 文献检索

通过各种手工检索和网络检索工具,获取信息源的基本信息。如通过《全国总书目》可以查找国内出版的各类图书的基本情况;通过《全国期刊联合目录》,可以了解期刊的出版信息及馆藏信息;通过网上搜索引擎,可以搜索各学科信息源的基本情况。

另外,还可以通过调查、参观等多种形式,搜集文献信息源的基本信息。

第二节 信息检索原理

检索,源于英语词汇"retrieval",本意为查询、找回。随着信息技术的发展,信息检索(information retrieval)开始广泛在图书馆的参考咨询工作中展开。

一、信息检索基本原理

(一)信息检索定义

信息检索,是指将信息按一定的方式组织和存储起来,并根据信息用户的需求找出所需信息的过程和技术。也就是说,广义的信息检索包括"存"和"取"两个环节,又称"信息存储和检索(information storage and retrieval)"。

信息存储是指收集大量无序的信息,根据数据源的外部特征和内容特征,由信息标引人员依据检索语言进行分类、标引、编制,使之有序化、系统化,成为可以使用的信息集合。

从狭义上讲,信息检索仅指检索这一环节,本质上是一个匹配的过程,即从信息集合中找出所需信息的过程。通常所说的信息检索一般指狭义的概念,本文所涉及的也是指狭义的信息检索。

(二)信息检索原理

在储存信息时,信息著录和标引人员首先要对各种原始信息进行分析,把原始信息中包含的信息内容分析出来,形成若干能代表该原始信息主题的概念,并用检索语言(即标引标识)把这些概念标引出来,然后按一定规则存入检索工具或系统,形成信息集合。信息检索的过程是信息存储的逆过程。用户检索时,首先对自己的所需信息进行分析,形成若干主题概念,把这些概念转换成检索语言,用检索语言表达信息提问,然后从检索工具或系统中查找到相关信息进行匹配。

存储时,文献信息工作者将大量的文献、数据、事实资料以一定的格式输入到计算机的软件系统中,通过系统的多种分类检索功能组成可供检索的数据库。检索时,将检索提问词组成检索式输入计算机内,计算机将检索提问词与存储系统的数据进行匹配运算,输出符合需要的检索结果。

(三)信息检索的类型

信息检索的划分标准多种多样,可以根据检索对象、检索方式、检索性质等进行划分。

1. 根据检索对象或检索内容划分

(1)文献检索(document retrieval)。指以文献为检索对象的信息检索,它是利用检索工具和系统查找文献线索、获取文献信息的过程,是传统上信息检索的核心部分。文献检索的结果可以是文献线索也可以是原文全文,但最终目的是得到原文,或至少得到能反映原文的题录或文摘。因此可以将文献检索分为书目检索和全文检索。书目检索指以文献线索为检索对象的文献检索;全文检索指以文献的全部信息作为检索内容的文献检索,即检索系统存储的是整篇文章、整部图书的全部内容,而不仅是关于文献的线索或其主要内容的介绍。随着计算机信息检索的发展,全文检索的地位越来越重要,大量数据库提供文献全文或至少提供订购、获取原文的快捷途径。

（2）数据检索（data retrieval）。指以数据为特定检索对象的检索，即查找文献中的某一数据、公式、图表以及某一物质的化学分子式。数据检索是一种确定性检索，检索的结果是经过核实、整理的数据信息，是用户可以直接利用的信息，例如电话号码、银行账号、各种参数、统计数据等。可利用的工具主要有百科全书、词典、年鉴、手册、黄页以及其相对应的数据库和网络资源。

（3）事实检索（fact retrieval）。指以客观事实为对象的检索活动，利用参考工具书、数据库等检索工具从存储事实的信息系统中查找特定事实的过程，包括检索事物的性质、定义、原理以及发生时间、地点、过程等。事实检索与数据检索一样，是一种确定性的检索，检索的结果可以供用户直接利用，例如查找某一历史事件、某产品的性能、某机构的情况等。可利用的工具主要有百科全书、字典、辞典、年鉴、手册、人名录、地名录、机构指南及其相对应的数据库和网络资源。

2. 根据检索方式划分

（1）手工检索（manual retrieval）。指以手工操作的方式，利用传统的印刷型检索工具，如文摘、目录、索引、百科全书等进行信息检索。手工检索的优点是直观、灵活、无须各种设备和网络，检索条件简单；检索过程中可随时获取反馈信息，及时调整检索策略；查准率高。缺点是漏检严重，检索速度慢。

（2）计算机检索（computer retrieval）。指利用计算机技术，对已经数字化的信息进行存储和检索的过程，包括脱机检索、联机检索、光盘检索和网络检索。计算机检索是在手工检索的基础上发展起来的。随着计算机技术和通信技术的不断发展，计算机检索日益成为信息检索的主流方式。与手工检索相比，计算机检索具有速度快、效率高、查全率高、不受时间和空间限制、检索结果输出方式多样化等优势。

3. 根据检索的性质划分

（1）全文检索（full text retrieval）。指将存储于数据库中文章、著作的任意内容，查找出来的检索。它可以根据需要，获得全文中有关章节、段落、甚至词句，也可以进行各种统计和分析。

（2）超文本检索（hyper text retrieval）。指对每个节点中所存信息及信息链构成的网络信息的检索。这种检索方式强调中心节点之间的语义链接结构，靠系统提供的复杂工具进行图示穿行和节点展示，提供浏览方式查询，可以进行跨库检索。

（3）超媒体检索（hyper media retrieval）。指对存储的文本、图像、声音等多种媒体信息的检索。它是多维存储结构，有向的连接，与超文本检索一样，可以提供浏览方式查询和跨库检索。

二、信息检索语言

（一）检索语言的定义

检索语言又称标引语言、索引语言，是用来描述文献内容特征、外部特征和表达信息提问的一种人工语言。它是协调统一信息标引人员与检索人员检索用语一致性的规范，是沟通信息存储与信息检索过程的桥梁。检索语言的基本构成单元是检索词（索引词、标引词）。检索词不仅包括名词术语、专业词汇，也可以使用符号、代码等。检索语言除表达事物的不同概念外，有时还要揭示概念间的逻辑关系。

（二）检索语言的功能

检索语言在信息检索中起着十分重要的作用,其功能可以概括为:①表达描述信息内容和信息需求。存储信息时,对信息内容进行分析,概括出代表信息主要内容的若干主题概念,用检索语言对这些概念标引,再存入信息系统中;检索信息时,对课题进行分析,形成能代表信息需求的若干语词,并根据检索语言转换为提问标识,然后在信息系统中匹配出标识相同的文献信息。②词汇或术语的规范和控制。对标引、检索用词进行控制和管理,便于将标引用语和检索用语相符性比较,保证标引和检索用词的一致性。③信息的组织和整序。使同一主题概念的信息或与主题相关的信息有序集中或得到揭示,保证信息存储的系统化和组织化。

（三）检索语言的类型

按照不同的划分方式,检索语言具有不同的类型,通常的划分方式如下:

1. 按检索词的规范程度划分

（1）受控语言,又称人工语言,也叫规范化语言,是通过对标引词词型、词义、词量及词间关系的规范化控制,消除或减少其歧义,达到标引词表达文献概念的单一性。受控语言主要用来编制参考工具书、手工检索工具的分类目录与各种索引以及网上数据库中的分类导航表等,如标题语言、元词语言、叙词语言和分类语言等。

（2）非受控语言,又称自然语言,是采用未经人工控制的词语或符号作为检索标识的一种检索语言。该语言对主题概念中的同义词、多义词等不加处理,取其自然状态,有较大的灵活性。它能及时反映最新出现的词汇,反映规范词难以表达的特定概念或新概念。检索中常用的关键词语言就属于非受控语言。

2. 按检索标识的组配方式划分

（1）先组式语言。指检索文献之前,表达文献内容的标识已事先固定组配好,如分类语言、标题词语言等。先组式语言有较好的直接性和专指性,但灵活度差。

（2）后组式语言。指表达文献主要概念的标识,在编制词表和标引文献时,都没有预先固定组配,而是在进行检索时,根据检索的需要,按组配原则临时组配起来,如单元词语言、叙词语言等。后组式语言的组配方式灵活,在计算机检索中应用广泛。

3. 按描述信息的特征划分

描述信息内容特征的语言,主要有主题语言、分类语言和代码语言。

描述信息外部特征的语言,主要有题名、责任者、编号、机构名称或引文等。它是采用文献信息的题名、责任者、编号、机构名称和引文等作为著录和标引的对象,检索时可将它们作为检索标识进行检索。

三、信息检索方法、途径与步骤

（一）信息检索的基本方法

采用合适的检索方法和检索途径,可以花费较少的人力、物力和时间,达到最佳的检索效果,使用户努力最小、速度最快、费用最低地获取信息,查全率和查准率都很高。检索方法是一个广义的概念,在信息检索过程中包含了一系列检索技术和原理。常见的检索方法主要有以下几种。

1. 手工检索方法

手工检索是指直接利用印刷型检索工具进行信息检索的方法,包括直接检索一次信息源的"直接检索"方式和利用手工检索工具获取信息线索的"间接检索"方式。直接检索方式费时、费力且效果差。间接检索方式是利用传统检索工具先获取信息线索,然后按信息线索获取原始信息。根据检索要求的不同,这种方法又可分为追溯法、工具法和综合法。

(1)追溯法。追溯法又称回溯法、引文法,是以某一篇文献末尾所附的参考文献为线索,由近及远地进行逐一追踪查找的方法。这种方法直观、方便,不断追溯可查到某一专题的大量参考文献。缺点一是费时,二是原文文献引用的参考文献是很有限的。

(2)工具法。工具法也称常规法,就是直接利用传统检索工具先获取所需信息线索,再根据所得线索获取原始文献全文的方法。工具法根据课题需求和对文献时限的要求,又分为顺查法、倒查法和抽查法3种。

(3)综合法。综合法又称分段法、交替法或循环法。具体地讲,就是利用检索工具查找出一批相关文献后,再利用这些文献后所附的"参考文献"的指引进行追溯查找,以获得更多的相关信息。简而言之,就是先工具法,后追溯法,两者不断交替使用。同时也可以根据已经掌握的参考文献线索,先追溯查找出一批相关信息,再利用检索工具扩大查找信息的线索和范围。

2. 计算机检索方法

计算机检索的核心是数据库,包括目录数据库、文摘数据库、全文数据库、超文本数据库和多媒体数据库等,所以计算机检索方法就是指在特定计算机检索系统的检索界面下,从数据库中检出所需信息的过程。计算机检索的一般性方法和技术,将在本章第三节中详细介绍。

(二)信息检索的途径

在开始信息检索前,必须先确定从什么检索途径着手。使用一定的检索途径,就是把所需信息的某种特征标识转换为检索标识。一般来说,检索途径可以按照信息资源外部特征途径和内容特征途径分为两大类,如图1-1所示。

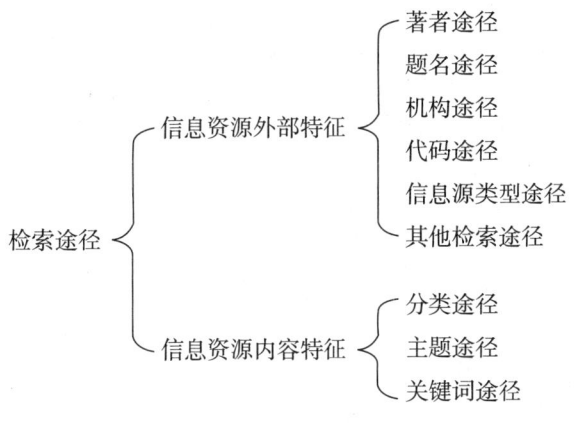

图1-1　信息检索途径

(三)信息检索的步骤

无论是手工检索还是计算机检索,检索的程序都是相同的,都是经过仔细分析,并通过实践逐步完善查找方法的过程。信息检索的步骤,一般包括课题分析、选择检索工具、确定检索途径、制定检索表达式、结果输出和用户评价等几个程序。

1. 课题分析

分析检索课题是检索过程中的首要环节,其目的在于明确检索要求和范围,做到有的放矢。目的越明确、范围越具体、掌握的线索越多,检索所需信息的准确性就越大。课题分析一般从课题的主题内容、研究要点、学科范围、语种范围、时间范围等几个方面进行。

2. 选择检索工具

在课题分析的基础上,需明确选择适当的检索工具或系统。不同的检索工具或系统,其收录范围、文种、编排形式等性能参数方面各不相同。如果所查课题内容较多,涉及面较广,可选用综合性检索工具,否则应选用专业性检索工具。如果对课题有特定的要求且条件具备,则应选用联机检索系统和网络数据库进行检索。

3. 确定检索途径

检索途径又称检索入口、检索点或检索项等。选择合适的检索途径,能够更加快捷、准确、全面地查找到所需信息。一般优先选用主题词或关键词途径,其次是分类途径。如果明确所需信息的特定代码、著者、题名或机构名称等,则直接依据信息的外部特征途径进行检索。

4. 制定检索表达式

检索表达式是人与检索系统进行交流的人工语言,它是检索步骤中最重要的一环,直接影响检索效率。如果制定的检索表达式准确度差,那么检索出的无关信息或冗余信息就多,检索表达式分为两种:简单表达式和复合表达式。

简单表达式指单独使用一个检索词进行检索。一个检索词可以为著者、题名、关键词、分类号等。

复合表达式指两个或两个以上的检索词按现代检索技术所构成的复杂检索字符串。它是专门应用于计算机系统的检索技术。制定复合检索表达式要应用到布尔逻辑检索技术、截词检索技术、限制检索技术、加权检索技术和全文检索等现代检索技术。

5. 结果输出和用户评价

制定了检索表达式之后,对于手工检索系统而言,要获得所需信息的线索和原始信息全文,要靠手工操作去处理;对于计算机检索系统而言,其执行检索和结果输出是自动完成的。如果检出的信息满足了用户需求,那么对该课题的检索过程就圆满结束。如果用户认为在查全、查准或有效性等方面没有获得满意效果,那么就需要及时调整检索方案。

第三节　检索工具类型与检索方法

一、检索工具的定义和类型

(一)检索工具的定义

检索必须借助于一定的检索工具。检索工具有广义和狭义之分。广义的检索工具是指用来报道、存储和查找各类信息的一切工具和设备,可分为手工检索工具、计算机检索工具等。广义的检索工具与检索系统的含义是一致的,彼此并没有严格的区分界定。狭义的检索工具则主要指手工检索工具,也称印刷型检索工具。在手工检索的时候,多用检索工具一词;而在计算机检索时,则更多使用检索系统一词。

检索工具的特点主要包括:详细描述文献的内容特征、外部特征;每条文献记录必须有检索标识;文献条目按一定顺序排列;能够提供多种检索途径。

(二)检索工具的类型

1. 手工检索工具

手工检索工具是人们用来报道、存储和查找各类信息的工具,包括传统的二次、三次印刷型检索工具,根据不同性质和标准可划分为不同的类别,主要有下面几种:

(1)按所收集信息的学科内容划分

综合性检索工具。它收录范围和涉及学科比较广,信息类型和语种多,一般都具有较长的历史,提供多种检索途径,是科研工作比较常用的检索工具。世界著名的综合性检索工具主要有:《工程索引》(EI)、《科学引文索引》(SCI)、《科技会议录索引》(ISTP)等。

专科性检索工具。它收录的范围仅限于某一学科领域,适用于检索特定的专业信息,例如《化学文摘》(CA)。

专题性检索工具。它仅限收录某一特定类型的信息,收录的学科范围可宽可窄,主要包括专利索引、学位论文索引、会议文摘、标准目录等。

(2)按著录信息特征划分

目录。目录又称书目,是对图书、期刊或其他单独出版物特征的揭示和报道。目录以单位出版物为著录对象,一般只记录文献的外部特征,主要的著录项目有题名、著者、出版年月、出版地、载体形态等。

题录。题录是对单篇文献外部特征的揭示和报道,著录项目一般有篇名、著者、著者单位、文献来源、语种等。题录在揭示文献信息的内容上比目录更进一步,收录范围广、报道速度快。

索引。索引是指将信息中所含的主题词、分类号、著者、题名、引用文献、刊名、篇名等内容摘录处理,并注明它们在图书、期刊或检索工具中的位置,然后按照一定的规则编排起来所形成的检索工具。

文摘。文摘是以精练的语言,把文献信息的主要内容、学术观点、数据及结构准确地摘录下来,并按一定的著录规则与排列方式编排起来供用户使用的一种检索工具。文摘通常以一个内容上独立的文献单元为基本著录单位。

2. 计算机检索工具

计算机检索工具就是计算机检索系统,是借助计算机技术、通信技术、光盘技术、网络技术等信息技术建立的存储和检索信息的检索工具,具有检索效率高、响应速度快等特点。计算机检索系统一般可分为光盘检索系统、联机检索系统和网络检索系统。

(1)光盘检索系统

光盘检索系统是指利用光盘数据库作为信息资源数据建立起来的计算机信息检索系统,可分为单机版和网络版。其特点是设备简单、费用低、检索方法易掌握,但检索范围受光盘数据库的限制,更新不够及时。相对于手工检索而言,它的检索速度快,检索灵活方便。

(2)联机检索系统

指把计算机检索中心和终端用户以通信线路联结起来,终端输入提问可以直接得到答案的计算机检索系统。联机检索系统是计算机技术、信息处理技术和现代通信技术三者的有机结合,是一个典型的计算机检索系统,能完成数据收集、分析、加工处理、存储、传递通信和信息的检索。

（3）网络检索系统

网络检索是通过 Internet 提供网络数据库、出版物、书目等网上信息资源查询和利用的检索系统。其特点是方法简单、灵活、方便、资源丰富、时效性强。网络检索系统是目前最普遍的检索方式。

二、计算机检索技术与方法

计算机信息检索的实质是匹配运算,即由检索者把检索提问变成计算机能识别的检索表达式输入到计算机中,由计算机自动对数据库中各文档进行扫描、匹配。掌握计算机检索技术,快速准确地构建计算机能识别的检索表达式是进行计算机检索的重要环节。计算机检索技术主要指检索词的组配技术和检索表达式的构成规则。检索表达式简称为检索式,主要是运用各种逻辑运算符号、位置算符、截词符及其他限制符号等,把检索词连接组配起来,确定检索词之间的关系,准确表达检索课题的内容。

（一）布尔逻辑运算符

布尔逻辑运算符指规定检索词之间相互关系的运算符号,在检索表达式中起着逻辑组配的作用,它们能把一些具有简单概念的检索词组配成一个具有复杂概念的检索式。在具体检索时,是通过以下 3 个布尔逻辑运算符来实现的,具体如表 1-1 所列。

表 1-1 布尔逻辑运算符

名称	符号	表达式	功能
逻辑与	* 或 and	A * B	同时含有提问词 A 和 B 的文献,为命中文献
逻辑或	+ 或 or	A + B	凡是含有提问词 A 或 B 的文献,为命中文献
逻辑非	- 或 not	A - B	凡是含有提问词 A 但不含有 B 的文献,为命中文献

逻辑"与":用于表达交叉概念或限定关系的组配,可以缩小检索范围,提高查准率。例如检索"北京小客车摇号"方面的信息,可用检索式:北京 AND 小客车摇号。

逻辑"或":用于表达检索词并列关系(同义词、近义词)的组配,实现检索词概念范围的并集,它可以扩大检索范围,防止漏检,有利于提高查全率。在一篇文献记录中只要含有检索词 A 或检索词 B 中的任何一个即算命中。例如检索有关土豆的信息,可用检索式:土豆 OR 马铃薯。

逻辑"非":它是一种排斥关系的组配,用来从原来的检索范围中排出不需要的概念。逻辑"非"可以缩小检索结果范围,增强检索的准确性。例如检索有关水资源但不包括地下水方面的文献信息,可用检索式:水资源 NOT 地下水。

这 3 种布尔逻辑算符在检索时,有时会同时用上,计算机会按优先顺序自动完成算符运算,其中 NOT 优先级最高,AND 次之,OR 最低。

（二）位置算符

位置算符又称为邻接运算符,是表示检索词之间位置关系的运算符。使用布尔逻辑检索时,计算机只判断参加运算的检索词在记录中出现与否,不能确定检索词之间的相对位置,而使用位置算符能够确定检索词之间的位置关系,更精确地表达检索需求,提高检索效果。不同的检索系统其位置算符的表示方法不尽相同,下面以美国 Dialog 检索系统为例介绍几种常用的位置算符。

（W）——With

（W）表示该算符两侧的检索词相邻,且两者之间只允许有一个空格或标点符号,不允许有任何字母或词,顺序不能颠倒,也可用"（ ）"表示。如:computer（ ）science,可检出含有 computer science、computer-science 或"computer,science"等的文献信息。

（nW）——nWords

（nW）表示算符两侧的检索词词序不变,中间可以插入 n 个词,但两者的相对位置不能颠倒。如:laser（1w）printer,可检出含有 laser printer 和 laser color printer 的文献记录。

（N）——（Near）

（N）表示该算符两侧的检索词相邻,中间不可插入其他词,但两者的相对位置可以颠倒。如:tax（N）refund,可检出含有 tax refund 和 refund tax 的文献记录。

（nN）——nNear

（nN）表示此算符两侧的检索词之间允许间隔最多 n 个词,且两者的顺序可以颠倒。如:economic（2N）reform,可检出 economic reform 或 reform of the economic 等文献记录。

（三）截词检索

在英语词汇中,一些词往往存在单复数形式、派生词、衍生词、词性及英美拼写方法等多种不同形式,在检索时,要将各种形式的检索词全部罗列出来,不仅困难、费时,还会受到检索系统的限制。截词检索正是解决这一问题的有效方式。截词符也称通配符,通常用"?""＊"等符号表示,不同的检索系统使用的截词符不同,用法也不同。

使用截词符时,要特别注意截断的词干不能太短,词干一般应在 3 个字符以上,以免增加机器检索时间和产生误检。截词的方式有多种,按截断长度可分为有限截断和无限截断,按截断部位可分为右截断、中间截断、左截断和复合截断。

有限截断:指限定截去有限个字符。例如:"??"表示截断 0—1 个字符,输入"automobile??",可检出含有 automobile 和 automobiles 的记录;"???"表示截断 0—2 个字符,"????"表示截断 0—3 个字符,输入"stud????",可检出 study、studies、studied 等,以此类推。

无限截断:在检索词后加一个截词符,表示该词后可加任意个字符。使用无限截词,所截词根不能太短,否则会输出许多无关记录。如:输入"comput?"可检出 compute、computer、computing、computerization 等。

右截断:截去某个词的词尾,使的前方保持一致,也称为前方一致检索。如:输入"employ?",可检出包含 employ、employing、employee、employer、employment 等词的记录。

中间截断:截去某个词的中间部分,使的两边保持一致,也称为两边一致检索。当一个截词符放置在检索词的中间,表示允许它为任一字符,如:输入"organ?e",可检出 organise 和 organize。

左截断:截去某个词的前部,使词的后方保持一致,也称为后方一致检索。如:输入"?economic"能检出 microeconomic、macroeconomic 等词的文献。

复合截断:是指采用两种以上的截断方式。如:输入"?chemi?",可检出 chemicals、biochemistry 等词的记录。

（四）限制检索

限制检索是通过限制检索范围，达到优化检索结果的方法。限制检索的方式有多种，例如字段检索、使用限制符、采用限制检索指令等，这些限制检索方法既可以独立使用，也可以混合使用。

字段检索：把检索词限定在某些字段中，如果记录的相应字段中含有输入的检索词则为命中记录，否则就为检不中。联机、光盘信息检索系统的数据库记录都是各种字段组成的，检索的时候可以限定检索词出现的字段范围，提高查准率。对于网络信息而言，一般不分字段，但是一些网络信息检索工具设计了类似于字段检索的功能，依据这类功能，用户可把查询网络信息的检索范围限制在标题、URL 或超链接等部分。例如"Title＝北京奥运会"这一检索提问，可以检出网页题名中含有"北京奥运会"的网页。

使用限制符：用表示语种（LAN）、文献类型（DT）、出版年代（PY）等的标识符来限制检索范围。例如：要查找 2001 年出版的英文的基因工程方面文章，检索式可表示为"（genetic engineering/ti，ab）AND PY＝2001 AND LA＝EN"。

（五）词组检索

词组检索，也称短语检索或字符串检索。它是将一个词组或短语用运算符""括起来作为一个独立运算单元进行严格匹配，只检索出与""内完全相同的内容，以提高检索准确度的一种方法。几乎所有的搜索引擎如 Google、Baidu 等都支持这一技术。例如，以"依法治国"作为提问关键词检索时，检索结果仅反馈依法治国的内容。

（六）加权检索

加权检索是某些检索系统中提供的一种定量检索技术，其基本方法是：在每个检索词后面给定一个数值表示其重要程度，这个数值称为权值。在检索时，先查找这些检索词在数据库中是否存在，然后计算存在的检索词和权值总和。权值之和达到或超过预先给定的阈值，该记录即为命中记录。

利用加权检索可以命中核心概念文献，因此它是一种缩小检索范围、提高查准率的有效方法。但并不是所有系统都能提供加权检索这种技术，而能提供加权检索的系统，对权的定义、加权方式、权值计算和检索结果的判定等方面，又有不同的技术规范。

第四节　信息检索策略的制定与调整

一、检索策略的制定

（一）信息需求分析

信息需求分析是检索的第一步，也是决定信息检索效果的重要环节，其主要内容包括分析课题、明确检索目标与检索要求。

1. 分析课题

分析课题的目的在于认清课题要解决的实际问题，即检索课题所包含的概念和具体要求及它们之间的关系。这是制定检索策略的根本出发点，也是检索效率高低或成败的关键。做好检索课题的分析，首先要保证课题分析的正确性，注意课题隐含概念分析及核心概念抽取分析。

　　课题的概念分析。分析课题所涉及的主要概念及概念之间的关系,并找出能代表这些概念的若干个词或词组。对于新学科、交叉学科或边缘学科的课题,必要时还需明确课题涉及概念的上、下及同位概念。概念分析的结果应以概念组为单元的词或词组的形式列出,以便下一步制定检索策略时使用。

　　隐含概念分析。有些课题的实质性内容往往很难从课题的名称上反映出来,课题所隐含的概念和相关内容需要从课题所属的专业角度深入分析,提炼出能够确切反映课题内容的检索概念。例如"新能源"包含太阳能、地热能、风能、海洋能、生物质能、核聚变能等多种非常规能源,如果要检索新能源方面的文献,应该析出这些具体概念,才能保证文献的查准率。

　　核心概念抽取分析。有些检索词含有多个概念,在概念分析中应注意核心概念抽取。例如,检索"公司劳动奖励、职工培训和养老保险制度管理的理论和实践"的相关信息,如果把"劳动奖励""职工培训""养老保险""公司""制度""管理"6个概念全部组配起来,则会造成大量文献漏检。实际上,劳动力资源管理已经包含了劳动奖励、职工培训和养老保险3个方面,并且,劳动力管理也是针对这3个方面而言的,因此,采用"劳动力资源"和"管理"两个概念即可。

　　2. 明确检索目的

　　信息检索目的是指信息检索结果的用途,用途不同,信息检索范围的广度与深度也不同。不同的信息用途将影响检索策略的制定。若要全面收集有关信息,则选取检索范围要宽些,所得信息的泛指性强,对查全率要求高;若只需要某一特定问题的信息,则检索范围要窄些,所得信息的专指度高,对查准率要求高。

　　3. 满足检索要求

　　除对检索课题进行概念分析及检索目的分析外,还要明确对信息的其他要求。例如,所需文献的类型、数量、语种、年限等。这些要求对选择数据库、制定检索策略都是十分重要的。

　　(二)检索策略制定

　　检索策略是为达到检索目的而制定的具体检索方案、对策和计划。要完成一个课题的检索,需要一个分若干步骤执行的过程。检索策略也就是对检索步骤进行合理和科学的安排。要完成一个比较复杂、精细的检索课题,检索策略需要进行多次的尝试、反馈和修改。制定检索策略一般包括:检索数据库的选择、确定检索词和编写检索表达式。

　　1. 选择检索数据库

　　在根据检索课题分析确定了检索目的和检索范围后,下一步就是选择合适的检索数据库。要根据课题要求,选择与所查课题相适应、学科专业对口、覆盖信息面广、报道及时、信息内容准确、检索功能完善的高质量数据库。

　　数据库的类型和学科范围不同,决定了它适用于不同的检索对象和满足于不同的检索需求。对检索数据库的正确选择要建立在对可利用数据库的全面了解基础上,同时充分认识各数据库的各种性能参数,其主要内容包括:

　　● 数据库的类型。例如书目数据库、事实数据库或结构数据库。

　　● 数据库所收集内容涵盖的学科领域和收录范围。

　　● 数据库的现状。包括数据库收录的文件类型、数据量、存储年限、更新周期、语种、媒体介质和辅助工具。

- 数据库的检索质量、权威性和检索速度。
- 数据库提供的系统功能和检索方式。
- 数据库的使用权和检索费用。

2. 确定检索词

检索词也称检索点,与检索途径相对应,是检索途径的具体化。确定检索词就是将检索课题中包含的各个要素及检索要求转化成数据库中允许使用的检索标识。检索词的选择对整个检索的结果至关重要。经常使用的检索词主要有主题、分类、作者、名称、号码等。检索词是表达信息需求的基本单元,也是与系统中有关数据库进行匹配运算的基本单元。

检索词一般可分为两类:一类是表示主题概念的检索词,例如叙词(经规范化处理的人工语言词汇)和关键词(未经规范化处理的自然语言词汇)是常用的检索词;另一类是某些特殊的符号,如分类号、代码、作者姓名等。

3. 编写检索式

检索表达式是检索策略的具体表述,它使用逻辑算符、位置算符和其他符号等将检索词连接起来,正确表达它们之间的关系,构成机器可识别和执行的命令形式。在构成检索表达式之前,要明确所使用数据库的检索功能和所采用的算符表示,这样才能有效地构造复合检索课题的检索表达式。在检索表达式中,连接各检索词的算符有:逻辑算符、位置算符、截词算符和限制符等。不同的数据库会采用不同的符号或文字来描述词与词之间的组配关系。

检索策略的好坏,与检索表达式的建立、检索途径的选择、检索词的选用和检索词之间逻辑关系直接相关,还与检索人员的语言学功底、对事物的认知能力、专业知识水平有密切关系。另外对检索系统的特性和功能的掌握,以及外语水平都会影响到课题检索的结果。一个好的检索策略,既可以优化检索过程,节省检索时间和费用,又可以获得最佳的查全率和查准率。

二、检索策略的实施和调整

(一)实施检索策略,获取信息线索

检索策略的实施,就是提交已完成的检索表达式,计算机使用数据库认可的检索指令进行数据检索,并输出检索结果。用户对数据库输出的检索结果进行浏览和评估,在一般情况下,前几次检索是尝试检索,如果尝试检索的结果令人满意,可进行正式检索。否则,要仔细分析原因,修改、调整检索策略。调整检索策略包括修改检索式、调整检索词、重新选择检索系统等。

(二)检索策略的调整

检索过程是一个多次反复、不断完善的过程。在某些情况下,得到的检索结果可能与检索目标相差甚远。为了得到比较满意的最终结果,检索式的完善往往需要经过多次判断和修改。在最终确定成功检索表达式之前,检索可能要经过多次反复的尝试过程。用户对每次检索结果做出评估,并对不完善的检索表达式做出相应的修改和调整,直至得到比较满意的检索结果为止。检索策略的调整,主要包括以下两个方面:

(1)评估检索结果。在实施检索之后,要对检索结果进行粗略的浏览,从一定数量的输出结果中,找出满足检索条件的检索记录,计算出大约的查全率和查准率,判断此次检索是否成功。检索结果可能有以下情况:与检索课题无关的太多(滥检),与检索课题相关的记录太少(漏检),没有与检索课题相关的记录(缺检)。此时必须对检索策略进行调整和优化。

(2)检索策略的调整。如果检索得到的无关结果数量太多,可使用缩检方法来减少检索结果;如果相关检索结果太少,可使用扩检方法来增加检索结果。

缩检方法主要有:主题细化;通过浏览结果选择更专指的词;运用逻辑算符 and、not;运用位置算符 with、near;指定字段检索;从年限和地理及语言、文献类型上限制;改用确切的词组。

扩检方法主要有:对已确定的检索词进行其同义词、同义的相关词、缩写和全称检索;利用数据库提供的词表输入规范词;使用运算符 or;使用截词检索;将检索字段改为全文、文摘字段等;减少或取消限制条件;提高检索词的泛指度,结合使用关键词和叙词,减少逻辑算符 and、not 的使用。

参考文献:

[1] Buckland M. Information as thing. Journal of American Society of Information Science,1991,42(5).

[2] Tague-Sutcliffe J. Measuring Information:An Information Services Perspective. San Diego:Academic Press,Inv. ,1995.

[3] Emilia Curras. The influence of systems science on the concept of information. International Forum on Information and Documentation,1993,18(2).

[4] 钟义信. 信息科学原理. 福州:福建人民出版社,1988.

[5] Smith A N,Medley D B. Information Resource Management. Cincinnati:South Western Publishing Co. ,1987.

[6] 孟广均. 信息资源管理导论. 北京:科学出版社,2000.

[7] 王绍平. 图书情报词典. 北京:汉语大词典出版社,1990.

思考题:

1. 请简述信息、文献的概念及其基本特征,并阐述其相互关系。

2. 为课题"北京食品安全输入性风险的防控机制研究"制定检索策略,并根据检索结果简述如何调整检索策略及检索方法。

第二章　数字图书馆信息资源

第一节　数字图书馆概述

20 世纪 90 年代以来，在计算机、网络和通信技术的迅猛发展并广泛应用的基础上，为适应处理大量的数字信息资源的要求，提高网络信息资源的有序发布、组织加工和传递，提高用户查询、检索和获取所需信息资源的效率，数字图书馆理论与技术应运而生，并成为传统图书馆的目标和发展方向。数字图书馆理论与技术为传统图书馆提供了广阔的发展空间和变革与创新的契机，同时，也提出了严峻的挑战。传统图书馆如何面对挑战，以数字图书馆为目标，充分应用现代信息技术，在日趋激烈的信息服务领域竞争中立于不败之地，成为目前亟待解决的问题。

一、数字图书馆的起源

数字图书馆（digital library）是伴随因特网（Internet）出现的一个新事物。20 世纪 90 年代以来，各国政府纷纷加大信息化、网络化建设，网络基础设施发展迅速，网络信息资源和服务的数量迅速增长。随着国际互联网的出现和迅速发展，社会信息资源的类型以及信息产生和发布的方式都发生了巨大的变化。传统的以印刷型文献为主的信息传递模式正在逐渐让位于以数字形式（数字化文本、图形、图像、多媒体等）为主要载体的网络信息发布与传播。由于受传统图书馆的资源收藏范围、加工和服务手段的限制，传统的文献信息开发利用与服务模式，已经无法为用户提供超越时空限制的多种信息资源的集成服务，而互联网却具备覆盖范围广泛、资源类型丰富、资源数字化存储和超越时空限制的信息传递等优点，所以，依托互联网进行信息收集、组织加工、存储和传递的数字图书馆概念便应运而生，并迅速成为信息网络时代图书馆发展的方向。数字图书馆的概念一经产生，便引起计算机产业、网络开发商、数据开发商以及图书馆等各方面的重视。大家围绕数字图书馆进行了许多研究与开发，极大地促进了数字图书馆理论与技术的进展。因此，虽然到目前为止，关于数字图书馆的大规模研究与开发活动只经历了短短几年，但是，关于数字图书馆的认识却已经有了很大的改变。

二、数字图书馆的基本要素

尽管数字图书馆可以具有不同的形态、类型，但是各种类型的数字图书馆都必须包含一些共同的基本要素：内容和资源、基本功能、网络和信息技术（数字图书馆技术）支撑的基本结构、数字图书馆与传统图书馆的关系等。

（一）数字图书馆的资源类型

从图书馆学和图书情报事业的角度，认为数字图书馆应提供大学所需的各种类型的数字信息资源，如数字化文本（来自于专业期刊、课程摘要和课程表、研究进展、成果和评价报告等）、视频和静态图像、学习软件和模拟以及其他有关的数字化信息。数字图书馆基于整个因特网,用户分布于因特网的各个角落,资源也分布在因特网的多个计算机中,由多个机构管理。用户通过数字图书馆获取资源有 3 个渠道:直接从资源的组织者(生产者)如出版商那里获得;从设在公益机构的服务中心如图书馆或媒体中心获得;从数字图书馆管理的收藏中获得。数字图书馆的资源是分布式的,由不同的机构进行维护和管理,因此,按照网络信息资源的拥有者划分,数字图书馆拥有 3 种资源:政府机构、学术组织发布的公共信息资源;数据开发商和网络内容提供商开发的专用信息资源;数字图书馆开发的信息资源。

数字图书馆的资源模式与传统图书馆存在很大区别:首先,由不同机构创建、管理和维护的分布式资源是数字图书馆区别于传统图书馆的一个重要特征。数字图书馆不仅拥有自己创建的信息资源,而且应该按学科存储网络中分布式的内容来源,并主要作为一个存储在其他计算机和硬件上的分布式信息的目录资源引导用户发现和访问所需信息资源。也就是说,数字图书馆应该包括指向有用的外部资源的指针,建立这些联结要比存储来源内容更加节省和容易,可以减少知识产权、许可等麻烦。其次,数字图书馆不只是简单地允许用户使用信息资源(无论是直接使用,还是通过指针使用其他 Web 站点的资源),它应该建立用户与数字图书馆之间的交互机制,允许用户向数字图书馆增加文献或资源(包括新的研究、学习工具、模型和对数字图书馆原有文献或资源的注解、评论和补充信息等)。具体地说,在传统图书馆中,用户在文献中注释或涂抹或用其他方法改变馆藏资源都是不允许的,用户只能被动地利用文献,是一种单向的信息传递;但在数字图书馆中,资源是动态的,信息传递是双向的,用户可以注释资源,或者将其与其他资源连接起来,某些资源还允许用户参与管理,某些资源允许用户计算、模拟、寻找或按用户利益进行其他操作。

(二)数字图书馆资源的选择

众所周知,Internet 是完全开放和自由的国际互联网络。每个联网用户都是 Internet 的使用者和信息发布者,每台联网的计算机都可以存储和维护 Internet 分布式信息资源。因此,Internet 信息资源数量庞大、种类各异、质量高低不等,而且上述网络信息资源是动态的,并非一经创建就永久存在,而是有可能被其他信息资源替代、更新或者被创建者放弃。据统计,Internet 每天都有很多的 Web 站点或网页因无人管理或经济、技术原因而"死亡"。面对缺乏管理的庞大的网络信息资源,数字图书馆必须借鉴传统图书馆文献选择的思想,建立一种适合于网络信息资源特点的数字信息资源选择机制。目前,数字图书馆信息资源选择具有两个不同于传统图书馆的特点:与传统图书馆一次性选择文献不同,数字图书馆信息资源的选择贯穿从资源采集到提供用户使用的全过程,信息资源的选择不仅由数字图书馆进行,用户也将参与信息资源的选择和对数字图书馆选择的资源进行评价;数字图书馆信息资源的选择将从人工选择向运用人工智能技术的自动选择方向发展,现有的选择主要是人工选择和自动收集相结合的模式。

数字图书馆信息资源选择的模式和方法包括:

(1)数字图书馆的所有资源都经过数字图书馆工作人员(图书馆员)选择,由于网络信息资源的多层次性,信息资源的选择也是多层次的,有时,这种选择是在具体的原资源层次(如某个 Web 站点或网页中的一篇文献,类似于传统图书馆文献选择中的某一本图书),有时,则是一组资源或资源集合(如某个 Web 站点或网页中的关于某个主题的所有资源或数据库)。尽管选择是多层次的,但是选择的方法和标准适用于所有层次的信息资源。

(2)数字图书馆将有系统有组织地收集各种关于信息资源的评论和来自用户的反馈信

息。根据这些信息调整数字图书馆的资源选择,并将这些评论和其他注解增加到信息资源中或与信息资源建立连接,为用户利用数字图书馆的信息资源提供参考。

(3)数字图书馆应借鉴 Internet 的开放自由的特征,允许来自外部的用户对数字图书馆资源的注释和注解,鼓励第三方未经同意(正面或反面的)的注释和推荐。

数字图书馆理想的信息资源选择方法是根据数字图书馆确定的选择标准,通过人工智能对庞大的动态分布的网络信息资源进行选择和组织,目前还不能实现。但是,OCLC 采用了一种变通的方法,他们首先通过聘请各学科领域的专家、图书馆专家对某些确定主题领域的网络信息资源(如 Web 站点)进行选择和评价,并按照相应的标准进行描述,然后利用计算机系统定期地对这些站点的资源进行更新,作为该学科领域的核心信息资源。同时,利用搜索引擎收集更多的资源作为辅助和补充。

三、数字图书馆的基本功能

尽管数字图书馆的概念在目前尚具有多样性,尚未取得统一的认识。但是,在本质上各种数字图书馆模式的目标还是统一的,即构建一个网络环境中促进用户学习和创新的环境,那么,资源和服务就成了数字图书馆的基本内容,其主要功能包括:

(1)书刊检索。联机公共检索目录(online public access catalog,简称 OPAC)是数字图书馆的主要服务之一。OPAC 不仅完全取代了传统卡片目录的功能,而且能够显示图书和资源的准确状态信息,支持题名、作者、主题、分类号、关键词等多达十几种的检索途径,有良好的用户界面,还可以与远程网络进行连接,检索其他图书馆的信息资源。

(2)全文获取。数字图书馆可以建立一批资源性和学术性较强、使用频率高的原文数据库。读者通过 OPAC 检索获得该文献的目录并获取全文。

(3)原文扫描与远程传递。图书馆藏有数以百万计的藏书,读者通过 OPAC 检索目录后,可以通过联机方式向数字图书馆发出提供原文的请求,工作人员根据用户的需求将印刷本的图书进行数字化,并放在网上供读者浏览。

(4)图像检索与远程传递。数字图书馆可以将有价值的绘画、摄影作品、工业设计、广告设计、建筑设计、重大历史事件照片等,通过扫描仪制作成数字图像,读者提出检索需求后,可即时提供和传送数字图像。

(5)远程咨询。数字图书馆设立高级咨询组,与国内外著名图书情报机构联网建立业务联系,接受用户通过电子邮件发来的各种检索需要,代理用户检索并通过电子邮件将结果送达用户,这将大大延伸图书馆的情报服务职能。

四、数字图书馆和传统图书馆的比较

尽管在关于数字图书馆研究与开发的初期,计算机等信息技术开发商、网络服务提供商、数据加工业、图书馆学情报学领域的研究人员,对数字图书馆有着各自不同的理解,分别从技术、资源、服务、功能等不同的角度对数字图书馆进行研究与探索,但是,这些认识和研究有着一个共同的特点,那就是都着重于在计算机网络环境中的资源数字化和数字信息的传递与处理,强调网络的广泛性、超越时空限制的传递和处理能力,以及数字信息资源的共享性等特征。因此,出现了"无墙图书馆""虚拟图书馆""网络图书馆"等强调数字图书馆资源特征的描述,相应的技术与开发活动大多集中于如何应用扫描技术和 OCR 识别转换技

术,将印刷载体向数字载体的回溯转换,包括页面图形、纯文本、文本与图形的混合文献及结构化文本。运用现代信息技术对这些传统图书馆馆藏的数字化版本提供远程自由访问、全文检索、深入的适时查询和其他有关信息。

随着互联网的出现,数字图书馆的概念发生很大的变化,以更宽泛的理解看,数字图书馆的底层技术与传统的纸介质图书馆的底层技术有很大的不同,数字信息能够被以接近光速的速度传递,以原子级高密度存储并能够融合进新的文献类型,如文本、图形、图片、视频、音频和超级链接等。数字图书馆包含传统物理图书馆的功能,并使它们变得更好。传统图书馆已经开始进入印刷载体和数字载体同时存在的阶段,但是数字图书馆与传统数字化图书馆之间存在着区别(见表 2 - 1):

表 2 - 1　数字图书馆与传统图书馆的比较

	数字图书馆	传统图书馆
发展速度	动态、快速变化	稳定、进展缓慢
基本对象	分布式数字信息	印刷载体文献
信息保存和组织	通过内在网状结构和自动抽取的上下文和原始信息组织文献	通过单一结构和最少的上下文及原始信息对馆藏进行保存和组织
馆藏类型	允许网络上的任何人发表并支持预先选择处理	公开出版和预先选择的
分布形式	分布式的,普遍存在的	集中式并拥有相对少的访问场所
访问方式	分层次进行访问控制和管理的	自由和免费的
利用方式	支持双向紧密的互联	只支持单向的松散的连接,用户不能对资源进行注释、评论
查询方式	双向查询(用户查找资源和资源提供者寻找用户)	单向查询(用户查找对象)

在上述关于数字图书馆的认识中,已经体现出数字图书馆在网络环境中异构的分布式信息资源间互操作的重要性。开始强调有目的、有组织、有系统地利用网络信息资源,相关的研究开始侧重于网络信息资源的发现与组织加工、异构系统、异构平台和异构资源之间的互操作能力、知识组织与分类在网络环境中的应用、基于元数据和资源内容的信息发现技术和基于用户评价的过滤技术及基于内容的检索技术等方面的研究开发与实践活动。从此,数字图书馆的研究开发进入了以网络信息资源开发为核心的数字图书馆阶段。

第二节　文献检索系统

数字图书馆时代的馆藏资源既包括馆藏纸本资源,又包括海量的电子资源,在网络环境下,图书馆的信息收集、传播和利用较多地依托网络进行,图书馆不再是一个孤立的个体,而是整个网络信息世界的一个信息点。因此,在新形势下重新认识馆藏资源的含义,加强图书馆馆藏资源建设,充分利用好馆藏资源尤为重要。

一、OPAC 公共检索系统

OPAC(联机公共检索目录)是 20 世纪 70 年代美国一些大学图书馆和公共图书馆共同开发的公共检索系统。发展至今,OPAC 经历了从中心化、分布式到定制化系统三代产品的发展演化过程,OPAC 所提供的信息已经从电子"目录"扩展到统计资料、图像、音像和全文信息,服务对象也从单一的图书馆读者扩展到各类网络用户,形成面向所有用户的分散式信息管理系统。OPAC 作为图书馆集成系统不可或缺的一部分,也是图书馆集成系统直接面向读者的一个窗口,它的检索功能是否强大,显示的内容是否全面,能否提供其他多种服务,很大程度上影响到用户对馆藏资源的利用。

(一)OPAC 的发展历程

第一代 OPAC 系统形成于 20 世纪 70 年代,延续的是传统图书馆卡片目录构建思路,提供与卡片目录相同的记录内容、记录格式及检索点,检索仅仅局限于著者、书名、分类号和主题,采用首字母组合和短语方式,从题名中抽取主题词并严格按照字段匹配检索,用户界面采用菜单及指令方式控制检索过程。作为一种新型的信息组织与查询方式,其快速处理信息的能力受到用户的欢迎。

第二代 OPAC 系统产生于 20 世纪 80 年代初,基于局域网建设,吸收了联机情报检索系统的优点,可按关键词做后组式检索,大大增加了检索点的数量,但同时检索效率降低。第二代 OPAC 系统更注重用户界面的设计和各种功能的提供,如下拉式菜单、帮助、浏览等。在处理检索请求时,其检索能力、数据库规模和书目内容等方面还存在一定的缺陷,检索失败的比例相当大,给无经验的用户带来了一定的困扰。

第三代 OPAC 系统是在 20 世纪 90 年代初形成,主要基于网络,充分利用 Web 接口和 Z39.50 协议,增强式检索和匹配技术、检索结果相关性排序等新技术的应用,使得第三代 OPAC 开始具备"与用户交流、理解并掌握用户需求"的能力。第三代 OPAC 可以为用户提供更多的受控与非受控的检索点及联机帮助;检索对象突破书目数据的范围,拓展到期刊、数据库等信息资源;支持用户交流,实现图形用户界面(GUI),成为用户信息共享的重要途径。

(二)OPAC 的基本功能

OPAC 发展从第一代仅仅提供浏览、查询服务,到第二代努力提高检索能力并且提供用户帮助、用户导航等功能的服务,再到第三代满足用户需求的服务,增强与用户互动交流,其基本的核心功能主要还是以下两个方面:一是馆藏书目信息的检索,二是书目信息的基础建设及服务。

书目信息服务是 OPAC 服务的基础,数字图书馆中最流行的描述书目数据的元数据标准是 MARC。MARC(Machine Readable Catalogue)即机读目录格式,是图书馆描述、存储、交换、处理以及检索信息的基础。OPAC 在显示检索结果时向读者展示的是书目信息,是 MARC 的数据字段,其质量直接决定了读者的检索效率。

馆藏信息检索功能是 OPAC 服务的直接体现,OPAC 提供的是通向馆藏资源的访问入口,引导读者找到所需文献,帮助用户获得理想的检索结果。

OPAC 发展至今,几乎所有的改进都是围绕这两个基本功能进行的,只有将书目数据库建设得更加完善,读者才能更全面、有效地对馆藏资源进行检索;反之,检索功能的改进也对书目数据库建设提出了一些要求。

下面以北京工商大学金盘图书馆管理系统为例进行介绍,其主要功能包括:

1. 馆藏书目检索

简单检索如图所示,读者在纸本图书+期刊范围内,可选择题名、责任者、出版、ISBN、索书号、主题词等字段进行书目或期刊的检索,系统还提供多字段检索和组合检索,如图2-1、2-2所示。

图2-1 馆藏书目简单检索界面

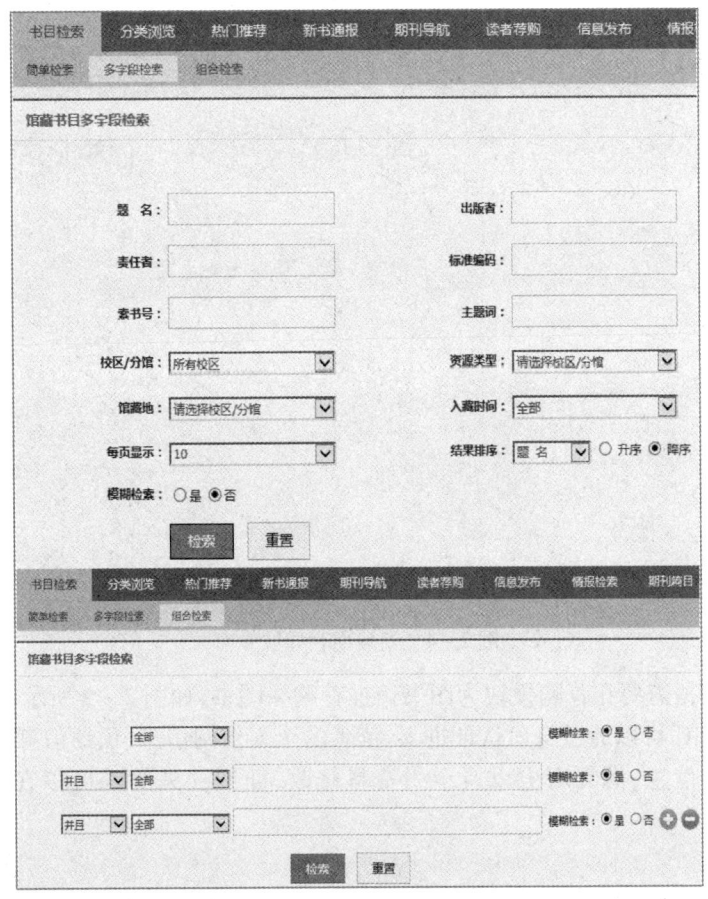

图2-2 多字段检索或组合检索

2. 馆藏分类浏览和新书通报

读者可以依照中图法对馆藏资源进行分类浏览,如图 2-3 所示。

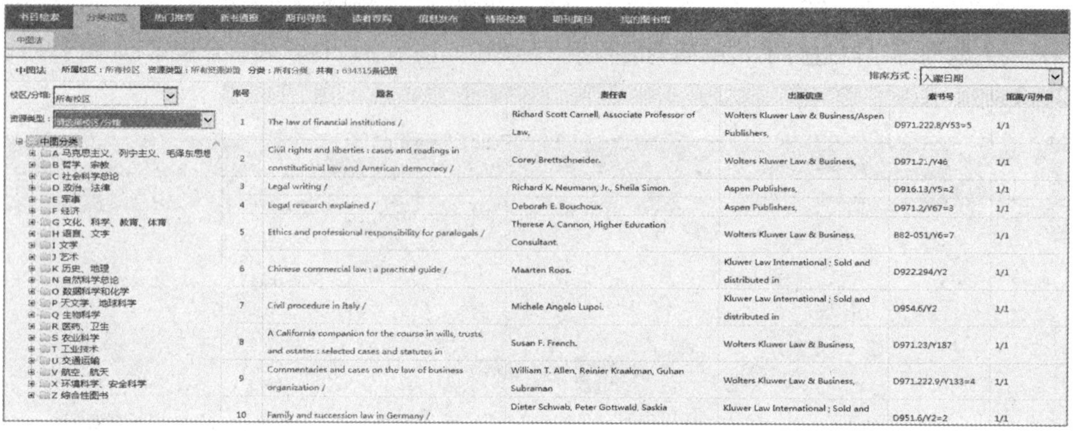

图 2-3　馆藏分类浏览界面

读者可以在期刊导航页面,根据字母排序进行中外文期刊检索,如图 2-4 所示:

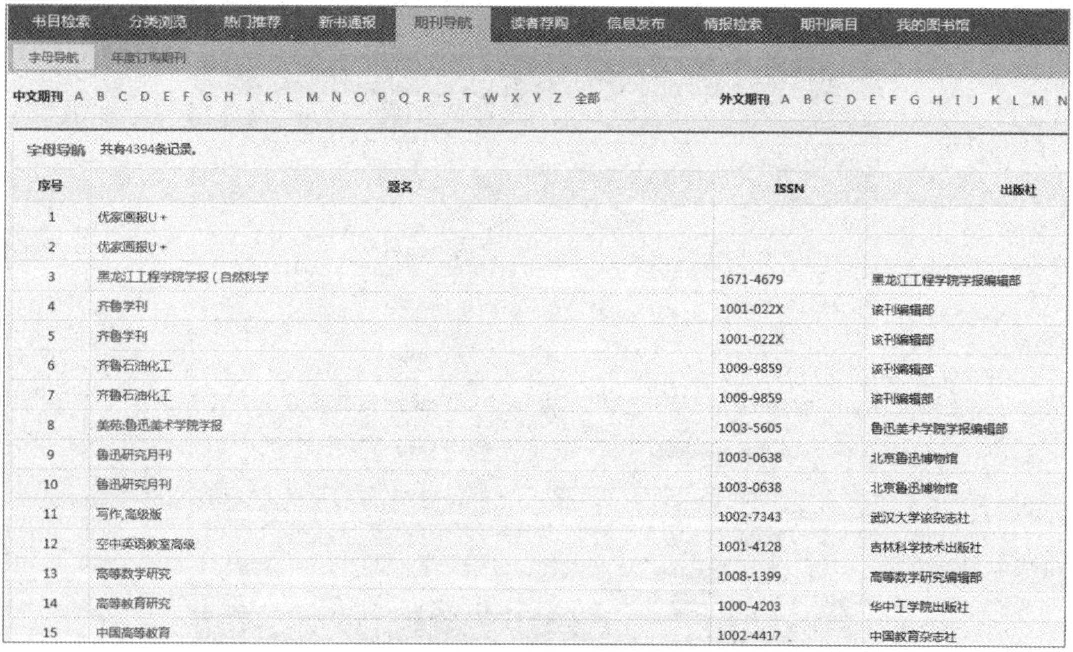

图 2-4　馆藏期刊导航界面

读者可以根据需要在荐购模块为图书馆推荐购买图书,如图 2-5 所示:

"我的图书馆"可以通过身份认证进入,读者的个人借阅信息、预约信息、委托信息、到馆通知、续借、超期信息、借阅历史以及个人资料修改、证件挂失等都可以在这里操作,如图2-6、2-7 所示。

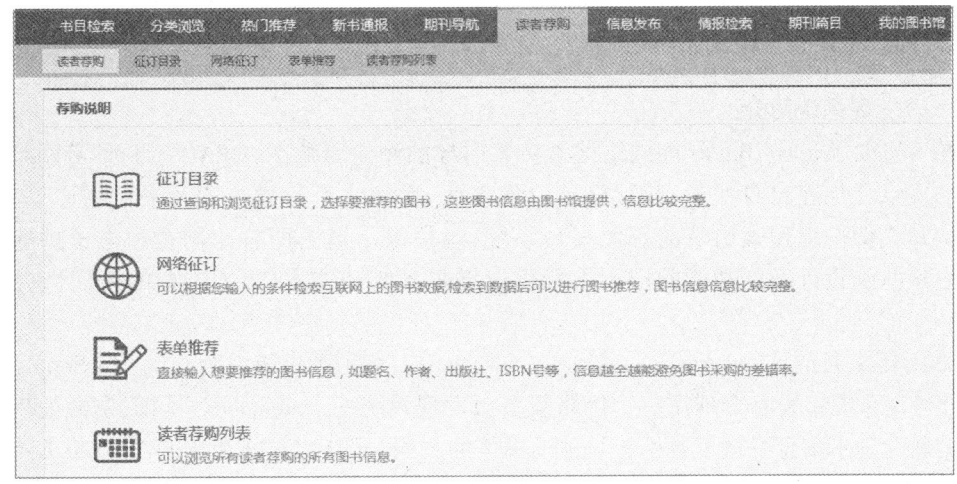

图 2-5　读者荐购界面

图 2-6　个人借阅信息登录界面

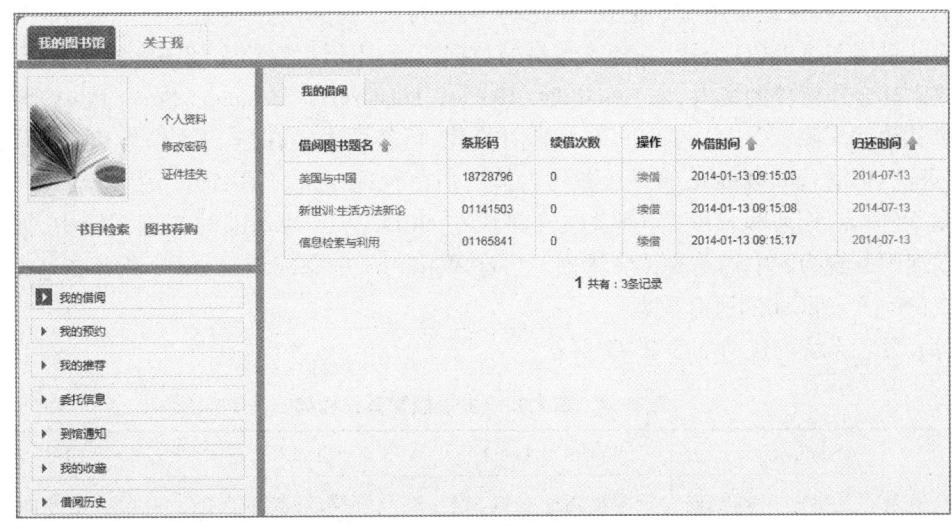

图 2-7　"我的借阅"详细信息及个人资料界面

二、知识发现整合检索系统

(一)发现系统简介

在 Google、Yahoo、Baidu 等网络搜索引擎引导的潮流影响下,OPAC 不断学习网络搜索引擎的优点并加速自身变革:设计简单检索界面,增加快捷检索方式及书目纠错等功能,甚至构建类似网络搜索引擎的资源发现系统,统一揭示包括所有印刷型和电子型的馆藏资源。这些新设计及新功能的应用无疑可以增强系统功能,提升 OPAC 的可用性并弥补缺陷。

2009 年 1 月的 ALA(American Library Association,美国图书馆协会)年会上,Serials Solution 公司宣布即将发布全球第一个网络级资源发现系统——Summon。旋即,资源发现系统作为全新的学术信息发现工具引起全球图书馆的关注。随后 OCLC 推出 WorldCat Local(以下简称 WCL),Ex Libris 公司推出 Primo Central,EBSCOhost 公司推出 EBSCOhost Discovery System(以下简称 EDS),这些资源发现系统以"简单、快速、易用、有效"的检索体验颠覆了传统的图书馆整合检索系统带给用户的感受。

Summon 是由 Serial Solution 公司于 2009 年 7 月推出的资源发现系统,该公司作为数据库生产商,一直秉承着中立的原则,客观地收集各种期刊和出版商的信息,保证了信息的原型。2011 年 11 月 22 日,北京大学图书馆率先引进 Summon 发现系统,并且利用该系统整合了本馆超过 700 万条图书馆目录记录、450 多个数据库,将中国古代数据库、北大名师特藏、民国报刊特藏、多媒体资源等进行了整合和统一揭示,实现了 Summon 对特色资源的整合。

Primo 是 Ex Libris 公司于 2007 年 5 月推出的新一代一站式信息发现和传输系统,公司是系统开发商,依靠各大数据库生产商或出版商签订元数据收割协议。用户可以通过 Primo 提供的平台去访问图书馆的各种馆藏,包括电子资源和纸本资源。2009 年了,Primo 增强了用户界面的自定义选项和前端功能,增加了可用性的信息以及开放鼓励发展的平台。2009 年 6 月发布 Primo Central 版,整合了世界上大部分的外文电子期刊文章和部分报纸、电子书元数据,目前已收录记录超过 5 亿条,在此基础上,每天仍有新数据更新。

EDS 隶属于 EBSCO 公司,它拥有海量的数据资源,不但可以检索到丰富的网络资源,还可以检索其合作伙伴的资料,如 NewsBank、Readex、LexisNexis、Alexander Street Press 等,大大扩充了其数据来源。OCLC 与 EBSCO 出版社合作,可使图书馆在把 EDS 作为其发现层的同时,也可把 OCLC WorldShare 管理服务作为其图书馆管理系统。图书馆利用 EDS – WMS 集成方案,可把编目、采购、许可管理及流通集成在 OCLC 以云为基础的管理系统中,同时把 EDS 发现服务置为图书馆前端读者界面。可在 WorldCat 中完成编目,EDS 读者在这种配置下有权访问 WorldCat 的所有数据。

各大发现系统的优势如表 2 – 2 所示:

表 2 – 2　四大知识发现检索系统优势

	Summon	WorldCat Local	Primo	EDS
优势	在资源整合和馆藏发现方面有优势	资源覆盖率最高,检准率最高	在系统集成、技术支持等方面有其优势	检索功能方面比较强大

许多图书馆都根据自身的实际情况选购了资源发现系统,读者通过类似 Google 检索框特点的检索多种结构和类型的资源,集成搜索学术和网络资源,如馆藏的纸本文献、电子书、专业数据库、机构库等。

(二)Summon 资源发现系统

Summon 学术资源发现是 Serials Solution 推出的一项崭新的革命性的一站式发现服务。Summon 优于联邦检索和下一代图书馆目录,可以消除挡在用户和图书馆之间的根本性障碍:即用户不知从何处下手找到图书馆里的内容。Summon 发现服务是专门为图书馆设计的像 Google 那样的搜索引擎。快速检索并全面揭示馆藏,包括图书馆馆藏目录、电子期刊数据库、电子书数据库、图书馆数字特藏资源、开放获取资源等。覆盖类型包括图书、电子书、书评、书的章节、期刊、学术期刊文章学位论文、报纸文章、多媒体资源等。

Summon 学术资源发现可以让读者不用再花费大量时间在其他数据库之间查找资料,在一站式检索框中输入任何想要的信息,就可以获得按照相关性排序的资源。它对检索结果保持客观中立,不倾向任何内容提供商和任何资源类型,图书馆所有的资源类型在 Summon 中都是同步平等的。

(三)Summon 资源发现系统的功能

本文将以北京工商大学图书馆为例,介绍 Summon2.0 资源发现系统的检索方式。

首先,输入检索词,找到需要的资源。在主页检索输入框中输入检索词"植入性营销",可以找到约 1034 个相关检索结果,输入"product placement",约 763 954 个相关检索结果,如图 2-8 所示。结果中,所有文献按照相关性进行排序,也可以点开图 2-8 中相关性一栏的下拉菜单,选择按照时间最新或时间最早的顺序排列,右侧为来自维基百科的解释。

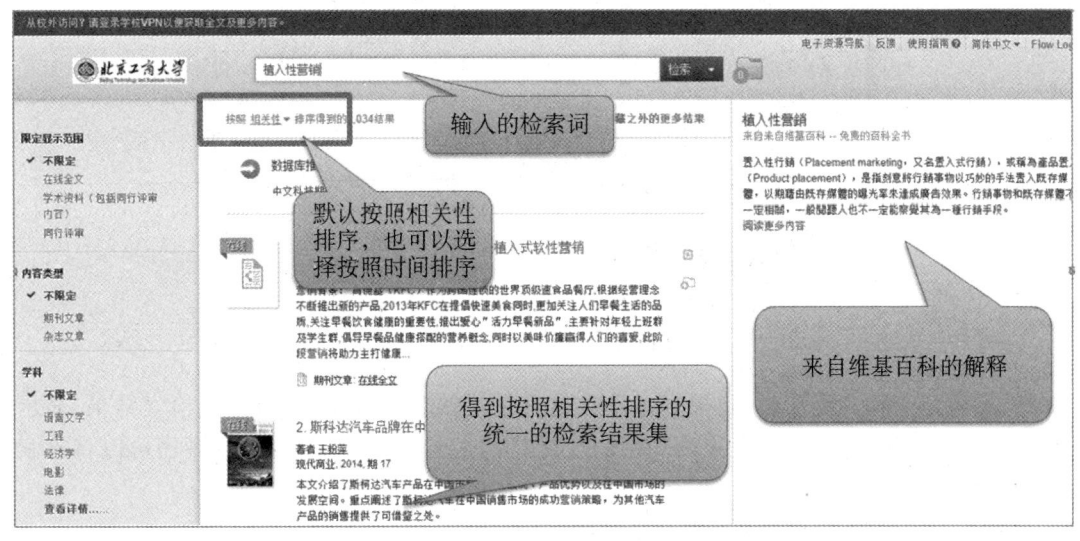

图 2-8　检索结果页面

接下来,读者可以对海量的资源检索结果进行精炼。在结果的左侧可以通过对内容类型、学科、创建/出版时间、主题、语言进行精炼检索操作,具体方法是:

检索词"植入性营销",在勾选"学术资料(包括同行评审内容)"之后,返回 203 个结果,检索结果的学术性更强,质量更高,同时提高了检索的精准度。

在"出版日期"分面,读者可以对出版物日期做灵活限定,如查找某周的报纸或某日的时事等。

以上介绍的精炼的方法,是可以同时使用的,例如读者不仅需要全文的结果,还希望只显示学术出版物的内容,就可以同时勾选上"在线全文"以及"学术资料(包括同行评审内容)",依此类推,读者可以根据自己的需要,任意搭配精炼的方法。

图 2-9　限制检索结果页面

当得到满意检索结果时,将鼠标悬停在检索结果的名称上时,可以预览检索结果,显示著者、摘要、主题等预览信息。点击"在线全文"即可轻松获取全文文献,读者还可以将检索结果保存并导出。

(四)Summon 资源发现系统的其他功能

(1)精确检索加双引号。还以 product placement 为例,如果加上引号成为" product placement"之后,检索的结果是 37 968 个,缩减了检索结果,从而使检索结果更加精确,如图 2-10 所示。

(2)每次检索完成后,在检索结果的上方,可以看到基于检索内容所推荐的相关数据库,用蓝色醒目字体表示出来,可以重点到这个数据库中进一步查找所需的资源。

图 2 – 10　精确检索结果页面

（3）期刊导航功能。Summon 资源发现系统的电子期刊和电子书导航，准确地反映出期刊和电子书的收录信息。目前可以提供按英文首字母浏览、按汉语拼音首字母浏览、按学科主题等几种期刊检索方式。

三、光盘检索系统

随着现代互联网技术、多媒体技术的发展，读者的阅读习惯也发生了很大的变化，从传统的纯纸本图书阅读向电子图书阅读方面过渡，许多图书出版商为了满足读者需求的变化，出版了很多随书光盘。这种光盘除了能提供纯文本信息外，还能够提供声音、影像、动画等多种丰富多彩的内容。因此，以这种方式出版的图书所占的比例在不断扩大，这也使得图书馆购买的图书中越来越多都配有随书光盘。

目前，图书馆对随书光盘的管理大概分为 3 种方式。一是光盘与图书一起流通，读者借阅图书的同时，光盘随书一同外借；二是光盘与图书分开管理，随书光盘只能在图书馆电子阅览室使用，可以刻录拷贝但不能外借；三是使用专门的光盘管理系统软件，把随书光盘内容上传到服务器存储，通过网络供读者在线运行或下载到本地使用。比较上述 3 种方法，不难看出前两种方法是传统图书馆服务的继续和延伸，管理起来较为简单，但存在着明显的缺点。由于光盘与纸质图书不同，重复外借或在计算机上多次使用很容易造成光盘损坏，甚至丢失，而且这两种方法都存在着借阅期限和开馆使用时间的限制，并且在一定时间内只能供有限的读者使用。第三种方法则符合图书馆数字化发展的趋势，充分利用了计算机网络信息技术，从根本上克服了上述两种方法的缺点，而且光盘上网使读者可以不受时空限制随时随地使用，使同一张光盘可被不同的读者在任何时间和校园网上任何地点同时共同使用，实现了随书光盘内容信息的共享。因此，随书光盘的网络化管理与发布是一举多得的好方法，已逐渐成为当前图书馆管理随书光盘的主流发展模式。

（一）畅想之星非书资源管理平台

畅想之星非书资源管理平台是北京畅想之星公司应国内图书馆非书资源检索系统的具体要求和校园网的独特环境所开发的非书资源系统应用发布软件，利用平台与 OPAC 的无

缝链接,实现随书资源的网络化管理与发布,其功能及特点包括:

(1)与馆藏书目信息的双向无缝链接(OPAC 接口)。在馆藏目录页面上进行资源的主动整合,并且只需在首次使用系统时安装一个小插件即可实现。读者在使用本馆书目检索系统查询附盘图书时,可直接在其页面上点击随书光盘的下载链接,大大方便了读者对随书光盘的利用。

(2)编目数据提取。可直接从馆藏目录提取 MARC 数据,或从该公司远程套录部分 MARC 数据;可批量导入 MARC 数据,也可手工录入新记录。大部分资料无须再手工重新著录其 MARC 信息,从而大大减少工作量。

(3)回溯建库。目前该公司系统中已有 10TB 左右的资源供用户选择回溯自己的库,用户可以直接从该公司存储库中获取大部分与本馆随书光盘相同的资料数据而无须用户重复制作,从而大大减少了回溯建库所需要的时间。

(4)光盘请求功能。对于还未上载的光盘,读者可以通过光盘请求功能向管理员提交开放请求。这对于存储空间有限,只能选择性地往服务器上传光盘数据的图书馆将会非常有用。

(5)分布式存储。数据可存储在多个服务器、存储系统或硬盘上,支持多服务器之间的数据迁移,可以使图书馆的硬件资源得到充分的利用。

(6)统计功能。按时间段统计资源上传数量、资料点击排行、用户点击排行、类目点击排行等信息,可量化了解、跟踪资源的建设和使用情况。管理员可以根据使用情况,剔除一些很少使用的旧光盘,上传读者需求量比较大的新光盘,从而使有限的存储空间得到最大限度的利用。

(二)随书光盘加工及运行模式

随书光盘在图书编目完成后移交到图书馆专门的工作人员手中进行加工,具体就是将随书光盘的内容利用畅想之星非书资料管理系统制作光盘镜像,发布到网上,供读者在校园网上直接进行数据下载。读者从畅想之星平台前台进入,如果没有检索到随书资源信息可以直接申请开放。其运行模式如图 2 - 11 所示。

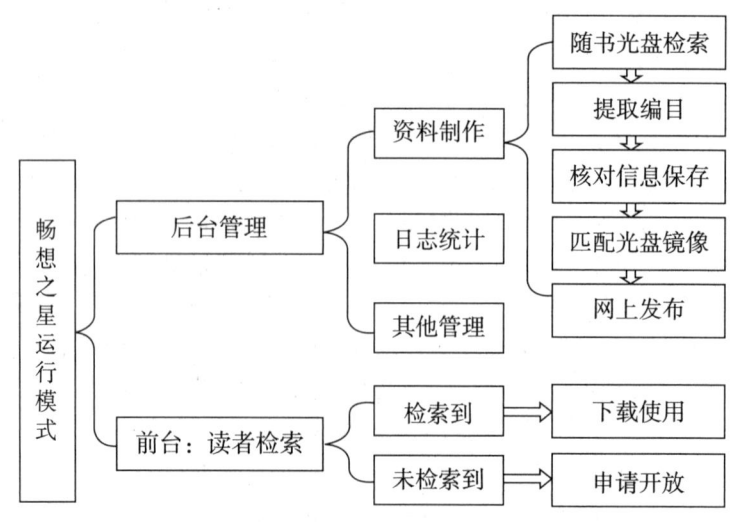

图 2 - 11　畅想之星随书光盘网络化管理运行模式

第三节 数字图书馆服务

一、文献传递服务

文献传递是将用户所需的文献以有效的方式和合理的费用,直接或间接传递给用户的一种非返还式的文献提供服务,它具有快速、高效、简便的特点。通过开展文献传递服务,不仅缓解了图书馆经费、资源不足与读者日益增长的文献需求之间的矛盾,也对教学科研起到了很好的支撑作用。

文献传递的范围正在扩大,"文献传递"能够从开放资源、机构知识库或专业知识库、大规模数字化馆藏以及其他网络资源来获取"文献",尤其是科技报告、专利、标准、实验规范等特种文献。

由于高校学科专业的特点,高校图书馆收藏的资源不可能完全满足高校用户日益增长的科学研究的需求,从节约原则出发读者应尽可能使用特定的文献保障系统进行原文获取。目前,文献传递系统包括中国高等教育文献保障系统(CALIS)、中国高校人文社会科学文献中心(CASHL)、北京地区高校图书馆文献资源保障体系(BALIS)、北京财经类院校资源共享平台等,高校用户可以检索以上文献保障系统平台的资源,并能免费获取全文,实现了高校间资源的共享,使文献资源能够发挥更大的价值。

(一)中国高等教育文献保障系统(CALIS)

中国高等教育文献保障系统(China Academic Library & Information System,简称 CALIS)是经国务院批准的我国高等教育"211 工程""九五""十五"总体规划中 3 个公共服务体系之一。CALIS 的宗旨是,在教育部的领导下,把国家的投资、现代图书馆理念、先进的技术手段、高校丰富的文献资源和人力资源整合起来,建设以中国高等教育数字图书馆为核心的教育文献联合保障体系,实现信息资源共建、共知、共享,以发挥最大的社会效益和经济效益,为中国的高等教育服务。

CALIS 以全国高校收录的各种文献资源为基础,并与国家科技图书文献中心(NSTL)、中国国家图书馆和上海图书馆进行合作,共同为高校师生提供全方位的文献服务、咨询服务、个性化服务,其文献传递服务系统包括:外文期刊网(CCC 西文期刊目次数据库)、国家科技图书文献中心文献传递服务(高校版)、中国国家图书馆文献传递服务(高校版)、CALIS e 得全文资源等。

(二)中国高校人文社会科学文献中心(CASHL)

中国高校人文社会科学文献中心(China Academic Humanities and Social Sciences Library,简称 CASHL)中文名为开世览文,是由教育部组建的文献保障机构,是全国性的唯一的人文社会科学文献收藏和服务中心,借助现代化的网络服务体系,为全国高校、哲学社会科学研究机构和工作者提供综合性文献信息服务。

(三)北京地区高校图书馆文献资源保障体系(BALIS)

北京地区高校图书馆文献资源保障体系为北京地区所有高校图书馆的读者提供便捷、快速、高效的文献资源保障服务。截至 2014 年,BALIS 已有 88 家北京高校成员馆,BALIS 以北京各高校收录的各种文献资源为基础,依托中国高等教育文献保障系统(CALIS),共同为北京高校师生提供全方位的文献服务、咨询服务、个性化服务。

（四）北京财经类院校资源共享平台

北京财经类院校资源共享平台由中央财经大学图书馆牵头,北京世纪超星公司提供技术平台,将对外经贸大学、中央财经大学、首都经贸大学、北京工商大学和北京物资学院五家北京地区高校图书馆资源(尤其是电子图书和中外文数据库)进行整合,平台界面简洁、方便,检索范围包括中外图书、中外期刊论文、中文报纸、中外学位论文、中外会议论文、中外专利、中外标准等。

二、馆际互借服务

馆际互借是基于馆际之间资源共享而提供的一种服务方式,即对于本馆未收藏纸本文献,在读者需要时,根据馆际互借制度、协议、办法和收费标准,向外馆借入;反之,在外馆向本馆提出馆际互借请求时,借出本馆馆藏文献,满足外馆的文献需求。

网络环境下,馆际互借通过建立多个服务体系,包括北京地区高校图书馆文献资源保障体系(BALIS)、上海教育网络图书馆(SHELIB)、天津高等教育信息中心(TALIS)、江苏省高等教育文献保障系统(JALIS)等,通过这些系统,图书馆间实现了资源的共享与有效利用。

三、学科服务（学科导引）

自清华大学图书馆 1998 年率先开展学科服务以来,学科服务逐渐成为国内众多高校图书馆的工作重心和创新热点。然而随着信息环境的不断变化,用户需求也开始"水涨船高",特别是对于信息资源的获取,除图书馆外可供用户选择的信息源非常多,图书馆作为"信息中心"的传统优势地位受到巨大冲击,传统的学科服务也面临严峻的挑战。要将学科服务继续深入推进,迫切需要建立一个新型的集成化平台来承载用户的多元需求,较多国外图书馆选择以 LibGuides 来构建相应的知识服务平台。

LibGuides 是由 SpringShare 公司开发的开源软件系统。利用 LibGuides,图书馆员可以实现对资源和服务的一体化设计,将图书馆的各种资源和服务组织成一个个"指南",读者可以通过电脑、平板阅读器甚至手机方便地浏览。自 2007 年问世以来,LibGuides 在短短几年已成为国际上最广泛使用的图书馆学科服务平台,国内图书馆通常将 LibGuides 称为"学科服务平台",也有学校称之为"学科资源导航"或"学科资源导引"。上海交通大学图书馆为国内首家引进 LibGuides 的机构。

高校图书馆根据学校的学科设置创建导引(subject guides),在美国前 20 所高校图书馆中,有 16 家图书馆使用 LibGuides 建立学科导引,学科类别设置平均为 58 个,每个学科导引涵盖查找图书、查找期刊、查找数据库、学科期刊、学科图书、学位论文、会议论文、标准、专利、学协会信息、学科 OA 资源、学科网络资源等各类型文献。学科资源导引是按学科将图书馆的馆藏资源、网络资源等进行归纳、整理与提炼,并对其进行深度揭示与挖掘后呈现给读者,旨在为教师查找所需教学科研信息、学生查找学习资源提供方便、快捷的通道,指导读者有效地检索和提取学科相关信息,为学校教学科研工作提供高质量的文献信息保障。

北京工商大学图书馆通过对中美高校图书馆数字化学科服务的对比研究,逐渐了解其各项功能并开始试用该系统,已建立了 9 个学科的学科导引(如图 2-12),分别于 2011 年7—11 月份正式发布,每个学科馆员建立导引的平均时间为 1—2 个月。目前导引利用情况良好,院系教师对导引的建设以及学科的命名等提出了多项意见和建议。

图 2 – 12 北京工商大学食品学科/经济学科资源导引首页

四、课程服务(课程导引)

目前国内外大学图书馆主流的导引是依据学科创建的,但是学科导引却面临着实际使用率较低的尴尬现状。美国杜克大学图书馆调查显示,接受调查的一千多个读者中,53% 从未使用过学科导引。2004 年,Reeb 和 Gibbons 率先提出来创建从课程角度出发的具体的课程导引,因为大学生缺乏对学科的认识,大学生对学科的了解是基于对某一门课程或者该学科若干课程的学习开始的。多数大学图书馆的统计数据也显示出具体的课程导引比一般的导引拥有更高的点击量。新加坡管理大学同时拥有信息系统与管理的学科导引和对应的课程导引,在 2011 年 1—5 月间,课程导引的点击量是学科导引的 450%。国内比较缺乏课程导引的理论研究及实践研究,上海交通大学等属于为数不多开展了课程导引服务的国内高校图书馆。

国外大学的教师和学生已经习惯了课程导引服务方式和内容,教师和学生教与学也离不开课程导引服务。课程导引服务基本包括几方面内容:课程介绍、课程相关资源推荐、课程相关网络资源、图书馆服务和交互功能。既然是课程导引,必然会涵盖关于课程介绍的相关内容,通常包括课程背景介绍、任课教师、开课时间、课程代码、课程作业要求等。作为图书馆服务,课程导引的重点和核心内容为课程相关资源推荐,通常包括图书、文献、数据、专利、期刊、数据库、报纸、工具书、多媒体资源等。课程相关资源不拘泥于电子资源,有价值的纸本资源、网络资源也会罗列。有些课程导引还会包含馆藏公共查询、WorldCat、Google 等资源查询工具。写作指导、馆际互借与文献传递、校外访问等图书馆服务也会介绍。此外,课程导引通常融合了各种 Web2.0 技术,比如负责馆员联系方式、分享、问卷、RSS 订阅、在线咨询等利于读者交互、宣传的功能。

北京工商大学课程导引服务于 2013 年 3 月下旬正式发布。以食品学院、外国语学院为试点搭建了二十余门课程的课程导引。食品学院包括食品科学与工程专业 8 门学科基础必修课、5 门专业必修课、10 门选修课,总计 23 门课程。外国语学院包括大学英语和商务英语(BEC)2 门课程,以及一门必修学科基础课中国文学导论。为了使课程导引得到更好使用,北京工商大学开展了大量多渠道的宣传和推广工作,在图书馆主页悬挂飘窗,给相关授课教师发送邮件,并在图书馆官方微博、微信、人人网主页等社交平台展开宣传,学科馆员在与院系师生接触的过程中,主动地推送和介绍,在文献检索课堂、图书馆举办的讲座及嵌入式教学中积极引导学生使用课程导引,如图 2 – 13。

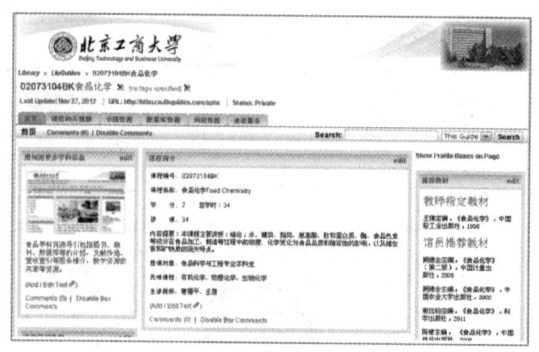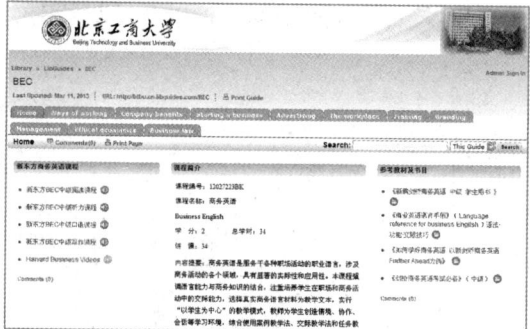

图2-13 食品化学课程/外国语学院商务英语(BEC)导引首页

五、科研服务(查收查引、科技查新、课题检索、核心期刊查询等)

国内大学图书馆与国外大学图书馆在科研服务方面有差异。国内高校图书馆比较重视一些传统的科研服务项目,如文献传递、馆际互借以及中国特有的科技查新、查收查引服务,而科研服务的整合以及学术不端等国内高校图书馆都较少涉及。英美大学图书馆则在开展文献传递、馆际互借的同时,较为重视科研服务信息的整合、文献管理软件的使用以及学术不端的检测。

北京工商大学图书馆在保留传统科研服务的同时,着力弥补国内高校图书馆科研服务领域的不足,结合先进的基于云计算技术的美国 LibGuides 系统,建立科研服务平台,旨在整合所有科研服务信息,满足学校教师与科研管理部门的科研信息需求,服务于学校的科研工作。科研服务平台依据教师在科研领域的需求,尽可能多地将与科研有关的服务信息放在平台上,平台主要包括:检索工具及来源刊、论文收录引用、科技查新、文献传递、馆际互借、远程访问、中外文核心期刊查询、本校科研、文献/专题服务、情报分析、信息咨询等。平台从2012 年 3 月开始筹建,项目组经过 3 个月的数据采集、数据上传、数据归类、数据挖掘等流程,于2012 年 6 月创建了科研服务平台并挂接在北京工商大学图书馆的主页上。

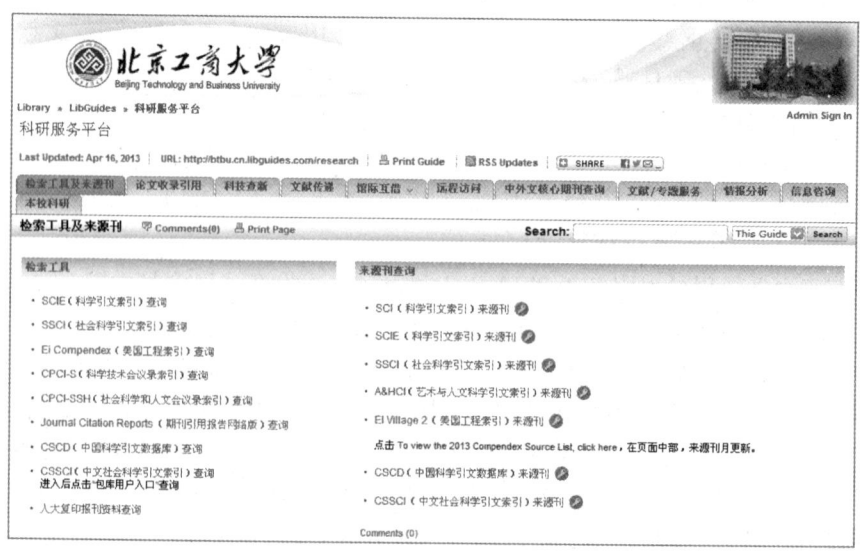

图2-14 北京工商大学图书馆科研服务平台首页

六、校外远程访问

由于近年来高校合并整合资源、扩招新建校区，大部分高校形成了多校区现象，此外，随着学习型社会的到来，基于资源的自我学习会随着教育大众化终身化不断地渗透进入社区，进入家庭，必然会推动相当一部分数字图书馆资源走出象牙塔，进入社区，服务大众，必然需要一种技术的创新和模式的创新来破除当前数字图书馆资源利用的局限。此技术就是远程访问，又称为校外访问，是指突破 IP 地址的物理限制，可以在任何能上网的地方使用图书馆的电子资源。其实现的原理如图 2 − 15 所示：

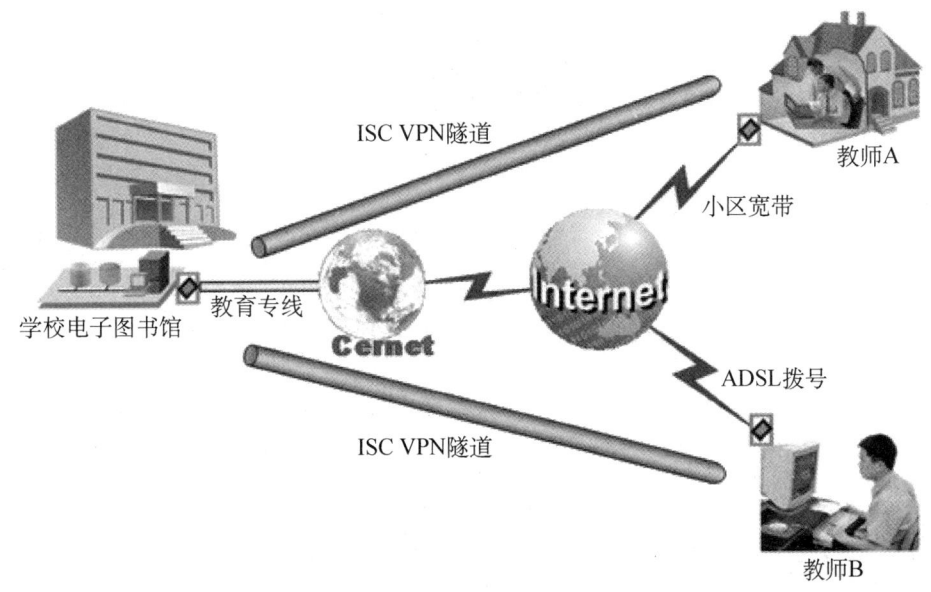

图 2 − 15　校外远程访问原理图

目前，校外访问技术通常采用 VPN 方案和代理方案，很多大学目前运用的是 VPN 方案。

VPN（virtual private network）是指在公用网络中建立专用的数据通信网络的技术，即利用公用线路来实现任意两个节点之间的安全专有连接技术，能够让远程用户或分支机构安全地介入到内部网络。VPN 在远程访问上的解决思路是：用户可以在家中通过宽带接入互联网，获得公网合法地址后拨号校园网 VPN 网关的公网地址，通过构建一条用户到校园网的二层隧道，在通过 VPN 服务器给用户分配一个校园网地址来实现资源的远程访问。

目前，VPN 主流应用技术分为两种：IPsec VPN 和 SSL VPN。前者是在 IP 层上对数据包进行高强度的安全处理，提供数据源地址验证等安全服务。SSL VPN 是一种基于 SSL/TSL 的协议、以 Web Server 构架为依托的 VPN 实现。

VPN 使用方法——以北京工商大学为例

首先，进入 VPN 的登录界面，在 IE 浏览器的地址栏输入 VPN 登录地址 https://vpn. btbu. edu. cn/，需要注意的是，地址头部必须为 https://，不要忘记输入字母 s；然后登录VPN，点击"VPN 远程访问系统"后进入登录界面，点击"VPN 远程访问系统"后进入 VPN 登录界面。如图 2 − 16 所示，此时会出现"此网站的安全证书有问题"提示，此时直接点击"继续浏览此网站"即可。

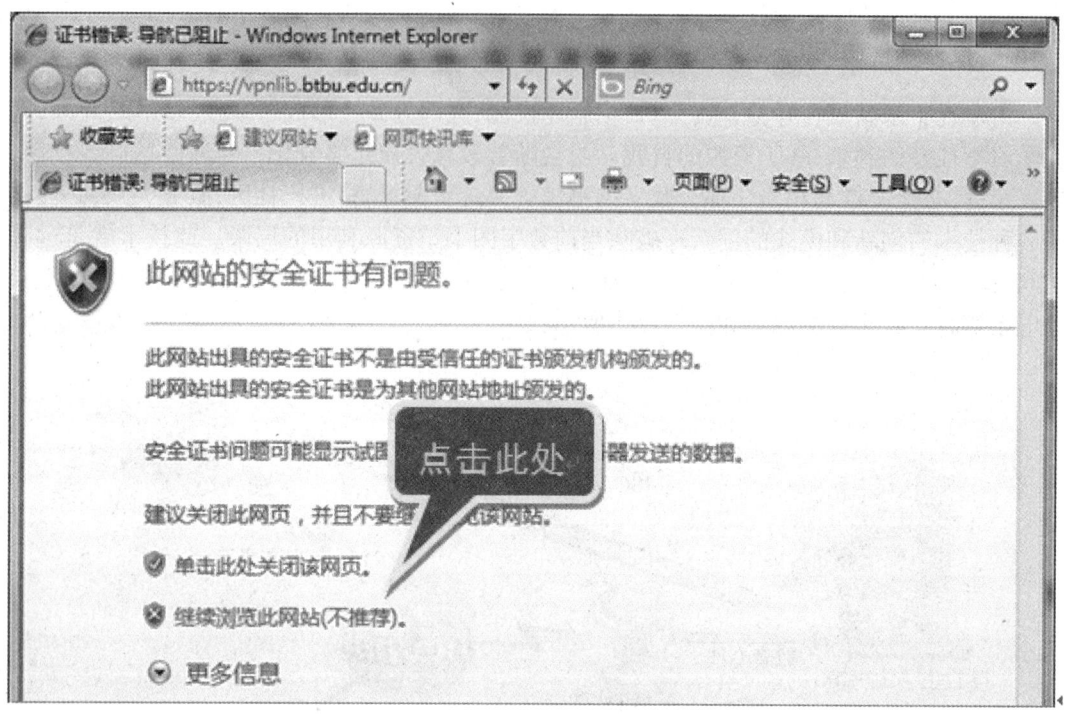

图 2-16　VPN 登录界面

　　接下来就会进入 VPN 登录界面，请在"用户名"处输入您的"校园网上网账号"，在"密码"处输入您的"上网账号密码"，点击"登录"即可。如图 2-17 所示。

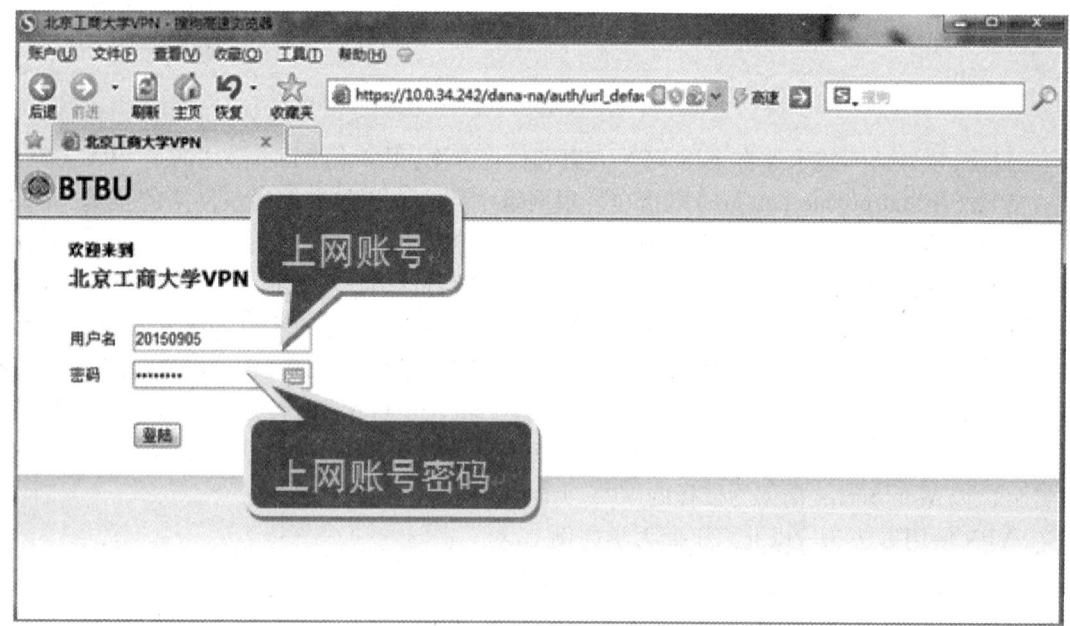

图 2-17　VPN 账号密码页面

　　成功登录 VPN 之后，点击相关链接直接即可访问北京工商大学的校内资源了。

图 2 - 18　VPN 成功登录后界面

　　需要注意的是,登录成功后一定不要关闭该页面,否则会自动退出 VPN。

　　用户在使用完校内资源后,需要点击右上角"登出"退出该系统或者关闭该页面。否则账号会一直在线,导致资源占用。如需再次使用请重新登录。

七、移动图书馆

　　近年来 iPhone、iPad、Kindle 等移动智能终端的盛行,改变了信息传播方式,实现了传播内容与载体的彻底分离,迎来了移动阅读时代,人们可随时随地通过触手可及的网络获取网络信息。高校图书馆一直致力于开展现代化、智能化、便捷化的网络服务,服务系统已日趋完善和成熟,读者可以利用计算机网络快速、便捷地获取信息,但却受到地域等时空限制,例如读者在旅途中、等候时间、会议休息时间等,难以实现随时随地利用图书馆。移动技术的快速发展给高校图书馆提供新的发展契机,高校图书馆纷纷致力于对移动技术与图书馆的整合,对移动图书馆的研究和应用持续升温。移动图书馆是指所有通过智能手机、Kindle、iPad、MP3/MP4、PSP 等移动终端设备访问图书馆资源、进行阅读和业务查询的一种服务方式。

（一）移动图书馆的服务模式

目前已推出的移动图书馆服务平台，主要实现方式包括 SMS、I-Mode、WAP 和 J2ME 服务模式。

（1）SMS 服务模式。SMS 即手机短信息，由于早期的移动通信技术主要以短信服务最为普及，因此 SMS 模式相对较为成熟，移动图书馆的建设也是从手机短信开始。采用 SMS 模式主要用于实现信息通报功能，比如开放时间、新书通报、图书到期提醒、图书馆讲座、图书催还等。SMS 服务模式的特点为及时、快捷以及费用低廉，缺点在于消息格式简单，仅支持简单文本，无法传输图像、音频、视频等信息，因消息长度受限，难以实现复杂信息检索，交互性能较差。

（2）I-Mode 服务模式。I-Mode 是一种新的无线通信模式，日本在该领域上一直处于领先地位。日本移动公司采用分组交互叠加技术，使用简化的 HTML 编辑网站，使传统的 WAP 网站方便地转变为 I-Mode 网站。日本富山大学图书馆和东京大学图书馆均使用该技术开发 OPAC 查询系统，提供馆藏查询、图书催还、续借通知等服务。

（3）WAP 服务模式。无线通信协议（WAP）是一种向移动终端提供互联网内容和先进增值服务的全球统一的开放式协议标准，目前最高版本为 WAP2.0。WAP 最大特点是系统结构的灵活性和协议的开放性，并可利用开发语言的优势，开发出更具交互性的服务界面。采用 WAP 网站可以提供比 SMS 模式更为丰富和强大的功能。WAP 技术已成为被大众广泛接受的无线联网方式，用户可以通过掌上终端设备访问图书馆的 WAP 网站，享受目录检索、查询开馆时间、存取电子期刊论文等服务。

（4）J2ME 服务模式。J2ME 即 Java 2 Micro Edition，J2ME 是一种高度优化的 Java 运行环境。J2ME 开发是继 WAP 之后又一崭新的移动开发模式，采用 J2ME 开发通用的移动图书馆平台，可以较为完善地解决 WAP 的不足，系统功能、交互性等方面均有较大提升，遗憾的是目前并不是所有的手机都支持 Java 虚拟机。

（二）移动图书馆的服务功能

目前移动图书馆的服务基本包括短信、WAP 模式、应用程序等模式。对国内一些开展移动图书馆的网站进行网页访问和 WAP 访问，在调研其服务开展情况的基础上，对国内外移动图书馆开展的相关移动服务进行总结和归纳，将服务分为信息通报、业务与查询、阅读与服务、个性化定制四类，实现的主要服务功能列表如下图所示。从下图可以看出，移动图书馆提供的服务较为丰富。

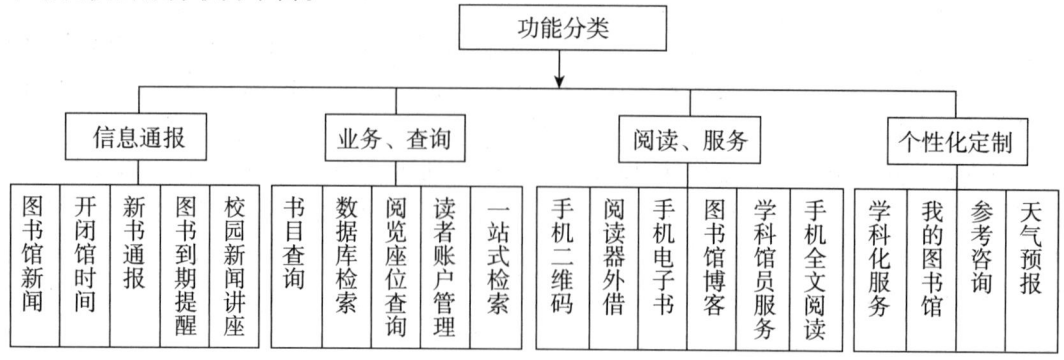

图 2-19　移动图书馆的服务功能

第四节　数字资源利用中的知识产权保护

一、知识产权

"知识产权"一词来自英文"intellectual property",我国在 20 世纪 70 年代至 80 年代初曾称之为"智力成果权",1986 年我国《民法通则》正式将其确定为"知识产权"。一般认为,知识产权是人们对其智力活动创造的成果和经营活动中的标记、信誉等依法享有的运用、保护和管理的专有权利。

知识产权依据其适用领域可划分为文学产权和工业产权。文学产权是指关于文学、艺术、科学作品的创作者和传播者所享有的权利,包括著作权以及与著作权有关的权利。工业产权是指工业、商业、林业和其他产业中具有实用经济意义的知识产权,主要包括专利权、商标权、商号权、商业秘密权、集成电路布图设计权、地理标志权和植物新品种权等。

根据实际情况,图书馆向读者提供数字资源及相关服务和读者在教学、科研中利用文献资源的活动中,主要涉及知识产权中的"著作权"这一类问题。

著作权,又常被称为"版权",是指文学、艺术和科学作品的创作者对其所创作的作品享有的权利,其中作品是指具有独创性的各种形式的创作成果,如小说、诗歌、散文、戏剧、绘画等。著作权有广义和狭义之分。广义的著作权,除了作者就其所创作作品享有的权利外,还包括邻接权或者相关权,即作品的传播者,如表演者、录音录像制作者和广播组织的权利,也就是表演者、录音录像制作者和广播组织在传播作品的过程中,就自己的创造性劳动成果所享有的权利。狭义的著作权仅指作者基于其创作的作品而享有的权利。

二、数据库的知识产权保护

数字图书馆中的数字资源主要是由一个个数据库构成,数据库涉及的著作权问题是数字图书馆数字资源知识产权保护的主要内容。

数据库是作品、数据或其他材料的集合,由数据库制作者通过对作品、数据或其他材料进行选择、编排而成。这一过程与著作权法上的汇编作品创作过程是相近的。将数据库视为汇编作品,利用著作权法对数据库提供法律保护成为大多数国家对数据库进行法律保护的方式,我国也同样如此。我国《著作权法》第十四条规定:"汇编若干作品、作品的片段或者不构成作品的数据或者其他材料,对其内容的选择或者编排体现独创性的作品,为汇编作品,其著作权由汇编人享有,但行使著作权时,不得侵犯原作品的著作权。"该条款将由版权作品、非版权作品或数据汇编而成的数据库纳入版权保护范围。

按照构成数据库的材料是否具有著作权,可以将数据库划分为 3 种类型,适用不同的法律保护依据:①由众多作品构成的数据库。这种数据库作为汇编作品对待,依据《著作权法》,具有双重的著作权,即构成数据库的众多作品各自独立的著作权与将数据库作为一个整体的汇编作品的著作权。②由众多非作品构成的数据库。与前者不同,构成数据库的材料是不享有著作权的作品,因此只能将数据库作为汇编作品这一整体进行著作权保护。③由众多作品和非作品混合构成的数据库。这种情况下,数据库中的"作品"拥有独立的著作权,数据库在整体上作为汇编作品受著作权保护,而其中的非作品则不享有著作权。

当前图书馆提供给读者利用的数据库除一些自建数据库,是以购买获取的商业性数据库为主。图书馆购买的这种数据库本身所包含作品的版权问题已经由数据库出售方解决了,但由于数据库本身属于汇编作品,受版权保护,所以在购买时数据库出售方要以与图书馆就数据库使用过程中涉及的版权问题签订相关协议的方法来实现其权益的实现和保障。这种协议主要包括以下几个方面的条款:用户定义条款、使用方式定义条款、保密条款和技术支持条款。用户定义条款主要是用来确定数据库用户的范围;使用方式定义条款主要是定义被许可方及其最终用户使用数据库的方式,出售方往往通过限制同一数据库的访问量,同一时间内的访问人数或者限制浏览、保存、下载、打印等使用方式来限制对数据库的使用;保密条款是指对在数据库产品交易过程中所形成和某些具有保密性的事项,图书馆与数据库出售方在该条款中要签订承诺保密的协议;技术支持条款主要包括双方对软件、硬件的提供和安装,技术支持服务方式和免费技术支持期限,对图书馆员和用户的技术培训等。图书馆必须遵守该协议的规定,在该协议范围内使用数据库,如果超出这个范围将会侵犯数据库出售方的权利并承担违约责任。

三、图书馆的"合理使用"与知识产权保护义务

知识产权尤其是著作权立法保护的目的不仅是著作权人的权益,更在于通过对著作权人权益的保护,鼓励精神作品的创作,推动社会科学文化发展。1709 年世界上第一部著作权法英国《安娜女王法令》的标题(An Act for the Encouragement of Learning, by Vesting the Copies of Printed Books in the Authors or Purchasers of such Copies, during the Times therein Mentioned)就明白揭示,该法乃借由印刷本图书版权有限期间之授予以"为鼓励学习"的法律,其立法目的明显是借由授予作者出版独占权利,作品被印刷传播,使公众获得图书,以鼓励学习并依此增进公共利益。美国《宪法》第 1 条第 8 款第(8)项则规定:"国会通过赋予作者和发明者对其作品和发明于一定期限内的专利权保障,以促进科学和实用技艺的进步",更清楚揭示赋予作者著作权不是著作权立法的主要目标,而是作为国家欲增进公众知识学习以促进公共福祉之手段,并充分表达著作权法主要不在保障作者收取其创作回报,而系欲借保护作者的著作权,以增进社会公众知识与学习进步的利益平衡精神。其他各国的著作权法也秉持了这样的立法目的和原则。

我国现行的法律法规涉及图书馆建设和服务的知识产权法律主要包括《中华人民共和国著作权法(修正)》《中华人民共和国著作权法实施条例》《信息网络传播权保护条例》《关于制作数字化制品的著作权规定》《计算机软件保护条例》等。我国承认的国际知识产权法包括《伯尔尼保护文学和艺术作品公约》《保护表演者、唱片制作者和广播组织国际公约》《世界版权公约》《建立世界知识产权组织公约》《保护唱片制作者禁止未经许可复制其录音制品公约》等。这些图书馆建设和服务涉及的知识产权法律法规,都包含支撑图书馆建设和服务开展的相关著作权限制和例外条款。

合理使用是著作权限制和例外的重要方式,也是图书馆主要适用的著作权限制和例外的主要形式。合理使用是指在法律明确规定的条件下,无须征得著作权人的同意,也不用向其支付报酬,基于正当目的而使用他人版权作品的合法行为,但应当指明作者姓名、作品名称,并且不得侵犯版权人依法享有的其他权利。

我国《著作权法》第 22 条采用列举的方式规定了 12 种"使用作品,可以不经著作权人许

可,不向其支付报酬,但应当指明作者姓名、作品名称,并且不得侵犯著作权人依照本法享有的其他权利"即合理使用的情况,其中适用于图书馆及其读者的主要包括:①为个人学习、研究或者欣赏,使用他人已经发表的作品;②为介绍、评论某一作品或者说明某一问题,在作品中适当引用他人已经发表的作品;③为学校课堂教学或者科学研究,翻译或者少量复制已经发表的作品,供教学或者科研人员使用,但不得出版发行;④图书馆、档案馆、纪念馆、博物馆、美术馆等为陈列或者保存版本的需要,复制本馆收藏的作品。《信息网络传播权保护条例》第七条规定:"图书馆、档案馆、纪念馆、博物馆、美术馆等可以不经著作权人许可,通过信息网络向本馆馆舍内服务对象提供本馆收藏的合法出版的数字作品和依法为陈列或者保存版本的需要以数字化形式复制的作品,不向其支付报酬,但不得直接或者间接获得经济利益。当事人另有约定的除外。"

根据以上法律规定,图书馆在数字资源建设和提供服务中适用于合理使用制度的主要是:

(1)为保存版本的需要,对馆藏文献进行数字化。

(2)通过馆域网络向本馆服务对象提供本馆收藏的合法出版的数字作品和依法为陈列或者保存版本的需要以数字化形式复制的作品。这里的"提供"指读者可在线浏览、阅读和下载数字资源;在大学图书馆,通常由与数据库签订协议的方式,将提供范围扩展至校园网内。

(3)有条件限制的网上信息链接,构成网络信息资源导航。

图书馆的重要使命之一是传播知识和文化、推动社会科学文化发展,这与上文述及的著作权保护的目的和宗旨是一致的,因此,连同法律要求,图书馆有义务尊重知识产权,主动保护和维护著作权人的合法权益:

(1)加强对计划购买的商业数据库的版权审查,在采购合同中约定版权责任条款。

(2)在自建数据库时,力争获得授权,严格限定访问者范围,发布合理的版权声明。

(3)提供网络信息资源导航服务时,严格审核原链接内容是否侵权,如原未发现侵权的链接被告知侵权后应及时断开,严格控制访问范围。

(4)告知读者相关知识产权注意事项,与资源提供商、信息安全管理部门合作加强技术防范。

四、图书馆用户利用数字资源应注意的事项

图书馆用户在利用数字资源中也应主动遵守有关法律和规定,尊重著作权人的各项权益。在数字资源下载方面,应注意:

(1)不得使用网络下载工具下载图书馆购买的电子资源;

(2)不得连续、系统、集中、批量地进行下载、浏览、检索数据库等操作;

(3)不得将所获得的文献提供给校外人员,不得将个人网络账号提供给校外人员使用本校电子资源,更不允许利用获得的文献资料进行非法牟利;

(4)个人不得设置代理服务器阅读或下载电子资源。

同样重要的是,在论文和著作中使用有关作品,应注重学术规范,尊重著作权人的精神权利:

(1)不可抄袭或剽窃,即在使用他人的观点或语句时不做恰当的说明。

（2）引用须以注释形式标注真实出处，并提供与文献相关的准确信息。

（3）引用应有明显的标识。通常引用有直接与间接两种，直接引用需用使用引号，间接引用应当在正文或注释行文时明确向读者显示其为引用。引用多人观点时应避免笼统，使读者可以清楚区分不同作者之间的异同。

（4）引用必须尊重作者原意，不可断章取义。无论是作为正面立论的依据，还是作为反面批评的对象，引用都应当尊重被引者的原意，不可曲解引文，以逞己意。

（5）引用应尽可能保持原貌，如有增删，必须加以明确标注。

参考文献：

［1］刘尚毅,卢艳霞. 现代信息检索教程. 北京:人民邮电出版社,2013.

［2］吉久明,孙济庆. 文献检索与知识发现指南. 上海:华东理工大学出版社,2010.

［3］陈苗新. 信息检索与利用实用教程. 北京:国防工业出版社,2011.

［4］袁晔,郭晶,余晓蔚. LibGuides 学科服务平台的应用实践和优化策略. 图书情报工作,2013(2).

［5］陈定权,沈艳芳. Web 2.0 环境下的资源发现与服务传递:以 Primo 和 Encore 为例. 图书馆杂志,2011(1).

思考题：

1. 请简述图书馆能够提供哪些基于文献的服务？请尝试利用文献传递传递一篇文献。

2. 请检索曼昆所著的《经济学原理》一书在图书馆是否有馆藏，图书馆收藏了多少个版本，在哪些书库？

第三章 全文型文献数据库

全文数据库(full text database),即收录有原始文献全文的数据库,以期刊论文、会议论文、政府出版物、研究报告、法律条文和案例、商业信息等为主。如 Elsevier、Springer、Wiley 等数据库、CNKI 中国期刊全文数据库、万方数字化期刊全文数据库、人民大学书报资料中心《复印报刊资料全文数据库》等。

第一节 中文期刊全文数据库

一、CNKI 中国知网

(一)概述

CNKI(China National Knowledge lnfrastructure)即中国学术期刊网络出版总库,是中国知识基础设施工程的重点项目之一。该数据库是清华同方光盘股份有限公司、光盘国家工程研究中心、中国学术期刊电子杂志社、清华同方光盘电子出版社共同开发的综合性文献数据库。文献类型包括学术期刊、博士学位论文、优秀硕士学位论文、工具书、重要会议论文、年鉴、专著、报纸、专利、标准、科技成果、知识元、哈佛商业评论数据库、古籍等。

CNKI 期刊全文数据库是中国知网出版的最核心的数据库,也是国内连续动态更新的中国期刊全文数据库。截至 2014 年 11 月,它择优收录了中国学术期刊总计 8107 种,以学术、技术、政策指导、高等科普及教育类为主,同时收录部分基础教育、大众科普、大众文化和文艺作品类刊物,内容覆盖自然科学、工程技术、农业、哲学、医学、人文社会科学等各个领域,共计文章 4200 万篇。该库收录 1994 年至今的期刊全文内容,可提供题录、摘要和全文检索服务。

(二)期刊检索

在 IP 范围内,进入 CNKI 主页(地址 http://www.cnki.net/),如图 3 – 1 所示。

首页为类似于搜索引擎的检索界面,读者可选择在首页,从全文、主题、篇名、单位关键词、摘要等范围内进行简单检索,也可选择任意一个子库检索,下面选择进入 CNKI 最主要的"期刊"库,详细介绍分析其功能及用法。

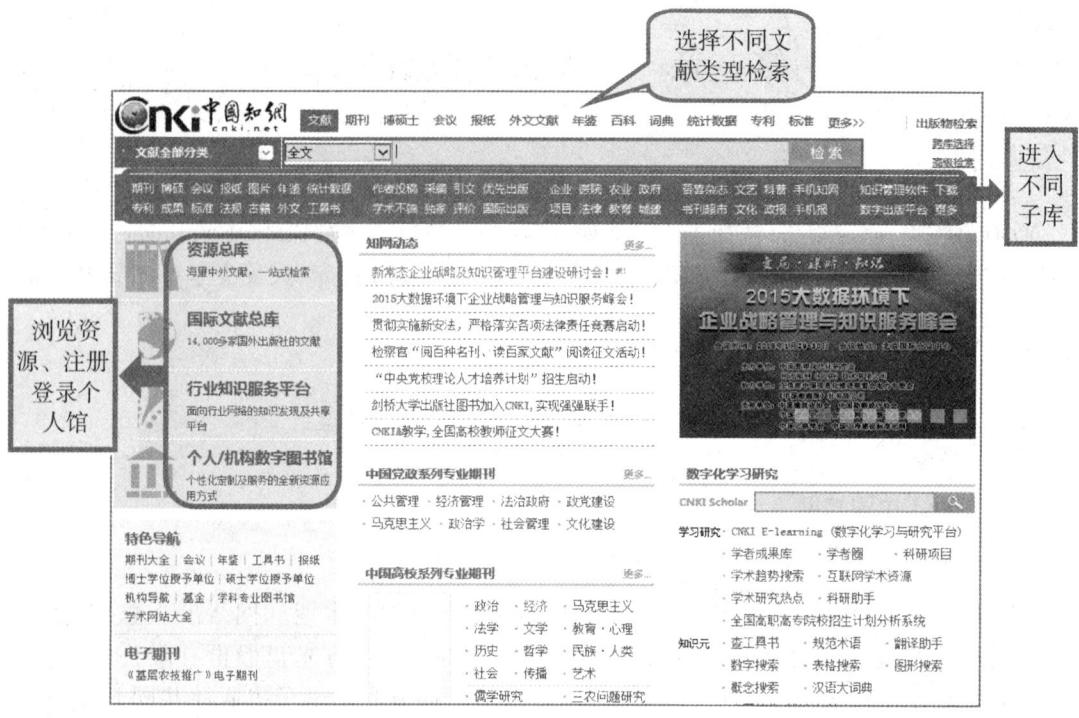

图 3-1　CNKI 登录界面

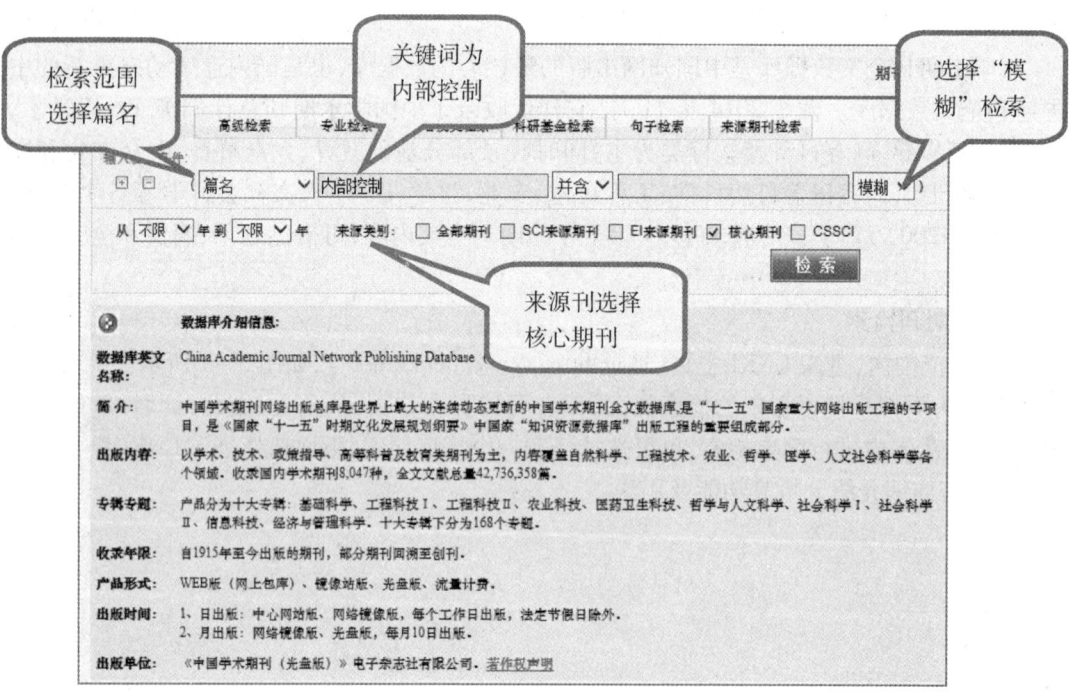

图 3-2　CNKI 期刊检索界面

　　在 CNKI 期刊全文数据库中,设定关键词为"内部控制",检索范围选定篇名,来源期刊选择核心期刊,年限无限制,检索条件设定好后进行模糊检索,检索结果如图 3 - 3 所示。

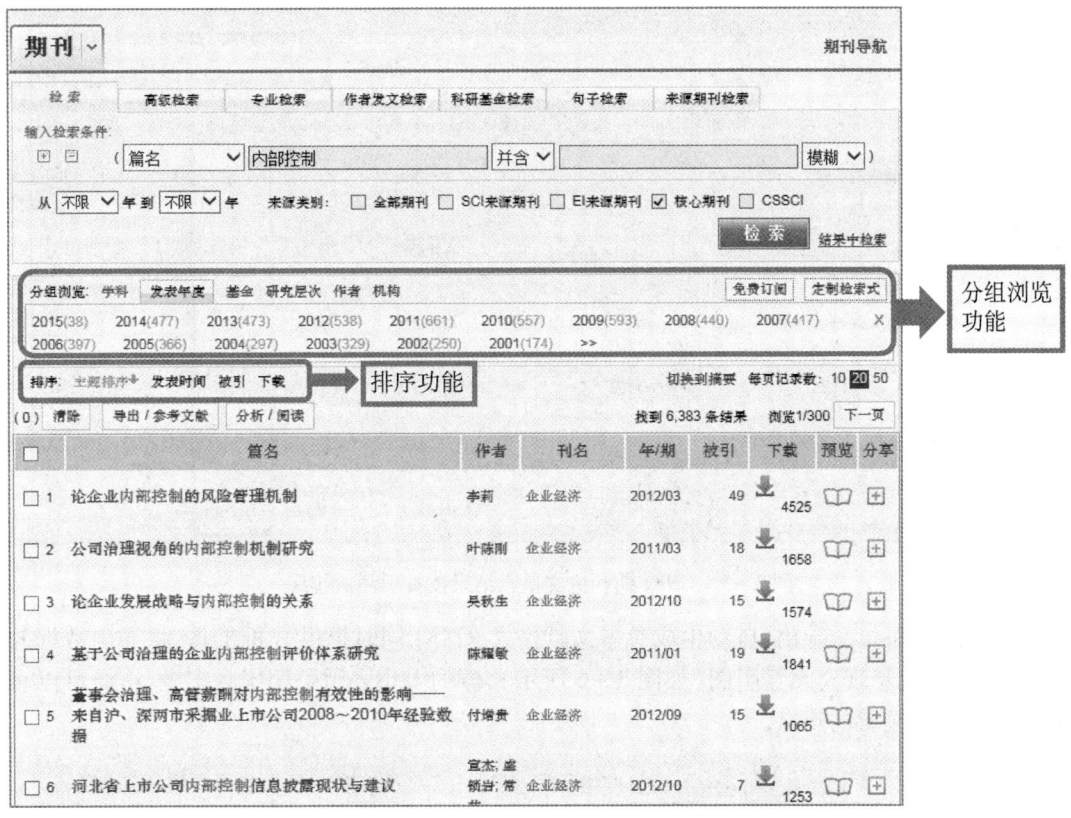

图 3 - 3　CNKI 期刊论文检索结果界面

　　检索结果显示,篇名中包括"内部控制"的论文共 6383 篇,这些论文可以分组浏览,系统提供按学科、发表年度、科研基金、研究层次、作者和机构等不同角度查看检索结果,例如从学科分组可看到如下检索结果(如图 3 - 4),读者可浏览如会计学科的 1160 篇论文。

分组浏览:	学科	发表年度	基金	研究层次	作者	机构		免费订阅	定制检索式
企业经济(3480)	会计(1160)	金融(782)	审计(672)	宏观经济管理与可持续发展(356)		投资(328)	证券(278)		X
计算机软件及计算机应用(245)	高等教育(232)	工业经济(209)	财政与税收(171)						
医药卫生方针政策与法律法规研究(117)	数学(65)	贸易经济(51)	市场研究与信息(40)		经济法(38)	农业经济(37)			
矿业工程(36)	交通运输经济(30)	信息经济与邮政经济(28)	轻工业手工业(27)		保险(27)	石油天然气工业(26)			
电力工业(23)	行政学及国家行政管理(21)	公路与水路运输(17)	军事(15)		科学研究管理(14)	建筑科学与工程(14)			
有机化工(13)	冶金工业(13)	出版(12)	服务业经济(12)		汽车工业(11)	法理、法史(10)	自动化技术(10)		
无线电电子学(9)	航空航天科学与工程(9)	新闻与传媒(9)	无机化工(9)	<<					

图 3 - 4　CNKI 期刊论文检索结果分组浏览

　　除分组浏览的功能外,检索结果还可以按照主题、发表时间、被引频次、下载频次排序,例如按被引频次排序后,如图所示,可以看到"内部控制"主题的高被引文章被排在最前面,被引用最多的是发表于《会计研究》2001 年第 2 期的文章,至今有 1927 次引用。

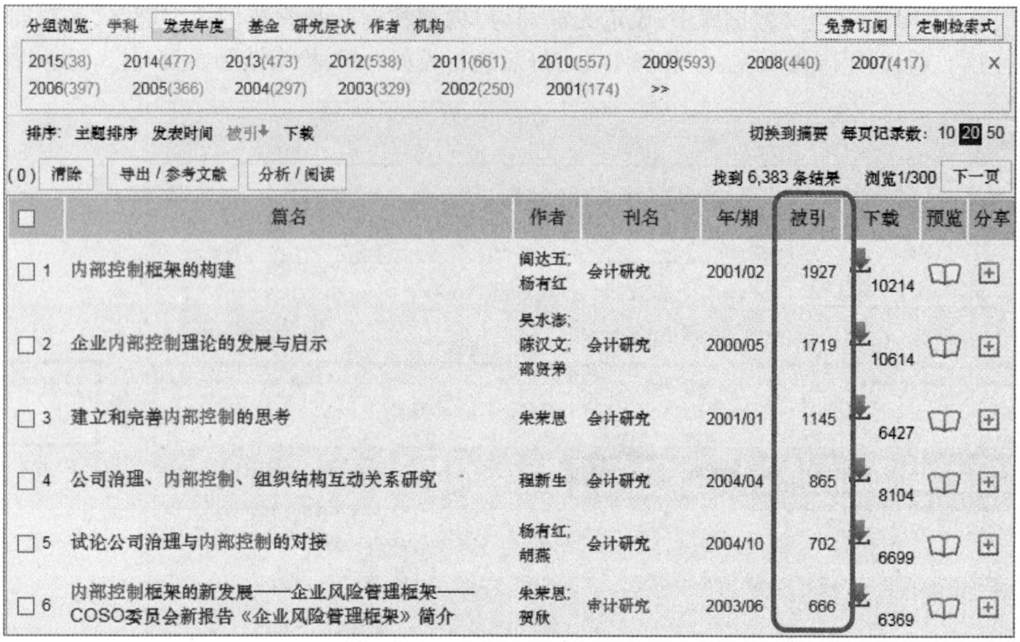

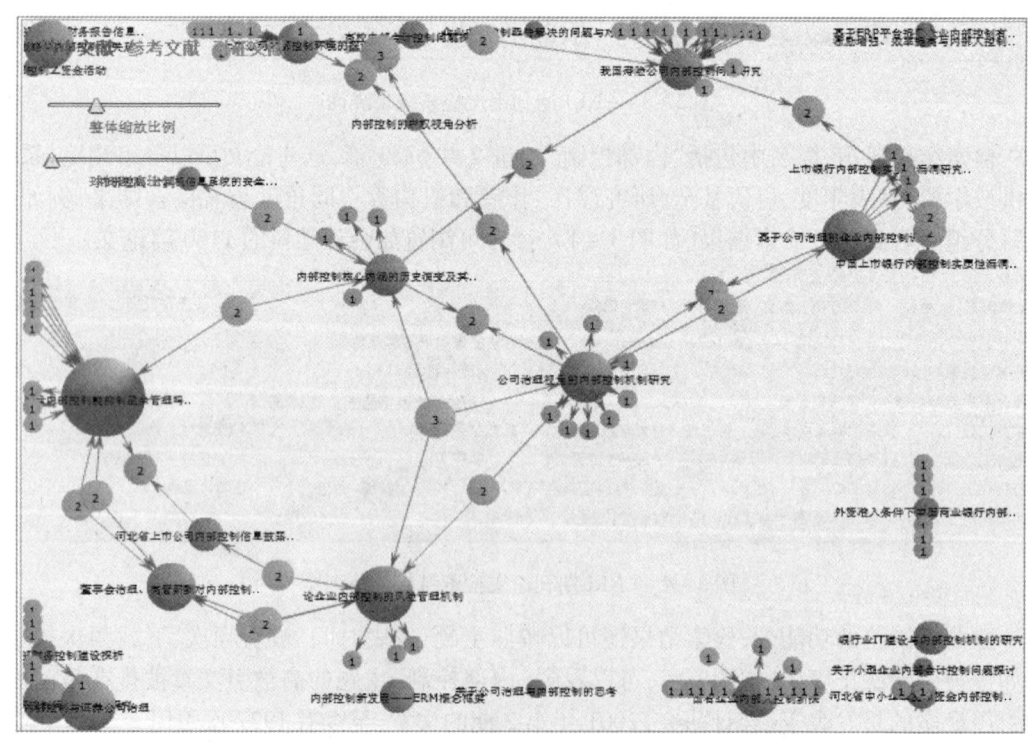

| 分组浏览: 学科 | 发表年度 | 基金 研究层次 作者 机构 | | | | 免费订阅 | 定制检索式 |

2015(38) 　2014(477) 　2013(473) 　2012(538) 　2011(661) 　2010(557) 　2009(593) 　2008(440) 　2007(417) 　×

2006(397) 　2005(366) 　2004(297) 　2003(329) 　2002(250) 　2001(174) 　>>

排序: 主题排序 发表时间 被引↓ 下载　　　　　　　　　　　切换到摘要 每页记录数: 10 **20** 50

(0) 清除 | 导出 / 参考文献 | 分析 / 阅读　　　　　　　　找到 6,383 条结果　浏览 1/300 下一页

□		篇名	作者	刊名	年/期	被引	下载	预览	分享
□	1	内部控制框架的构建	阎达五、杨有红	会计研究	2001/02	1927	10214		+
□	2	企业内部控制理论的发展与启示	吴水澎、陈汉文、邵贤弟	会计研究	2000/05	1719	10614		+
□	3	建立和完善内部控制的思考	朱荣恩	会计研究	2001/01	1145	6427		+
□	4	公司治理、内部控制、组织结构互动关系研究	程新生	会计研究	2004/04	865	8104		+
□	5	试论公司治理与内部控制的对接	杨有红、胡燕	会计研究	2004/10	702	6699		+
□	6	内部控制框架的新发展——企业风险管理框架 COSO委员会新报告《企业风险管理框架》简介	朱荣恩、贺欣	审计研究	2003/06	666	6369		+

图 3 - 5　CNKI 期刊论文检索结果按被引频次排序

　　检索结果可批量导出,自动生成参考文献格式,CNKI 同时提供分析工具,将导出数据勾选后点击分析,呈现文献互引图(如图 3 - 6 所示),球的大小表示引用次数多少,由此可以直观地看出研究领域的热点。

图 3 - 6　CNKI 期刊论文检索结果分析之文献互引图

CNKI 的全文文献是以 CAJ 和 PDF 两种格式阅读,用户可以任意选择格式。阅读原文前需到 CNKI 主页下载 CAJ 浏览器或 Acrobat Reader 阅读器安装到本地计算机上,方可阅读文献全文。

(三)其他类型文献检索

CNKI 最具特色的是其中国期刊全文数据库,其点击量和下载量在国内全文数据库中都是遥遥领先的,除此之外,CNKI 还收录了其他类型的文献全文,包括博硕士论文、会议论文、报纸、年鉴、专利、标准等。

博硕士学位论文收录了自 1984 年至今,来源于全国 422 家培养单位的博士学位论文和 659 家硕士培养单位的优秀硕士学位论文,已累计全文文献 2 534 846 篇。

会议论文重点收录 1999 年以来中国科协系统及国家二级以上的学会、协会,高校、科研院所、政府机关举办的重要会议以及在国内召开的国际会议上发表的文献。其中,国际会议文献占全部文献的 20% 以上,全国性会议文献超过总量的 70% 。目前,已收录出版国内外学术会议论文集 25 839 本,累积文献总量 2 365 539 篇。

报纸库收录了 2000 年以来中国国内重要报纸刊载的学术性、资料性文献,连续动态更新。至今已累积报纸全文文献 1300 多万篇。

《中国年鉴网络出版总库》收录了 1949 年至今的中国国内的中央、地方、行业和企业等各类年鉴的全文文献,连续动态更新,内容覆盖基本国情、地理历史、政治军事外交、法律、经济、科学技术、教育、文化体育事业、医疗卫生、社会生活、人物、统计资料、文件标准与法律法规等各个领域。

《标准数据总库》包括《中国标准题录数据库》(SCSD)、《国外标准题录数据库》(SOSD)、《国家标准全文数据库》和《中国行业标准全文数据库》。通过标准号、中文标题、英文标题、中文关键词、英文关键词、发布单位、摘要、被代替标准、采用关系等检索项进行检索。

《中国专利全文数据库(知网版)》包含发明专利、实用新型专利、外观设计专利 3 个子库,专利相关的文献、成果等信息来源于 CNKI 各大数据库。可以通过申请号、申请日、公开号、公开日、专利名称、摘要、分类号、申请人、发明人、优先权等检索项进行检索并下载专利说明书全文。

上述文献的检索方法与期刊全文的检索方法类似,在此不再赘述。

(四)CNKI 的特色服务

(1)进入 CNKI 主页,页面下拉可以看到其特色的数字资源服务(如图 3 - 7 所示),包括特色导航、数字化学习研究、中国引文数据库等,这些辅助工具能够对学术研究起到积极的促进作用。

点击左侧"期刊大全"进入期刊导航页面,读者可以非常直观地浏览期刊的分类导航,同时可根据刊名检索期刊的出版年、卷期等详细信息,浏览下载本刊的论文全文。

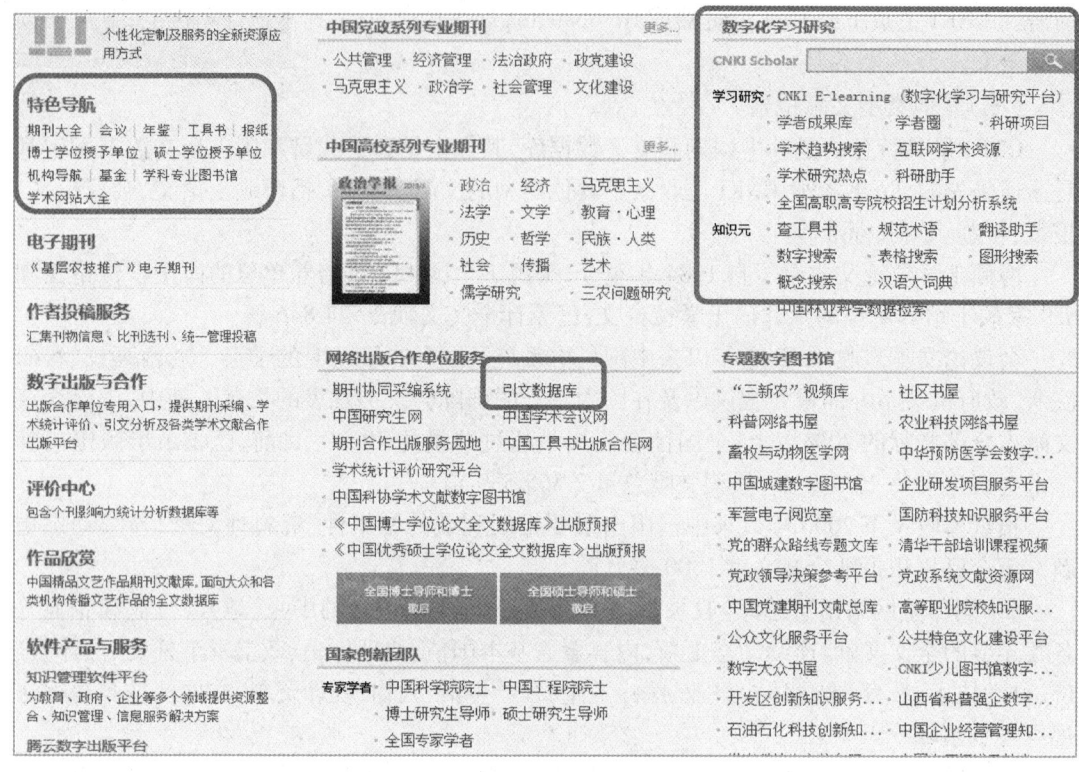

图 3-7 CNKI 其他特色服务界面

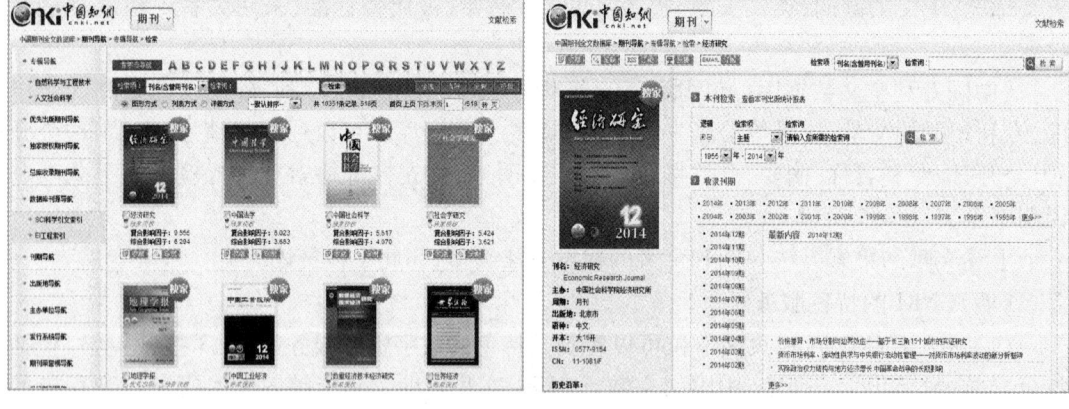

图 3-8 CNKI 期刊导航界面

(2)在页面右侧的"数字化学习研究"栏目,首先可通过类似 Google Scholar 的 CNKI Scholar,一站式检索中外文文献,其内容包括多家国外出版机构、学协会的文献资源,CNKI 学术趋势可以帮助研究人员了解研究领域的学术关注度、研究趋势及高被引文章。

(3)E-learning 是一个文献阅读、下载和管理平台,能够有效帮助读者管理自己的文献(详见第十一章)。学术成果库、科研项目、科研助手都从不同角度对科研论文进行了揭示。

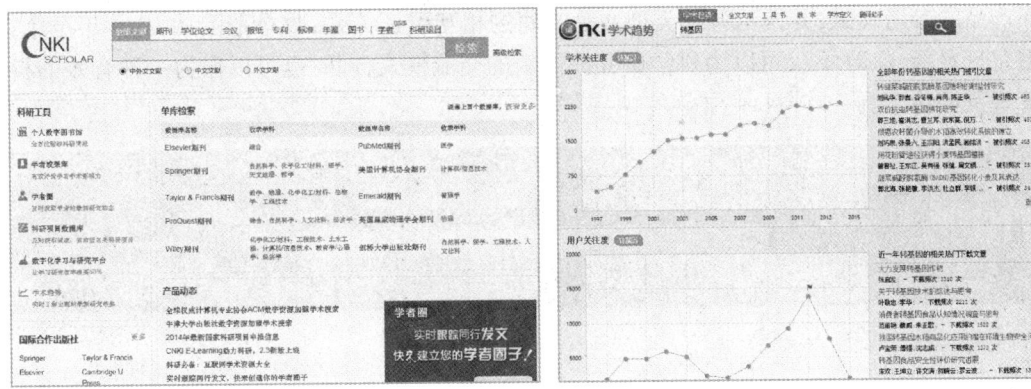

图 3 - 9　CNKI Scholar 及学术趋势页面

（4）CNKI 知识元数据库包括工具书、规范术语、翻译助手、数字搜索、表格搜索、图形搜索、概念搜索、汉语大词典等辅助学习工具（如图 3 - 10、3 - 11 所示），其内容来源于 CNKI 全文库，涵盖了文、史、哲、经济、数理科学、航天、建筑、工业技术、计算机等所有学科和行业，用以帮助读者深入、有效地获取分析并利用学术资源。

图 3 - 10　CNKI 知识元数据库

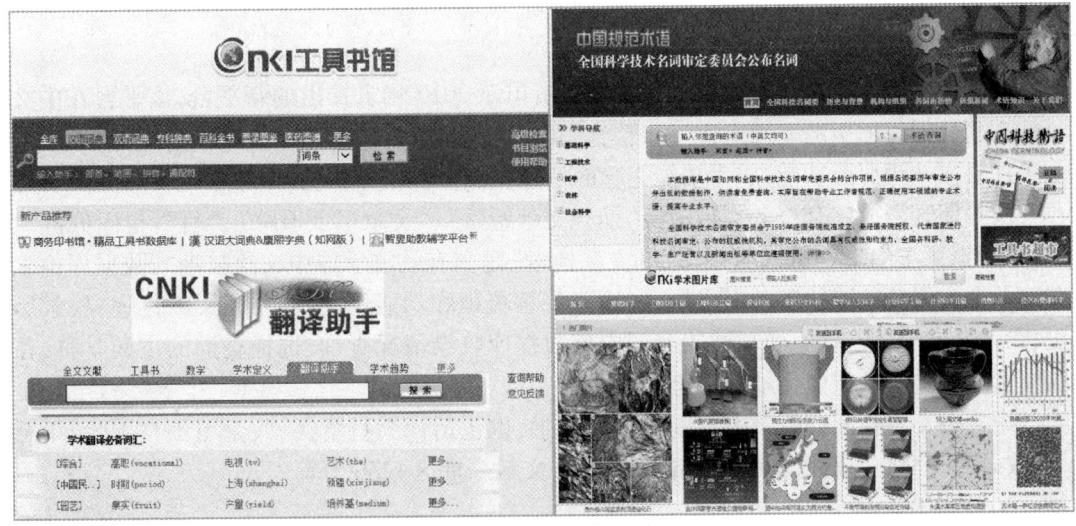

图 3 - 11　CNKI 知识元数据库

（5）中国引文数据库（CCD）收录了中国学术期刊（光盘版）电子杂志社出版的所有源数据库产品的参考文献,并揭示各种类型文献之间的相互引证关系,收录范围从 1979 年至今,数据每日更新,CCD 不仅可以为科学研究提供新的交流模式,同时也可以作为一种有效的科学管理及评价工具。

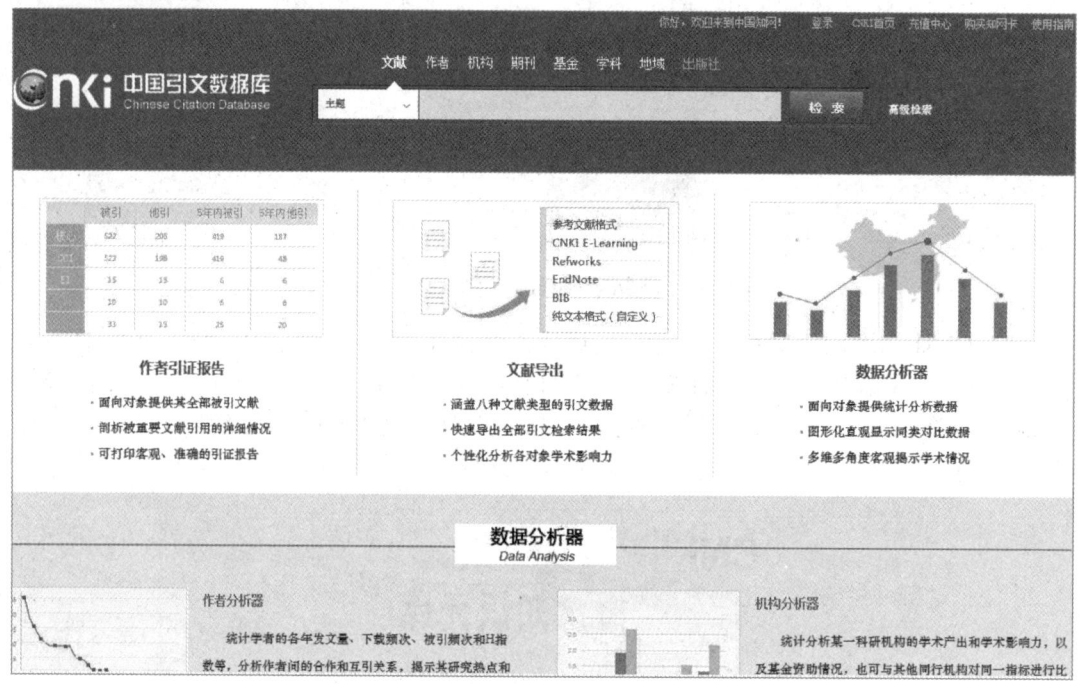

图 3 - 12　CNKI 引文数据库界面

二、维普期刊资源整合服务平台

（一）概述及检索方式

1. 概述

维普期刊资源整合服务平台是重庆维普资讯于 2010 年末推出的新平台,该平台在中文科技期刊数据库旧版的基础上进一步整合完善了功能,不仅提供原始文献信息服务,而且增加了深层次知识服务功能,成为功能完善的信息资源整合服务系统。

维普期刊资源整合服务平台包括"期刊文献检索"、"文献引证追踪"、"科学指标分析"、"搜索引擎服务"四大功能,其中"期刊文献检索"是在有效继承原中文科技期刊数据库检索查新及全文保障功能的基础上,进行了检索流程梳理和功能优化,新增了文献传递、检索历史、参考文献、基金资助、期刊被知名国内外数据库收录情况查询、选择查询的主题学科、在线阅读、全文快照、相似文献提示等功能。

维普中文科技期刊收录内容以科技类为主,也包括社会科学类,收录范围自 1989 年至今,收录期刊 9000 余种,其中核心刊 1747 种,文献总量达 1250 万篇。

2. 检索方法

以北京工商大学为例,登录维普期刊资源整合服务平台（http://lib. cqvip. com）,系统默认为期刊文献检索界面。在该界面除提供了基本检索、传统检索、高级检索外,还提供了期刊导航和检索历史功能,如图 3 - 13 所示。

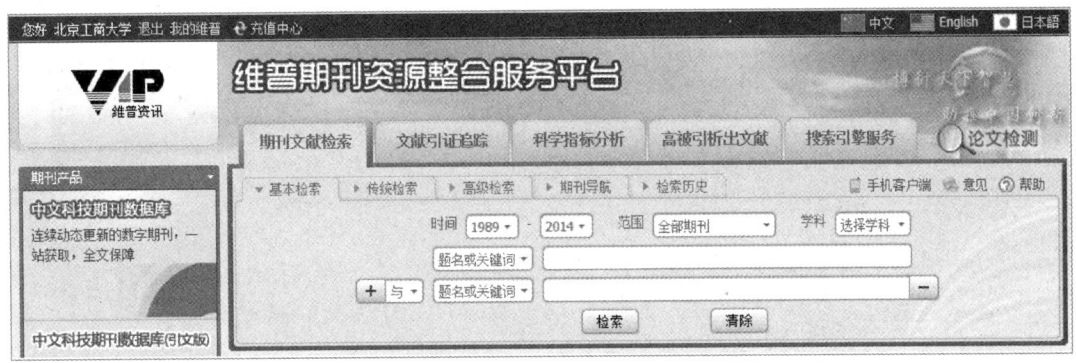

图 3 - 13 维普期刊资源整合服务平台

(1)基本检索。在期刊文献检索界面,默认检索方式为基本检索。在该界面可选择时间范围、期刊范围、学科等检索限定条件。使用下拉菜单可进行检索时间范围的限定,限定的时间范围是 1989 年至今,限定检索期刊的范围为全部期刊、核心期刊、EI 来源期刊、CA 来源期刊、CSCD 来源期刊、CSSCI 来源期刊,限定检索的学科范围包括基础医学、临床医学、药学等 45 个学科,利用复选框可进行多个学科的限定;可以选择的检索字段包括任意字段、题名或关键词、题名、关键词、文摘、作者、第一作者、机构、刊名、分类号、参考文献、作者简介、基金资助、栏目信息,共 14 个检索字段。默认检索词输入框为两行,点“ + ”或“ - ”可增加或减少检索词输入框的数量,可选择使用逻辑“与”、逻辑“或”、逻辑“非”的逻辑关系组配检索词进行检索。在检索结果界面可以进行重新搜索,也可在第一次的检索结果基础上进行二次检索,包括“在结果中搜索”、“在结果中添加”、“在结果中去除”3 种方式,根据需要缩小或扩大检索范围、精练检索结果。

(2)传统检索。点击“传统检索”进入传统检索界面,如图 3 - 14 所示,该页面只有一个检索框,如果需要分别输入多个检索词,可以使用二次检索功能。该数据库的重要特色是提供“同义词”和“同名作者”选择,可以获得检索词的同义词,也能够区分不同单位的同名作者。

图 3 - 14 传统检索界面

例:以"会计"为检索词,限定"题名或关键词"字段,在同义词项上勾选,检索结果如图3-15所示。

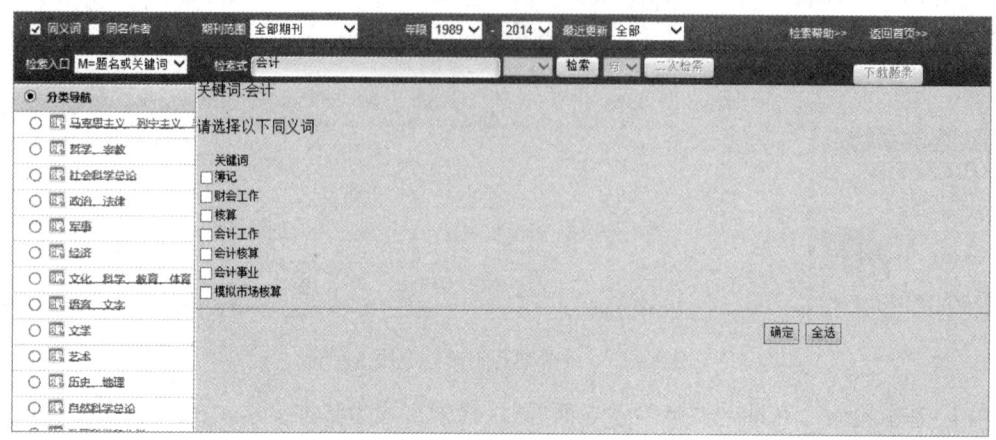

图3-15 传统检索示例

(3)高级检索。高级检索是一种比较专业的检索方式,检索功能非常丰富。它能实现复杂的逻辑组配检索,限定各种检索条件,以达到精确检索的目的。高级检索适用于对自己的检索请求非常明确、对查准率和查全率要求相当高的检索者。高级检索提供向导式检索和直接输入检索式检索两种方式。

第一种,向导式检索。它为读者提供分栏式检索词输入方法。检索操作按照由上到下的顺序进行,用户在检索时可根据检索需求进行检索字段的选择。其检索界面如图3-16所示。除了可选择逻辑运算、检索项、匹配度外,还可以进行相应字段扩展信息的限定,最大限度地提高了查准率。高级检索的页面和"基本检索"是一致的,只是检索字段可以达到5项,检索的结果更加精确。多检索条件逻辑组配检索支持一次输入复杂检索式。

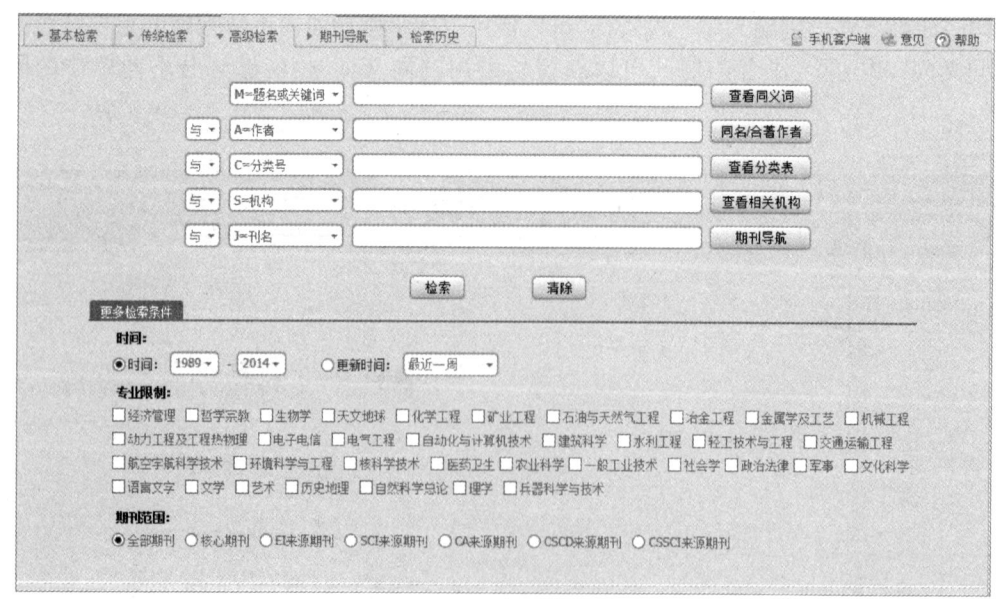

图3-16 向导式检索界面

　　第二种,专业检索,即读者可在检索框中直接输入字段标志,并用逻辑运算符连接它们之间的关系,使检索意图组合成一个完整的检索表达式。单击"检索"按钮即可(如图 3 - 17 所示)。

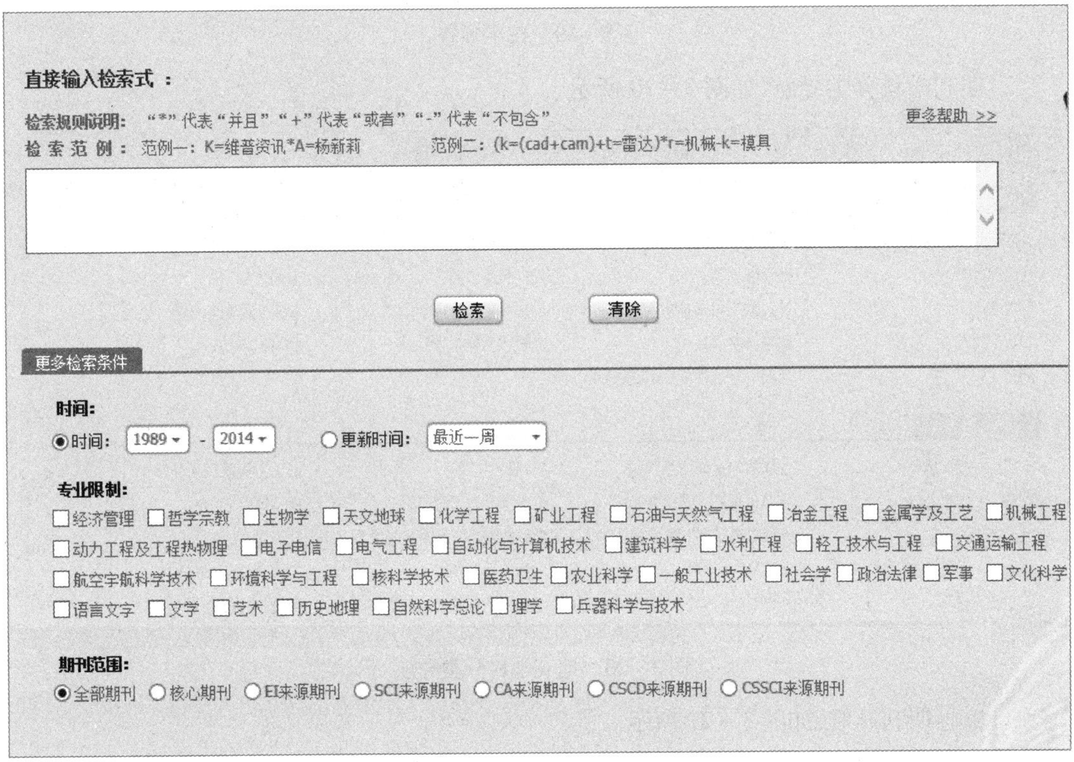

图 3 - 17　专业检索

　　(4)期刊导航。期刊导航分为检索和浏览两种方式。

　　第一种,检索方式。提供"期刊名检索",或者"ISSN 号检索",查找某一特定刊,按期次查看该刊的收录文章,可实现刊内文献检索、题录文摘或全文的下载功能,同时可以查看期刊评价报告。如图 3 - 18 所示。

图 3 - 18　期刊检索页面

　　第二种,浏览方式。系统提供 5 种浏览方式:"按字顺查(刊名首字拼音顺序浏览)、期刊学科分类导航、核心期刊导航、国内外数据库收录导航、期刊地区分布导航"。其中新增核心期刊导航,反映最新核心期刊收录情况,同时更新最新国内外知名数据库收录期刊情况。期刊导航可以多渠道、快速定位期刊,可以做年卷期的内容浏览及相关期刊或文献的漫游。

1)按字顺查:刊名首字拼音顺序浏览入口如图 3 - 19 所示。

按字顺查: A B C D E F G H I J K L M N O P Q R S T U V W X Y Z

图 3 - 19　按字顺查

2)期刊学科分类导航,如图 3 - 20 所示。

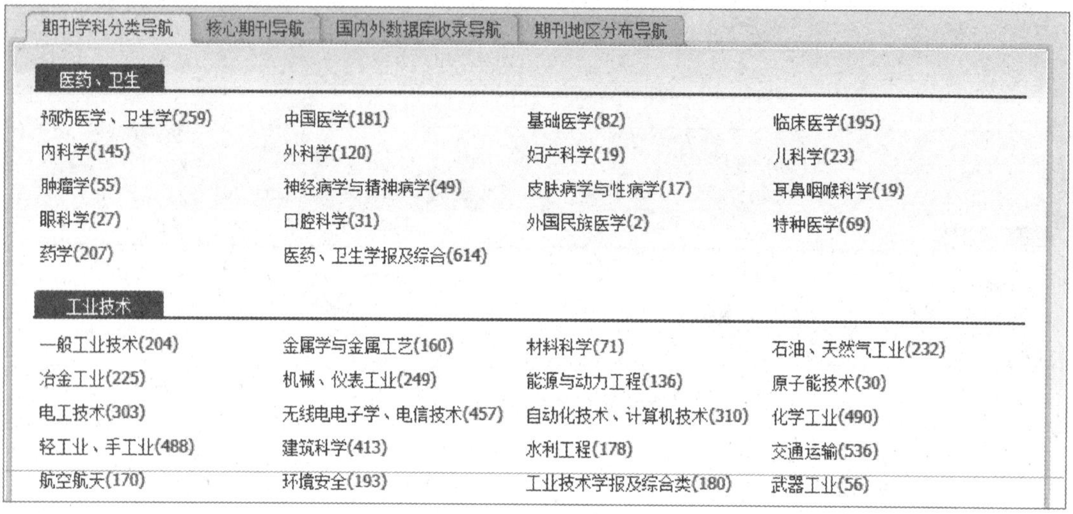

期刊学科分类导航　核心期刊导航　国内外数据库收录导航　期刊地区分布导航

医药、卫生

预防医学、卫生学(259)	中国医学(181)	基础医学(82)	临床医学(195)
内科学(145)	外科学(120)	妇产科学(19)	儿科学(23)
肿瘤学(55)	神经病学与精神病学(49)	皮肤病学与性病学(17)	耳鼻咽喉科学(19)
眼科学(27)	口腔科学(31)	外国民族医学(2)	特种医学(69)
药学(207)	医药、卫生学报及综合(614)		

工业技术

一般工业技术(204)	金属学与金属工艺(160)	材料科学(71)	石油、天然气工业(232)
冶金工业(225)	机械、仪表工业(249)	能源与动力工程(136)	原子能技术(30)
电工技术(303)	无线电电子学、电信技术(457)	自动化技术、计算机技术(310)	化学工业(490)
轻工业、手工业(488)	建筑科学(413)	水利工程(178)	交通运输(536)
航空航天(170)	环境安全(193)	工业技术学报及综合类(180)	武器工业(56)

图 3 - 20　期刊学科分类导航

3)核心期刊导航,如图 3 - 21 所示。

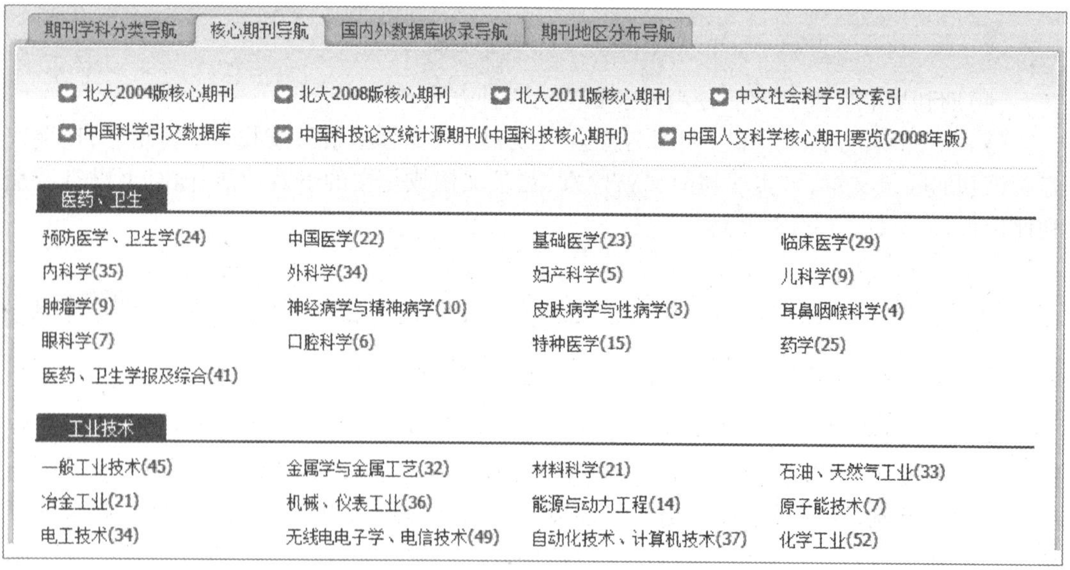

期刊学科分类导航　**核心期刊导航**　国内外数据库收录导航　期刊地区分布导航

□ 北大2004版核心期刊　　□ 北大2008版核心期刊　　□ 北大2011版核心期刊　　□ 中文社会科学引文索引
□ 中国科学引文数据库　　□ 中国科技论文统计源期刊(中国科技核心期刊)　　□ 中国人文科学核心期刊要览(2008年版)

医药、卫生

预防医学、卫生学(24)	中国医学(22)	基础医学(23)	临床医学(29)
内科学(35)	外科学(34)	妇产科学(5)	儿科学(9)
肿瘤学(9)	神经病学与精神病学(10)	皮肤病学与性病学(3)	耳鼻咽喉科学(4)
眼科学(7)	口腔科学(6)	特种医学(15)	药学(25)
医药、卫生学报及综合(41)			

工业技术

一般工业技术(45)	金属学与金属工艺(32)	材料科学(21)	石油、天然气工业(33)
冶金工业(21)	机械、仪表工业(36)	能源与动力工程(14)	原子能技术(7)
电工技术(34)	无线电电子学、电信技术(49)	自动化技术、计算机技术(37)	化学工业(52)

图 3 - 21　核心期刊导航

4）国内外数据库收录导航,如图3-22所示。

	国家	数据库名称	数据库英文缩写
	中国	中国科学引文数据库	CSCD
	中国	中文社会科学引文索引	CSSCI
	中国	中国人文社会科学核心期刊要览（2008年版）	RWSKHX
	中国	中国科技论文统计源期刊（中国科技核心期刊）	ZGKJHX
	美国	应用力学评论	AMR
	美国	《石油文摘》	PA
	美国	剑桥科学文摘社ProQeust数据库	CSA- ProQeust
	美国	《国际药学文摘》	CAS
	美国	《数学评论》	MR
	美国	《工程索引》Compendex数据库（核心）	EI
	美国	国立医学图书馆生物医学检索系统	PubMed
	美国	《地质文献预评数据库》	GeoRef Preview Database
	美国	《剑桥科学文摘》	CSA
	美国	《科学引文索引》	SCI

图3-22　国内外数据库收录导航

5）期刊地区分布导航,如图3-23所示。

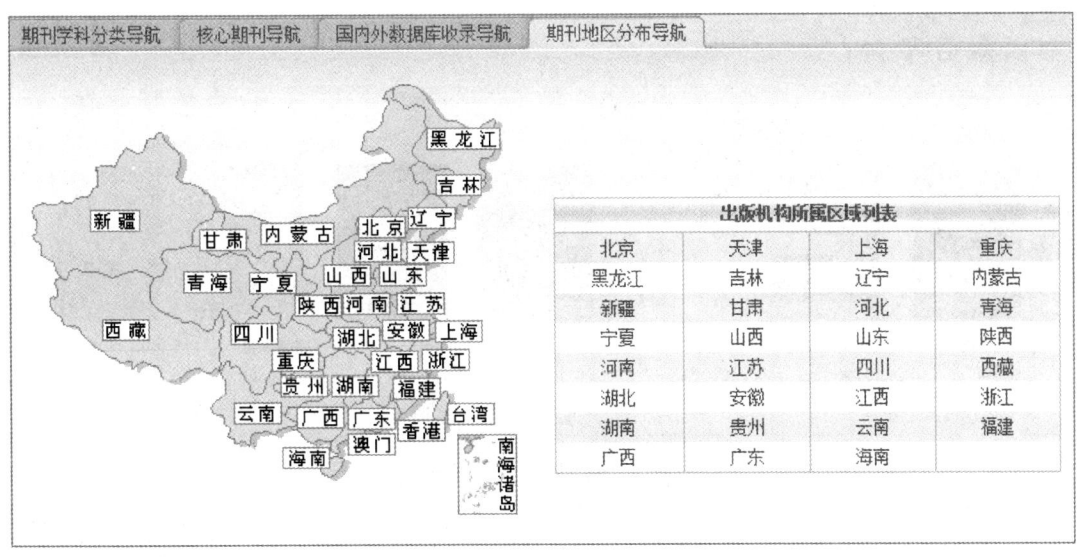

图3-23　期刊地区分布导航

（5）检索历史。系统对用户的检索历史自动保存,单击保存的检索式进行重检或者逻辑组配。表达式虽然不同,但含义是相同的,所以检索命中结果相同。

三、万方学术期刊数据库

（一）概况及检索方式

1. 概况

万方数据资源系统是北京万方数据股份有限公司开发的大型网上数据库联机检索系

统,内容以理工类文献和科技信息为主,也涵盖经济、金融、社会、人文以及生活实用信息等。文献类型包括期刊、会议、文献、书目、题录、报告、论文、标准、专利、连续出版物和工具书等。数据库资源有科技文献、科技名人、政策法规、中外标准、成果专利、台湾系列库、商务与贸易、公共信息八大类,共 110 多个数据库,记录总数达 1300 多万条。万方数据知识服务平台的主页为 http://g.wanfangdata.com.cn。

　　中国学术期刊数据库是万方数据知识服务平台的重要内容,它收录自 1998 年以来国内出版的各类期刊 7600 余种,其中核心期刊约 3000 种,论文总数量达 2900 余万篇(截至 2014 年 10 月)。每年增加约 300 余万篇,每周两次更新。其收录字段内容包括论文标题、论文作者、来源刊名、论文的年卷期、中图分类法的分类号、关键字、所属基金项目、数据库名、摘要等信息,并提供全文下载。

　　2. 检索方法

　　(1)浏览方式。在首页检索框上方列出了可检索的文献类型,单击图 3 - 24 所示的"期刊"便进入浏览方式页面,系统提供了"学科分类""地区分类""首字母"3 种浏览方式查找期刊。

图 3 - 24　浏览方式界面

　　1)学科分类检索。将所有期刊分为:哲学政法、社会科学、经济财政、科教文卫、基础科学、医学卫生、农业科学、工业技术 8 个大类,每个大类又细分为若干个小类。检索时,一级一级单击进入,在相关类目下找到所需刊物名称。如图 3 - 25 所示。

　　2)地区分类检索。期刊所属地域查询单击"按省市分类"栏,可选其中所列任一省市,便可看到本系统所收录的该省市出版的期刊名录。如图 3 - 26 所示。

　　3)首字母检索。是按刊名首字的汉语拼音的第一个字母排列和查找期刊。如图 3 - 27 所示。

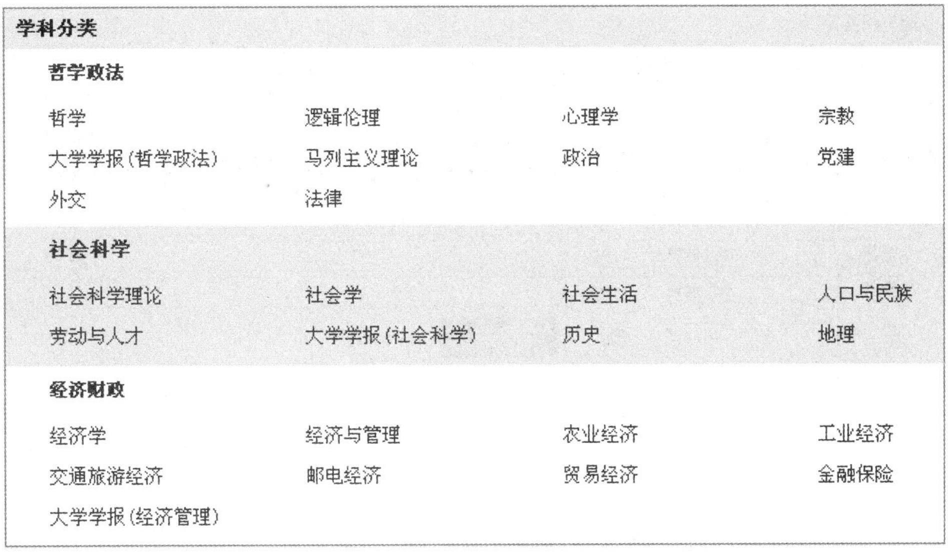

学科分类
哲学政法
哲学
逻辑伦理
心理学
宗教
大学学报(哲学政法)
马列主义理论
政治
党建
外交
法律
社会科学
社会科学理论
社会学
社会生活
人口与民族
劳动与人才
大学学报(社会科学)
历史
地理
经济财政
经济学
经济与管理
农业经济
工业经济
交通旅游经济
邮电经济
贸易经济
金融保险
大学学报(经济管理)

图 3－25　学科分类检索

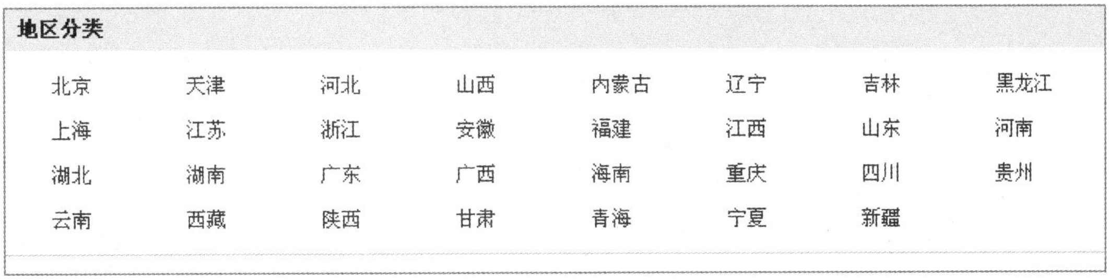

地区分类
北京 天津 河北 山西 内蒙古 辽宁 吉林 黑龙江
上海 江苏 浙江 安徽 福建 江西 山东 河南
湖北 湖南 广东 广西 海南 重庆 四川 贵州
云南 西藏 陕西 甘肃 青海 宁夏 新疆

图 3－26　地区分类检索

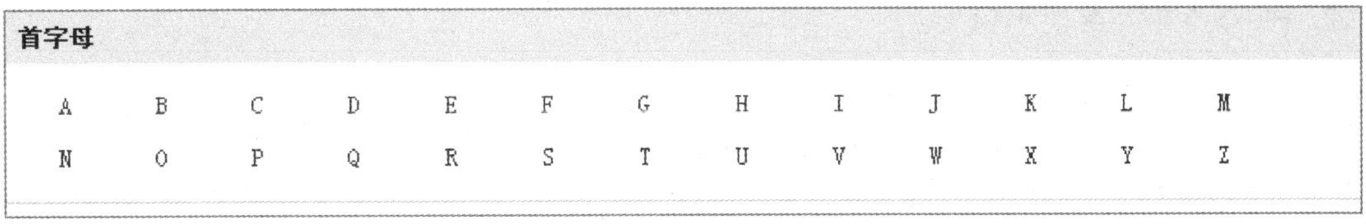

首字母
A B C D E F G H I J K L M
N O P Q R S T U V W X Y Z

图 3－27　首字母检索

(2)检索框查找期刊。主要分为简单检索和高级检索两种方式。

1)简单检索。第一种,检索刊名。检索时,在检索框中输入期刊名称,则单击“检索刊名”进行检索。第二种,检索论文。检索时,在检索框中输入文章题名,或作者姓名,或者其他关键词,则单击“检索论文”进行检索。如图 3－28 所示。

知识脉络 投稿 论文排行 相似性检测 更多
北京工商大学服务站 | 登录 | 退出 | 帮助
万方数据
WANFANG DATA
服务平台
学术论文 期刊 学位 会议 外文文献 学者 专利 标准 成果 图书 新方志 法规 机构 专家
在29,084,591篇论文中检索
检索论文
检索刊名

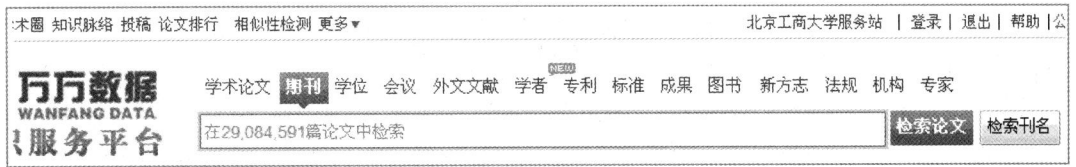

图 3－28　简单检索

2）高级检索

高级检索提供了"高级检索"（如图 3 – 29 所示）和"专业检索"（如图 3 – 30 所示）两种。

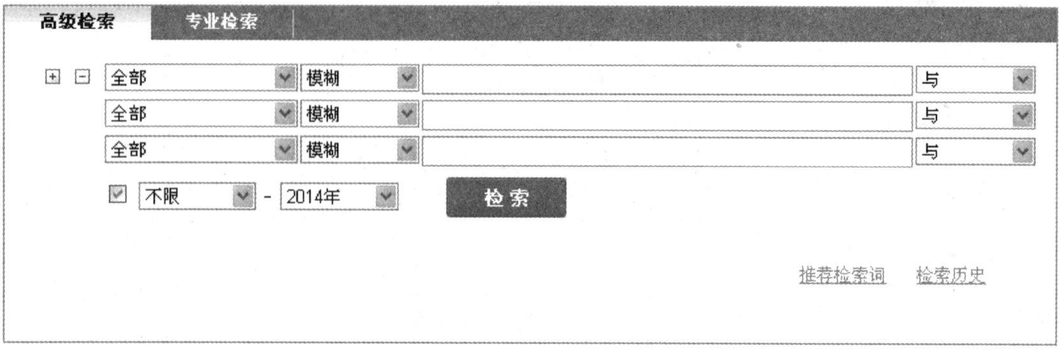

图 3 – 29　高级检索

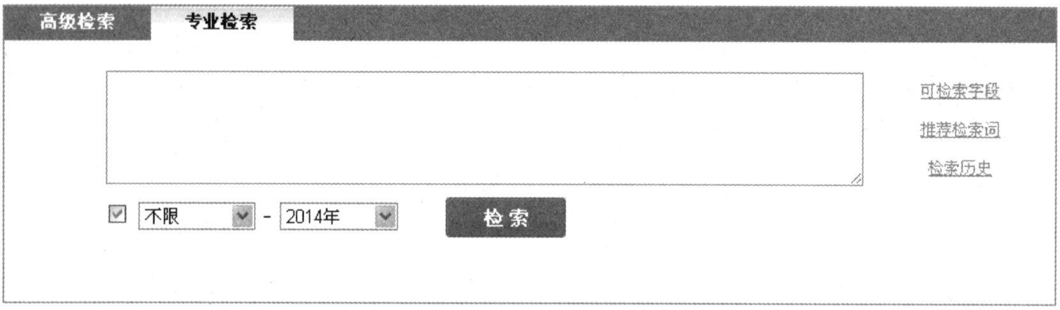

图 3 – 30　专业检索

四、人大报刊复印资料

（一）人大报刊复印资料简介

人大报刊复印资料全文数据库是由中国人民大学书报资料中心聘请 100 多位专家、学者、教授从全国公开出版的 4000 多种核心期刊、报纸中精选出的社会科学、人文科学文献。其筛选标准包括具有一定学术价值、应用价值，含有新观点、新材料、新方法，或具有一定代表性，能反映学术研究或实际工作部门的现状、成就及其新发展的学术资料。数据库分为 4 个大类，收录时间范围从 1995 年至今，包括政治类（马列、社科、政治、哲学、法律）、经济类、教育类（教育、文化、体育）、文史类（语言、文学、历史、地理及其他），共计 100 多个专题。

（二）检索方法

在 IP 范围内登录 http://ipub. zlzx. org/index. html，进入数据库，其主要内容和检索路径如图 3 – 31 所示。

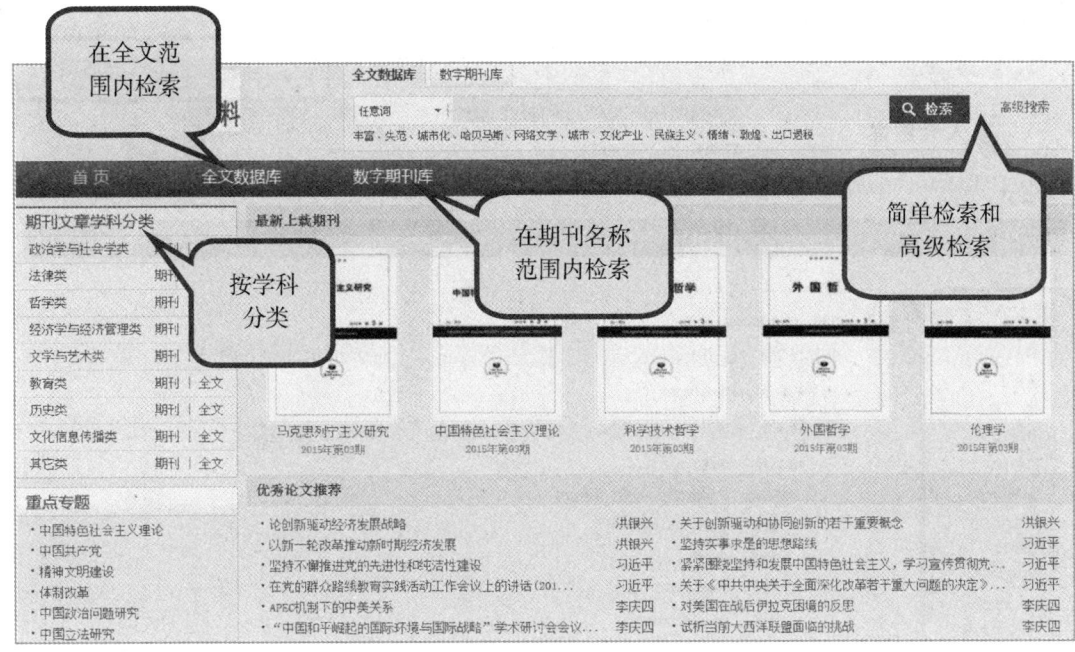

图 3 – 31 数据库首页介绍

以全文数据库为例,检索论文题名为"APEC 机制下的中美关系",论文可以下载、在线打印或收藏。文章详细信息中包括作者、作者简介、文章的原发刊及信息、内容提要、文章在人大报刊复印资料中的期刊代号、分类名称以及复印期号。论文信息可选择大小字号。如图 3 – 32 所示。

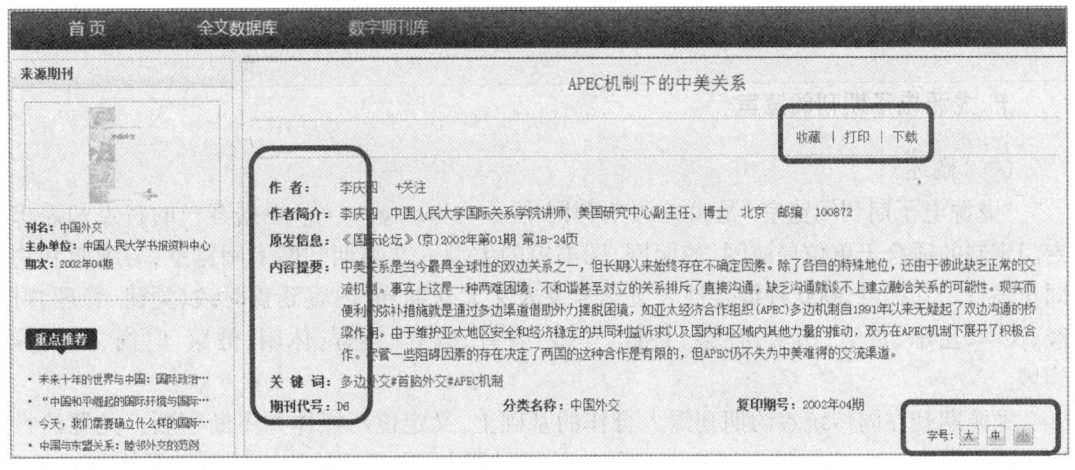

图 3 – 32 文章详细信息界面

读者可在机构的 IP 范围内免费注册,享有个人中心全部功能。

图 3 - 33　个人中心功能界面

五、龙源电子期刊阅览室

（一）概述

"龙源电子期刊阅览室"是由龙源期刊网（www. qikan. com. cn）根据客户的特点和需求专门定制的适合于单位局域网、校园网、图书馆的大型人文类期刊网上阅览室，与纸版刊物同步发行。它提供 2000 种综合性人文学术及人文大众期刊，内容涵盖时政、党建、管理、财经、文学、艺术、哲学、历史、社会、科普、军事、教育、家庭、体育、休闲、健康、时尚、职场等领域。

龙源期刊在同传统签约期刊深入合作的基础上，又定位新媒体并不断创新。龙源的投稿中心、荐稿中心、博客等由用户自己创建并提供服务，实现了传统媒体与新媒体、Web1.0 和 Web2.0 的有机融合，如图 3 - 34 显示：

图 3-34 龙源电子刊界面

(二)收录情况

龙源合作的期刊都是国家新闻出版署批准的正式出版物。收集的渠道一是根据核心期刊清单,二是根据期刊业界的口碑和报刊亭的销售品种,三是通过报刊订货会、书展等场合去发现优秀的期刊品种。龙源期刊网的期刊类别几乎涵盖了综合性社科人文大众类期刊的所有类别,共分十八大类,2000 余种期刊。其中核心期刊以及国家、省级优秀刊物占 50% 。

(三)期刊加工版别

1. 文本版

龙源期刊网通常会从期刊社获取原始的排版文件,经过标准化后发布到数据库中,面向用户提供服务。也有部分期刊,龙源会采取 OCR 的方式,将纸质期刊扫描后,通过扫描软件转化为标准化数据,发布到网上。

2. 原貌版

通过扫描的形式,将纸质期刊扫描成高精度的彩色图片,再由数据加工人员进行二次处理,将其转化为网上可阅读的格式,最后通过程序自动转化为标准化数据。

3. 语音版

龙源加工完成文本版后,通过语音合成系统和真人朗读两种模式,将杂志的文本内容转化为音频文件,再由数据加工人员将音频文件在保持音质的情况下,将其转化为 MP3 格式,方便用户在线聆听和下载。

4. 手机版

龙源在文本版的基础上,通过程序和数据加工人员的再次加工处理,将其转化为不同的格式,以便于不同的手机阅读。

5. 网络版

龙源协助传统媒体杂志社推出他们不印刷的版本，提供技术支持，并协助推广。目前《青年文摘》《商界》《双语时代》《图书情报工作》《中小学心理健康教育》《党员文摘》都以不同的表现形式推出了自己的网络版。

第二节　外文期刊全文数据库

常用英文学术期刊全文据库主要有 EBSCO、Elsevier、Springer、Wiley、Taylor & Francis、Jstor 等，由于它们在检索和利用等方面存在一定共性，所以这里主要详细讲解 EBSCO、Elsevier，其他数据库做简要介绍。

一、EBSCO 数据库

(一)简介

EBSCO 公司是世界上最大的提供期刊、文献定购及出版服务的专业公司之一，从 1986 年开始出版电子出版物，收集了 1 万余种全文、索引、文摘型期刊，收录范围涵盖自然科学、社会科学、人文和艺术、教育学、医学等各学科领域。

在校园网范围内，可以查询该公司的 13 个子数据库，Business Source Premier（商管财经类全文数据库）和 Academic Search Premier（综合学科参考类全文数据库）是其中最为重要的两个。

Academic Search Premier（综合学科参考类全文数据库）：涵盖社会科学、教育、法律、医学、语言学、人文、工程技术、工商经济、信息科技、通讯传播、生物科学、教育、公共管理、社会科学、历史学、计算机、科学、传播学、法律、军事、文化、健康卫生医疗、宗教与神学、生物科学、艺术、视觉传达、表演艺术、心理学、哲学、妇女研究、各国文学等学科领域。全文收录超过 8500 种期刊，包括 7300 多种同行评审期刊。此外，此数据库还提供超过 12 500 种期刊和总计超过 13 200 种包括专题论文、报告、会议记录等出版物在内的出版物的索引和摘要，还可回溯到 1887 年至今的 PDF 文件（绝大部分全文标题都采用原生可搜索 PDF 格式），以及 1400 多种期刊的可搜索参考文献。此数据库通过 EBSCOhost 每日进行更新。

Business Source Premier（商管财经类全文数据库）：专门的学术类商业数据库，涵盖商业相关学科领域，如行销、管理、管理信息系统（MIS）、生产与作业管理（POM）、会计、金融、经济。为 EBSCO 最完整之商管财经全文数据库，约收录 4292 种期刊索引及摘要，其中逾 3354 种全文期刊（1692 种为 peer-reviewed），有 1200 种全文期刊提供可查找引文参考的功能（searchable cited references）。还包括 Bernstein Financial Data（伯恩斯坦财务分析报告）、EIU 272 种全文出版品、8 种晨星基金股票分析出版品、AICPA 美国会计师协会出版品、Richard K. Miller & Associates 市场研究报告及 Global Insight、ICON Group International Inc. 等报告。还收录哈佛大学 57 项研讨会视频（seminar video）。

此外，该数据库还包含 Communication & Mass Media Complete（大众传媒暨应用外语全文数据库）和 Food Science SourceEBSCO（食品科学全文数据库）等子库。

Communication & Mass Media Complete(大众传媒暨应用外语全文数据库):内容涵盖传播学相关学科领域,收录期刊逾700种,380多种为全文收录,209种期刊没有时滞,其中243种为全文收录专家评审刊(Peer-Reviewed)。内容主要来自美国传播协会(National Communication Association)的CommSearch数据库及美国宾州州立大学的Mass Media Articles Index数据库,其中99%的全文期刊系ASC并没有收录的。

Food Science SourceEBSCO(食品科学全文数据库):该数据库提供大量与食品工业领域密切相关的、全文覆盖的相关资料。包括农业产业化、餐饮科学、食品贮运与包装、食品加工、食品服务、食品运输等。收录逾1420种出版物(逾1320为全文出版物,其中220种全文期刊,1000种食品科学相关的产业/市场全文报告,40种全文参考书及其他),回溯最早至1986年。该数据库还从众多贸易和工业出版物中筛选出大量的附加食品工业文章、基准和最佳实务。

(二)检索

提示:该数据库是由多个子数据库构成,因此,在使用时应首先选择需要的子库。

1. 选择子数据库

通过图书馆网页链接进入EBSCO主页后,如图3-35所示,可点击第一个链接进入子数据库选择页面。也可点击下方单列出的子数据库链接,进入检索页面。

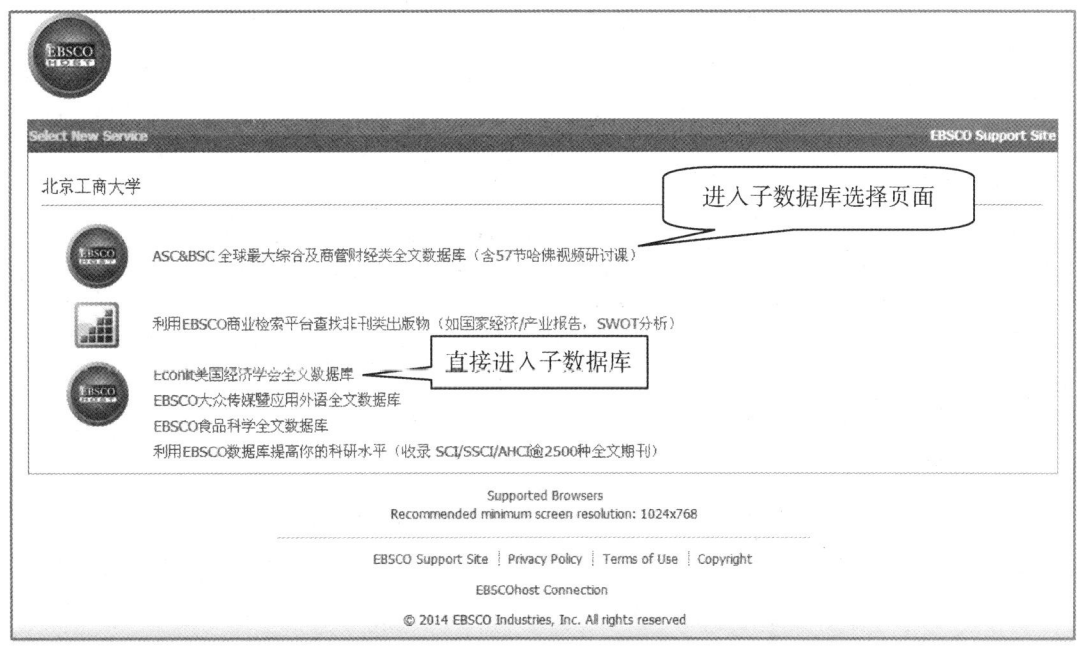

图3-35　EBSCO主页

进入子数据库选择页面,如图3-36,如只需单一数据库,直接点击该数据库的链接即可,如选择多个数据库,在数据库前打勾,然后点击"继续"按钮进入检索界面。

提示:默认进入"高级检索",如图3-37,可切换至基本检索。

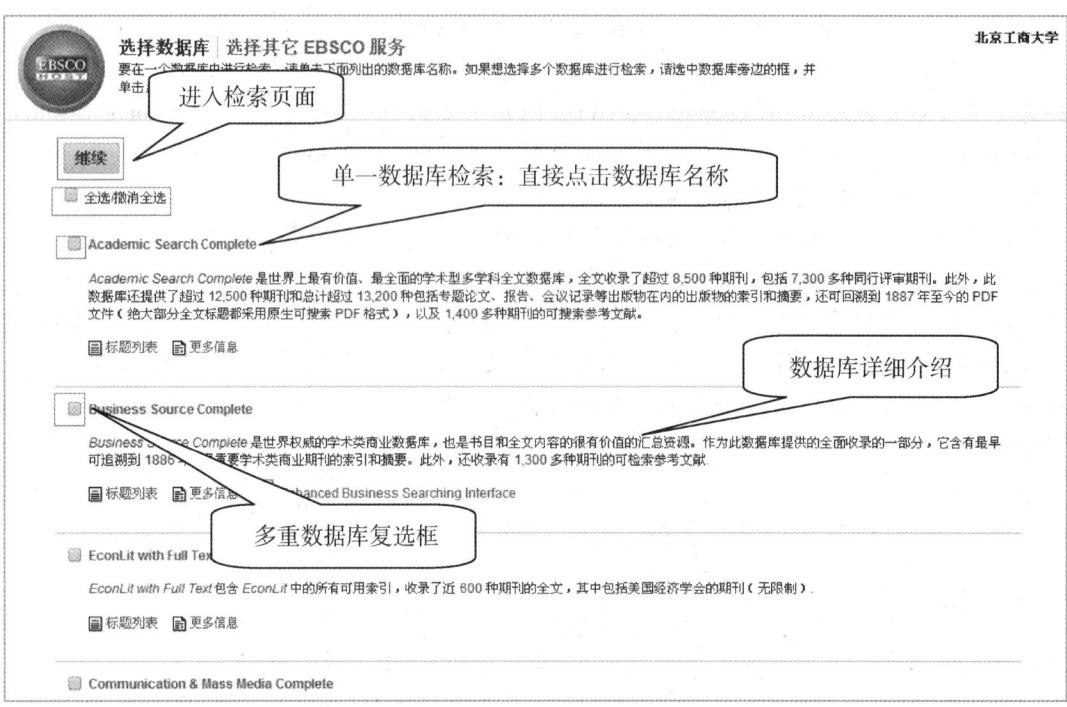

图 3 - 36　子数据库选择页面

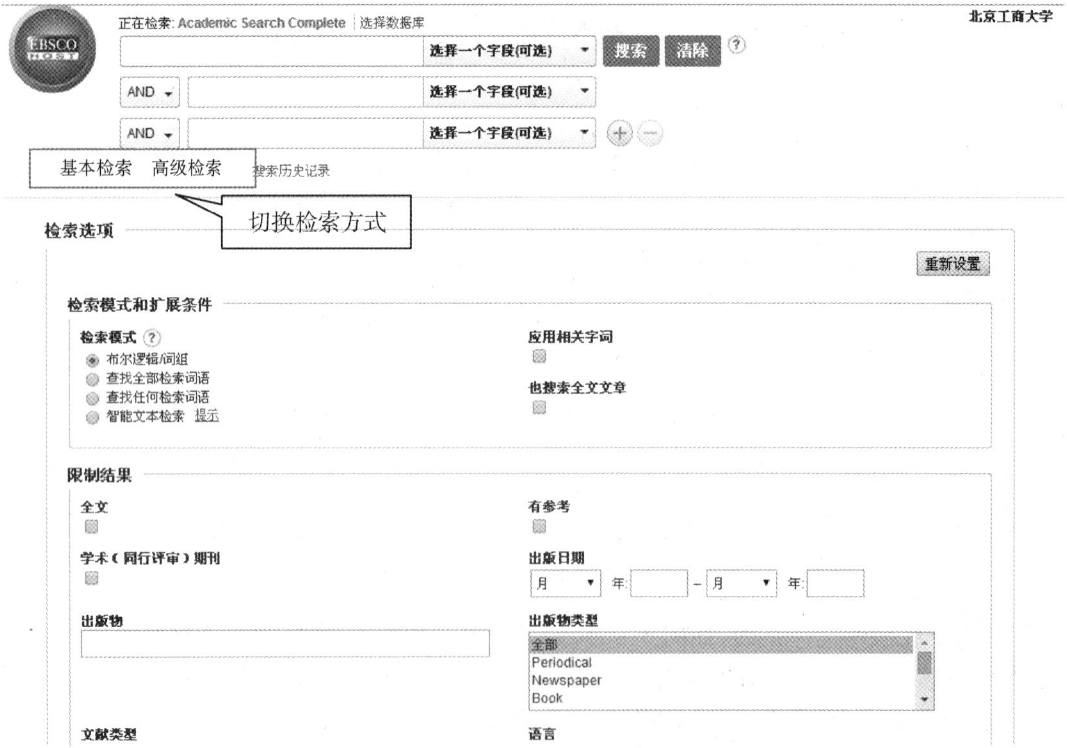

图 3 - 37　数据库检索页面

2. 基本检索

图 3 - 38　基本检索

EBSCO 的基本检索就是常见的关键字检索,不限定字段,只需在检索框中输入关键字即可。

可在搜索框下方的检索选项中设置"检索模式和扩展条件"和"限制结果",如图 3 - 38。其中检索模式中如选择"布尔逻辑词组",则检索词组可用布尔逻辑符连接,按限定的布尔逻辑关系进行检索,其他选项按字面意思即可理解;而"限制结果"选项中可以选择是否全文、是否学术(同行评审)期刊、是否有参考文献,并可以限定出版物(期刊名)、出版日期、出版物类型、页数及图像快速查看等。

3. 高级检索

高级检索可限定检索词字段,并用多个检索词进行组配检索,如图 3 - 39。

可选择的字段(见图 3 - 40)有:全文、作者、标题、主题、摘要、关键词、刊名、ISSN 等。

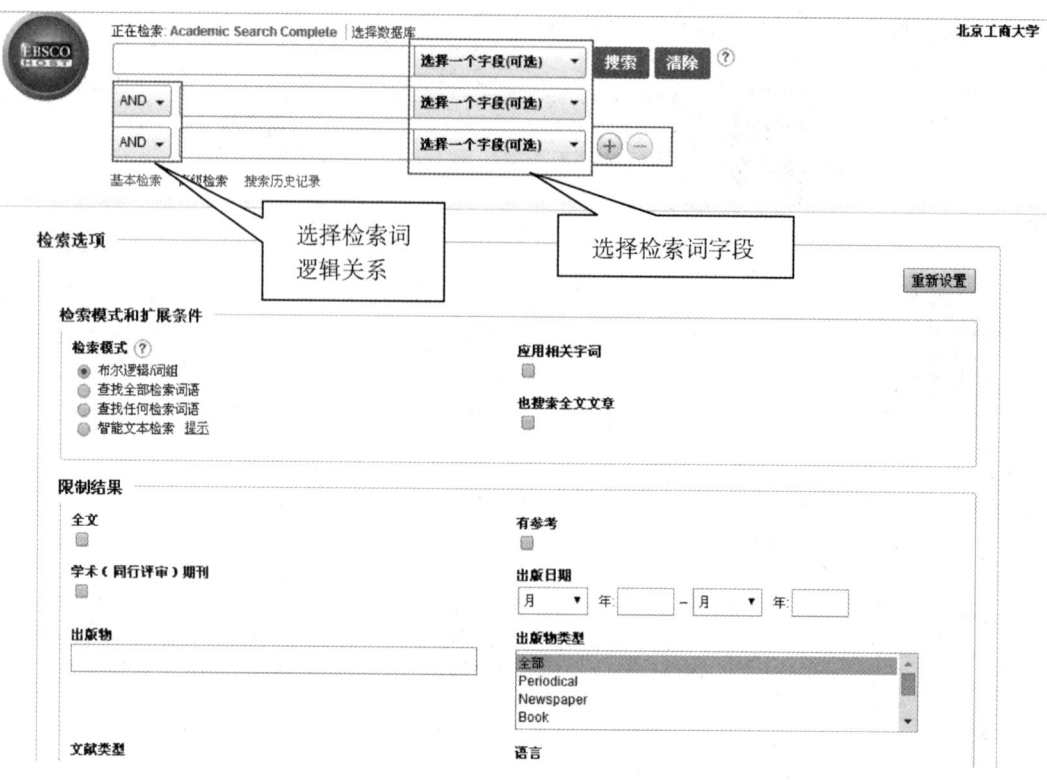

图 3 - 39　高级检索

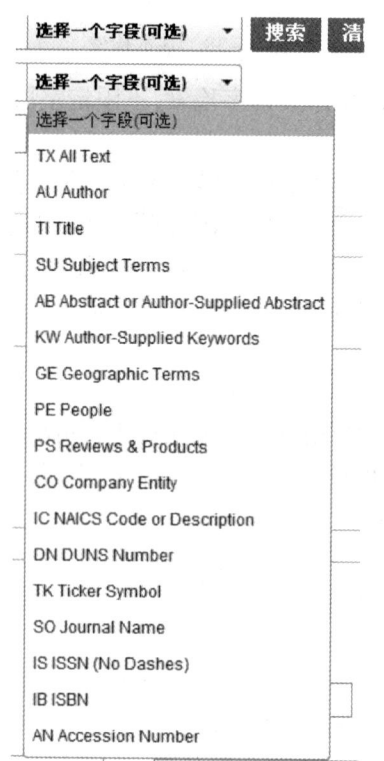

图 3 - 40　检索字段

可选择的检索词逻辑关系有:AND、OR、NOT,与布尔逻辑关系相同。

点击搜索框右下侧"＋、－"号可增加或减少检索词数量。

高级检索中的"检索模式和扩展条件"和"限制结果"与基本检索一致。

4. 检索结果

例:以"finance"检索词,限定"Ti Title"(标题)字段,得到检索结果如图 3 －41。

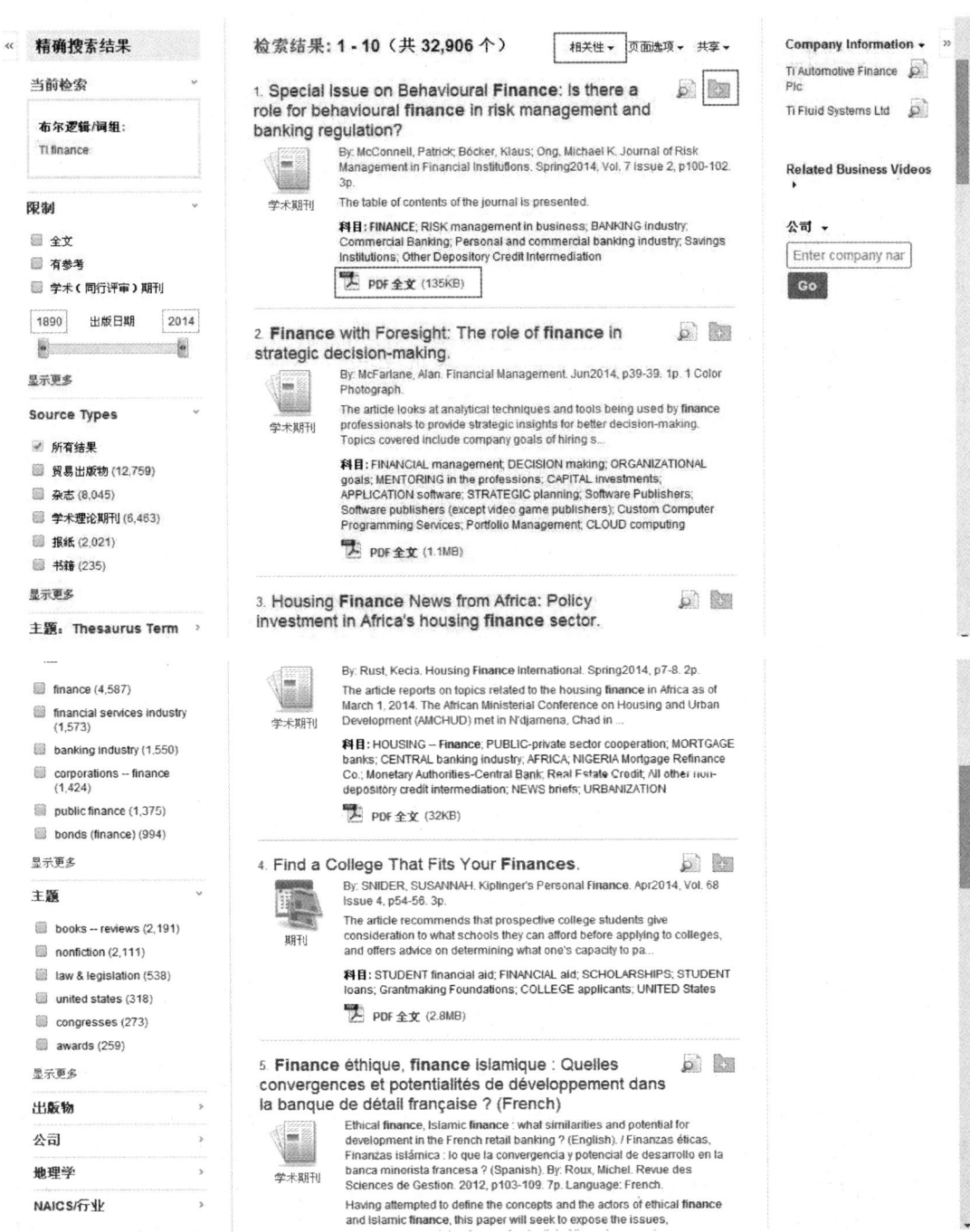

图 3 －41　检索结果

（1）限定和排序

在检索结果页面的左侧栏提供对检索结果进一步限定和精减的条件，可使结果更符合检索者的需求。如图3-41。

首先可以选择全文、学术（同行评审）期刊、有参考文献，限定结果的时间范围，选择出版物的类型。

也可以通过检索结果的分主题、出版物、行业等来限定。

在检索结果的上方，提供了排序方法，可选择按照日期、来源、作者和相关性来排序，见图3-42。

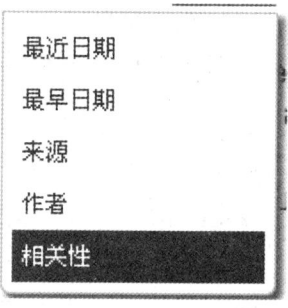

图3-42　排序方法

（2）浏览

图3-41可见，在检索结果页面，可以看到文章的作者、出版物及其卷期、科目等信息。

点击文章标题，则进入文章题录页面，可浏览文章的作者、来源、文献类型、主题语、行业代码、摘要、作者单位等信息。

（3）全文下载和检索结果导出

全文下载：在检索结果页面（见图3-41）和文章题录页面（见图3-43），点击其中的PDF标识，即可下载文章的PDF格式全文。

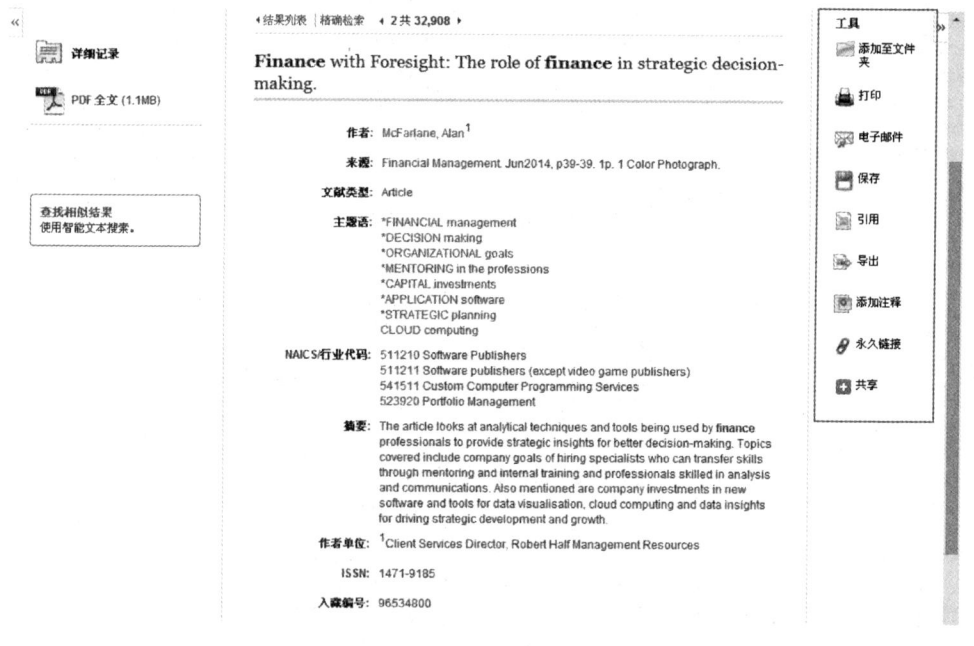

图3-43　文章题录页面

EBSCO也提供了检索结果的导出，可分为单篇文章的导出和多篇文章的导出两种。

多篇文章的导出：多篇文章的导出需要首先将选择的文章添加至"文件夹"，可在检索结果页面点击文章标题右侧带"＋"号的文件夹图标（见图3-41）或在文章题录页面点击右侧"工具"栏中的"添加至文件夹"，打开文件夹页面（图3-44），选择文章，点击"导出"，选择导出文件格式（图3-45）后，点击"保存"即可；也可以在文件夹页面（图3-44）选择"保存"，设置保存文件格式（图3-46），点击"保存"即可。

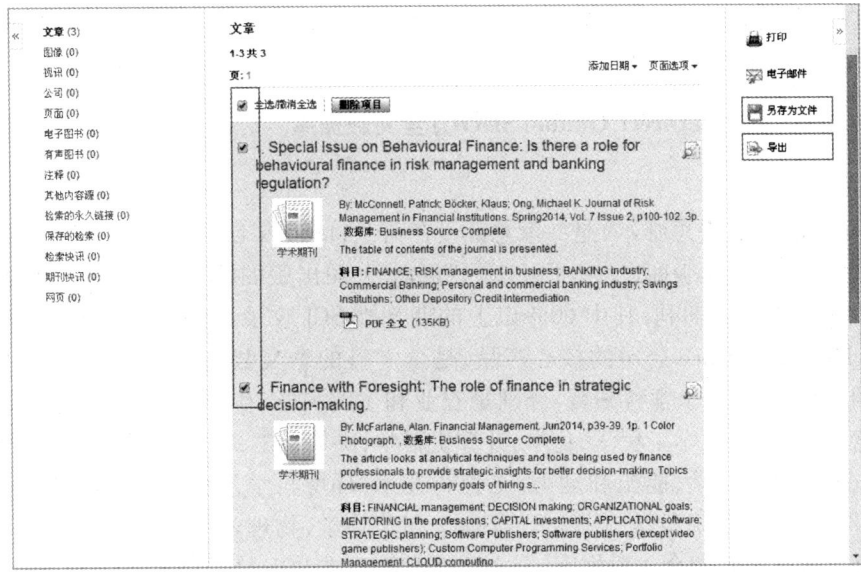

图 3 - 44 文件夹页面

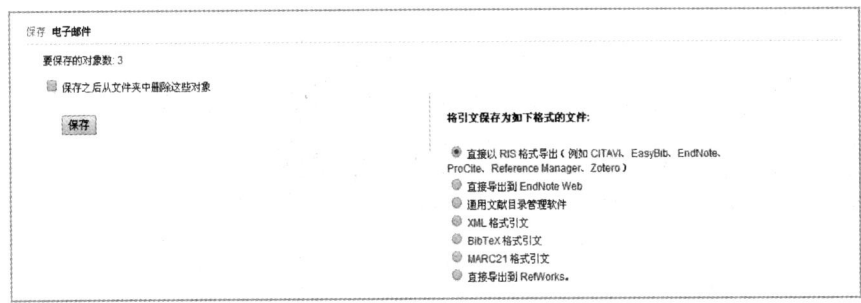

图 3 - 45 选择导出文件格式

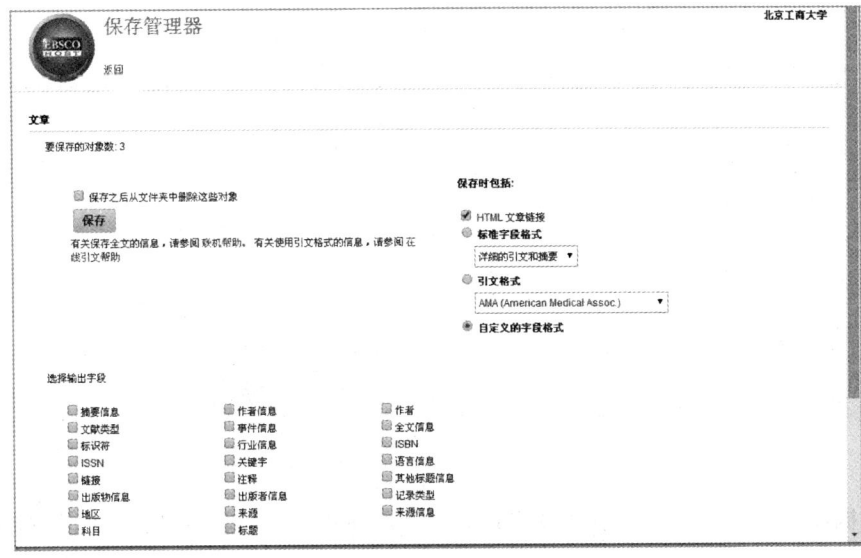

图 3 - 46 保存文件

单篇文章的导出:文章题录页面(见图3-43)的右侧"工具"栏,选择"保存"或"导出"即可,其后操作和多篇文章的导出相同。

二、Elsevier ScienceDirect Online(SDOL)全文数据库

(一)简介

Elsevier Science(爱思唯尔)是一家总部设在荷兰,1580年创立的跨国科学出版公司,是全球最大的科学文献出版商之一。Elsevier Science公司出版的期刊是世界公认的高品位学术期刊,大多数为核心期刊,其中60%以上的期刊被SCI收录。SD(Elsevier ScienceDirect)数据库是Elsevier Science公司的核心产品,是全学科的全文数据库,收录期刊2500多种。Elsevier期刊覆盖了24个学科领域,分别是农业和生物科学,生物化学、遗传学和分子生物学,商业管理和财会,化学工程学,化学,计算机科学,决策科学,地球和行星学,经济学、计量经济学和金融,社会科学,能源和动力,工程和技术,环境科学,免疫学和微生物学,材料科学,数学,医学,神经系统科学,药理学、毒理学和药物学,物理学和天文学,心理学等学科。SD数据库是实时更新的全文数据库,全文可以HTML或PDF格式显示。

(二)检索

1. 基本检索

通过图书馆网页链接或网址(http://www.sciencedirect.com/)进入Elsevier ScienceDirect Online(SDOL)全文数据库主页,即可在搜索框中进行基本检索,如图3-47。

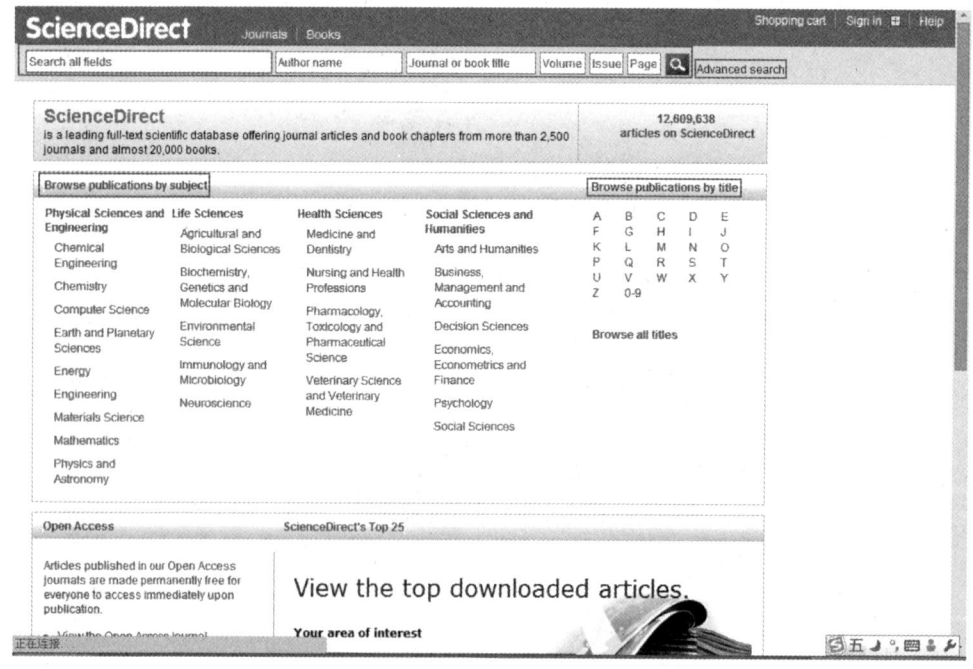

图3-47 数据库主页

该数据库的基本检索为不限字段的关键词搜索,同时可搜索文章所在期刊的名称、卷期和页数。

点击搜索框旁的"Advanced Search"进入高级检索。

2. 高级检索

如图 3 - 48,高级检索可限定检索词字段,并用多个检索词进行组配检索。

可选择的字段(见图 3 - 49)有:全文、作者、标题、摘要、关键词、刊名、ISSN 等。

可选择的检索词逻辑关系有:AND、OR、NOT。

在检索框的下方也可设置其他检索条件,包括学科、文献类型、发表时间、卷期、页数等。

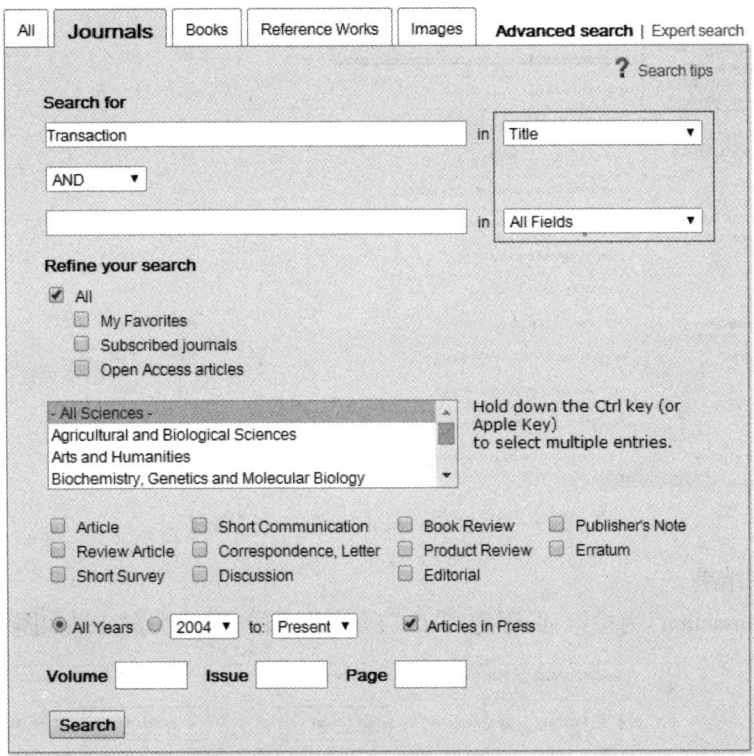

图 3 - 48 高级检索

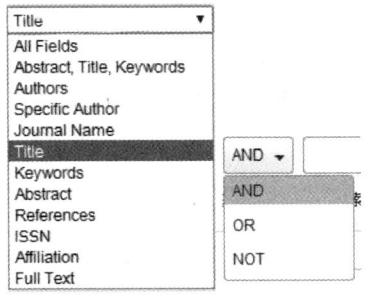

图 3 - 49 检索字段

(三)期刊浏览

在数据库首页,可选择按学科和名称字母顺序,进行期刊浏览(图 3 - 47)。

例:选择"Chemical Engineering"学科的期刊,如图 3 - 50。

该学科中的期刊仍按字母顺序排序,可选择期刊名称首字母来进一步筛选。也可选择更细分的学科来限定期刊。

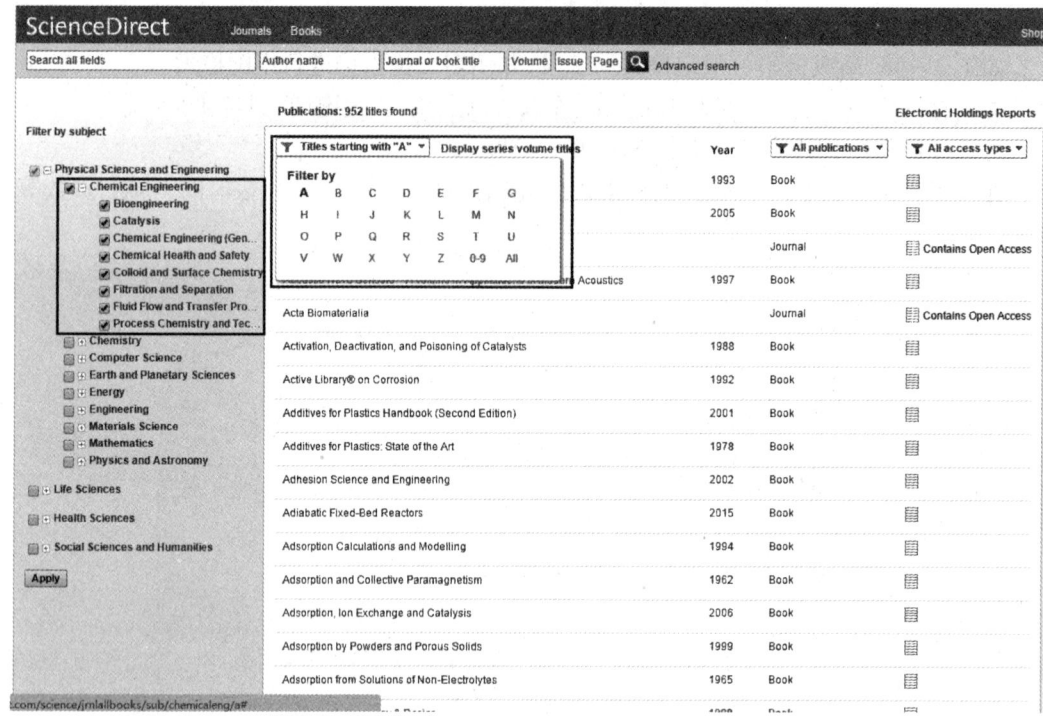

图 3-50　"Chemical Engineering"期刊

（四）检索结果

例：以"transaction"为检索词，限定"Title"（标题）字段，得到检索结果如图 3-51。

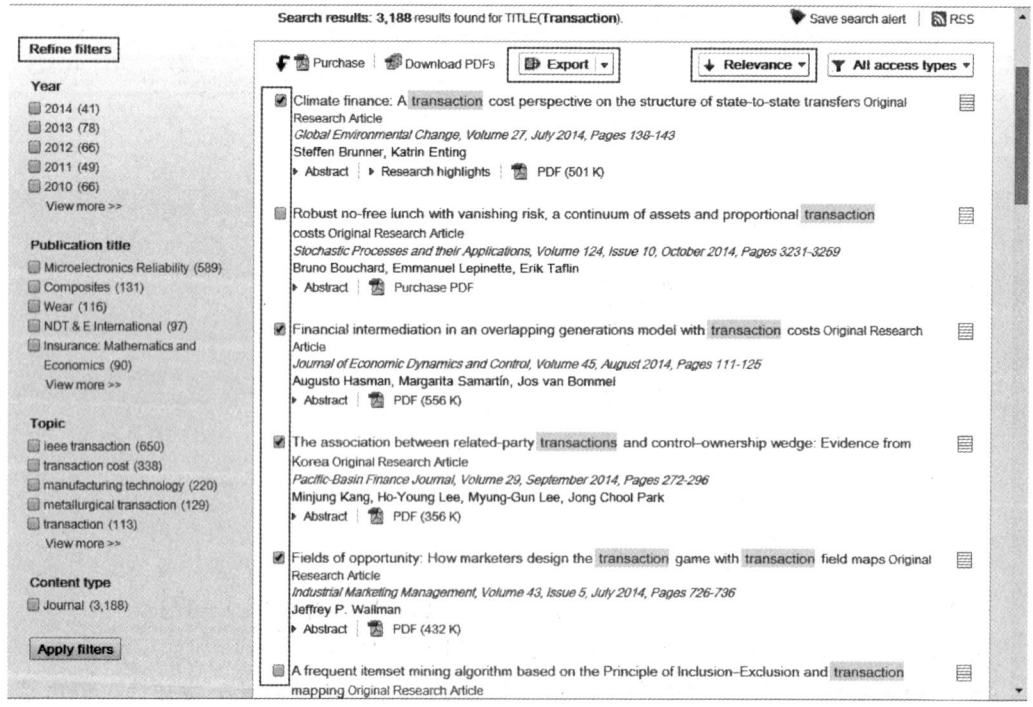

图 3-51　检索结果

1. 限定和排序

在检索结果页面的左侧边栏提供对检索结果进一步限定的条件,可使结果更符合需求,见图 3 – 51。

可限定结果的出版年,也可以通过文章的主题、期刊名、内容类型等来限定。

在检索结果的上方,提供了排序方法,可选择按照日期和相关性排序。

2. 浏览和阅读全文

图 3 – 51 可见,在检索结果页面,可以看到文章的作者、出版物及其卷期这些信息。

点击文章标题,则进入文章详情页面,可浏览文章的作者、来源期刊、重点、摘要等信息,尤为重要的是,可直接在该页面阅读文章的全文,图 3 – 52。

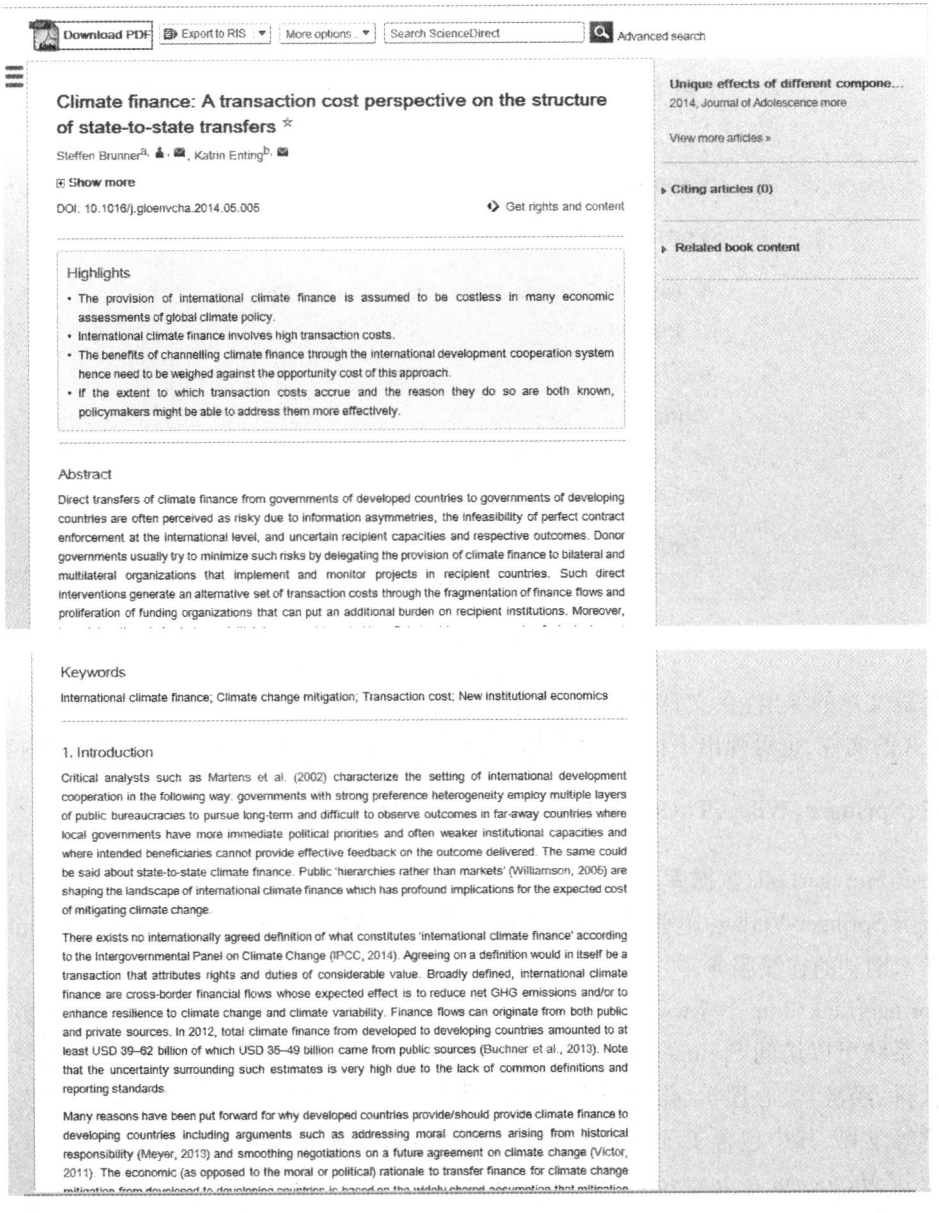

图 3 – 52 文章详情页面

3. 全文下载和检索结果导出

全文下载:在检索结果页面(见图3-51)和文章详情页面(见图3-52),点击其中的 PDF 标识,即可下载文章的 PDF 格式全文。

检索结果的导出,也可分为单篇文章的导出和多篇文章的导出两种。

多篇文章的导出:多篇文章的导出需要首先在检索结果页面(见图3-51)所需的文章标题前的复选框内点勾,然后点击"Export",在导出页面选择导出文件格式和内容(图3-53)。

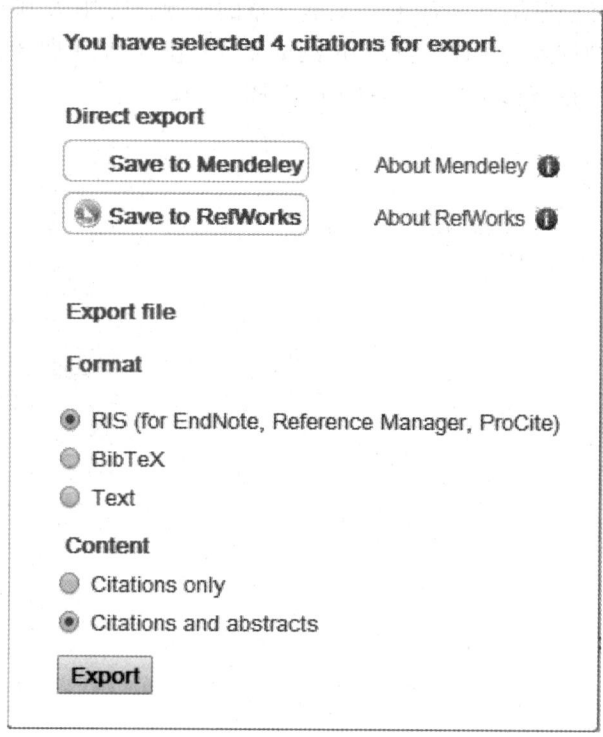

图 3-53　导出页面

单篇文章的导出:在文章详情页面,直接点击文章标题上方的"Export RIS"即可导出 RIS 格式的文件,也可弹出下拉框,与多篇文章的导出一样,选择导出文件的格式和内容。

三、Springer、Wiley、Taylor & Francis、Jstor 数据库简介

(一)SpringerLink 数据库

德国 Springer-Verlag(施普林格)是世界上著名的科技出版集团,通过 SpringerLink 系统提供学术期刊的在线服务。

SpringerLink(http://www.springerlink.com)是著名的科学技术和医学类全文数据库,通过该系统可以访问 Springer 出版的 1330 种高品质的全文期刊,学科涉及商业与管理、人文社科、经济学、心理学、化学、材料科学、数学、计算机、物理、工程、生命科学、医学、环境科学等学科,其中包含了 353 种经管、人文社科类高质量的全文期刊,例如 *Asia Pacific Journal of Management*、*International Tax and Public Finance*、*Small Business Economics*、*Review of Accounting Studies*、*Annals of Operations Research*、*Journal of Behavioral Education*、*Controlling*

& Management、International Journal of Game Theory、Journal of Scheduling、Service Business、Transportation、Journal of East Asian Linguistics、Language Resources and Evaluation 等著名期刊。SpringerLink 还包括丛书、图书、参考工具书以及回溯文档。

（二）Wiley-Blackwell 期刊库

Wiley-Blackwell 是 2007 年 2 月由 Blackwell 出版社与 Wiley 的科学技术及医学业务合并而成的，是当今世界最重要教科和专业出版商之一，同时也是著名的学术出版机构。Wiley-Blackwell 的期刊全文库（http://onlinelibrary. wiley. com/）出版物学科范围广，其中包括化学、物理、工程、农业、兽医学、食品科学、医学、护理、口腔、生命科学、心理、商业、经济、社会科学、艺术、人类学等多个学科大概 1500 多种期刊，期刊质量较高，在化学化工、生命科学、高分子及材料学、工程学、医学等领域尤其如此。

（三）Taylor & Francis 期刊数据库

Taylor & Francis 集团拥有 200 多年丰富的出版经验，目前为世界领先国际学术出版集团之一。每年出版超过 1500 种期刊，出版的电子图书近 20 000 册。

Taylor & Francis ST 期刊数据库包括两部分：人文社会科学（SSH）领域及科学科技（ST）领域。该库在人文社会科学（SSH）领域提供超过 1000 种经专家评审的期刊，包括来自社会科学与人文科学先驱出版社 Routledge 以及 Psychology Press 的期刊。其中有 480 种期刊被汤森路透引文索引数据库收录；内容最早至 1997 年。含 14 个学科：人类学与考古学，艺术与人文，行为科学，商务、管理与经济，犯罪学与法学，教育学，地理、规划、城市与环境，图书馆与信息科学，媒体、文化与传播研究，政治、国际关系与区域研究，公共卫生与社会保健，社会学及其相关学科，体育、休闲与旅游，战略、防御与安全研究。在科学科技（ST）领域，该库提供超过 300 种经专家评审的科学与技术类期刊，其中超过 78% 的期刊被汤森路透引文索引数据库收录，内容最早至 1997 年。含 5 个学科：环境与农业科学、化学、工程、计算及技术、物理学和数学。

（四）JSTOR 过刊全文库

JSTOR 全名为 Journal Storage，是专门收录西文过刊的全文数据库。收录范围涉及政治学、经济学、哲学、历史、文学等人文社会学科领域和自然科学领域。JSTOR 中收录的大部分期刊提供从创刊号至最近 3—5 年前的期刊全文，有些过刊可回溯至 1665 年，具有非常珍贵的学术价值。JSTOR 选刊标准十分严格，通过综合评价期刊的订购数量、引用分析、专家推荐以及出版时间等因素来选取相关领域最具有代表性的学术期刊。目前，JSTOR 共收录期刊 674 种，其中被 SCI/SSCI/A&HCI 收录的核心期刊达 385 种，占全部期刊总数的 57%。JSTOR 数据库含有英、法、德、西、意等多个语种。

第三节　中外文报纸数据库

一、九星时代在线报纸

（一）概况

九星时代报刊阅读系统通过用户搜索的条件，使用搜索功能，搜索互联网上的报刊相关内容，并且显示搜索结果，用户可以通过 HTTP 协议浏览报刊内容，或者是浏览报刊的快照内容。

该数据库分为快速检索和高级检索两类,如图 3 – 54 所示。快速检索栏中,输入框系统自带"请输入报纸名称"提示,点击输入框,输入需要查找报纸名称即可进行准确查询。点击"高级检索",进入页面如图 3 – 55,根据名称或地区等条件便可精确查找所需报纸。

图 3 – 54　检索界面

图 3 – 55　高级检索界面

(二)浏览方式

1. 全部报纸

数据库进入的首页面即全部报纸页面,每页展示 12 份报纸,可进行翻页。具体界面显示如图 3 – 56 所示。

图 3 – 56　"全部报纸"界面

2. 字顺浏览

报纸按字母顺序排列。每页展示 12 份报纸,可进行翻页。具体界面显示如图 3 – 57 所示。

图 3 - 57 字顺浏览

3. 分类浏览

系统根据报纸内容分为综合报、晨报、日报、晚报、都市报、经济报、生活报、法制报、农业报、军事报、体育报、青少年、保健报、其他共 14 种默认分类,方便用户根据报纸的不同属性快速选择自己阅读报纸的类型。具体界面显示如图 3 - 58 所示。

图 3 - 58 分类浏览

4. 地区浏览

系统将全部报纸数据按照地区分类管理,页面采用人性化的地图设计,用户可在地图上点击地域省市和时间进行快速查询。具体界面显示如图 3 - 59 所示。

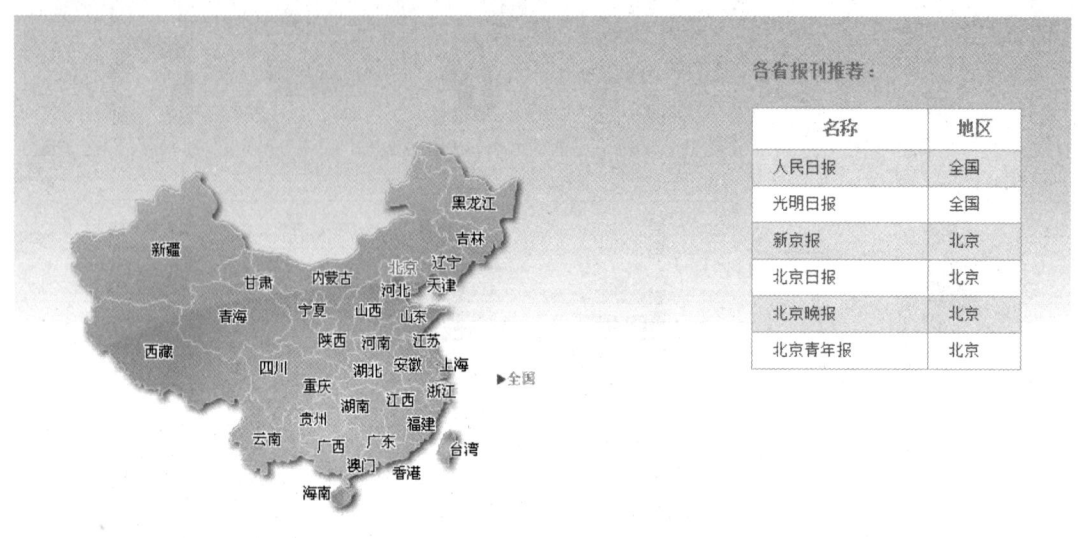

图 3 - 59　地区浏览

5. 热门报纸

热门搜索页面呈现的报纸根据用户分享的数量进行降序排列,每页展示 12 份报纸,可进行翻页。具体界面显示如图 3 - 60 所示。

图 3 - 60　热门报纸

二、中国知网——中国重要报纸全文数据库

本数据库是中国知网出版的 CNKI 系列数据库之一,是目前国内少有的以重要报纸刊载的学术性、资料性文献以及各种知识情报为收录对象的数据库。知识来源于国内公开发行的 1000 多种重要报纸近 500 万篇文献,每年精选 90 万篇文献。覆盖范围包括文化、艺术、体育及各界人物、政治、军事与法律、经济、社会与教育、科学技术、恋爱婚姻家庭与健康。分六大专辑,36 个专题数据库。收录范围为 2000 年 6 月至今。网上数据每日更新,光盘每月更新。界面如图 3 – 61 所示。

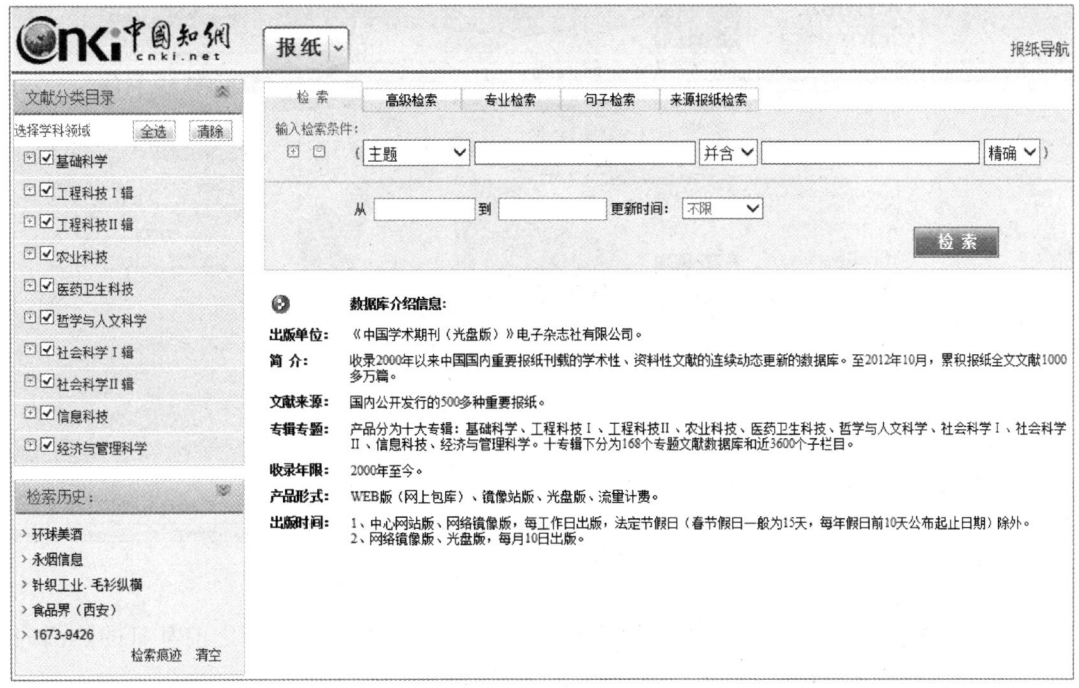

图 3 – 61　检索界面

该数据库提供初级检索、高级检索、专业检索、句子检索、来源报纸、报纸导航 6 种检索方式。报纸导航按"中央级"和"地方级"两级导航进入整报检索界面,其他 5 种检索方式的具体操作与《中国期刊全文数据库》完全相同,不再赘述。

三、英文报纸数据库 PressDisplay

(一)PressDisplay 简介

PressDisplay 报纸库收录来自全世界 97 个国家 2200 余份在线报纸,包括《华尔街日报》《华盛顿邮报》《卫报》《镜报》等知名报纸,涵盖 54 种语言,包括英语、俄语、德语、阿拉伯语、西班牙语、法语、葡萄牙语、波兰语、匈牙利语、土耳其语、意大利语、瑞典语、丹麦语、希腊语、日语、保加利亚语、捷克语等,其中英语、德语、法语、意大利语、荷兰语、葡萄牙语、俄语、瑞典语 8 种语言的全文内容具有语音播放功能。该数据库保持纸质报纸的原始版面,每日更新,可以看到当天的报纸。

IP 范围内点击进入 PressDisplay 的首页(http://library. pressdisplay. com)进入 PressDisplay 的首页。

图 3 - 62　Pressdisplay 主页面

首页主要内容是热门新闻,默认呈现最新内容,可在"时间线"选择之前某日的热门内容;也可在左侧栏选择热门新闻的类别和国家,见图 3 - 62。

(二)搜索

在首页检索框输入检索词可进行全文检索,可在下拉框中选择检索内容的发表时间(图3 - 63),也可选择进入高级检索,在高级检索中可设定多个检索条件如:日期、语言、国家、作者等。

图 3 - 63　Pressdisplay 检索条件设置

(三)报纸浏览和选择

点击首页检索框旁的"Select Title",可按国家、语言、字顺来浏览报纸列表(图 3 - 64)。

图 3 - 64　报纸按国家、语言浏览

例：图 3 - 65 和图 3 - 66 分别是法国和日语的报纸列表。

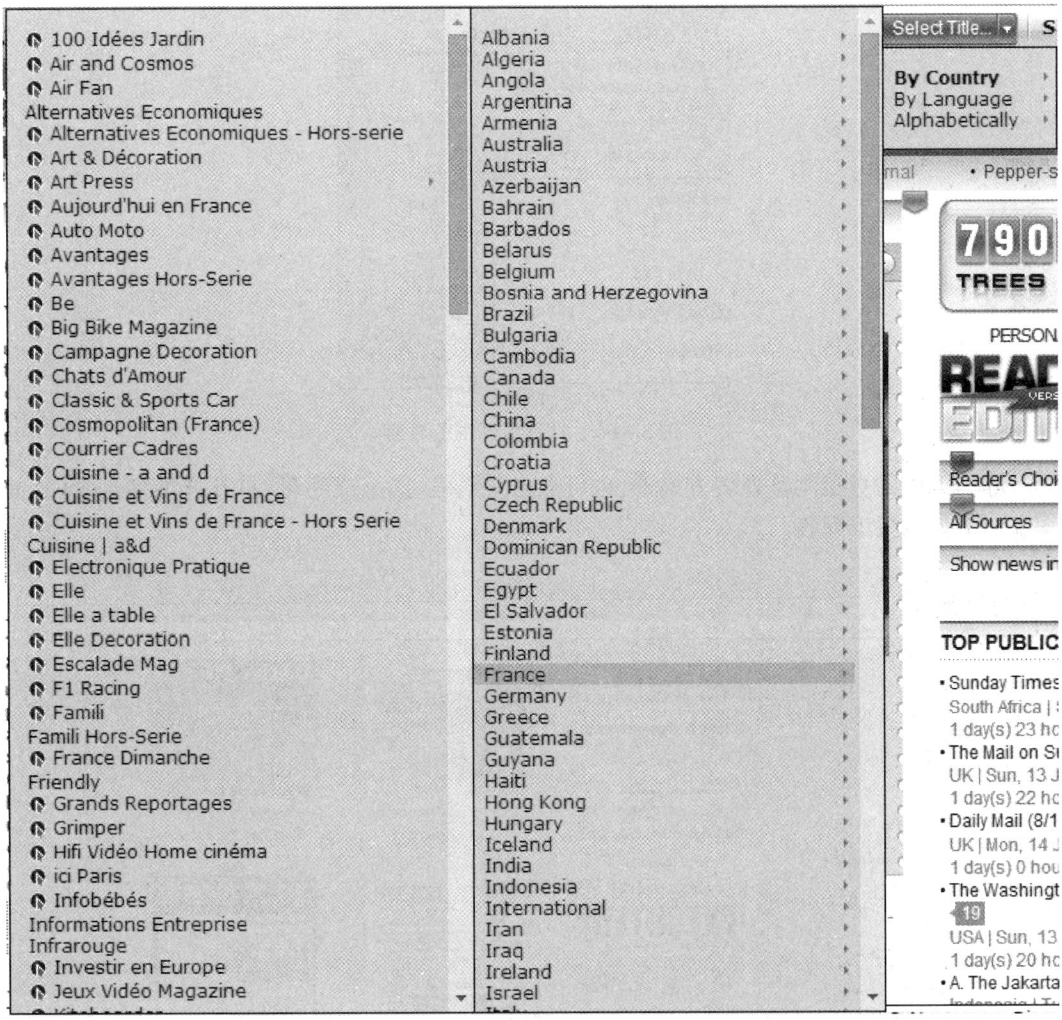

100 Idées Jardin	Albania
Air and Cosmos	Algeria
Air Fan	Angola
Alternatives Economiques	Argentina
Alternatives Economiques - Hors-serie	Armenia
Art & Décoration	Australia
Art Press	Austria
Aujourd'hui en France	Azerbaijan
Auto Moto	Bahrain
Avantages	Barbados
Avantages Hors-Serie	Belarus
Be	Belgium
Big Bike Magazine	Bosnia and Herzegovina
Campagne Decoration	Brazil
Chats d'Amour	Bulgaria
Classic & Sports Car	Cambodia
Cosmopolitan (France)	Canada
Courrier Cadres	Chile
Cuisine - a and d	China
Cuisine et Vins de France	Colombia
Cuisine et Vins de France - Hors Serie	Croatia
Cuisine | a&d	Cyprus
Electronique Pratique	Czech Republic
Elle	Denmark
Elle a table	Dominican Republic
Elle Decoration	Ecuador
Escalade Mag	Egypt
F1 Racing	El Salvador
Famili	Estonia
Famili Hors-Serie	Finland
France Dimanche	France
Friendly	Germany
Grands Reportages	Greece
Grimper	Guatemala
Hifi Vidéo Home cinéma	Guyana
ici Paris	Haiti
Infobébés	Hong Kong
Informations Entreprise	Hungary
Infrarouge	Iceland
Investir en Europe	India
Jeux Vidéo Magazine	Indonesia
Kitchenaden	International
	Iran
	Iraq
	Ireland
	Israel

Select Title... | Si
By Country
By Language
Alphabetically

· Pepper-s

790 TREES

PERSON

READ EDIT

Reader's Choi
All Sources
Show news in

TOP PUBLIC

· Sunday Times
South Africa | 3
1 day(s) 23 ho
· The Mail on S
UK | Sun, 13 J
1 day(s) 22 ho
· Daily Mail (8/1
UK | Mon, 14 J
1 day(s) 0 hou
· The Washingt
19
USA | Sun, 13
1 day(s) 20 ho
· A. The Jakarta

图 3 - 65　法语报纸浏览界面

图 3 - 66　日语报纸浏览界面

除例 1 中的直接浏览列表方式外,也可点击某语言、国家或字母,打开详细列表页面,如图 3 - 67 美国报纸列表。

图 3 - 67　美国报纸浏览界面

（四）阅读

点击报纸封面，即选择进入报纸阅读。

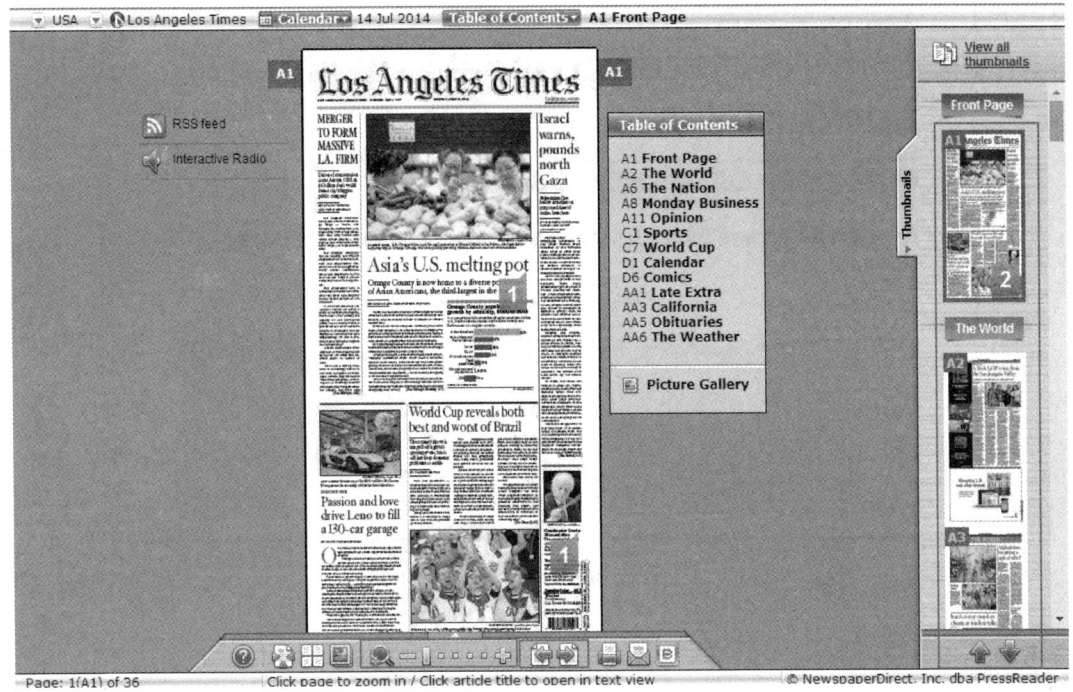

图 3 – 68　按版面浏览

进入报纸阅读首页后，可在右侧选择版面，也可点击底部箭头翻页，如图 3 – 68。点击上方"Calendar"，可调出日历，选择阅读其他日期的该报纸，如图 3 – 69。

图 3 – 69　按日期选择浏览

点击报纸中某篇文章标题，即进入该文章全文阅读页，如图 3 – 70，可以选择放大、共享、打印、播放音频、翻译等功能。当然也可以在原版页面中，通过放大、移动等操作，阅读原版原貌的报纸内容。

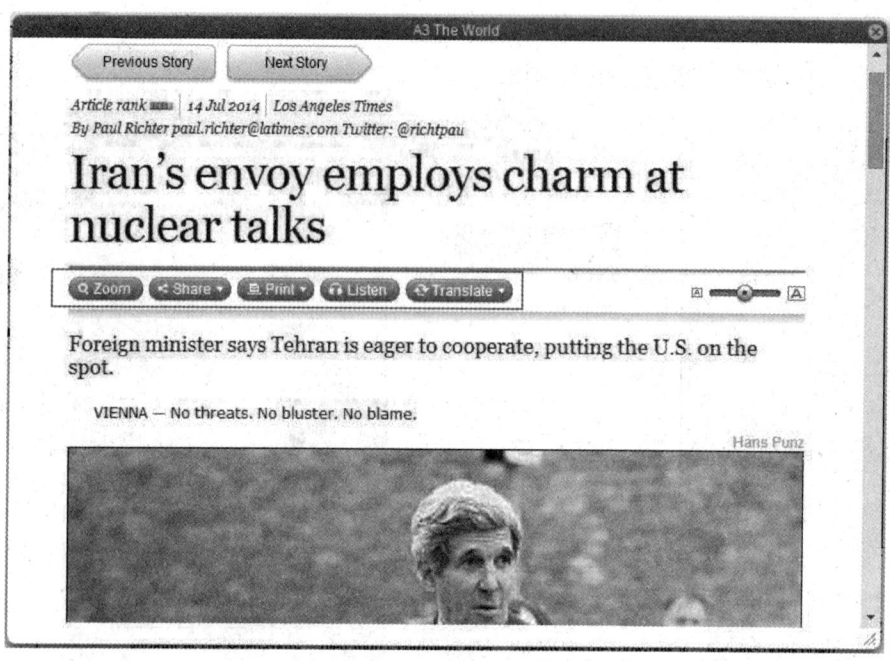

图 3 - 70　全文浏览界面

思考题：

1. 试比较分析中国知网 CNKI、维普期刊资源整合服务平台、万方学术期刊数据库的异同。

2. 请检索你所学专业近两年核心期刊发表的学术论文并进行排序分析。

3. 请以 genetically modified（转基因）为关键词，分别在 Elsevier 和 Springer 两个数据库中进行检索，并比较检索结果的差异。

第四章　引文数据库

科学研究是一个承前启后、不断继承与发展的过程,同时也是一个信息不断积累与更新的过程,任何一项研究都是在综合和借鉴前人研究成果和研究方法的基础上完成的。全世界每年发表几百万篇科研论文,这些论文之间不是孤立的,文献之间相互影响、相互联系、相互作用,构成一个巨大的文献网,为人们提供关联度极高的文献资源空间。引文(参考文献)作为科研论文的重要组成部分,为科研工作者获取知识,查找信息提供了新思路。

引文数据库是将各种参考文献的内容按照一定规则记录下来,集成为一个规范的数据集。通过这个数据库,可以建立著者、关键词、机构、文献名称等检索点,满足作者论著被引、专题文献被引、期刊、专著等文献被引、机构论著被引、个人、机构发表论文等情况的检索。

引文数据库是对传统信息检索系统的补充和改革,揭示了科学技术之间引证与被引证的关系,是从文献之间相互引证的角度,提供新的检索途径,提高检索结果的相关性。同时,引文数据库能够了解研究人员对学术资源的利用状况,可对某一学科领域的论文发表和论著被引用情况进行检索与分析,了解专业人员在该领域的研究工作,了解该学科领域学术研究的历史渊源,追踪学科的发展动态和最新进展,可获取机构、学科、学者、期刊等多种类型统计数据,为学术研究评价、科研绩效评价、期刊质量评价和科学发展等方面的评价提供定量依据。

第一节　国内著名引文索引数据库

引文索引即是利用文献间的引用关系检索相关文献的索引。它包含两种含义:索引中编制了引文内容;利用引文信息检索文献。期刊(会议)论文、综述、著作、札记等文献中均罗列了大量的参考文献,亦称作引文,引文信息通常会列出题名、著者、出版地及出版时间等。由于引文是在学术研究过程中对某一著作或论文内容的参考或借鉴,引用类型主要包括对前人的研究和观点表示支持,为自己的研究提供佐证或背景,阐明、列举著者的观点等,因此,引文是联系那些具有某些特定观点的论文之间显而易见的纽带,而引文索引就建立在这些纽带之上,主要列举了被引用的文献,并指明引文的来源。引文索引的特别之处在于其编制原理,它将引文作为标引词,利用了文献之间普遍存在的引用关系,不仅揭示了科学文献之间的内在联系,也揭示了学科之间交叉关系。不仅可从主题、分类等常规方法检索文献,同时从引文角度向用户提供了一种特殊的检索途径。

引文索引涉及以下相关概念:来源文献、来源出版物、引文即被引文献。假设有文献 A和文献 B,若文献 B 提到或引用了文献 A,这时就称文献 A 是文献 B 的引文(citation,或称参考文献,也称被引文献);文献 B 提供了包括文献 A 在内的若干引文,所以将文献 B 称为来源文献(sourceitem 或 source document,也称施引文献),来源文献包括期刊论文、会议论文、评论、技术札记等;刊载来源文献的出版物,如期刊、会议录以及图书等,称为来源出版物

（source publication）。

一、中文社会科学引文索引（CSSCI）

（一）简介

中文社会科学引文索引（Chinese Social Sciences Citation Index，简称 CSSCI），由南京大学中国社会科学研究评价中心开发研制的文摘数据库，用于检索中文社会科学领域的论文收录和文献被引用情况。CSSCI 是遵循文献计量学规律，采取定量与定性相结合的方法从全国 2700 余种中文人文社会科学学术性期刊中精选出学术性强、编辑规范的期刊作为来源期刊。目前收录包括法学、管理学、经济学、历史学、政治学等在内的 25 大类的 500 多种学术期刊，来源文献 100 余万篇，引文文献 600 余万篇。利用 CSSCI 可以检索到所有 CSSCI 来源刊文献的收录和被引情况。

（二）检索

通过图书馆链接或直接输入该数据库网址（http://cssci. nju. edu. cn/）进入数据库首页，即是简单检索界面，如图 4-1。

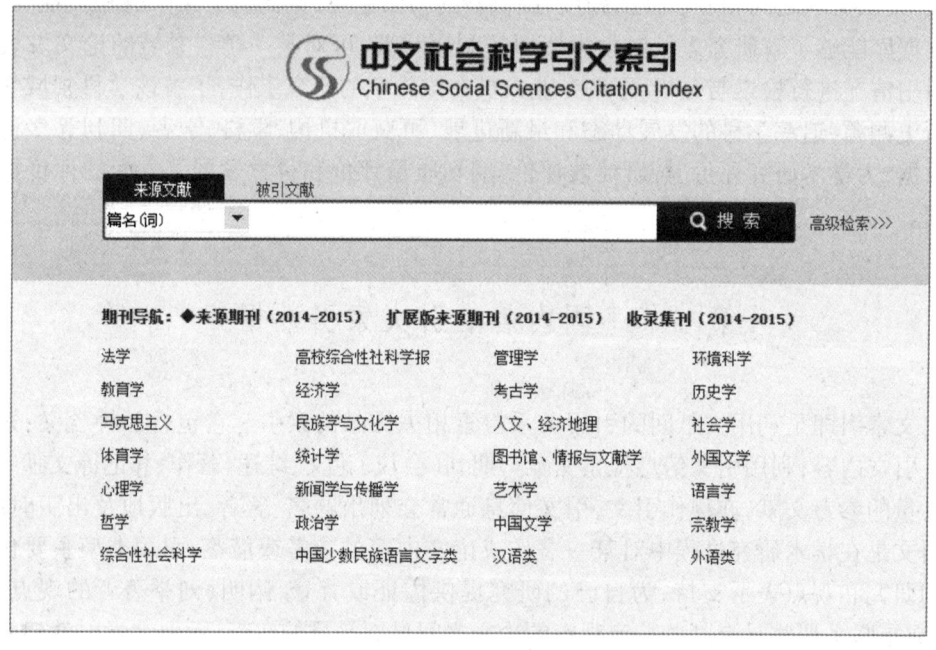

图 4-1　数据库首页

数据库默认为来源文献检索，可切换至被引文献检索。简单检索可选择的检索字段有篇名、作者、作者机构、刊名、中图类号、基金细节、英文篇名等。

在简单检索框的下方为期刊导航，可以按照学科浏览来源期刊、扩展版来源期刊和收录集刊。

在数据库的高级检索中，提供最多 3 个关键词通过"与""或"逻辑关系组配检索，可选字段相较简单检索多了关键词和作者地区。同时，可设置限定条件，包括发文年代、年代卷期、文献类型、学科类别、学位分类、基金类别。也可设定检索结果的每页显示条数，以及检索结果排序方式。

图4-2 来源文献高级检索

在被引文献的高级检索中,可检索字段有被引作者、被引文献篇名、被引文献期刊、被引文献细节、被引文献年代,被引年份(自1998年,如图4-3)、被引文献类型等条件可以选择限定。

图4-3 被引文献检索

(三)检索结果

在检索结果页面,可以看到各条目题名、作者、期刊、卷期等信息,点击文章题名进入详情页,可以查看关键词、参考文献等更多信息。

在页面左侧栏,可以按照类型、学科、期刊、年代选择来"精炼检索"。在排序方面,可以年代、篇名、作者的升降序排列。

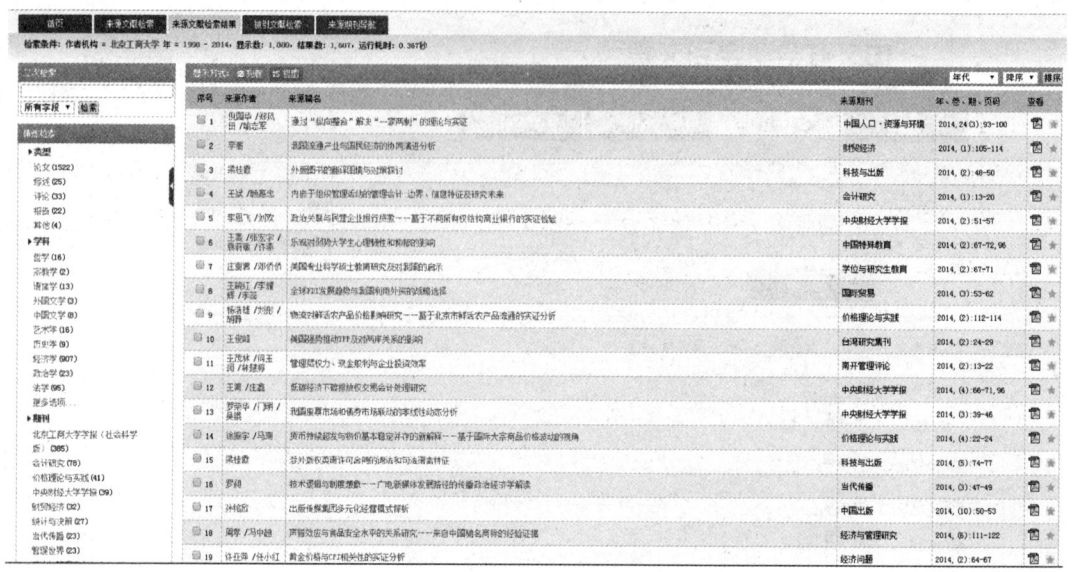

图 4-4　检索结果

（四）来源期刊导航

在 CSSCI 中可按照学科浏览其当前年度的来源期刊，如图 4-3、4-4。CSSCI 来源期刊分为三类：来源期刊、扩展版来源期刊、收录集刊，共有 28 个学科类别，选择来源期刊类别和学科类别后，即可查看期刊列表，如图 4-5。

图 4-5　来源期刊导航和列表

二、中国科学引文数据库(CSCD)

(一)简介

中国科学引文数据库(Chinese Science Citation Database,简称 CSCD)收录我国数学、物理、化学、天文学、地学、生物学、农林科学、医药卫生、工程技术和环境科学等领域出版的中英文科技核心期刊和优秀期刊千余种,目前已积累从 1989 年到现在的论文记录 4 066 831 条,引文记录 45 264 636 条。与 CSSCI 相同,CSCD 同时提供来源文献检索和引文检索。

(二)检索界面

通过图书馆链接或直接输入该数据库网址(http://sciencechina. cn/search_sou. jsp)进入数据库首页,即为检索界面,如图 4 - 6。

图 4 - 6　简单检索界面

进入检索后,默认为来源文献简单检索。可通过"与""或"逻辑关系组配检索,可选字段有作者、第一作者、题名、刊名、ISSN、文摘、机构、第一机构、关键词、基金名称、实验室。

可选择论文发表时间和学科范围作为限定条件。

来源文献的高级检索如图 4 - 7,可以检索框中输入检索式进行检索:在检索框中输入"字段名称"和"布尔连接符"以及检索内容组成检索式;也可以在最下方的检索框填入相应检索词,点击添加,将自动生成检索语句。

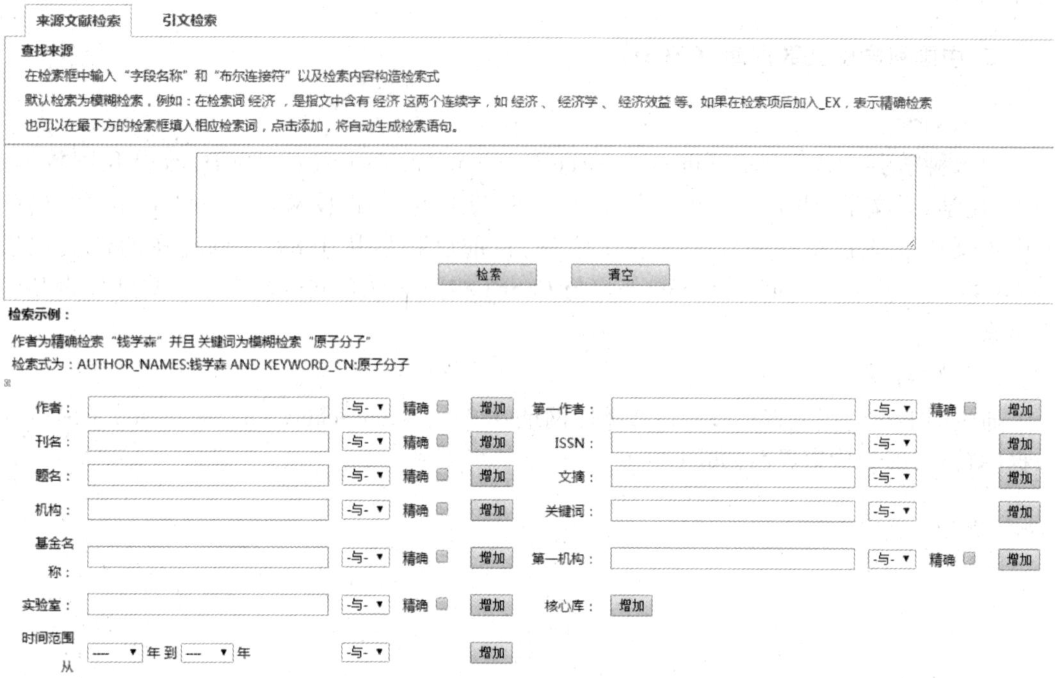

图 4 - 7　来源文献高级检索

引文即被引文献的简单检索和高级检索界面和方法与来源文献一致,只是检索字段不同,包含被引作者、被引第一作者、被引来源、被引机构、被引实验室、被引文献主编六项。

图 4 - 8　引文检索

(三)检索结果

在检索结果页面,可以看到各条目题名、作者、期刊、卷期、被引频次等信息,点击文章题名下方"详细信息",进入详情页,可以查看文摘、参考文献等更多信息。

在结果列表的上方,提供了对结果的限定,可按照来源、年代、作者、学科来进一步缩小结果的范围。

检索结果可选择所需条目信息,打印、下载、输出引文格式和发送邮件等。

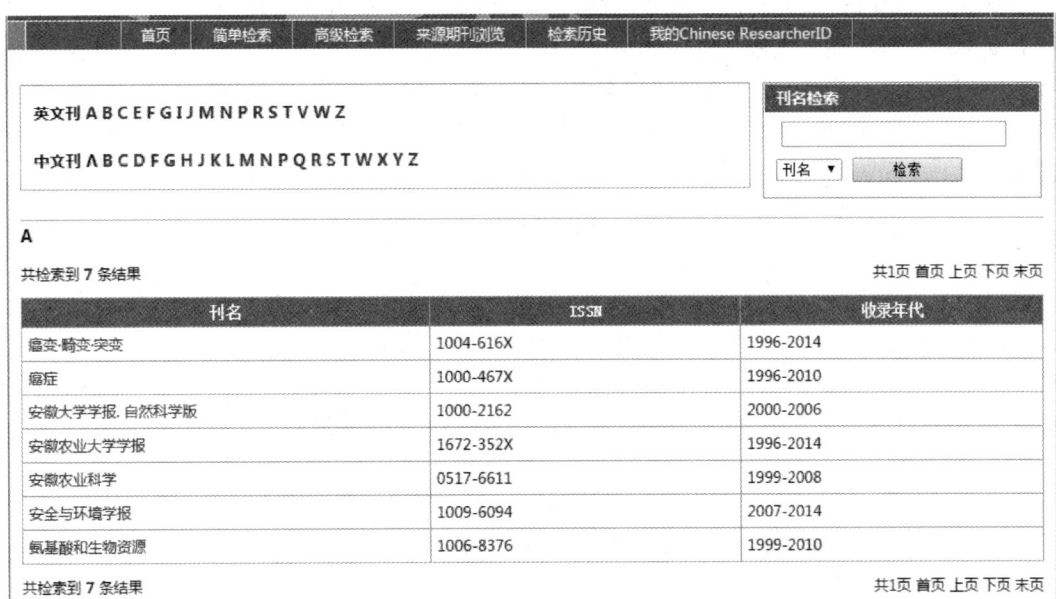

图4-9 检索结果

（四）来源期刊浏览

CSCD 来源期刊浏览与 CSSCI 有所不同,没有提供学科分类,是按照刊名字母顺序浏览,分英文刊和中文刊,如图4-10。

图4-10 来源期刊浏览

第二节 国外著名引文索引数据库

一、SCI、SSCI 和 A&HCI

国际上著名和通用的三大引文数据库 SCI、SSCI 和 A&HCI 现均由汤森路透(Thomson Reuters)出版发行,统一通过 ISI Web of Knowledge(http://www. webofknowledge. com)平台检索,因此将三者的概况和使用方法一并介绍。

(一)简介

1.《科学引文索引》(SCI)

《科学引文索引》(SCI),目前在国内使用最多的是其网络版,全称叫作 Science Citation Index Expanded(简称 SCI Expanded 或 SCIE),所收录的数据最早回溯至 1899 年,是自然科学领域的综合性检索工具,是了解全世界科技期刊出版信息的最重要窗口。

SCI 所涵盖的学科被划分为 173 个,主要涉及以下领域:农业、天文学、生物化学、生物学、生物工艺学、化学、计算机科学、材料科学、数学、内科学、神经系统科学、肿瘤学、药理学、物理学、植物学、精神病学、外科学、兽医学、动物学等,但侧重基础理论研究。以网络版为例,其选材来源于世界上近 80 个国家和地区的 8224 种期刊。SCI 不仅是针对科学期刊文献的多学科索引,也包括了其收录文献中所引用的参考文献。

数据库周更新,平均每周增加 1.9 万条新记录,年新增大约 98.8 万条引用的参考文献。

2.《社会科学引文索引》(SSCI)

SSCI 由美国 ISI 出版和提供服务。1973 年,ISI 将引文索引法应用于社会科学领域,出版了针对社会科学期刊文献的多学科索引《社会科学引文索引》(SSCI)印刷版,现在由汤森路透 SSCI 目前所收录的数据最早回溯至 1956 年,截至 2010 年 12 月该数据库收录的期刊为 2803 种。同时还从 3700 多种世界一流科技期刊中单独挑选涉及社会科学研究的论文收录到数据库中。涵盖的学科领域包括:人类学、历史、行业关系、信息科学和图书馆科学、法律、语言学、哲学、心理学、精神病学、政治学、公共卫生学、社会问题、社会工作、社会学、药物滥用、城市研究、女性研究等。

数据库为周更新,每年大约新增 15 万条记录、31 万条引用的参考文献。自 1992 年 1 月起,近 60% 的文献包含英文作者详细摘要,1990 年以前几乎没有标引文摘。SSCI 除了能检索文章被引用的情况外,同时还可以揭示原文中所有的参考文献,并据此获得一批相关文献,是社会科学领域研究人员获得参考文献、评价学科发展的最有效、最具权威性的参考工具。

3.《艺术与人文科学引文索引》(A&HCI)

A&HCI 创建于 1978 年,由美国 ISI 出版,现在由汤森路透公司提供服务。是针对艺术和人文科学期刊文献的多学科索引。

A&HCI 目前所收录的数据最早回溯到 1975 年,收录 1584 种世界一流的艺术和人文科学期刊。同时还从 8800 多种主要自然科学和社会科学期刊中单独挑选出相关文章编制到该索引中。所涵盖的学科领域:考古学、建筑学、艺术、亚洲研究、古典文学、舞蹈、民间传说、历史、语种、语言学、文学、音乐、哲学、诗歌、广播、电视和电影、宗教以及戏剧等。

数据库周更新,每周平均增加 2300 条新记录,新增大约 15 250 条引用的参考文献。自 2000 年 1 月起,包含英文作者详细摘要。

(二)SCI、SSCI 和 A&HCI 的使用方法

1. 选择数据库

SCI、SSCI 和 A&HCI 均在 ISI Web of Knowledge(http://www.webofknowledge.com)平台检索,该平台除 SCI、SSCI 和 A&HCI 外还有其他资源,SCI、SSCI 和 A&HCI 在"Web of Science 核心合集"中,因此在进入平台首页后应在"所有数据库"中选择点击进入"Web of Science 核心合集",见图 4-11。

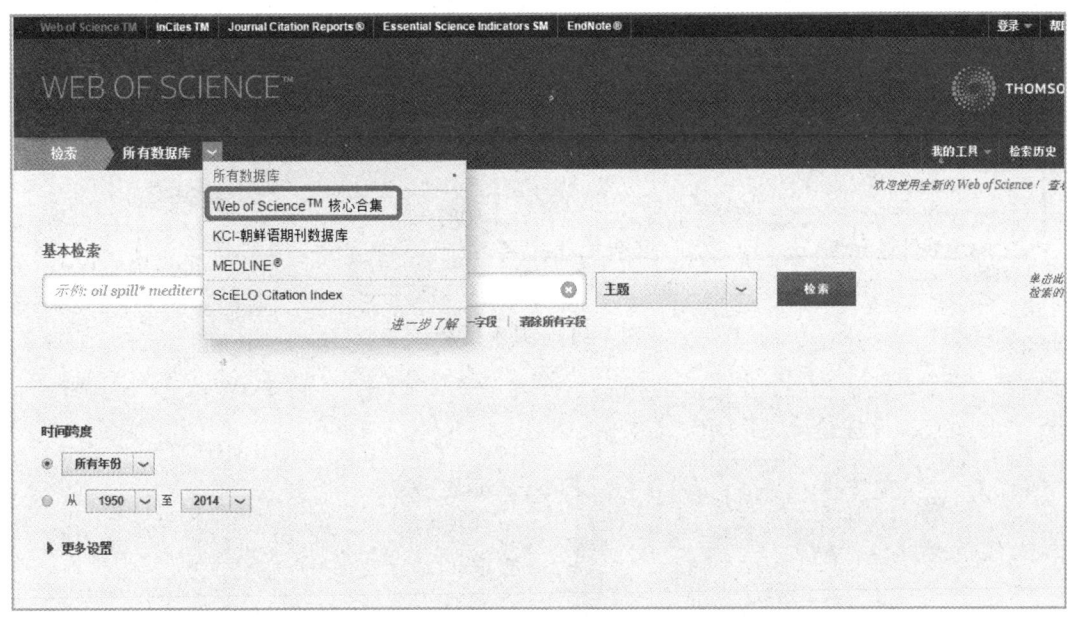

图 4-11　平台首页

进入"Web of Science 核心合集"的页面后,点击"更多设置",在展开的内容中即可选择某一所需使用的数据库,也可同时选择多个数据库同时检索,见图 4-12。

2. 检索

在"Web of Science 核心合集"的首页,选择数据库后,即可进行基本检索:

点击"增加另一字段"可增加检索字段,见图 4-12。

可检索字段:主题、标题、作者、出版物名称、出版年、地址等,见图 4-13。

字段间逻辑关系:and、or、not。

在检索框下方还可设定时间跨度,见图 4-12。

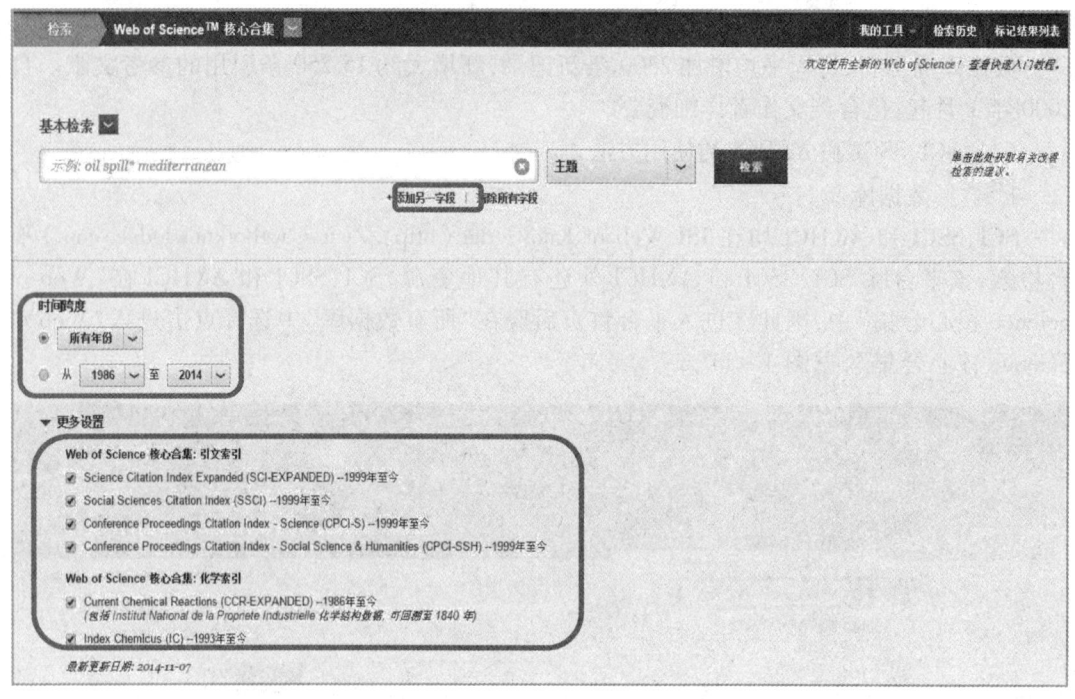

图 4 - 12　基本检索

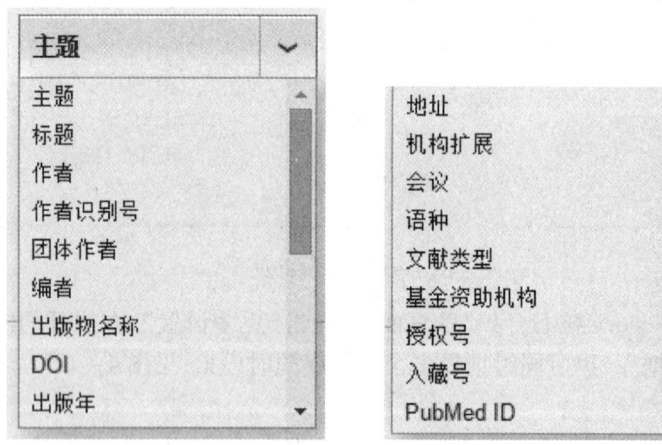

图 4 - 13　检索字段

检索实例 1：检索北京工商大学孙宝国教授在 SCI 中收录的论文。

勾选 SCI 库，选择"作者"和"地址"为检索字段，检索词分别为"sun b ＊ g ＊""Beijing tech ＊ and busin ＊ univ ＊"，两检索字段的逻辑关系为"and"，不限定时间，如图 4 - 14。

检索实例 2：检索 SCI 中关于埃博拉病毒的论文

勾选 SCI 库，选择"主题"为检索字段，检索词分别为"ebola virus"，不限定时间，如图 4 - 15。

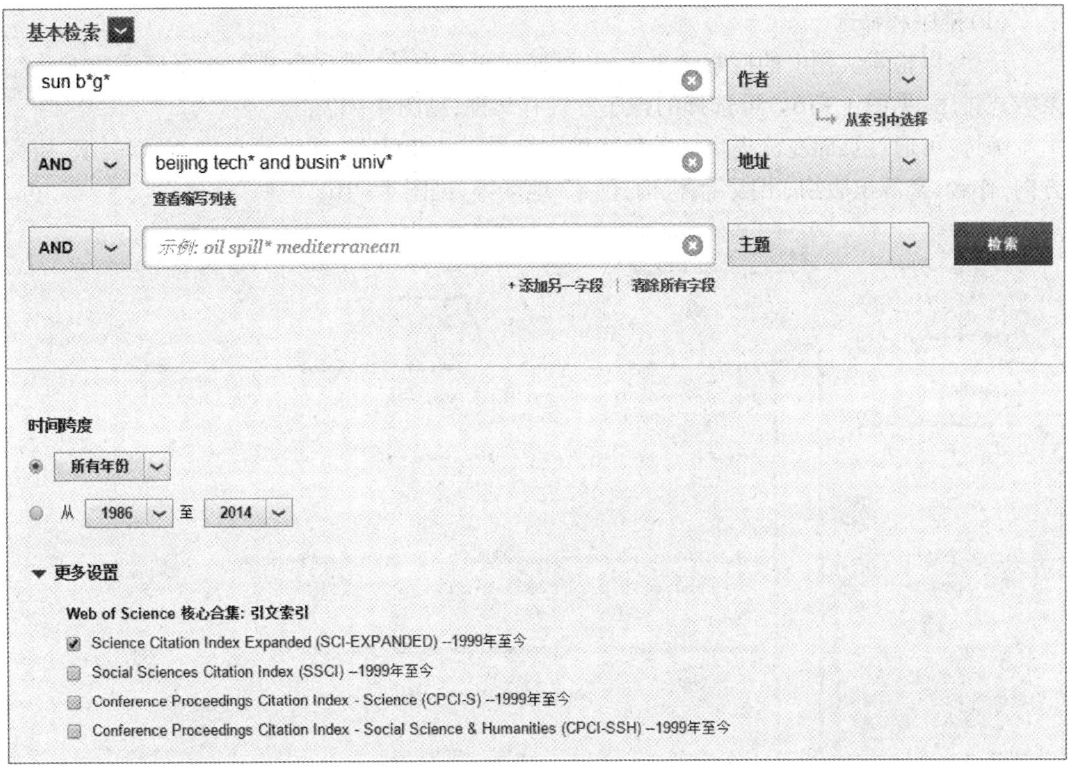

图 4 - 14　检索实例 1

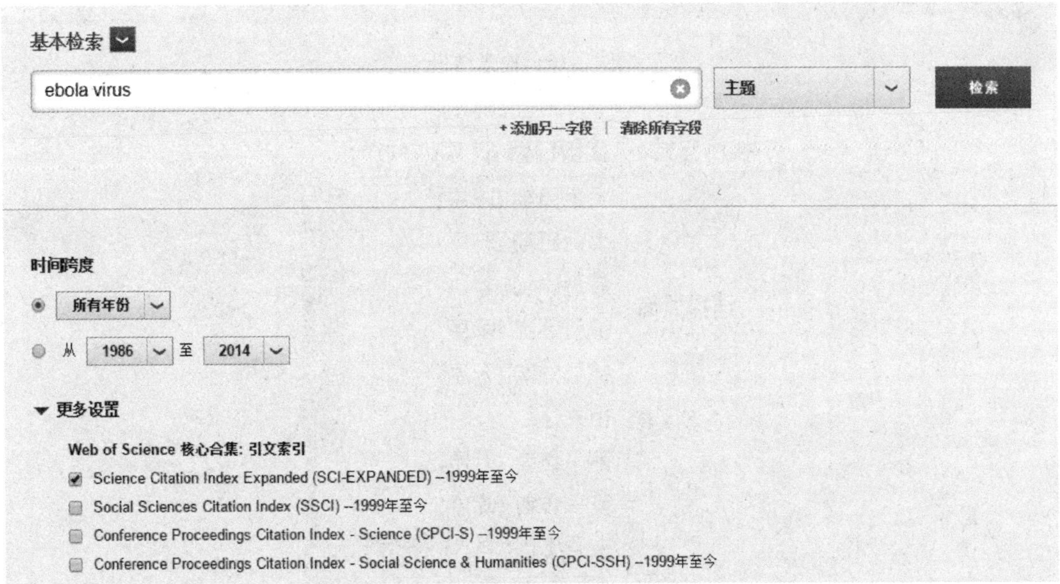

图 4 - 15　检索实例 2

3. 检索结果

(1)排序和筛选

排序:以检索实例1的检索结果为例,可通过页面中的"排序方式",选择所需方式将结果方式排序,见图4-16。可选择的排序方式有9种,见图4-17。

筛选:可通过页面左侧提供的条件将检索结果进一步筛选,如学科类别、文献类型、研究方向、作者、来源出版物、出版年、机构、国家/地区等,见图4-16。

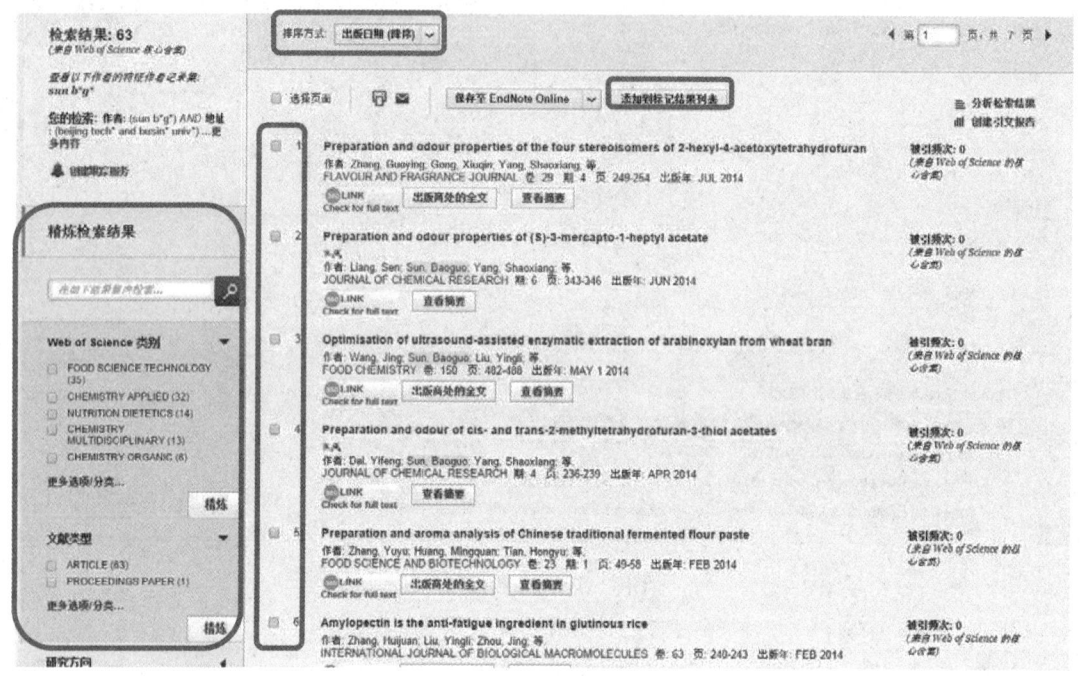

图4-16 检索结果

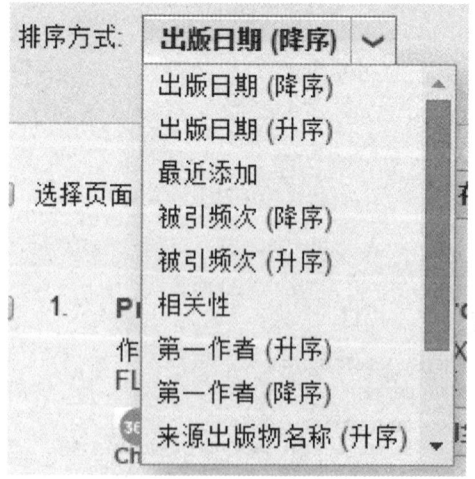

图4-17 排序方式

（2）文章信息浏览

在检索结果页面,可以看到各篇文章的标题、作者、来源期刊及其卷期、出版时间等信息。点击文章标题,进入文章详情页,则可以查看更多相关信息,包括摘要、关键词、作者信息、类别、文献类型、语种等,见图4-18。在文章详情页的左侧,还可以查看该文章的"引文网络"信息,包括被引频次、引用的参考文献、引证关系图等,点击它们可以查看更详尽的内容。

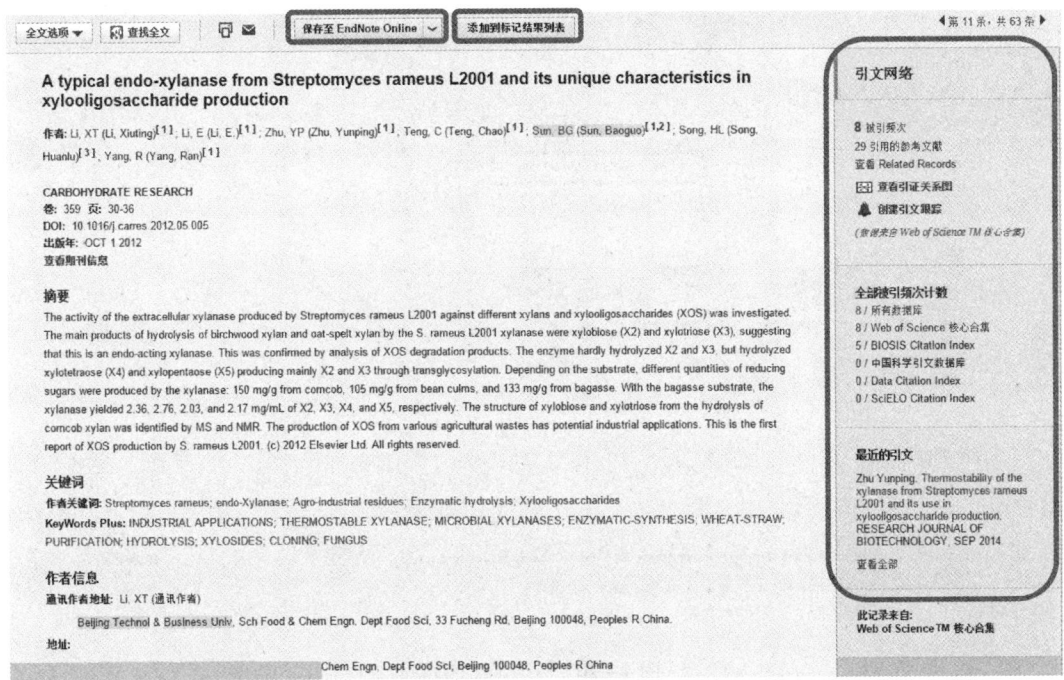

图4-18　文章详情页

（3）结果的保存

单篇文章信息的保存:在文章详情页,可直接保存该篇文章的信息。点击"保存到End-Note Online"旁边的箭头标,可在下拉框中选择保存的方式,见图4-19。如选择"保存为其他文件格式",则可进一步选择要保存的"记录内容"和"文件格式"。

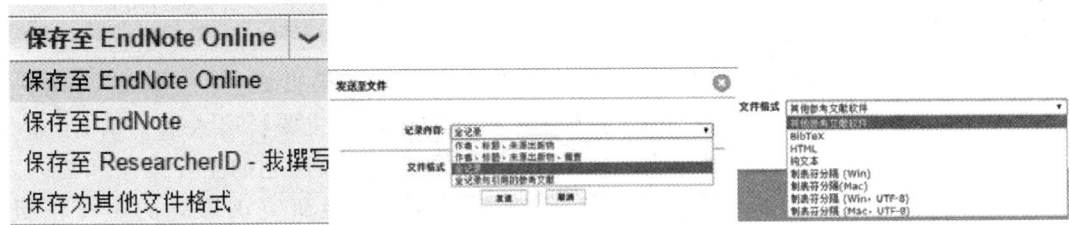

图4-19　保存单篇信息

多篇文章信息的保存:可在多篇文章的详情页,分别点击"添加到结果列表",见图4-18,将多篇文章加入结果列表;也可在检索结果页,在文章标题左侧的勾选框同时选择多篇文章后点击"添加到结果列表",见图4-16。然后打开"标记结果列表",见图4-20,选择记录、选择需导出字段,以及最后选择处理方式,其中如选择保存文件,其操作和格式与单篇文章信息的保存相同,另外两种方式是打印和发送至电子邮箱。

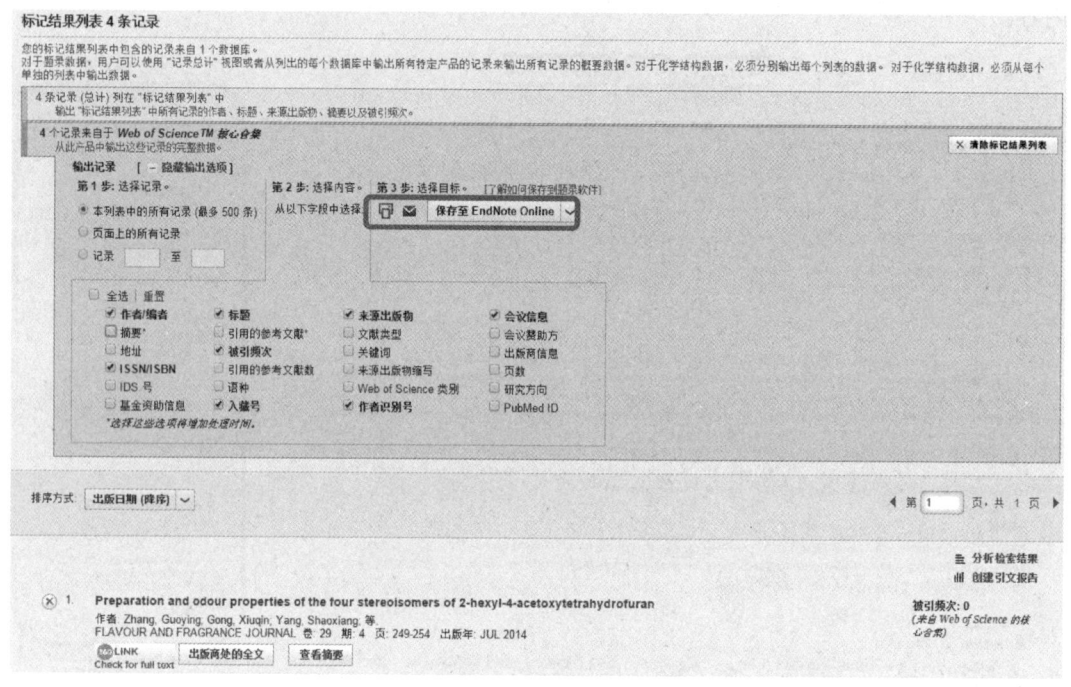

图4-20　保存标记结果

4. 结果分析

Web of Knowledge 平台还提供结果分析功能,在检索结果列表的右上端,点击"分析检索结果",可进入结果分析页面。

以检索实例1的检索结果为例,进入检索结果分析页面后首先需选择用以排列记录的字段,系统提供可选的字段包括作者、国家/地区、语种、机构、出版年、类别等,这里我们选择"Web of Science 类别",其他设置项为默认值,得出分析结果如图4-21,据此,可以看出孙宝国教授发表论文的主要研究领域。

再以检索实例2的检索结果为例,图4-22为其检索结果页面。以"作者"作为排序字段,其分析结果见图4-23,可以发现研究埃博拉病毒的主要科研人员。以"国家/地区"作为排序字段,其分析结果见图4-24,可以看出研究该课题的主要国家和地区。以"机构"作为排序字段,其分析结果见图4-25,可以发现研究该课题的主要科研机构。

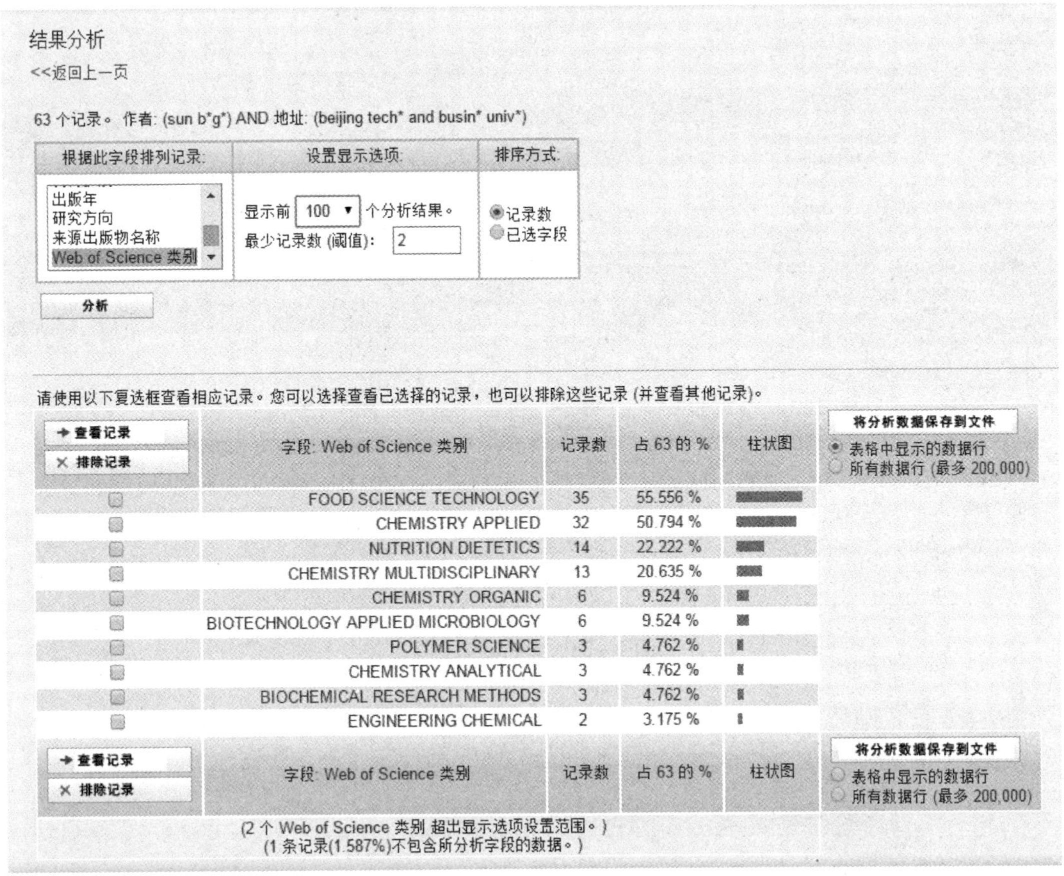

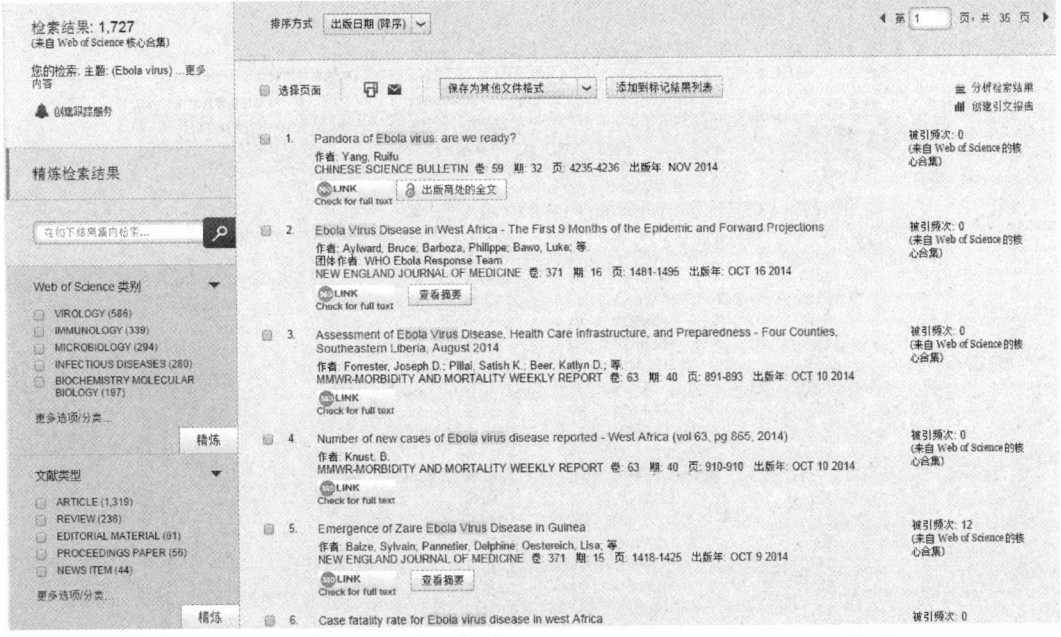

图 4 – 21　分析结果例 1

图 4 – 22　检索实例 2 的检索结果

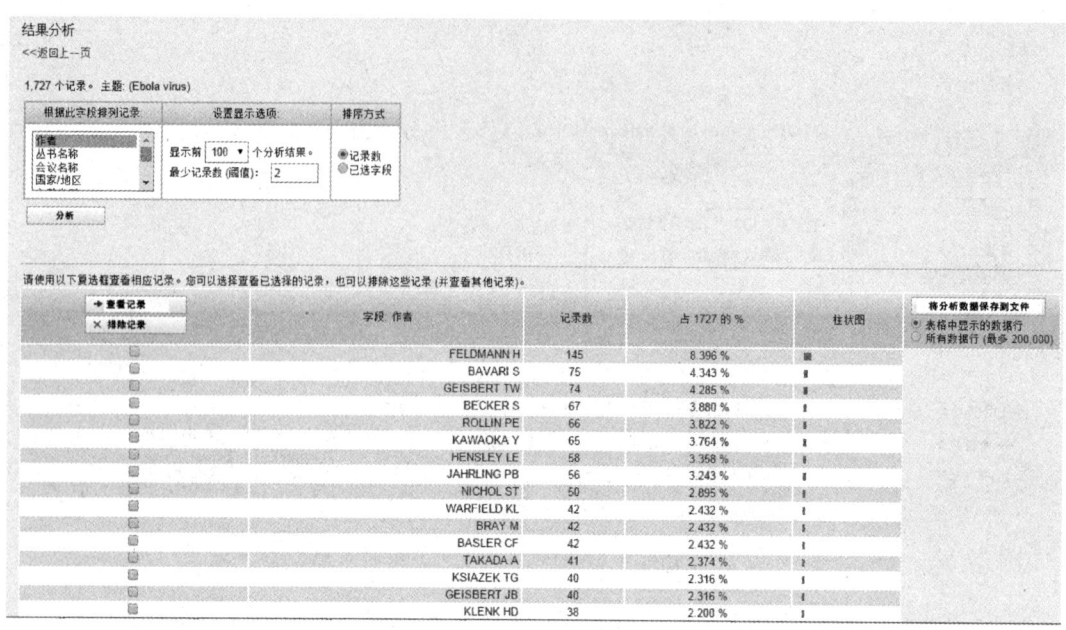

图 4-23　分析结果例 2

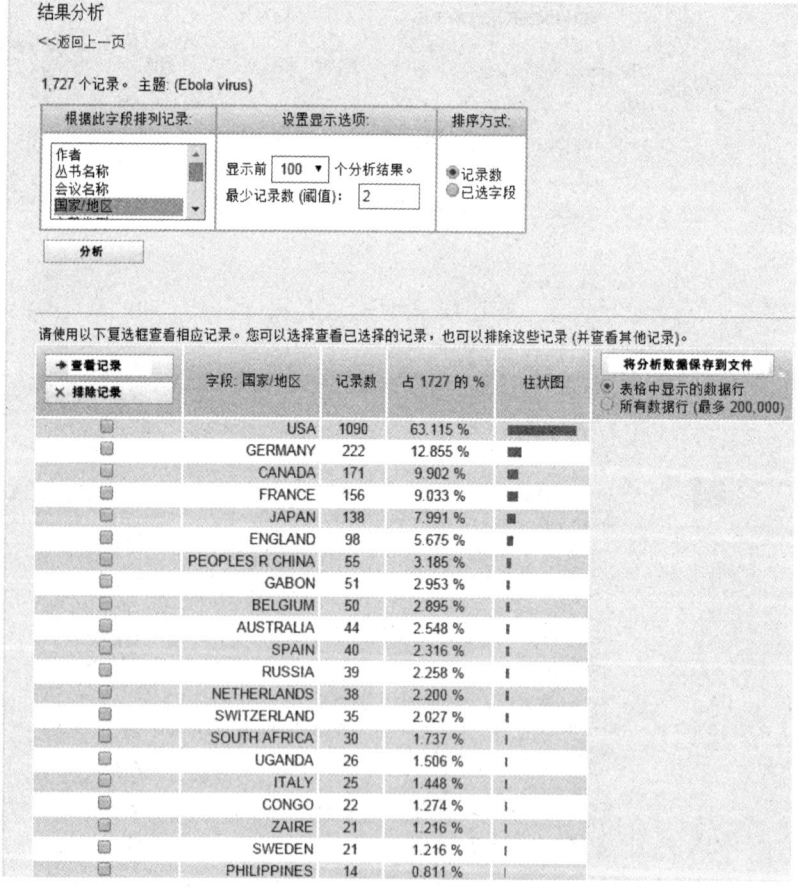

图 4-24　分析结果例 3

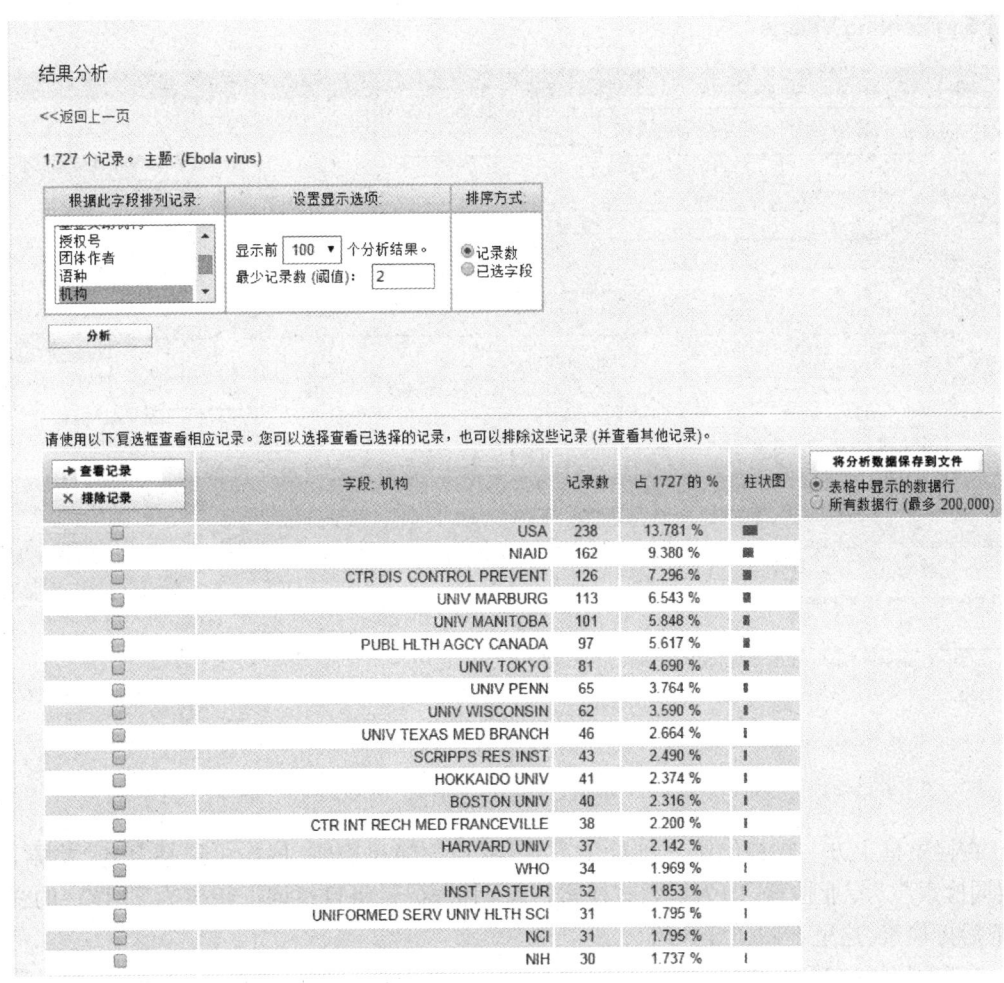

图 4 - 25　分析结果例 4

二、《工程索引》

（一）简介

《工程索引》（Engineering Index，简称 EI）是全面的工程领域二次文献数据库，侧重提供应用科学和工程领域的文摘索引信息，涉及核技术、生物工程、交通运输、化学和工艺工程、照明和光学技术、农业工程和食品技术、计算机和数据处理、应用物理、电子和通信、控制工程、土木工程、机械工程、材料工程、石油、宇航、汽车工程以及这些领域的子学科。其数据每周更新，来源于 5100 种工程类期刊、会议论文集和技术报告，含 700 多万条记录，每年新增约 25 万条记录，可在网上检索 1884 年至今的文献。

（二）检索

通过图书馆链接或直接输入该数据库网址（http://www.engineeringvillage.com/）进入数据库首页，即是简单检索界面，如图 4 - 26。

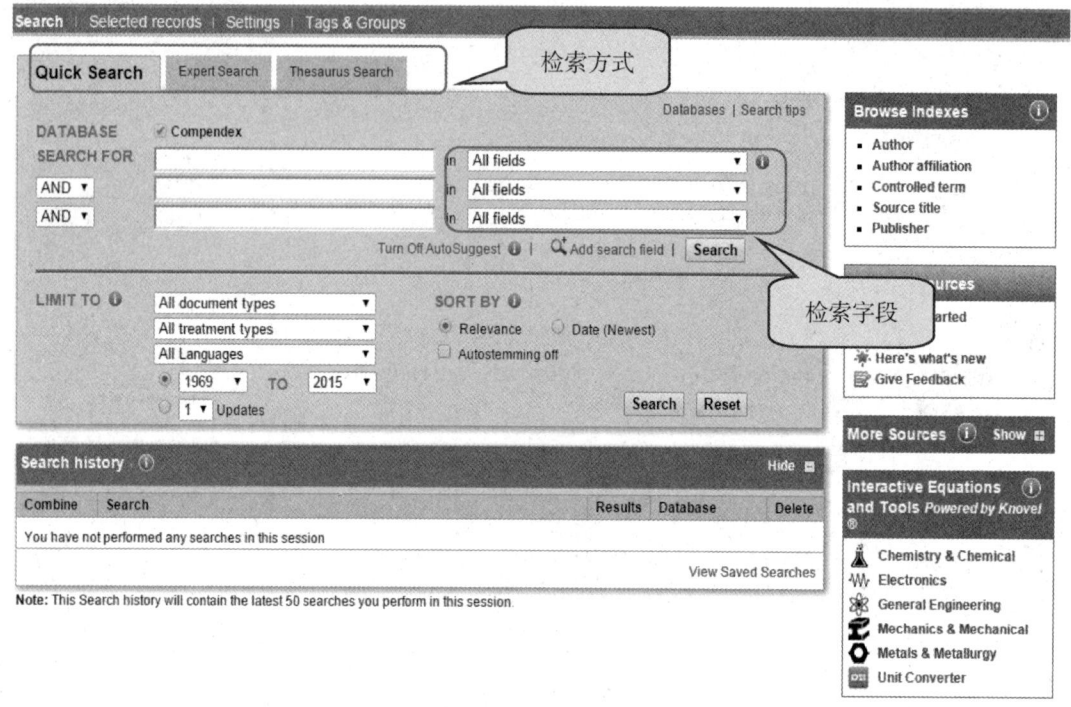

图 4 – 26　检索界面

在检索框上方一栏提供了 3 种检索方式,默认为简单检索,依次可选择"专业检索"和"叙词检索","专业检索"即为检索式检索,"叙词检索"是将自然词汇转换为 EI 设定的受控词汇后再检索,这里不做详细介绍。

在检索框的右侧可选择检索词字段,EI 提供的可检索字段包括题名、作者、机构、摘要、学科、期刊名、出版社、EI 分类等。

在检索框的下方可对检索结果给予文献类型和时间跨度的限定,同时也可对检索结果的排序按相关度或时间做预设。

(三)检索结果

在检索结果页面,可以看到文献题名、作者、期刊、卷期等信息,点击文章题名进入详细页面,可以查看摘要、关键词等更多信息。

在检索结果页面同样可以限定结果范围、排序。

数据库提供的结果限定条件有作者、作者机构、受控词汇、分类、国家、文献类型、语言、文献发表年、来源刊、出版社。见图 4 – 27,在页面的左侧。

结果排序可选择按照相关度以及时间、作者名字顺、来源刊字顺、出版社字顺的升降序排列。

也可选择所需结果条目,保存(save to folder)、下载(download)、打印(print)或发送邮件(e-mail)。

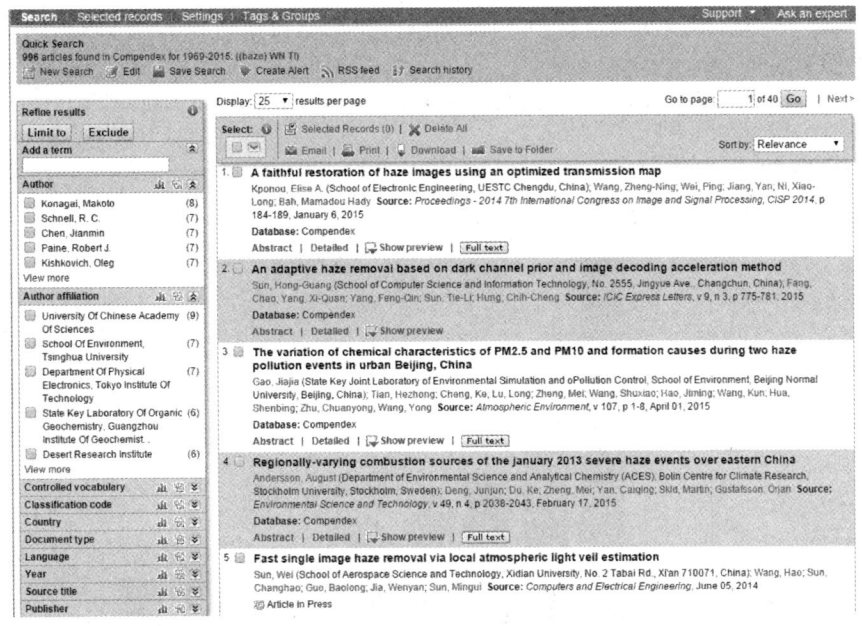

图 4 - 27 检索结果

（四）检索结果分析

EI 也提供对检索结果的简单分析。在结果限定条件右侧点选 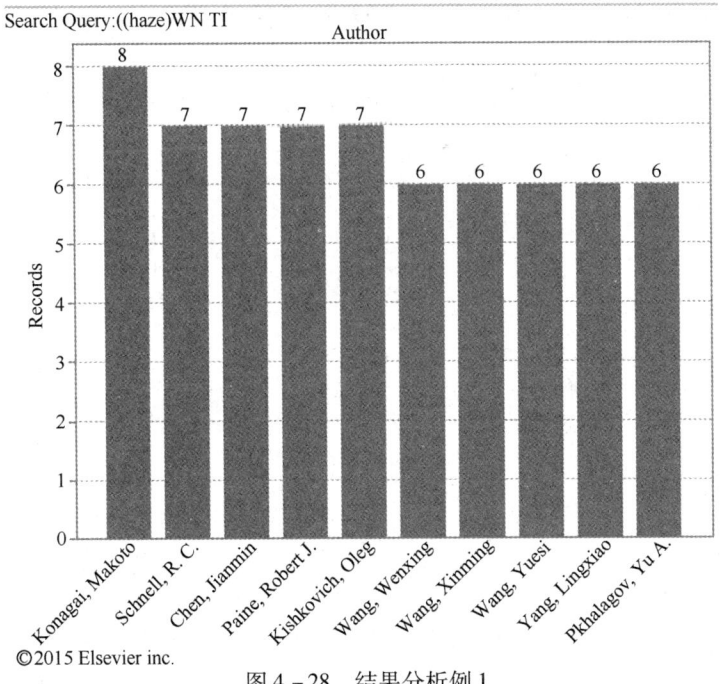 图表，会开启一个新窗口显示在各字段条件下排名前十的图片。通过该功能可以了解到所检索的课题领域的主要学者、机构、国家以及研究趋势等。

如选择"作者"作为分析项目，即可了解所检索的课题发表论文最多的前十位学者和他们发表论文的篇数，如图 4 - 28。

图 4 - 28 结果分析例 1

又如选择"年份"作为分析项目,即可显示近十年来该课题发表论文的数量,从而发现该课题的研究热度和趋势。

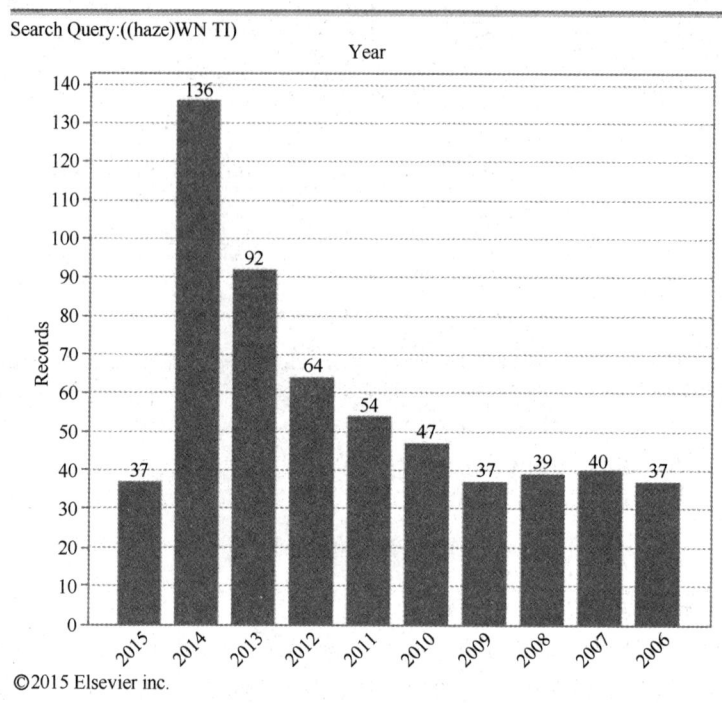

图 4－29　结果分析例 1

思考题:

1. 请在 CSSCI 或 CSCD 中,设定单位或机构为检索项,检索你所在学校近 3 年科研论文被收录情况。
2. 请在 SCI 和 EI 中以"materials"为关键词,对比检索结果和数据库功能的差异。

第五章　电子图书

第一节　电子图书数据库概述

一、电子图书的概述

电子图书又称 electronic book、eBook，是相对于传统纸质图书而言的，指以数字化的电子文件形式将图、文、声、像等信息存储在磁、光、电介质上，通过计算机或类似设备使用，以数字化方式发行、传播和阅读的图书。电子图书数据库就是指保存以数字格式存储的电子图书并通过计算机和网络传递所藏信息，同时对网上信息进行虚拟链接并提供服务的实体性或虚拟性的信息机构。

电子图书最早出现在美国。1971 年，伊利诺伊大学实施的古腾堡计划（Project Gutenberg）开启了图书出版业的新纪元，他们将莎士比亚等无版权问题的经典名著放到网络上提供免费阅读。随着可以阅读和存储任何形式文本的袖珍装置"软书"（SoftBook）和手持式电子书阅读器"火箭书"（RocketBook）的发明，电子图书正式诞生，并逐渐形成了一个集 eBook 网站、出版、发行、购买、阅读于一体的网络化电子图书体系，即电子图书数据库。

二、电子图书的特点

电子图书作为新型的数字信息载体，与传统书籍相比，有许多相同的特点：包含一定的信息量，比如有一定的文字量、彩页；其编排按照传统书籍的格式以适应读者的阅读习惯；通过被阅读而传递信息。

1. 检索能力强

电子图书提供的检索功能是动态的、多途径的，有关文献的任何信息单元都可进行检索，超链接技术的应用使读者能快速跳转到自己所需的页面，提高查找文献的效率。读者在检索后还可根据需要对检索结果重组、排序。

2. 界面友好

多媒体技术在电子图书中的大量运用，突破了传统图书只能体现文字和图片的局限。界面简洁，可以加亮、批注、标记、部分摘录，而这是在公共图书馆中阅读纸质图书所不允许的。电子图书还可以全文朗读、兼容电子词典，支持屏幕取词，极大方便了读者。

3. 稳定性高

电子图书不是连续出版物，不存在及时更新问题。对于电子图书制作商和读者来说都不必为保持它的连续性而绞尽脑汁，从而节约了大量的存储空间，也节省了大量的人力物力。

三、电子图书的阅读方式

随着电子与数字技术的发展，可供阅读电子书的平台将越来越多样化，除了现有的电

脑、PDA、手机、电子书阅读机外,电视、手表、也都有可能成为其平台。目前,电子图书主要有两种格式:

1. 专有格式

这种形式的电子图书需要以某种专门的阅读器阅读,功能比较固定,利于知识产权的保护,但缺乏权威、统一的标准规范,无法转移给第二个人阅读,升级和二次开发依赖于软件商的升级,不利于快速增长的电子图书市场。如超星公司的 ∗.PDG 格式,阅读器为 SSReader;清华同方的 ∗.CAJ 格式,阅读器为 CAJViewer 等。

2. 通用格式

这种形式的电子图书一般以通用的图文混排格式制作,即使没有阅读器,一般读者也可在自己的电脑上阅读,而定制的增强功能阅读器则可以发挥更高的阅读效率。如,微软的 Microsoft Reader,数据格式为 ∗.LIT,可以直接通过 WORD 制作电子图书。但是由于不利于知识产权的保护,通用格式的电子书相对较少。

第二节 常用中文电子书数据库

一、超星数字图书馆

(一)数据库简介

超星电子图书作为目前世界最大的中文在线数字图书馆,提供丰富的电子图书阅读资源,其中包括文学、历史、哲学、医学、旅游、计算机、建筑、军事、经济、金融和环保等五十余大类,数十万册电子图书,300 万篇论文。

(二)检索方式

首先,进入图书馆站点,在数字资源中选择超星数字图书馆,单击进入超星数字图书馆的主界面。如图 5-1 所示,超星图数字图书馆提供分类浏览、快速检索和高级检索 3 种检索方式。

1. 分类浏览

检索者如无明确的检索目的或检索词,可以使用分类浏览找所需图书。进入超星数字图书馆首页,在页面右侧将图书分为经典理论、哲学宗教、社会科学总论、政治法律、军事、经济、文化科学教育体育、医药卫生、综合性等共计 17 个大类。单击分类目录,显示该目录下的子目录,依次单击子目录,可以检索到所需书目。选中的图书以列表形式呈现,每一条记录包括书名、作者、出版日期等信息,并有"阅读"和"下载"两个功能链接,单击相应链接将启动超星浏览器(SSReader)阅读或下载指定图书。

2. 快速检索

在超星数字图书馆任意网页都有快速检索栏,提供书名、作者、目录 3 个检索字段。在快速检索方式下,可对检索的学科范围进行限定。利用单条件检索能够实现图书的书名、作者和全部字段单项模糊查询。对于一些目的范围较大的查询,建议使用该检索方案。

快速检索的方法是:在框中输入检索词,并在输入框下的单选项中选择书名、作者或主题词,需要时可在输入框后的下拉列表中选择大类类目,单击"检索"按钮便可查找图书。在检索结果页面输入新的检索词,单击"在结果中检索"按钮,可进行二次检索。

图 5 - 1　超星数字图书馆主页

3. 高级检索

　　如果同时已知书名、作者等多个检索信息,可使用高级检索,以提高检索效率。在检索主界面有"高级检索"链接,单击即可打开高级检索栏。高级检索提供了与快速检索相同的 5 个检索字段。如图 5 - 2 所示,在高级检索中,也可对出版年代进行选择:对于检索结果可按"出版日期"和"书名"进行"升序"或"降序"排列;此外,对于每页的显示数量也有 10、20、30 三种选择。

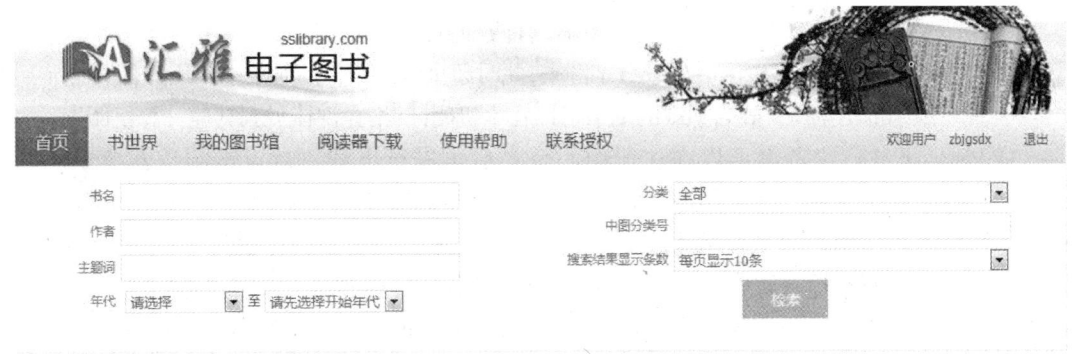

图 5 - 2　超星数字图书馆高级检索

　　高级检索的方法:先在下拉列表框中选择检索字段;在检索字段后面的输入框输入检索词,并在下拉列表框中选择"并且"或"或"逻辑关系;最后单击"检索"按钮执行检索。

（三）超星阅览器及其功能

1. 超星阅览器的简介

在超星数字图书馆网页的顶部设有导航栏，其中有"阅览器"下载链接，即可下载阅览器。超星阅览器是超星公司自主研发、拥有自主知识产权的电子图书阅览器，是专门针对电子图书的阅读、下载、打印、版权保护和下载计费等需求而开发的。

如图5-3所示，在书籍阅读窗口，读者可以阅读超星PDG及其他格式图书；在网页窗口，读者可以浏览网上资源；在采集窗口，读者可以制作超星ebook；下载窗口则可以下载超星数字图书馆的各类书籍。

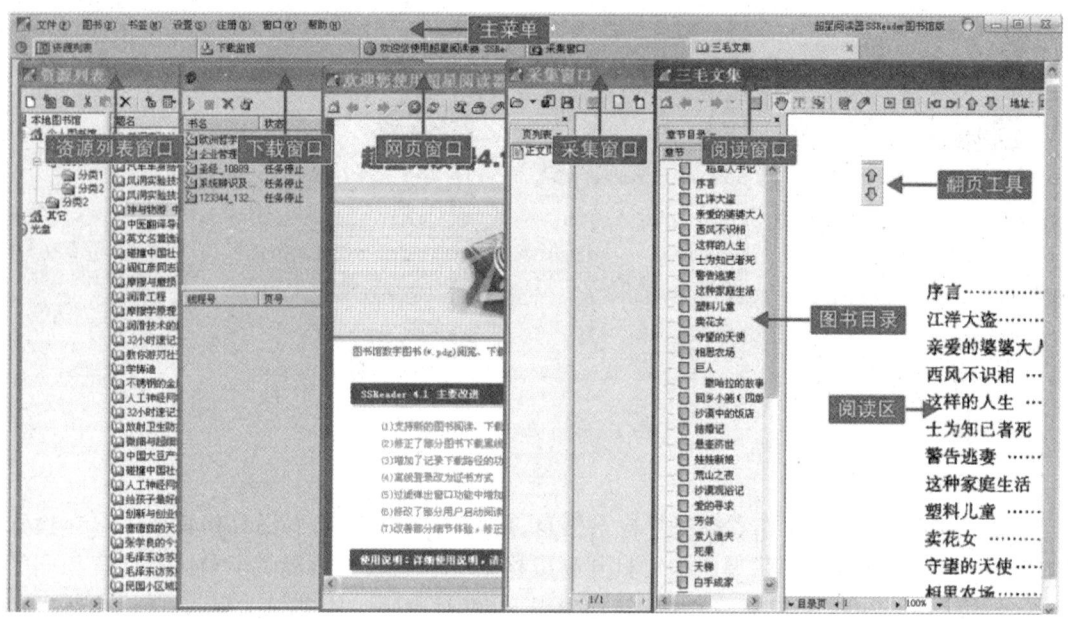

图5-3　超星阅览器

2. 超星阅览器的下载及说明

使用超星阅读器SSReader 4.1下载图书，有两种方式可以选择：

（1）匿名下载。读者可以匿名下载数字图书，此时超星阅读器→注册菜单→用户信息显示用户名状态为"未注册用户"。匿名下载的图书可以在本机阅读，不允许拷贝到其他计算机阅读。

（2）注册下载。读者也可以在注册中心登录后再进行下载，如：点击阅读器菜单的注册→用户登录项可以打开注册中心用户登录页面，登录超星个人用户名后下载，此时超星阅读器→注册菜单→用户信息显示为超星个人用户名。通过注册中心注册用户下载的图书允许在本机和拷贝到其他计算机上进行阅读。下载图书拷贝到其他计算机上阅读的方法为：在需要阅读的计算机上使用下载时使用的用户名登录注册中心即可阅读。注册用户名更可拥有直接登录访问读秀"我的图书馆"（mylib. duxiu. com）的功能。

3. 超星阅览器的常用功能

读者在浏览超星数字图书馆时，在首页的"图书分类"选择分类，或在图书检索框内输入关键字进行图书搜索，即可进入检索页面，看到检索结果。读者可以选择网页阅读，或者点击"下载本书"，可以把图书下载到本地电脑通过阅览器阅读图书。其基本功能如下：

（1）文字识别。在书籍阅读页面点击鼠标右键,在右键菜单中选择"文字识别",在所要识别的文字画框中的文字将会被识别成文本,显示在弹出的面板中;选择"导入编辑",可以在编辑、修改识别结果;选择"保存",可将识别结果保存为 TXT 文本格式。

（2）剪切图像。在书籍阅读页面点击鼠标右键,在右键菜单中选择"剪切图像",在所要剪切的图像上画框,剪切结果会保存在剪切板中,通过"粘贴"功能即可粘贴到"画图"等工具中进行修改或保存。

（3）书签。在网页窗口点击工具栏中的"添加网页书签"图标,根据提示完成操作,网页书签即会记录网页的链接地址及添加时间。在书籍阅读窗口点击工具栏中的"添加书籍书签"图标,根据提示完成操作,书籍书签即会记录书籍的书名、作者、当前阅读页数及添加时间。点击书签菜单选择"书签管理",在弹出的提示框中即可对已经添加的书签进行修改。

二、书生之家数字图书馆

（一）数据库简介

书生之家数字图书馆集成了图书、期刊、报纸、论文、CD 等信息,图书资源主要提供了从 1999 年以来国内出版的图书全文电子版,内容涉及社会科学、人文科学、自然科学和工程技术类等所有类别。书生之家现有近 30 万种电子图书,每年增加约 6 万—7 万种。资源内容分为书目、提要、全文 3 个层次,提供全文、标题、主题词等多种检索功能。

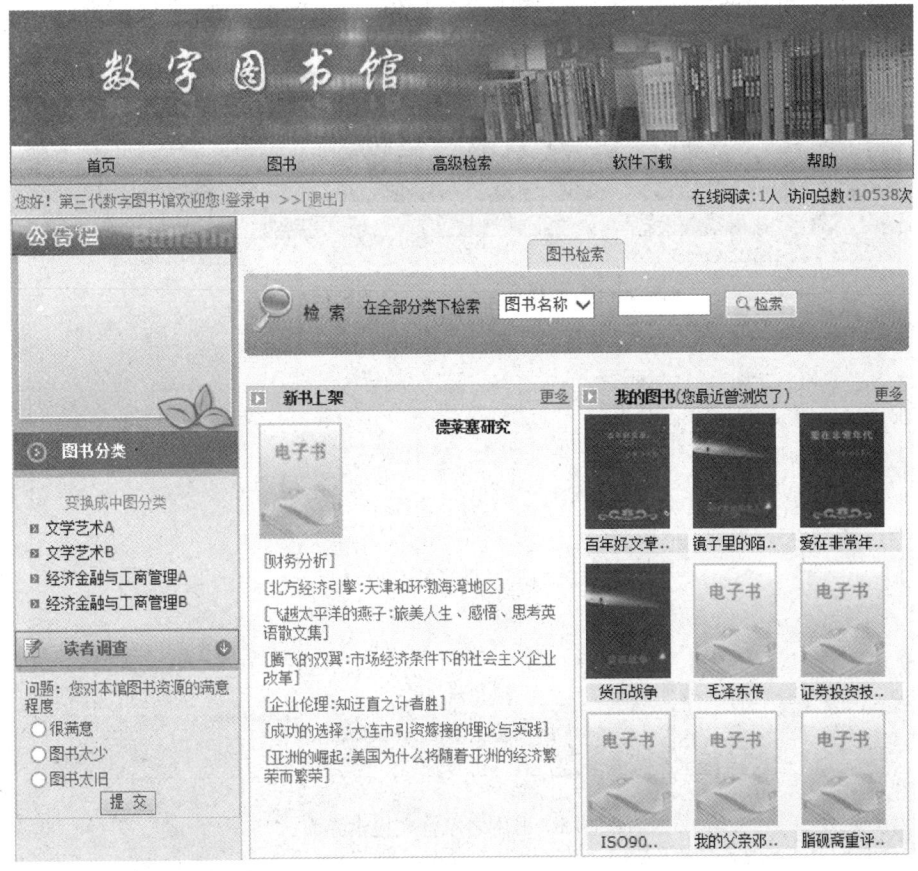

图 5-4　书生之家数字图书馆

(二)检索方式

以本地镜像网站为例,介绍其使用方法首先登录书生之家数字图书馆,例如:从图书馆主页——数字资源——电子图书——访问书生之家电子书图书(本地镜像),即可进入首页。

1. 分类检索

书生之家数字图书馆将全部电子图书分为 22 个大类,每一大类下又划分若干子类,子类下又有子类,共 4 级类目,可以逐级检索。例如,在文学艺术 A 类下细分为文学理论、中国文学、世界文学、经典名著 4 个子类,在文学理论下又细分为总论、文艺美学、文学理论的基本问题、文艺工作者等几个子类。读者可以从镜像站点首页左侧图书分类栏目中点击所要查询的图书学科类目,即可出现该类目的子类和该类图书,逐级点击下去,即可查到所需图书的书名、作者、出版机构等信息。点击书名,即可浏览图书全文或进行图书借阅。

2. 高级检索

书生之家电子图书提供高级检索功能,包括一站式检索和全文检索两种。在高级检索界面首先要选择是"一站式检索"还是"全文检索",再输入相应的检索词,再度匹配后,即可查询所需文献图书。

3. 专业检索

读者可以通过书生之家数字图书馆进行图书专业检索。读者登录书生之家数字图书馆后,点击"图书",可选择 3 种检索方式:图书全文检索、组合检索、高级全文检索。

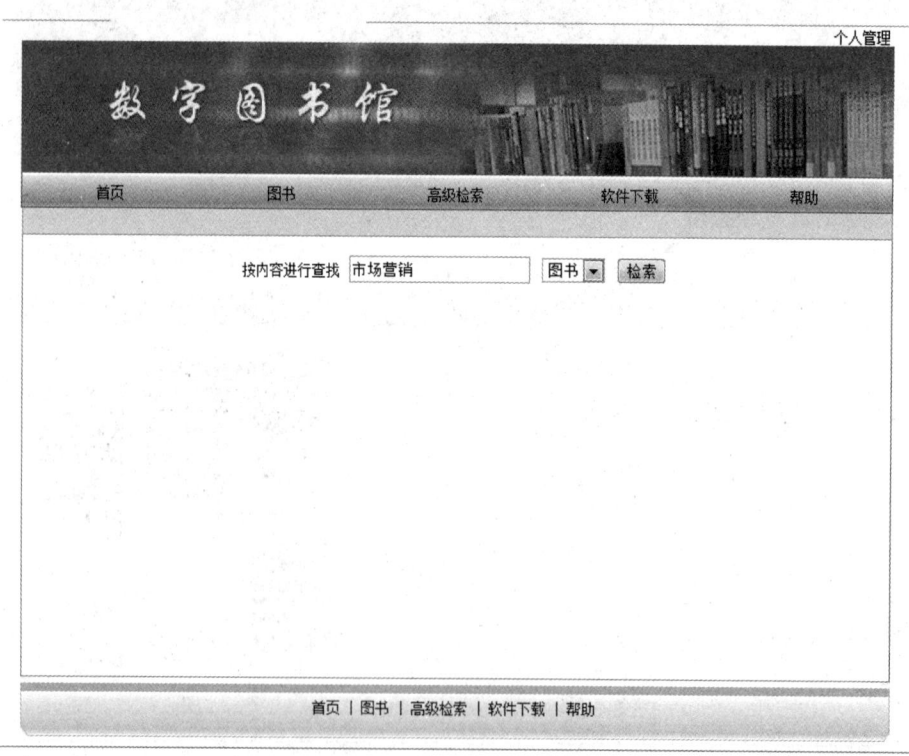

图 5-5　书生之家全文检索界面

（三）书生阅读器及检索

读者可以在书生之家数字图书馆"软件下载"栏目下,下载书生阅读器,用于阅读书生电子书文献,能够显示、放大、缩小、拖动版面,提供栏目导航、内容编辑、图书管理、历史纪录、数据收藏夹等多种服务,更加有利于读者获取资源。其具体功能如下:

1. 顺序阅读/自动换栏/自动转版/导读标志

不用人工干预即可自动找到下一屏或上一屏的版面,能够自动换栏、自动转版,还提供导读标志,为长文件的阅读带来了极大的便利。

操作步骤如下:进入书生阅读器主界面,打开一本图书后,全屏分为两个窗口。左侧窗口显示导航目录,右侧窗口显示版面。导航窗口中点击某一标题,右侧版面窗口将显示相应文章。在一篇文章内单击鼠标左键,即可阅读文章的下一块,重复以上操作,直到读完这篇文章的所有块后,自动转到该文章的下一篇文章。

2. 树形目录/栏目导航

书生阅读器独有的书内四级目录导航,由目录直接超链接到目录所对应的页面上,非常灵活、便捷。导航功能把信息按栏目或章节有序化,使读者可逐级检索所需内容,增强了检索的目的性和准确性,避免了垃圾检索。

操作步骤如下:选中"视图"菜单中的"树形目录"菜单项,或主任务条上的相应按钮,全屏将被分割成两部分,左边为栏目窗口,右边为版面窗口,中间的分隔条可以用鼠标拖动来改变两侧窗口所占比例大小。在导航窗口中点击所需要的栏目,会出现下一级的栏目,如此操作,直到选中文章,右侧版面窗口就会将该文章的内容显示出来。注意:双击导航与正文分割栏可以显示或隐藏树形目录。

3. 拾取文本

对于全文版数据,可以直接从版面上摘录文字。既可以做整页识别,也可以连续多次拉框识别。对全息版数据拾取文本操作步骤如下:在菜单栏上选择"工具——拾取文本",或在主任务条中选中拾取文本按钮,此时光标变为"I"形式。在正文版面上拖动鼠标拾取文本,被拾取的文本显示成蓝色,被拾取的文本会被自动复制到系统剪贴板上。

三、方正 Apabi 数字资源平台

（一）数据库简介

Apabi 数字资源平台以数据库方式,收录了新中国成立以来大部分的图书全文资源、全国各级各类报纸及年鉴、工具书、图片等特色资源产品,旨在为图书馆、企业、政府等客户及其所属读者提供全文检索、知识检索、在线阅读、离线借阅、移动阅读、下载、打印等数字内容和知识服务。

目前已收录了全国 400 多家出版社出版的最新中文图书,绝大部分为 2000 年以后出版的,并与纸质图书同步出。通过数字资源平台,读者可以第一时间看到新书信息并进行在线翻阅,精准地找到感兴趣的内容并与好友一起交流和分享。

（二）检索方式

登录 Apabi 数字资源平台有两种方式,一是直接登录主站点,二是从镜像站点登录。直接登录主站点,需要读者自行注册。从图书馆数字资源栏目中的镜像站点进入,则不需要注册,可直接登录浏览。

1. 分类检索

Apabi 数字资源平台主页提供了按学科分类功能。登录到主页后,页面左边就会出现"常用分类",显示42 个学科分类,如图5-6。点击所要检索的类目,就会出现该类目所包含的子类,即可出现相关的图书。

图5-6　Apabi 数字资源平台

2. 简单检索

简单检索也称快速查询,能实现从图书的书名、作者、出版社、目录、正文、出版年份的全面检索和快速查询。读者只需在检索框任意输入检索词,点击"检索",即可显示查询结果,检索结果可以按相关度、出版时间排序,从中选择所需图书,点击"在线阅读"按钮即可阅读全书内容。

3. 高级检索

点击页面右上方的"高级检索"按钮,可进入高级检索界面。高级检索可以实现字段内和字段间的组配检索。点击"高级检索"按钮进入"高级检索"界面。选择所要检索的字段名。输入检索词,选择"And"或"Or"进行逻辑组配,从查询结果中选择所需图书,点击"在线阅读"按钮即可。

(三)Apabi 阅读器

1. Apabi 阅读器下载及安装

方正 Apabi 阅读器可阅读 pdf、txt、epub、htm、html 等格式的电子图书及文件。读者使用时只需注册登录后,在其主页上点击"方正 Apabi Reader 下载"按钮,即可下载所需版本的阅读器。其界面如图5-7 所示。

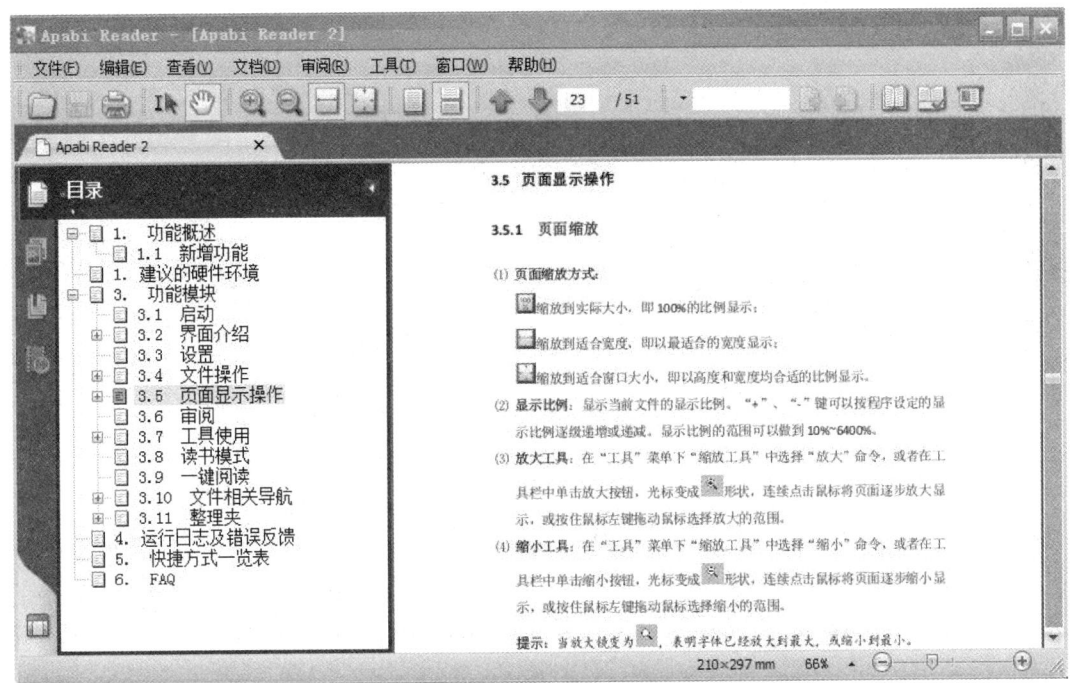

图 5 - 7　Apabi 阅读器

2. Apabi 阅读器常用功能

Apabi 阅读器集电子书阅读、下载、收藏等功能于一身,既可看书又可听书,还兼备 RSS 阅读器和本地文件夹监控功能。它的阅读界面相对友好,在保留了纸质图书阅读习惯的基础上,还增加了一些纸本书无法实现的功能,如字体缩放、查找、中英文互译(介入其他软件)、全文检索等。其具体功能如下:

(1)版面操作。Apabi 阅读器具有页面缩放、页面布局、旋转视图、翻页、屏幕取词、多窗口操作等多种功能。如图 5 - 7 所示,页面视区上方工具栏列有多种工具,包括字体放大和缩小、界面旋转、界面的最大化和最小化、书签隐藏。使用时只需选中要处理的区域,然后点击相应图标即可。

(2)审阅功能。Apabi 阅读器可以对文件进行添加、编辑或删除批注,也可以选择显示或隐藏批注。

(3)读书模式。针对部分读者的纸质图书阅读习惯,Apabi 阅读器还开发了读书模式,如图 5 - 8 所示,Apabi 以电子书模拟纸本图书的阅读、翻页模式,为读者提供了便利。在读书模式下,读者仍然可以对图书进行书签、标注、画线、圈注、批注,使用方法同版面操作。

(4)朗读工具组。Apabi 阅读器开发了朗读工具,可以启动方正畅听或借助语音包,满足读者听书的目的。读者可以拖动标尺设置音量、语速和音调,还可以在"连续页朗读"复选框中选择在一页朗读结束时是否自动朗读下一页,为读者阅读电子书提供了新的模式。

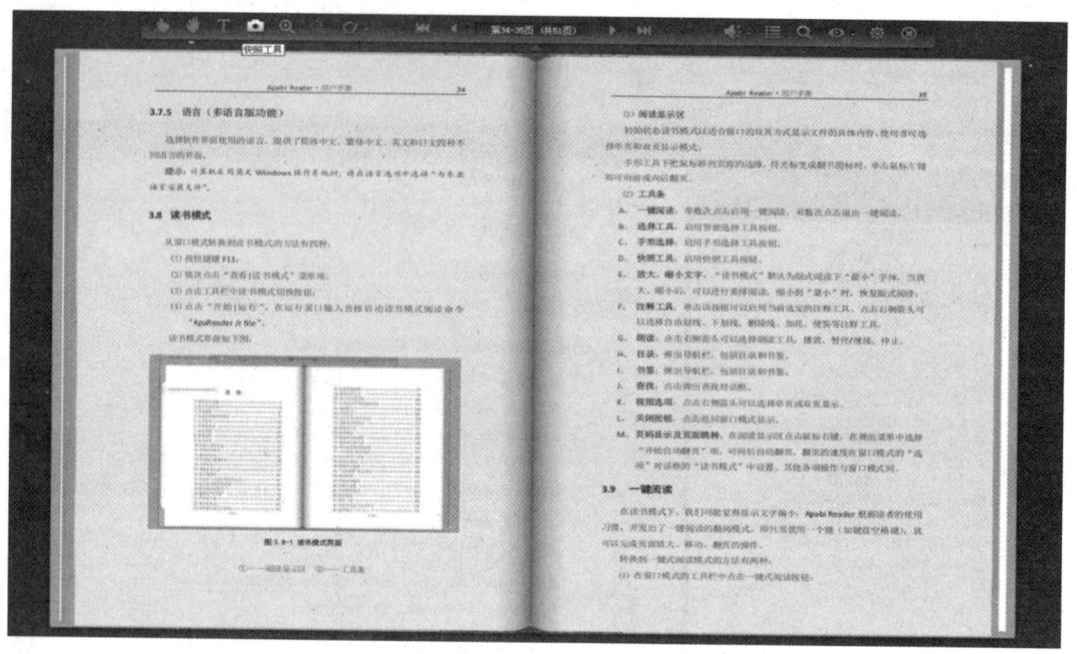

图 5 - 8　Apabi 阅读器读书模式

第三节　常用英文电子书数据库

一、MyiLibrary 电子图书

（一）数据库简介

MyiLibrary 是世界领先的集成性电子书平台,主要服务于学术研究者、专家学者和大学生等,是科研机构重要的参考工具。目前 MyiLibrary 平台提供 35 万多种电子书,涵盖了将近 800 余家世界知名的学术出版社。MyiLibrary 内容新,83％以上为 2002 年以后出版;更新速度快,每月增加 4000 个新的图书品种;学科覆盖广,除理、工、农、医之外,还包含文、史、哲、经、管、法、社科等学科。其平台学科分类是按照美国国会分类法进行分类的。

（二）检索方式

读者在图书馆"数字资源"栏目中,可以选择进入 MyiLibrary 平台,图 5 - 9 所示。

登录平台主页,首先可以看到主页上方以"旋转图片展示"方式展出的图书,专为每个图书馆随机展示该馆书目最多的前 4 个学科的图书,通过点击图书的封面图片,使其移到中心位置,再次点击,进入详情页面。还可以通过点选图片右上角的四大学科检索图书,更方便地找到最热门的电子书。

主页下方则是 MyiLibrary 平台提供的内容墙,其显示了三部分内容:New Titles,即最新加入的电子书;Recently Viewed,即图书馆最近刚刚被阅读过的电子书;Most Popular,即图书馆内被阅读最多的电子书。

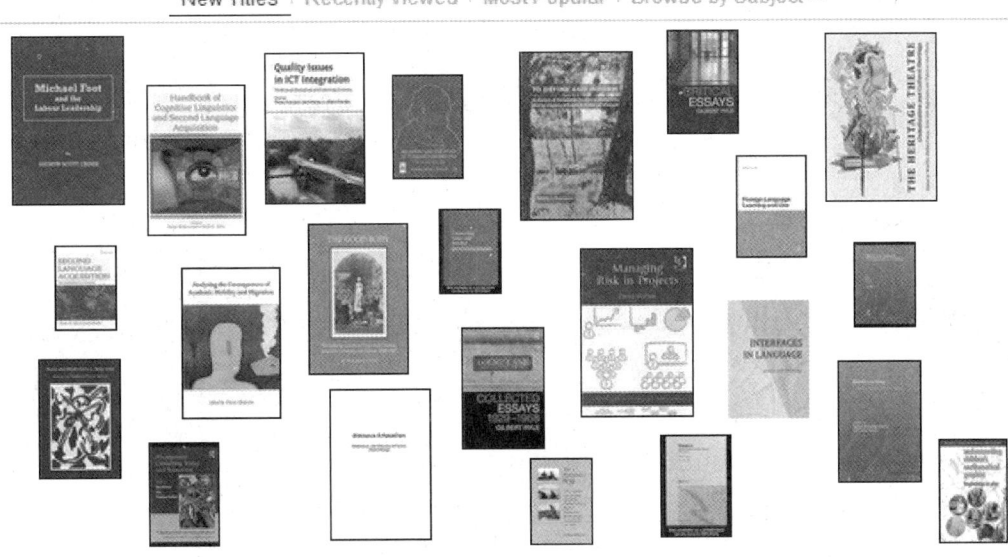

图 5 – 9　MyiLibrary 电子图书

选择感兴趣的图书,单击图书封面,则可看到图书的详情。MyiLibrary 平台是一个功能强大的电子书平台,读者可以通过该平台的各种检索功能,获取所需要的内容。该平台的主要功能有:

(1)全文检索。读者既可以直接浏览各电子书的内容,也可以按书名、作者、ISBN 号、出版社、出版日期、学科、关键词或全文内容等检索字段进行检索。

(2)复制、粘贴和打印。读者可以从书籍中复制文本和图像到 Word、Excel 和 PowerPoint 文件中(各出版社的限制有所不同)。注意:MyiLibrary 电子图书的图片和文字均可以“选定—复制—粘贴”的方式按页拷贝到 Word 文档中进行保存。因受国外版权保护的限制,该平台不提供整本书下载和打印功能,但提供单页的复制和打印。

(3)提醒功能。MyiLibrary 提供新书提醒服务,保证读者及时获取相关领域内的最新书目。

二、IEL – Wiley digital Library

（一）数据库简介

IEL – Wiley digital Library 电子图书是 IEEE Press 和 John Wiley & Sons 公司合作推出的 IEEE 作者的电子书，IEL – Wiley digital Library 目前已有美国电气电子工程师学会（IEEE）出版的电子图书 440 种，每年至少增加 40 本新书，最早可回溯到 1974 年，且 70% 的电子书出版自 2000 年以后。涵盖领域有生物工程、电路与元件、机械工程、计算和处理、工程材料、介质与等离子体、电磁场与电磁波、信号处理与分析、机器人技术等。

（二）检索方式

IEL – Wiley digital Library 的主检索界面 IEEE Xplore 如图 5 – 10 所示，可以由图书馆网站中进入。

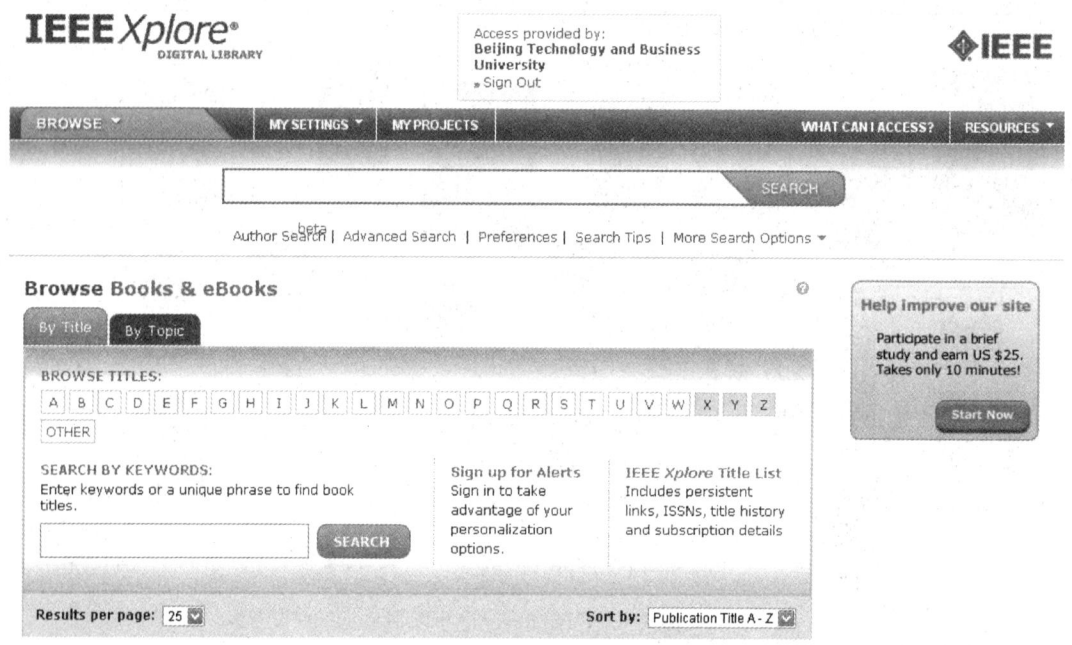

图 5 – 10　IEL – Wiley digital Library

IEEE Xplore 提供有 Journals & Magazines（期刊检索）、Basic Search（基本检索）、Conference Proceedings（会议录检索）、Advanced Search（高级检索）、Standards（标准检索）、Author Search（著者检索）和 CrossRef Search（对照检索）等检索方法。点击"BROWSE"，进入浏览功能，可以浏览期刊、杂志、会议录、标准等内容，其检索方法，可参照全文数据库。

以检索"宏观经济学"方面的英文文献为例，应先分析研究课题，选择合适的数据库，进入 IEL 数据库检索主界面，可以选择基本检索，即在检索栏中，直接输入关键词"Macroeconomics"，也可以选择 Advanced Search 进入高级检索界面。我们可以调整检索的关键词和范围，运用高级检索中的逻辑条件，提高检全率等。

参考文献：

[1] 聂华. 电子书的发展及其对图书馆的影响. 大学图书馆学报，2005(2).

[2] 王彩. 浅析现代图书馆电子图书采购方式的转变. 图书情报工作与研究, 2014(1).

[3] 杨涛. 电子图书使用行为实证研究——以华南师范大学图书馆为例. 图书情报知识, 2009(4).

[4] 关志英. 三种西文电子图书系统的比较研究. 大学图书馆学报, 2003(5).

[5] 胡琳. 现代信息检索. 北京: 科学出版社, 2012.

[6] 计斌. 信息检索与图书馆资源利用. 北京: 人民邮电出版社, 2013.

[7] 超星数字图书馆. [2014 - 12 - 12]. http://sslibbook2.sslibrary.com.

[8] Founder Apabi e-book. [2014 - 12 - 12]. http://gw.apabi.com/about/1/.

思考题:

1. 结合你所学专业列出你所熟悉的中外文电子图书数据库,并简述其检索方法及各项功能。

2. 你看过哪些电子书?除了图书馆的数据库,你还从哪些途径下载使用过电子书?

第六章　特种文献

特种文献指有特定内容、特定用途,获得渠道不同于普通图书、期刊等正式出版物的文献资料。特种文献具有较高的科技价值,其内容广泛、数量庞大、类型复杂多样、涉及科学技术和生产生活的各个领域,是非常重要的文献信息资源。本章主要介绍学位论文、会议论文、专利文献、标准文献等几种常见的特种文献资源。

第一节　常用学位论文数据库

一、学位论文

学位论文是高等院校和科研机构的学生为获得学位而撰写的学术性较强的研究论文,是在其导师指导下,在学习和研究中参考了大量文献资料,进行科学研究的基础上完成的。

根据学生学历层次,学位论文可分为学士论文、硕士论文和博士论文;根据学生所学的学科和专业,可分为人文社会科学学位论文、自然科学学位论文及工科学位论文等,并可层层往下展开,分为政治学、经济学、文学、史学、数学、化学、工程学、计算机科学等;按国别或语种分,又有国内学术论文和国外学位论文或中文学位论文、日语学位论文、英语学位论文等。

学位论文的特点是理论性、系统性较强,内容专一,阐述详细,具有很强的独创性,是一种重要的文献信息源。

随着信息技术的发展,各学位授予单位兴起了建设学位论文数据库的热潮,要求硕博士研究生毕业时同时提交纸本和电子版学位论文,还逐步对存档的纸本学位论文进行全文回溯扫描,不断扩大学位论文数据库的规模。国内外一些数据库如中国知网、万方数据、Proquest 等也纷纷通过各种途径收集学位论文,建立商业性的学位论文全文数据库。

二、CNKI 博硕士论文数据库和万方学位论文库

CNKI(即中国知网)的博硕士论文数据库是目前国内相关资源完备、高质量、连续动态更新的中国优秀博硕士学位论文全文数据库。数据库收录自 1984 年至今的包含全国 419 家培养单位的博士学位论文和 654 家硕士培养单位的优秀硕士学位论文,覆盖基础科学、工程技术、农业、医学、哲学、人文、社会科学等各个领域,分为十大专辑:基础科学、工程科技Ⅰ、工程科技Ⅱ、农业科技、医药卫生科技、哲学与人文科学、社会科学Ⅰ、社会科学Ⅱ、信息科技、经济与管理科学,十大专辑下分为 168 个专题。目前,累积博硕士学位论文全文文献 2 082 555篇。CNKI 博硕士论文数据库中的资源可通过中国知网的网站与其他类型的文献统一检索,也可单独选择文献类型为"博硕士"进行专门检索,其检索和利用的方法、技巧可参见本书第三章第一节,不再赘述。

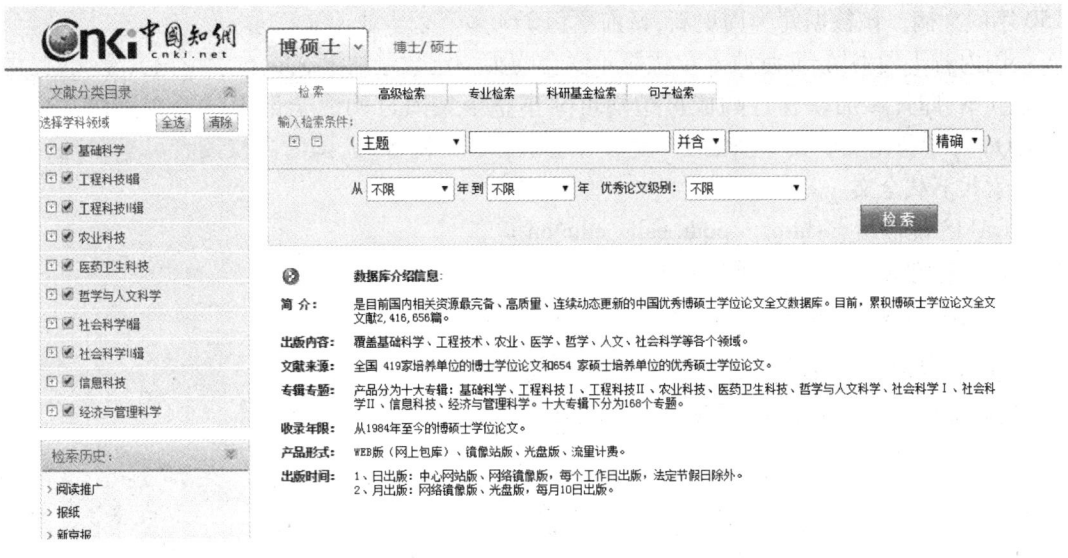

图6-1 博硕士论文检索界面

万方学位论文库收录自1980年以来全国重点学位授予单位的硕士、博士学位论文以及博士后报告,其中211高校论文收录量占总量的70%以上。内容涵盖理学、工业技术、人文科学、社会科学、医药卫生、农业科学、交通运输、航空航天和环境科学等各学科领域。每年增加约30万篇,现共计314万余篇。

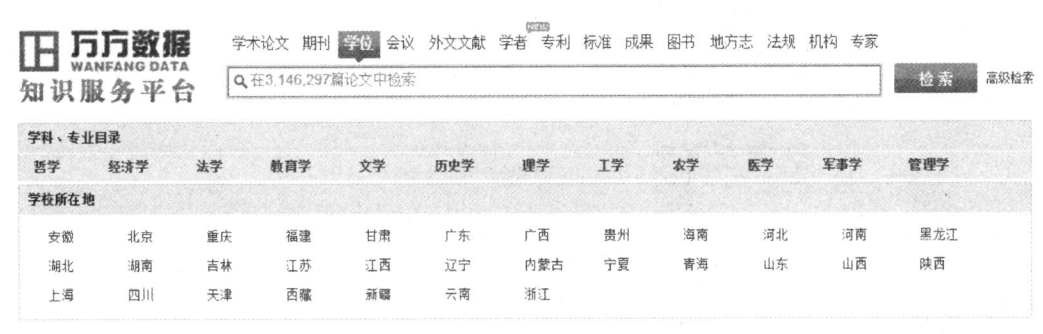

图6-2 万方学位论文检索界面

三、ProQuest博硕士论文全文数据库

ProQuest博硕士论文全文数据库(ProQuest Dissertations & Theses,简称PQDT)是美国ProQuest公司出版的博硕士论文数据库,是目前国内较完备、高质量、唯一的可以查询国外大学优秀博硕士论文全文的数据库,收录大部分北美地区高等院校以及世界其他地区1000多所高等院校每年获得通过的博硕士论文。覆盖学科全面,涵盖文、理、工、农、医等各领域。

数据库收录了从1637年全世界早期博硕论文,到本年度本学期获得通过的博硕士论文信息。数据库中除收录与每篇论文相关的题录(citations)外,1980年以后出版的博士论文信息中包含了作者本人撰写的长达350字的文摘。1988年以后出版的硕士论文信息中含有

150 字的文摘。该数据库为周更新,目前累积 270 多万条毕业论文记录。

国内若干图书馆、文献收藏单位每年联合购买一定数量的 ProQuest 学位论文全文,提供网络共享,即凡参加联合订购成员馆均可共享整个集团订购的全部学位论文资源。目前"ProQuest 学位论文全文中国集团"在国内建立了 3 个镜像站,国内高校读者可登录任一网站检索并下载全文。

CALIS 镜像站点:http://pqdt. calis. edu. cn/

交大镜像站:http://pqdt. lib. sjtu. edu. cn/

中信所镜像站:http://pqdt. bjzhongke. com. cn/

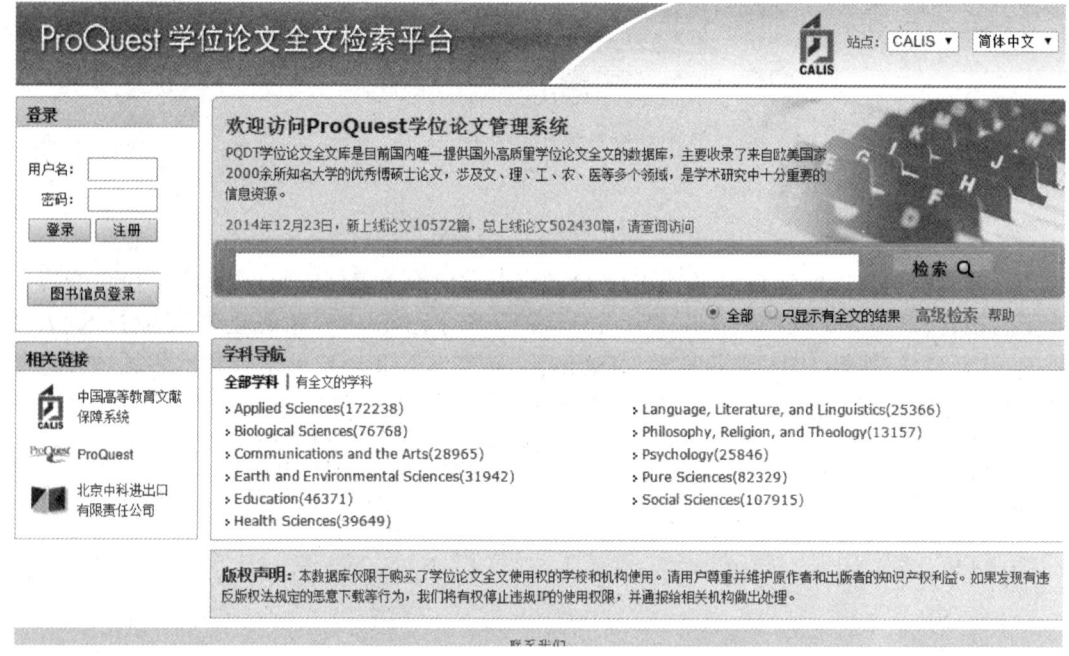

图 6-3　Proquest 学位论文检索界面

第二节　常用会议论文数据库

一、会议论文

会议论文是指在学术会议上宣读和交流的论文、报告以及其他有关资料。随着科学技术的迅速发展,世界各国的学会、协会、研究机构及国际性学术组织举办的各种学术会议日益增多,世界上每年举办的科学会议达数万个,产生几十万篇会议论文。

会议论文没有固定的出版形式,有些刊载在学会、协会出版的期刊上,作为专号、特辑或增刊;有些则发表在专门刊载会议录或会议论文摘要的期刊上。据统计,以期刊形式出版的会议录约占会议文献总数的 50%。一些会议文献还常常汇编成专题论文集或出版会议丛刊、丛书,还有些会议文献以科技报告的形式出版。此外,有的会议文献以录音带、录像带或缩微品等形式出版。许多学术会议还在互联网上开设了会议网站,或者是在会议主办者的网站上设会议专页,利用网站报道会议情况和出版论文。

会议论文具有显著的新颖性。许多学科中的最新发现都是在科技会议上首次公布的,会议论文阐述的观点往往代表了作者的最新研究成果,通过会议的形式,可以及早在同行中迅速传播,通常要比在期刊上发表的论文早一年左右。会议文献反映了本领域的最新动态,代表了本领域的最新水平。

二、CNKI 重要会议论文全文数据库

CNKI 重要会议论文全文数据库重点收录 1999 年以来中国科协系统及国家二级以上的学会、协会,高校、科研院所,政府机关举办的重要会议以及在国内召开的国际会议上发表的文献。其中,国际会议文献占全部文献的 20% 以上,全国性会议文献超过总量的 70%,部分重点会议文献回溯至 1953 年。分为十大专辑 168 个专题文献数据库和近 3600 个子栏目。已收录出版国内外学术会议论文集 24 740 本,累积文献总量 2 280 741 篇。

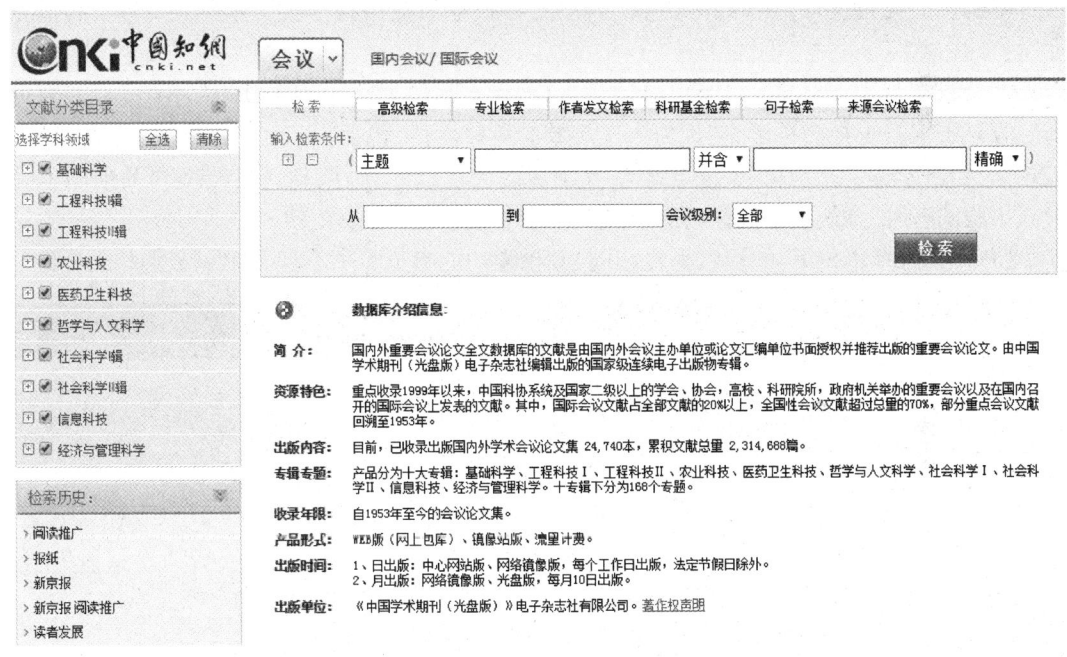

图 6－4　CNKI 会议论文检索界面

三、万方中国学术会议论文数据库

《中国学术会议论文数据库》是万方数据知识服务平台的一个子库,收录了由中国科技信息研究所提供的国家级学会、协会、研究会组织召开的各种学术会议论文,每年涉及 1 000余个重要的学术会议,范围涵盖自然科学、工程技术、农林、医学等多个领域,内容包括:文献题名、文献类型、馆藏信息、馆藏号、分类号、作者、出版地、出版单位、出版日期、会议信息、会议名称、主办单位、会议地点、会议时间、会议届次、母体文献、卷期、主题词、文摘、馆藏单位等。累计收录 200 余万条记录。

四、会议录引文索引数据库

《会议录引文索引数据库》(Conference Proceedings Citation Index,简称 CPCI)由美国汤森路透公司出版,汇集了以图书、科技报告、预印本、期刊论文等形式出版的各种国际会议文献,提供综合、全面、多学科的会议论文资料。CPCI 通过 ISI Web of Science 平台提供服务。

CPCI 包括科技会议录引文索引(CPCI—S, Conference Proceedings Citation Index—Science)和社会科学与人文科学会议录引文索引(CPCI—SSH, Conference Proceedings Citation Index—Social Sciences & Humanities)2 个子库。

科技会议录引文索引(CPCI—S)原名 ISTP(Index to Scientific & Technical Proceedings),创刊于 1978 年,由美国科学情报研究所出版。收录生命科学、物理化学、农业生物和环境科学、工程技术、管理信息、教育发展、社科人文和应用科学等学科的会议文献,包括一般性会议、座谈会、研究会、讨论会、发表会等。其中工程技术与应用科学类文献约占 35%,其他专业学科约占 65%。

社会科学与人文科学会议录引文索引(CPCI—SSH)原名 ISSHP,1994 年创刊,季度更新。收录了来自于社会科学、艺术与人文领域的所有学科,包括:心理学、社会学、公共健康、管理学、经济学、艺术、历史、文学与哲学等领域的会议以专著、期刊、报告、增刊及预印本等形式出版的各种一般会议、座谈、研究会和专题讨论会的会议录文献。

CPCI 数据库和 SCIE 的检索平台相同,其检索功能参见本书第四章第一节的相关介绍。

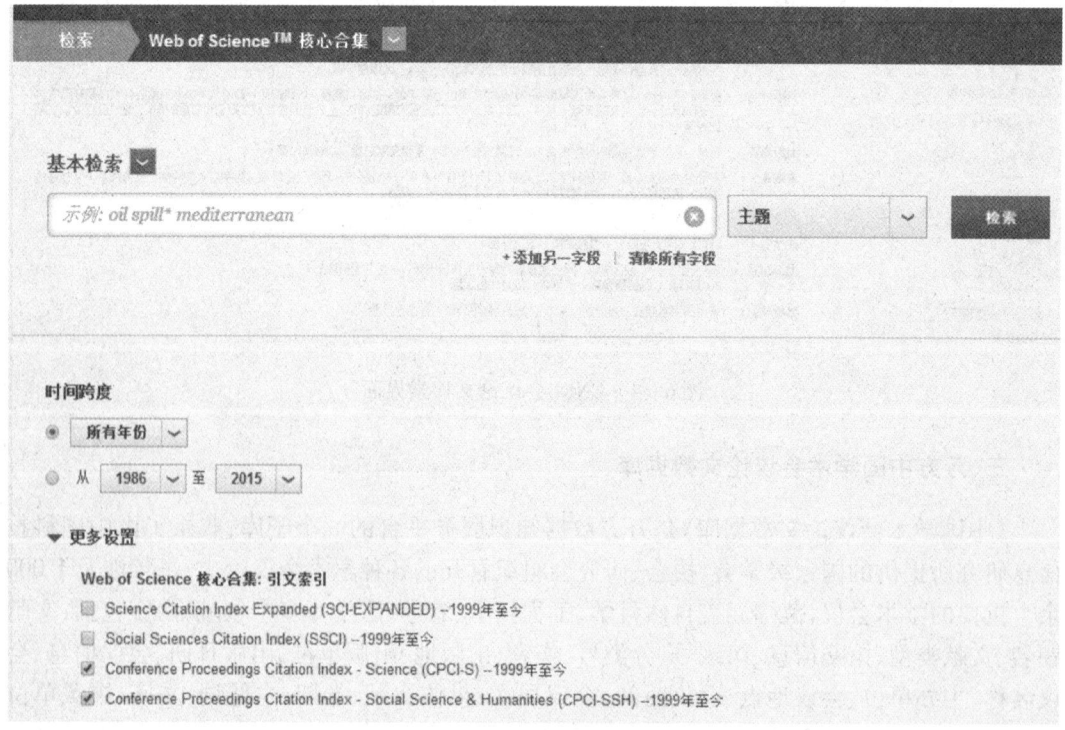

图 6 – 5   CPCI 数据库检索界面

第三节　标准文献数据库

现代意义上的标准产生于 20 世纪初,1901 年英国成立了第一个全国性标准化机构,同年世界上第一批国家标准问世。此后,美、法、德、日等国相继建立全国性标准化机构,出版各自的标准。中国于 1957 年成立国家标准局,次年颁布第一批国家标准。

一、标准及标准文献

（一）标准概念

《标准化工作指南第 1 部分:标准化和相关活动的通用词汇》（GB/T 20000.1—2002）对标准（standard）的定义为:在一定的范围内获得最佳秩序,经协商一致制定并由公认机构批准,共同使用的和重复使用的一种规范性文件。并附注说明:标准宜以科学、技术和经验的综合成果为基础,以促进最佳的共同效益为目的。

国际标准化组织（ISO）的标准化原理委员会（STACO）给标准的定义为:标准是由一个公认的机构制定和批准的文件。它对活动或活动的结果规定了规则、导则或特殊值。供共同和反复使用,以在预定领域内实现最佳秩序的效果。

标准化是指为在一定的范围内获得最佳秩序,对现实问题或潜在问题制定共同使用和重复使用的条款的活动。

（二）标准文献的概念

标准文献（standard literature）是指记录标准的一切载体。它是记录各级、各类标准的特种文献。广义的标准文献还包括检索标准的检索工具及有关标准化的文件等。狭义的标准文献是指带有标准号的标准、规范、规程等技术文件。标准文献内容一般包括标准级别、标准名称、标准分类号、标准编号、标准审批与实施日期等。

（三）标准文献的特征

标准文献具有科技文献的共性特征,但又不同于一般科技文献。

1. 内容完整、科学可靠、严谨简明

作为必须共同遵守的标准,客观上要求标准文献必须做到信息资料完整,数据科学可靠,文字、图表等表达简明扼要。标准的形成过程必须经过科学论证、严格审定、主管部门批准和发布等一系列的程序。

2. 结构严谨、编号统一、格式一致

标准文献中一般包括标准级别、标准名称、标准号、发布单位、发布日期、实施日期和具体内容。具有严谨的结构体系、一致的封面格式和统一的编号。标准号是区分标准文献和非标准文献的一个重要标志,也是标准文献的一个重要的检索点。

3. 法律约束性

作为共同遵守的准则和依据的标准文献,在一定条件下,具有法律性质效用,尤其是强制性标准,在规定的适用范围内具有约束性和强制性。

4. 时效性

标准文献具有很强的时效性,自标准的实施之日起到标准的修订或废止时间称为标准的有效期。通常标准平均时效为5年,标准的复审周期为3—5年。随着科学技术迅猛发展和全球经济一体化进程的不断加快,标准的平均时效和复审周期会相应缩短。

（四）标准的编号

标准文献有特定的编号——标准号,它是标准的一个重要标志,通常由国别（组织）代码+顺序号+年代组成。

1. 国外标准代号及编号

国外标准号形式各异,但基本结构为"标准代号+专业类号+顺序号+年代号"。其中:标准代号大多采用缩写字母,如"IEC"代表国际电工委员会、"API"代表美国石油协会、"ASTM"代表美国材料与实验协会等;专业类号因其所采用的分类方法不同而各异,有字母、数字、字母数字混合式3种形式;标准号中的顺序号按照标准发布的流水顺序号编排;年代号即标准发布年份。常见国外标准国别代码如下。

表6-1 标准文献常见国别代码

代码	国家或组织	代码	国家或组织	代码	国家或组织
ANSI	美国国家标准	CSA	加拿大国家标准	ISO	国际标准化组织
BS	英国国家标准	DIN	德国国家标准	JIS	日本工业标准
CEN	欧洲标准化委员会	GB	中国国家标准	NF	法国国家标准

2. 我国标准代号及编号

我国标准的编号由标准代号、标准发布顺序和标准发布年代号构成。

（1）国家标准。我国国家标准的编号为:GB+顺序号+年代,有3种类型。

GB××××—×× 如"GB 7718—1994" 强制性国家标准

GB/T××××—×× 如"GB/T 3860—995" 推荐性标准

GB/*××××—×× 如"GB/*1645—1998" 降为行业标准而尚未转化的原国家标准

（2）行业标准。我国行业标准的编号为:行业代码+标准顺序号+年代。如:

HG××××—×× 化工行业标准

SY/T××××—×× 石油行业的推荐标准

行业标准代号由汉语拼音大写字母组成。中国标准代号见表6-2。

（3）地方标准。我国地方标准编号由大写汉语拼音DB加上省、自治区、直辖市行政区划代码的前面两位数字组成（如北京市11、天津市12、上海市13等）。

（4）企业标准。我国企业标准编号由大写拼音字母"Q"+"/"+"企业代号"组成。企业代号由大写拼音字母或阿拉伯数字或者两者兼用所组成。

（5）指导性标准。1998年通过《国家标准化指导性技术文件管理规定》出台了标准化体制改革,即在四级标准（国家标准、行业标准、地方标准和企业标准）之外,又增设了一种"国家标准化指导性技术文件",作为对四级标准的补充。此类标准在编号上表示为"/Z"。如《集成电路IP核测试数据交换格式和准则规范》（SJ/Z 11352—2006）。

表6-2 中国标准代号

内容	代号	含义	内容	代号	含义	内容	代号	含义
国家标准	GB	强制性国家标准	行业标准	JB	机械	行业标准	SN	商检
	GB/T	推荐性国家标准		JC	建材		SY	石油天然气
	GB/Z	国家标准化指导性技术文件		JG	建筑工业		TB	铁路运输
行业标准	BB	包装		JR	金融		TD	土地管理
	CB	船舶		JT	交通		TY	体育
	CH	测绘		JY	教育		WB	物资管理
	CJ	城镇建设		LB	旅游		WH	文化
	CY	新闻出版		LD	劳动安全		WJ	兵工民用
	DA	档案		LY	林业		WM	外经贸
	DB	地震		MH	民用航空		WS	卫生
	DL	电力		MT	煤炭		XB	稀土
	DZ	地质矿产		MZ	民政		YB	黑色冶金
	EJ	核工业		NY	农业		YC	烟草
	FZ	纺织		QB	轻工		YD	通信
	GA	公共安全		QC	汽车		YS	有色冶金
	GY	广播电影电视		QJ	航天		YY	医药
	HB	航空		QX	气象		YZ	邮政
	HG	化工		SB	商业	其他标准	DB + *	强制性地方标准
	HJ	环境保护		SC	水产		DB + */T	推荐性地方标准
	HS	海关		SJ	电子		Q	企业产品标准
	HY	海洋		SL	水利			

二、常用中外标准文献数据库

1. 中国知网标准数据库

中国知网内有3个标准文献数据库,分别为《中国标准数据库》《国外标准数据库》《国家标准全文数据库》。《中国标准数据库》《国外标准数据库》为题录型数据库,《国家标准全文数据库》为全文数据库。3个数据库检索方法基本相同,均可通过选择中文标准名称、英文标准名称、中文主题词、英文主题词、标准号、发布单位名称、发布日期、被代替标准、采用关系、摘要等检索项进行检索。

《国家标准全文数据库》提供初级检索、高级检索和专业检索及导航检索(包括中国标准分类检索、国际标准分类检索及学科导航检索)4种检索方式。

【实例】检索有关食品添加剂的标准文献

检索步骤:

• 选择查询范围,默认为全选;

- 选择检索字段:中文标准名称;
- 输入与检索字段相对应的检索(式)词:食品、添加剂;
- 选择逻辑关系:并且;
- 选择检索条件:选择年代:从 2013 到 2013 年;匹配:精确;排序:相关度;每页 20;
- 输出检索结果:如图 6 - 6。

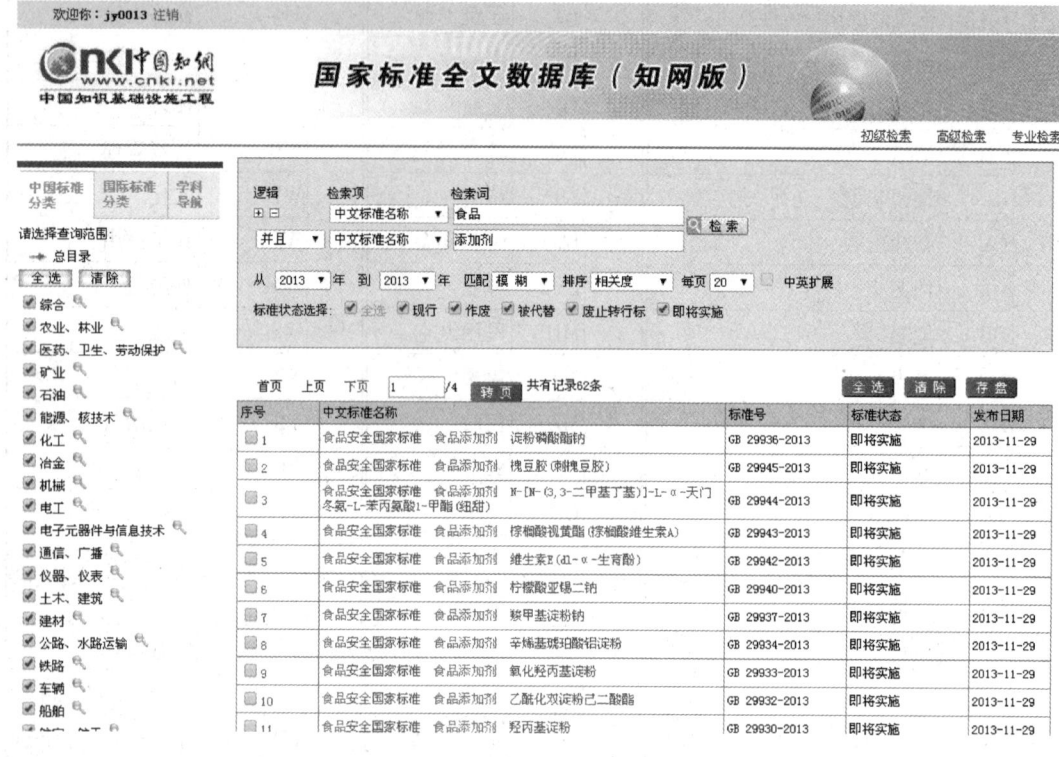

图 6 - 6 中国知网标准数据库

2. IEEE/IET Electronic Library(IEL)数据库

以美国电气电子工程师学会(IEEE)和英国工程技术学会(IET)标准文献为代表。

IEEE 标准化委员会(IEEE Standard Association,简称 IEEE—SA)隶属于美国电气电子工程师学会,其标准制定内容涵盖信息技术、通信、电力和能源等多个领域。IEEE/IET Electronic Library(IEL)数据库提供 IEEE 和 IET 出版的 3000 余种 IEEE 标准,其中现行标准 800 余种。IEEE 标准文献的表示方法为 IEEE + STD + 标准编号 + 发布(修订)年份。

IEL 数据库提供标准浏览、简单检索和高级检索 3 种检索方式。在数据库主页选择 standards 选项,即可进入标准浏览页面,可选择按标准顺序号浏览标准,也可输入关键词检索出符合检索条件的标准列表。还可按如图 6 - 8 所示的分类主题来浏览相应的标准。

IEL 数据库检索平台的使用参照本书第八章第三节相关内容。

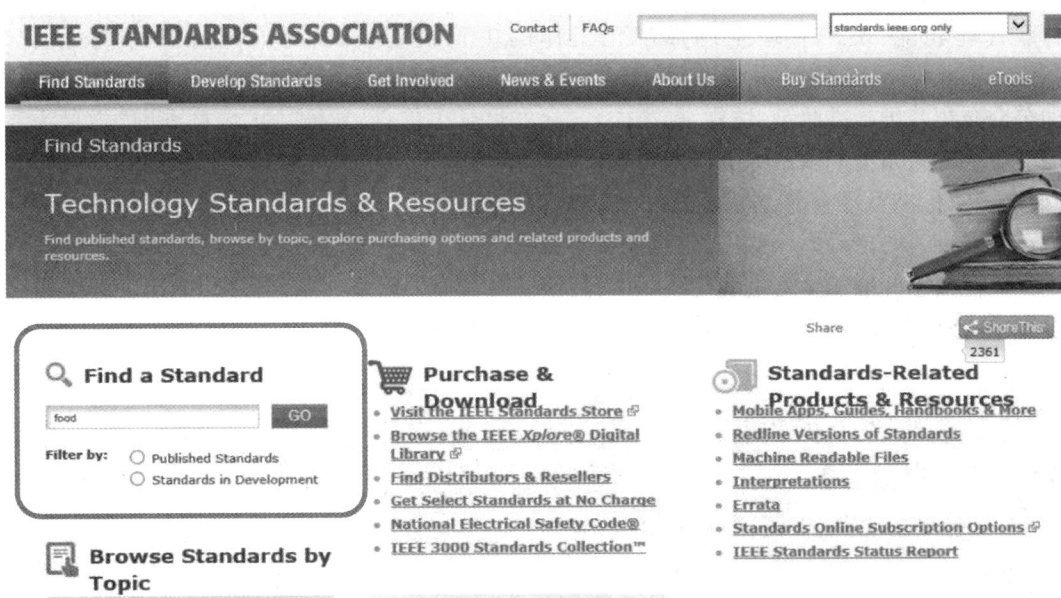

图 6 - 7　IEL 数据库中标准文献检索页面

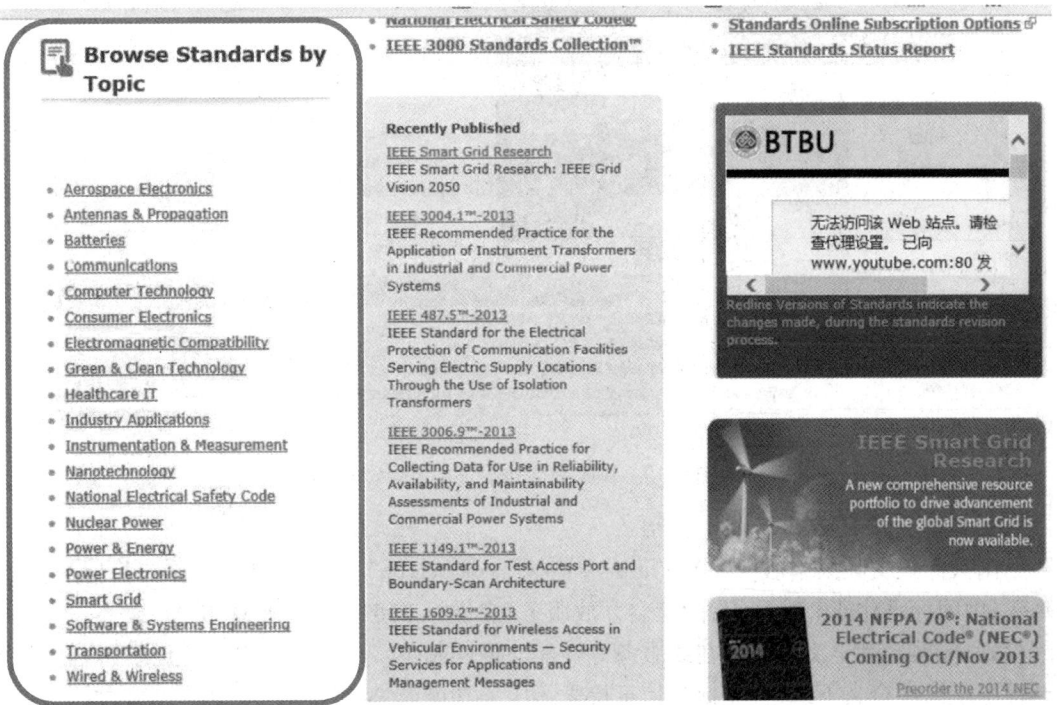

图 6 - 8　IEL 数据库中按标准的主题浏览页面

3. 国家标准化管理委员会网站

中国国家标准化管理委员会(中华人民共和国国家标准化管理局)是国务院授权的履行行政管理职能、统一管理全国标准化工作的主管机构。该单位构建的网站(http://www. sac. gov. cn)如图6-9所示,是国家标准化管理委员会对外服务的重要窗口,通过网络向公众介绍我国标准政策、法规、标准内容、标准目录等信息。网站的"信息查询"栏目为我们提供了比较系统的国家标准检索数据库,主要涉及国家标准公告查询、国家标准全文在线阅读、国家标准目录查询、国家标准计划查询、专业标准化技术委员会查询、行业标准备案公告信息查询、地方标准备案公告信息查询等方面内容。其中标准全文只提供中华人民共和国强制性国家标准的全文免费在线阅读,其他标准只提供题录信息,若想获取相关标准全文可到中国标准出版社购买或从其他途径获取。

图6-9　国家标准化管理委员会网站

4. 国家标准文献共享服务平台

国家标准文献共享服务平台(http://www. cssn. net. cn)是国家质量监督检验检疫总局牵头,中国标准化研究院承担,向社会开放服务,提供标准动态信息采集、编辑、发布、标准文献检索、标准文献全文传递和在线服务等功能。该网站免费注册会员,会员登录可以获得强制性国家标准全文下载、行业标准信息检索等服务功能。

图 6 - 10　国家标准文献共享服务平台

5. 国际标准化组织

国际标准化组织(ISO)是目前世界上最大的非政府性标准化专门机构,是国际标准化领域中一个十分重要的组织。ISO 成立于 1947 年,于 1951 年发布了第一个标准《工业长度测量用标准参考温度》。其成员由来自世界上 100 多个国家的国家标准化团体组成,其主要职能是制订 ISO 国际标准,促进世界各国标准化工作的发展,负责除电气和电子领域外的一切国际标准化工作(国际电工标准化工作由 IEC 负责)。国际标准化组织的目的和宗旨是"在全世界范围内促进标准化工作的开展,以便于国际物资交流和服务,并扩大在知识、科学、技术和经济方面的合作"。其主要活动是制定国际标准,协调世界范围的标准化工作,组织各成员国和技术委员会进行情报交流,以及与其他国际组织进行合作,共同研究有关标准化问题。ISO 标准每隔 5 年就要重新修订一次,在使用时应该注意利用最新版本。中国是 ISO 创始成员国之一,也是最初的 5 个常任理事国之一。由于历史原因,1978 年 9 月中国标准化协会代表中国重新成为 ISO 正式会员。2008 年 10 月,中国成为 1SO 常任理事国。

ISO 网站(http://www.iso.org)设有 ISO 介绍、产品和服务、标准发展、新闻及媒体、关于 ISO 等栏目。通过 ISO 在线网址,可查询 17 000 多条国际标准。ISO 在线检索提供简单检索、分类检索、出版物及电子产品检索和 ISO 数据库检索 4 种检索方式。标准号格式有两种,分别为 1972 年以前为 ISO/R 代码 + 顺序号 + 年代;1972 年后为 ISO 代码 + 顺序号 + 年代。如:ISO7571—1:1982 工业用丙酮的试验方法;ISO/R1662:1971 冷冻车间安全指标。

图 6 - 11　国际标准化组织网站

6. 国际电工委员会

国际电工委员会(IEC)成立于 1906 年 6 月 26 日,当时由英国的电气工程师协会(IEE)和美国的电气电子工程师协会(IEEE)以及其他相关组织共同成立。宗旨是促进电气、电子工程领域中标准化及有关问题的国际合作,增进各国间的相互了解。目前 IEC 的工作领域已由单纯研究电气设备、电机的名词术语和功率等问题扩展到电子、电力、微电子及其应用、通信、视听、机器人、信息技术、新型医疗器械和核仪表等电工技术的各个方面。IEC 现在有技术委员会(TC)95 个,分技术委员会(SC)80 个。我国 1957 年参加 IEC,是 IEC 理事局、执委会和合格评定局的成员。国际电工委员会网站(http://www.iec.ch)是发布 IEC 信息、检索 IEC 标准的权威官方网站,在 IEC 网站主页下点击"Webstore"下的"Search and buy IEC standards"即可进入 IEC 标准的检索页面,网站提供简单检索和高级检索两种方式。

7. 美国国家标准学会

美国的国家标准由美国国家标准学会(American National Standards Institute,简称 ANSI)负责制定与颁布。该协会建于 1918 年,是一个非营利性的民间标准化团体,但实际上已成为美国国家标准化中心,美国各界标准化活动都围绕它进行,它起着行政管理机关的作用。该学会本身很少制定标准,大约 80% 的 ANSI 标准是从本国 70 多个专业团体所制定的专业标准中择取对全国具有重要经济意义的标准,经 ANSI 各专业委员会审核后升格为国家标准。已经提升为 ANSI 标准的专业标准也有可能会被取消。美国国家标准学会的官方网站(http://www.ansi.org)提供标准网络检索,用户可通过主题词索引查询任何题目,可方便快捷地检索到所需信息,阅读全文需要付费。

图 6 – 12　国际电工委员会网站

图 6 – 13　美国国家标准学会网站

8. 英国标准学会

英国标准是英国标准学会(British Standards Institution,简称 BSI)制定的。BSI 成立于
1901 年,是世界上第一个国家标准化机构,是英国政府承认并支持的非营利性民间团体。标
准的编号方法是 BS + 序号 + 年代,现有标准 11 000 多件。英国国家标准不分类,标准目录
按专业出版,共分 40 种专业目录。BSI 网站(http://www. bsigroup. com)提供管理系统登记、
产品试验和证明、标准、视察服务、训练、检索、商业伙伴、标准目录、英国标准在线等超链接。

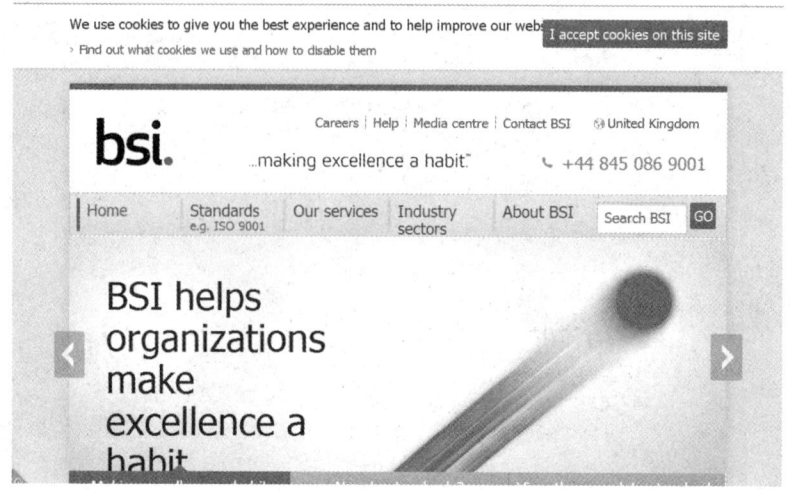

图 6 – 14　英国标准学会网站页面

9. 日本工业标准调查会

日本标准由日本工业标准调查会（Japanese Industrial Standard Committee，简称 JISC）负责制定。JISC 是根据日本工业标准化法建立的全国性标准化管理机构，成立于 1949 年，总部设在首都东京。日本标准的编号为 JIS + 分类代码 + 顺序号 + 制定（修订）年份。分类号来自自己的分类体系，分为 17 个大类，用大写字母表示，大类下再分小类，小类用数字表示。日本工业标准调查会的网站（http://www.jisc.go.jp）可以检索 JIS 标准。

图 6 – 15　日本工业标准调查会网站页面

第四节　专利文献数据库

一、专利与专利文献

"专利"是"专利权"的简称,是由国家专利主管机关依法授予专利申请人在一定期限内实施其发明创造的专有权,属于知识产权的一种。专利文献是指记载专利信息的文献,专利文献的狭义范围主要包括专利说明书、权利要求书、说明书附图、说明书摘要等,专利文献的广义范围包括各种专利申请文件、专利证书、专利公报、专利索引、专利题录、专利文摘、专利分类表等。专利是世界上最大的技术信息源,据实证统计分析,专利包含了世界科技信息的90%—95%。

专利文献在内容和形式等方面不同于一般的科技文献,它是一种集科技、法律、经济信息为一体的经过标准化的信息资源,具有自身独有的特点:

(1)内容广泛准确、详尽可靠、实用性强。专利的内容极其广泛,涉及了科技和生活的方方面面。

(2)报道及时、反映最新技术。世界上绝大多数国家实行的是先申请制。专利先申请原则规定,对相同内容的发明,专利权授予最先申请的人,这就促使各国发明人在发明构思基本完成时,抢先申请专利,以获得独占权。此外,各国的专利法均把新颖性作为专利性的首要条件,不具有新颖性的技术将被挡在专利之外。通过阅读专利文献,可以快速掌握各个领域的最新动态和发展趋势。

(3)数量庞大,重复报道量多。据世界知识产权组织统计,全世界每年发表的专利文献约150多万件,全世界每年有近2/3的专利文献是重复的。

(4)格式统一,著录规范。世界各国专利文献出版格式统一、内容规范、著录标准化,是其他科技文献所无法比拟的,它依据了专利法规和统一的标准。

(5)内容有局限,说明书文字比较晦涩。专利文献的内容一般只限于应用技术,为了实现对自己专利的保护,专利文献很少阐明技术的原理和理论基础,不提供准确的技术条件和参数;同时,为了尽可能扩大对自己的保护范围而使用一些晦涩的法律术语,而不揭示真正的技术"诀窍",这些都使得专利文献的内容具有很大的局限性。

二、专利文献文献类型与内容分类

根据我国《专利法》的规定,中国专利分为发明专利、实用新型专利和外观设计专利3种类型,基本情况如表6-3所示。

表6-3　中国专利类型

名称	发明专利	实用新型专利	外观设计专利
要求	对产品、方法及其改进提出的新的技术方案	对产品的形状、构造或者其结合所提出的实用的新的技术方案	对产品的形状、图案或者其结合以及色彩与形状、图案的结合所做出的富有美感并适于工业应用的新设计

续表

名称	发明专利	实用新型专利	外观设计专利
特点	具有突出的实质性特点和显著进步	具有实质性特点和进步	与现有设计或者现有设计特征的组合相比,应当具有明显区别
专利权时限	授权专利自申请之日起,保护期限为 20 年	授权专利自申请之日起,保护期限为 10 年	授权专利自申请之日起,保护期限为 10 年

为了便于管理和利用数量庞大的专利文献,可按一定的分类体系根据内容对专利文献进行分类。目前世界上主要的专利分类体系有《国际专利分类表》《美国专利分类法》和《欧洲专利分类法》等。《国际专利分类表》(International Patent Classification,简称 IPC)为各国所通用,是进行专利文献检索的一种必不可少的、有效的检索工具。IPC 诞生于 1968 年 9 月,每 5 年修订一次,目前使用的 IPC 为第八版,2005 年修订。使用 IPC 时要注意其版次和有效期限,要用与所查专利年代相应的分类表版本。

三、常用中国专利文献数据库

(一)中华人民共和国国家知识产权局网站

中华人民共和国国家知识产权局网站(http://www.sipo.gov.cn)是国家知识产权局建立的政府性官方网站,是国家知识产权局对国内外公众进行信息报道、信息宣传、信息服务的窗口。该网站提供多种与专利相关的信息服务,包括概况、专利管理、国际合作、公告、统计信息等栏目。该网站提供了有关专利申请、专利审查、专利保护、专利代理等信息,并建立了与知识产权相关政府网站、国外知识产权网站的链接,是用户通过互联网查找专利信息的重要途径。

图 6-16 中华人民共和国国家知识产权局网站

国家知识产权局网站中的专利数据库收录了 1985 年 9 月 10 日以来公布的全部中国专利信息,包括发明、实用新型和外观设计 3 种专利的著录项目及摘要,并可浏览到各种说明书全文及外观设计图形,是检索中国专利的权威数据库,数据每周三更新。从 2001 年 11 月 1 日开始对社会公众提供免费的检索服务。

1. 检索功能

专利检索:专利检索提供 18 个检索字段的表格检索。包括:申请(专利)号、申请日、公开(公告)号、公开(公告)日、名称、摘要、主分类号、分类号、申请(专利权)人、发明(设计)人、地址、专利代理机构、代理人、优先权、国省代码、同族专利、权利要求书、说明书,并可对这些字段进行组合逻辑检索。

2. 检索技术

(1)前方一致检索:系统默认在申请日、公开(公告)日、公开(公告)号几个字段支持前方一致检索,如公开(公告)号前面几位为 CNl3877,则可以直接输入:CNl3877。

(2)截词符:使用"?"号代替单个字符,"%"号代替多个字符。"%"号可出现在检索词的前方、中间或后方,如在申请号字段中,申请号前五位为 02144,可以输入:CN02l44%;申请号中间几位为 2144,可以输入:%2144%;申请号不连续的几位为 021 和 468,可以输入:%021%468%。

(3)逻辑运算:支持逻辑运算符:AND、OR、NOT 以及 XOR(逻辑异或)。不同检索框的检索式之间默认是逻辑与的关系,同一检索框内也可以用布尔逻辑算符组合检索。例如:在摘要(字段代码 AB)中检索含有"变速"或"装置",但不能同时含有"变速"和"装置"的专利,应输入检索式:(变速 XOR 装置)/AB,检索结果等同于输入检索式:(变速 OR 装置)/AB NOT(变速 AND 装置)/AB。

3. 检索结果

检索结果列表:系统默认显示命中专利记录的申请号、申请日、公开(公告)日、专利名称。对通过"设定显示字段"功能来设定每条命中专利记录显示的字段内容,图 6 – 17。还可对结果进行二次检索或者直接开始新的检索。

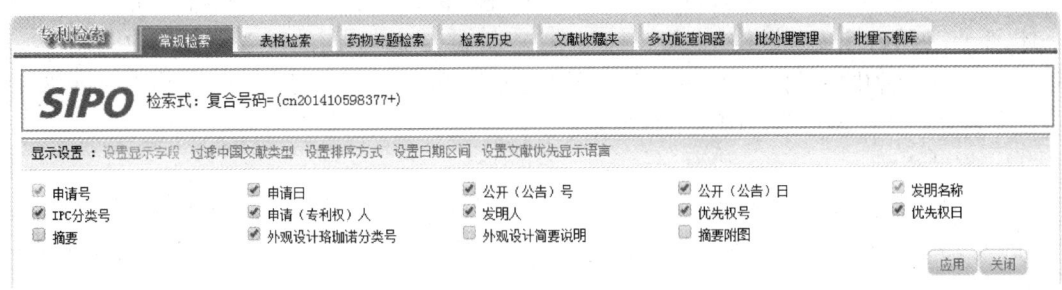

图 6 – 17　专利检索"设定显示字段"功能

详细记录:单击命中记录的名称,可进入其详细信息显示页面(参见图 6 – 18),可查看其专利申请的相关信息、摘要和摘要附图等,还可查看专利说明书全文(TIF 图像格式)。

图 6 – 18　详细信息显示页面

(二)中国知识产权网

中国知识产权网(http://www.cnipr.com)是由国家知识产权局知识产权出版社在政府持下,于 1999 年 6 月 10 日创建的知识产权类专业性网站,集资讯、专利信息产品与服务于一体,重点为国内外政府机构、企业、科研机构等提供专业、全面的服务平台。收录了 1985年《中华人民共和国专利法》实施以来公开的全部中国发明、实用新型、外观设计专利和发明授权专利,以及 90 多个其他国家的数据资源。

1. 收录范围

平台涵盖了来自全球 90 多个国家和组织(美国、日本、欧洲专利局、世界知识产权组织等)的近 7000 万件专利文献信息,并集成了专利检索、分析、预警、信息管理和机器翻译等功能。

2. 检索路径与检索规则

中国知识产权网专利信息服务平台是在原中外专利数据库服务平台的基础上,吸收国内外先进专利检索系统的优点,采用全文检索引擎开发完成的。其检索功能包括中外专利混合检索(在原平台基础上,检索功能新增跨语言检索、语义检索、相似性检索、公司代码检索、相关概念推荐等)、行业分类导航检索、IPC 分类导航检索、中国专利法律状态检索、中国药物专利检索。

图 6 – 19　中国知识产权网

3. 表格检索

检索界面中提供了全选、反选、同义词、跨语言检索、保存表达式、本行全选 6 项限制检索结果范围的功能选择,用户可以根据需要自行选择。其中中国发明专利、中国实用新型、中国外观设计、保存表达式这 4 项是系统默认的。表格检索中可按号码、日期、关键词、人、分类、地址、同族等字段选项进行检索,一些字段选项后面都有一个帮助提示按钮,点击有对应的详细提示信息。其中,申请(专利)号、公开(公告)号、优先权、名称、摘要、权利说明书、说明书、申请(专利权)人、发明(设计)人、专利代理机构、代理人、主分类号、分类号、同族专利、地址、国省代码字段均支持模糊检索,模糊部分位于字符串中间时,使用“?”代替单个字符,“%”代替多个字符,位于字符串开始或末尾时模糊字符可省略。字段内各检索词之间可进行 and、or、not 运算。

4. 逻辑检索

逻辑检索亦是一种高级检索方式,用户可以输入一个复杂的表达式,指定在哪些字段中检索哪些关键字,并支持模糊检索和逻辑运算,需要注意的是,逻辑运算符的前后一定要有空格,并且当使用逻辑检索框时,上面的表格检索框失效,此时所有检索结果以逻辑检索框里的输入为准。对中国专利检索,点击逻辑检索中部的“〉〉”,可展开更多的逻辑运算符。

5. 检索结果的显示

平台提供了符合检索条件的所有专利的申请号和专利名称列表,显示页面一次可以显示 10 条、20 条或 30 条记录。显示页面中,可根据检索结果进一步进行“重新检索”“二次检索”“过滤检索”,以获得所需相关文献。

详细记录:单击命中记录的名称,可进入其详细信息显示页面(参见图 6 – 20),可查看其专利申请的相关信息、摘要和摘要附图等,还可查看专利说明书全文(TIF 图像格式)。

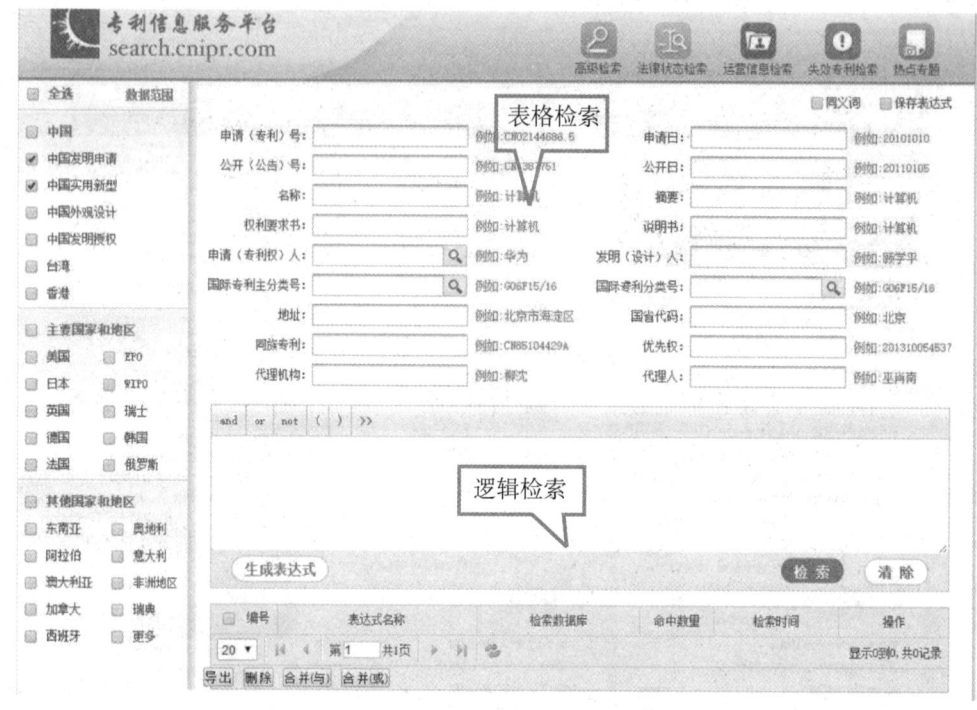

图 6-20　专利信息检索界面

（三）中国专利网

中国专利网（http://www.cnpatent.com）由中国专利技术开发公司创建，主要从事专利技术与专利产品信息的发布，并为专利供需双方提供全方位服务的权威性中文网站。该网站具有强大的发布信息与展开功能以及完善的网络专利检索功能，并通过与 Google 合作，利用最先进的网络信息匹配技术，为每一项网上发布的专利都匹配了与之技术或产品相关的生产、科研、贸易、投资、媒体等机构信息，为专利推广与合作提供了更广泛的机遇。

图 6-21　中国专利网

四、常用国际专利文献数据库

1. 美国专利商标局网站

美国专利商标局网站(http://www.uspto.gov)是美国专利商标局建立的政府性官方网站,该网站向公众提供全方位的专利信息服务,可以查询 1790 年以来的美国各种专利的数据。其中授权专利从 1790 年至 1975 年的数据只有图像型全文,可检索的字段只有专利号、美国专利分类号和授权日期 3 个;1976 年 1 月 1 日以后的数据除了图像型全文外,还包括可检索的授权专利基本著录项目、文摘和文本型专利全文数据;2001 年 3 月开始增加了美国申请专利说明书的文本及映像文件。

图 6 - 22　美国专利商标局网站

2. 欧洲专利局网站

欧洲专利局网站(http://www.epo.org/index.html)是由欧洲专利局(EPO)、欧洲专利组织成员国及欧洲委员会共同研究开发的专利信息网上检索系统,为广大公众免费提供在线专利数据库的多种专利检索、全文下载、法律状态查询以及审查过程文档查询等信息服务。

由欧洲专利组织(EPO)及其成员国的专利局提供,可用于检索欧洲及欧洲各国的专利,包括欧洲专利(EP)、英国专利、德国专利、法国专利、意大利专利,以及芬兰、丹麦、西班牙、瑞士、瑞典等 15 个欧洲国家的专利。

图 6 - 23　欧洲专利局网站

3. 世界知识产权组织网站

世界知识产权数字图书馆(Intellectual Property Digital Library, http://www. wipo. int)由世界知识产权组织于 1998 年建立,可以检索 1997 年 1 月 1 日至今 PCT 国际专利申请中以图像形式公开的申请文件和著录数据(专利文件前页的各种数据),这些数据库对公众免费开放使用。

参考文献:

[1] 乔好勤,冯建福,陈爱军. 文献信息检索与利用(第 2 版). 武汉:华中科技大学出版社,2013.

[2] 李爱明,明均仁. 信息检索教程. 武汉:华中科技大学出版社,2012.

[3] 曹彩英,左惠凯. 化学化工信息检索与利用. 北京:海洋出版社,2008.

[4] 金晓祥. 数字信息检索与创新. 北京:中国书籍出版社,2013.

[5] 马林山. 信息检索与利用. 合肥:安徽科学技术出版社,2013.

[6] 徐军玲,徐荣华. 实用科技信息检索与利用. 上海:复旦大学出版社,2011.

思考题:

1. 请简述专利和标准的概念及其文献的检索途径。

2. 请在 CNKI 中检索近 5 年关于空调的各项国家标准。

第七章　多媒体学习资源

多媒体是由文本、图片、动画、视频和声音组合成的一种复合媒体,它是随着计算机技术的发展逐渐丰富和发展起来的。如今,随着数码技术、扫描技术的发展,人们把生活、工作中的资料以图像、音频、视频等形式储存在计算机中,大大方便了人们的生活。多媒体资源多是综合性资源,其内容覆盖面广,形式上更是综合了文本、图形、图像、声音和动画等多种媒体。本章将主要介绍能够有效地帮助人们进行学习、教学和科研的多媒体学习资源。

第一节　多媒体学习资源概述

一、多媒体数据库简介

多媒体数据库的概念最早由 TSichritzis 和 Christodoulakis 等人于 1983 年提出的,至今已经历了 30 多年的探索与发展。所谓多媒体数据库,就是结合使用数据库技术和多媒体技术对各种各样的信息进行管理、运用和共享,它不是对现有的数据进行界面上的包装,而是从多媒体数据与信息本身的特性出发进行整合,从而提供给读者多维度的信息。多媒体数据具有复杂性、时序性、冗余性和分布性等特点。

二、多媒体数据库的功能

1. 检索功能

多媒体信息表现形式丰富、表现内容复杂,在检索技术上比文本检索起步晚,而且技术实现起来比文本检索复杂很多,所以,如何在浩瀚的多媒体数据库中快速检索到自己需要的资料变得尤为重要。常用的多媒体信息检索方式有 3 种:分类浏览、内容检索、元数据检索。

(1)分类浏览。有些多媒体资源库是参照某个学科分类体系(如北大图书馆多媒体资源服务平台),有些在学科基础上进行大类归并形成新的分类体系(如知识视界视频教育资源库),还有些是结合多媒体资源的内容和体裁形成综合的类别体系(如国际数字视频图书馆),有些数据库还提供排行榜浏览(如知识视界视频教育资源库)、热门关键词浏览、热点主题浏览(如爱迪科森网上报告厅)、精品推荐、最新资源推荐(如北大图书馆多媒体资源服务平台)等。

(2)基于内容检索。基于内容检索就是从媒体数据中提取出特定的信息线索,根据这些线索对数据库中存储的媒体进行查找,检索出具有相似特征的媒体数据,主要包括基于内容的图像检索、基于内容的视频检索和基于内容的音频检索。

(3)元数据检索。元数据检索主要包括简单检索和高级检索。常用的检索技术有字段选择(资源名称、主题词、学科等)、匹配方式(前方一致、模糊查询、完全匹配)、组配检索(并且、或者)、限定检索(语言、地区、出版、类型等)。

2. 播放功能

许多多媒体服务平台通过使用万能播放器实现其播放功能,万能播放器从严格意义上讲就是利用该播放器后基本上可以观看网络上主流的多媒体资源（MP3、rm、rmvb、wmv、avi（divx）、DVD 光盘等）。目前常见的有暴风影音、酷热影音、影音风暴（MYMPC）、超级兔子快乐影音、超级解霸 2010、K-Lite 和 kmplayer（韩国的开源播放器）等。常见的媒体播放器有 Windows Media Player、RealPlayer、QuickTime。

第二节　多媒体学习考试平台

一、新东方多媒体学习库

（一）数据库概述

新东方多媒体学习库是集网络课堂、在线考试、多媒体互动为一体的"一站式"综合学习平台。该平台依托于新东方教育科技集团的强大师资力量与教学资源，并结合网络学习的先进理念及信息化技术手段，致力于为高校在校大学生提供卓越的个性化、互动化、智能化的在线学习体验。

新东方多媒体学习库的内容包含四六级、考研、出国留学、应用外语、实用技能、求职指导、职业认证和公务员等八大类别，能满足不同读者学习需求；以互动性极强的音频、视频形式的教学课程呈现在读者面前；除丰富的网络课程外，新东方多媒体学习库还提供大量学习服务，包括考试中心、励志视频、最新学习资讯、学习互动、内部资料下载等。

（二）检索方式和技术

1. 登录和选择数据库

IP 范围内，登录新东方多媒体学习库（http://library. koolearn. com），如图 7 - 1 所示。

图 7 - 1　新东方多媒体学习库主界面

2. 检索方法

新东方多媒体学习库的检索方式主要是简单检索和分类浏览。

（1）简单检索。所要查询的内容可以依据课程和考试两方面进行检索。先输入检索词，然后从下拉菜单中选择"课程"或"考试"，再点击"搜索"按钮（如图7－2所示）。

图7－2　新东方多媒体学习库简单检索界面

（2）分类浏览。新东方多媒体学习库由课程中心、考试中心、爱学励志、爱学资料、爱学互动、名师、爱学资讯、移动学习八大模块组成。

课程中心是网络课程的学习入口，包含国内应试、出国留学、应用外语、求职指导、职业指导、职业认证、医学教育和中小学师范教育八大类课程，点击每个课程类别，右侧会显示该课程对应的课程列表，再选择需要的课程，右下方便会显示出具体的课程名称（如图7－3所示）。此学习库课程分类清晰，课程设置合理，教学形式多样，方便用户快速定位想要收听的课程，并且多样化的教学形式可以提高学习兴趣，增强学习效果。

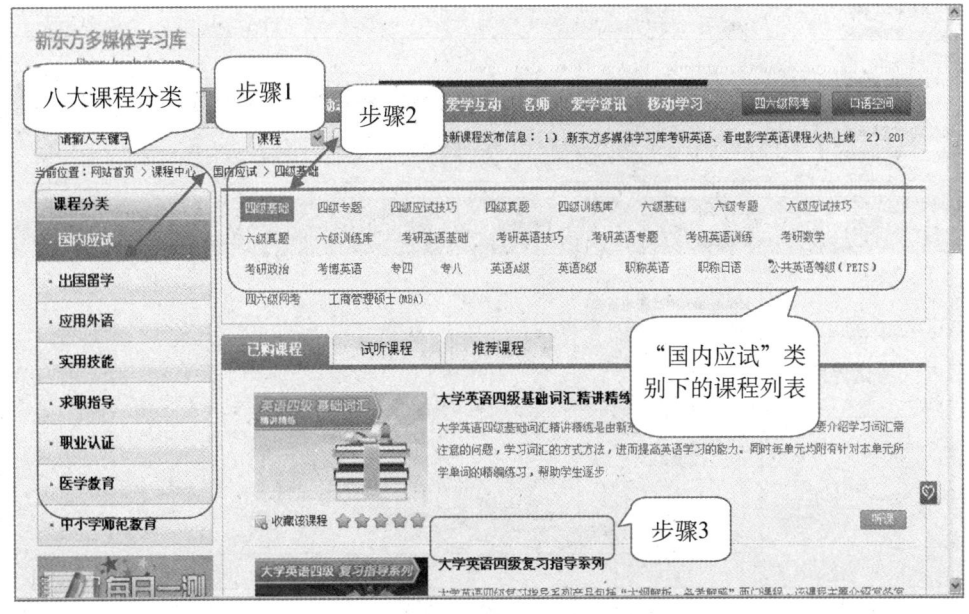

图7－3　新东方多媒体学习库课程中心

考试中心是在线考试的入口，试题均由新东方多媒体学习库权威名师，根据考试命题趋势，汇集百万经典题目之精华，精心编纂而成，题库覆盖面广，考点全，试题紧扣考试大纲，训练效果明显，其包含四六级和考研英语两大类考试。点击考试分类下任意分类，右侧会显示该类对应的题库，点击"进入题库"即可选择所需的考试名称进行考试（如图7-4所示）。另外，考试中心还有"每日一测"和"试题精选"两大子模块，读者可根据自己的需要选择进行考试。

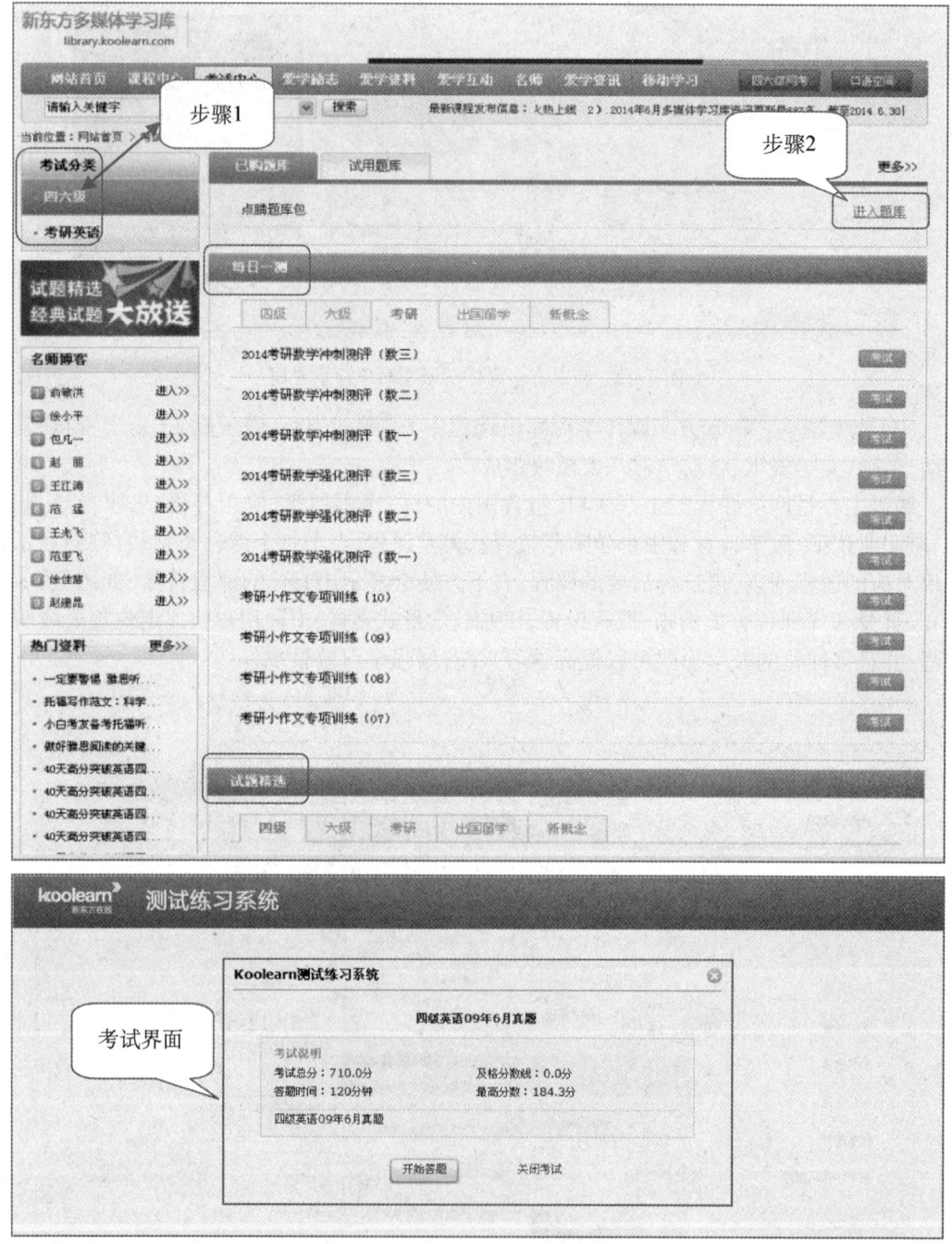

图7-4　新东方多媒体学习库考试中心

（三）新东方多媒体学习库的特色

1. 特色内容

多媒体学习库主要由课程中心、考试中心和爱学服务三部分组成，"课程中心"包括国内考试、出国考试、应用外语、实用技能等多类网络课程；"考试中心"包括四六级、考研英语、出国留学等多套经典题库，题库内容包含模拟试题、预测试题、真题等；"爱学服务"则是由爱学励志、爱学资料、爱学互动、爱学资讯四部分组成。

爱学励志精选俞敏洪、王强、徐小平等一线名师的精彩演讲及讲座视频，包括职业规划、学习方法、人生感悟等，此模块包括推荐视频、大师讲堂、名师课堂、高分学员经验分享4个子模块。爱学资料是新东方在线课程的专有在线巩固资料下载库，内容类别包括课堂讲义、笔记、习题集、真题讲解、电子期刊，此模块包括推荐下载、资料搜索、分类下载、电子期刊、精品图书、精选论坛资料6个子模块。爱学互动包括YY语音直播课堂、时时英语电台、论坛3个互动栏目，涵盖娱乐、生活、文化类型，趣味性也比较强，用户在锻炼口语、听力技能的同时，也能了解到西方文化，提高英语文化素养。爱学互动是学习库为用户提供的实时在线交流平台，用户与名师可以通过语音时时交流互动，及时解决学习中的疑难问题。爱学资讯可以提供个性化、全程化、精准的考试资讯，如考试复习计划、学习指导，励志经验分享、招考信息等，资讯更新及时、准确，方便学生第一时间获取最新考试信息、帮助学生在考试复习阶段少走弯路、有的放矢、保证学习效果。

2. 特色服务

多媒体学习库具有课程服务、考试服务、网考中心、直播课堂、时时英语、学习资料六大特色服务。点击相应的特色服务，会显示详细的服务介绍（如图7-5所示）。

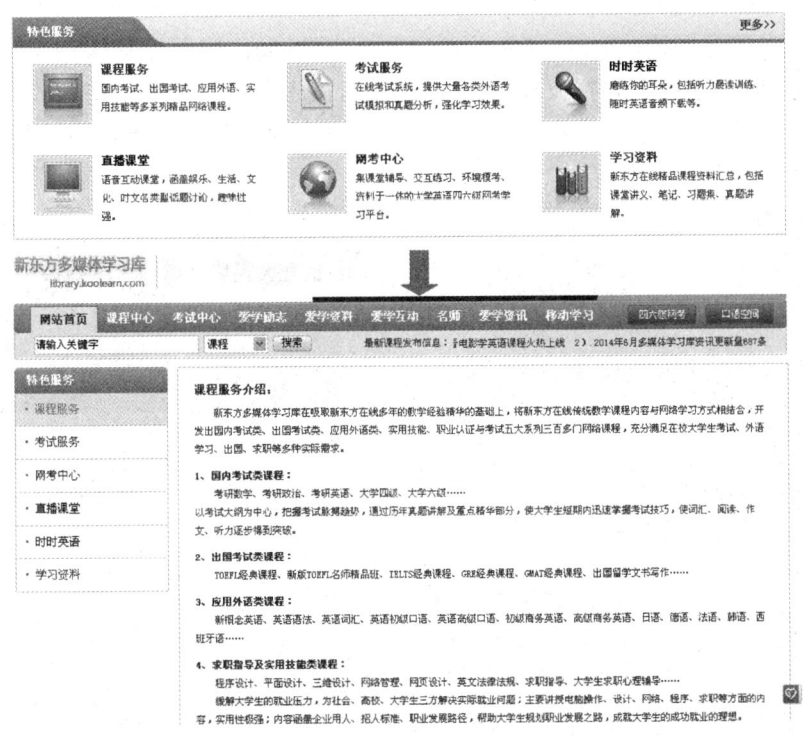

图7-5　新东方多媒体学习库特色服务

3. 特色功能

(1)检索功能。提供强大的检索功能(检索课程、考试、资料),帮助读者在海量资料中寻找对自己有价值的内容,结果以列表方式呈现。

(2)下载功能。学习资料、课堂讲义、电子期刊支持在线下载,文档占用空间小,下载速度快,支持迅雷批量下载。

(3)视频播放。多媒体学习库所有视频、音频无须下载,直接在线播放。

(4)语音。用户可通过语音聊天进行互动,操作简单实用。

(5)移动学习。利用手机(如 iPhone、iPad、iPod touch)等支持 iOS 操作系统的移动设备下载客户端便可进行移动学习。

二、维普网络考试学习资源数据库

(一)维普网络考试学习资源数据库的简介

VERS 维普考试资源系统是集日常学习、考前练习、在线考试、模拟测试等功能于一体的大型教育资源数据库。系统采用开放、动态的系统架构,将传统的考试、练习模式与先进的网络应用相结合,可使学生完全根据个性化需要来进行有针对性的学习和考前练习。

对广大高校读者而言,通过 VIPExam 强大的学习、练习功能,读者不仅可以在平时根据自己个性化需求来进行巩固学习,理解掌握各考试的知识和考点。同时也可以在考前进行专项强化练习和模拟自测,为参加各种大型国家级认证考试和专业考试做好准备。

(二)维普网络考试学习资源数据库的使用

1. 登录数据库

《维普考试资源系统》(http://vers.cqvip.com/UI/index.aspx)默认采用 IP 地址认证登录的方式。如果您的 IP 不在授权范围之内,维普考试资源系统会提示您输入用户名、密码登录,输入有效信息后点击"登录",就可以进入维普考试学习资源系统,该系统由"题库""专项训练""检索""随机组卷""我的题库""在线考试""自建题库""自建资源""考试日历"9 个模块组成(如图 7-6 所示)。

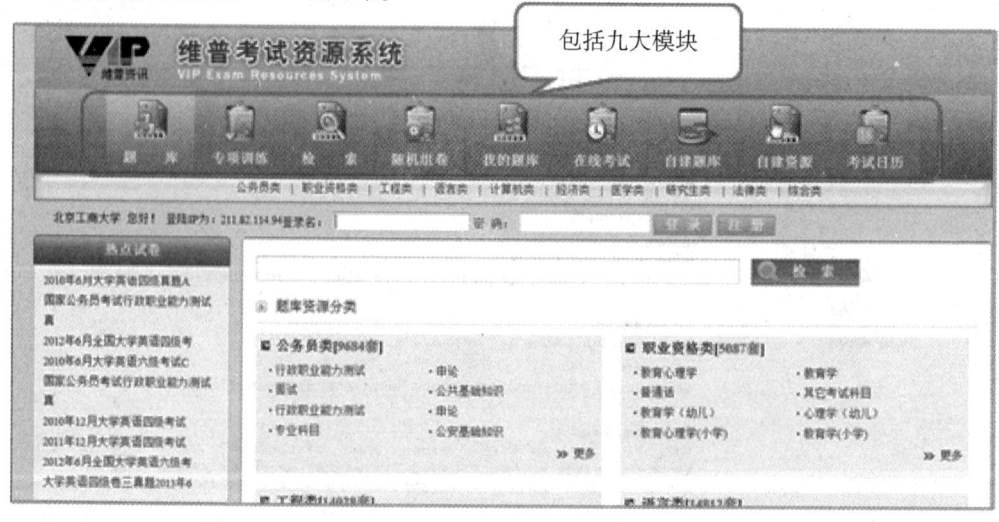

图 7-6 维普网络考试学习资源数据库主界面

2. 检索方法

维普网络考试学习资源数据库的检索方式主要是快速检索和分类浏览。

(1)快速检索。进入维普网络考试学习资源数据库的检索页面,便可看见检索方式仅有快速检索。所谓快速检索,即为在检索框内直接输入检索词进行检索的方式,系统默认在题名或关键词字段进行检索。检索框前有系统提供的不同检索入口,此系统检索入口是"试卷的时间范围",输入检索词后,选择时间范围,再单击搜索按钮即可进入检索结果页面(如图7-7所示)。

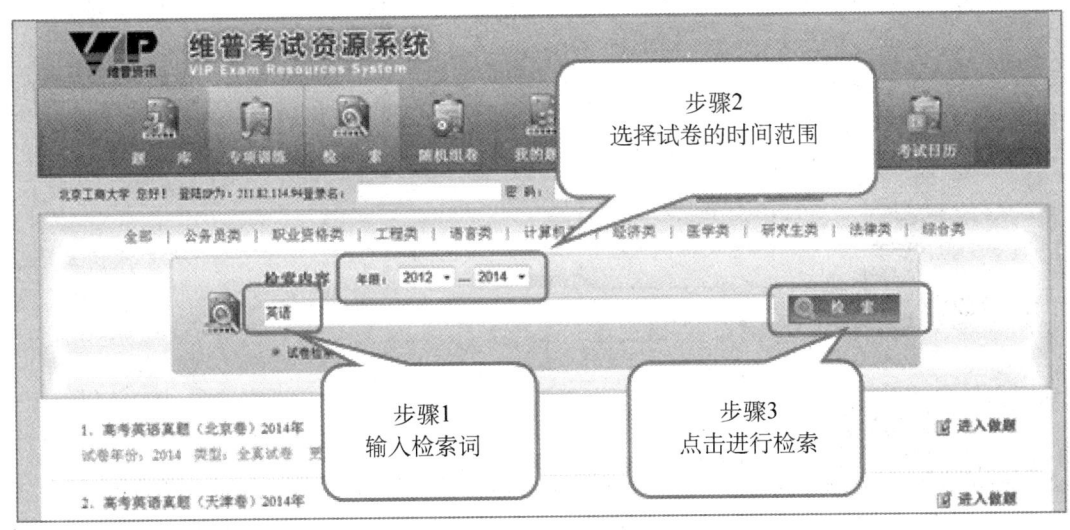

图7-7 维普网络考试学习资源数据库的检索界面

(2)分类浏览。维普网络考试学习资源数据库主界面上部为学科分类导航,选择任意学科分类,如:"语言类",下部会相应地显示出"真题试卷"和"模拟试卷"两大区域,这两大区域内又将此大类细分,并列出相应的试卷及套数(如图7-8),读者可根据需要选择练习。

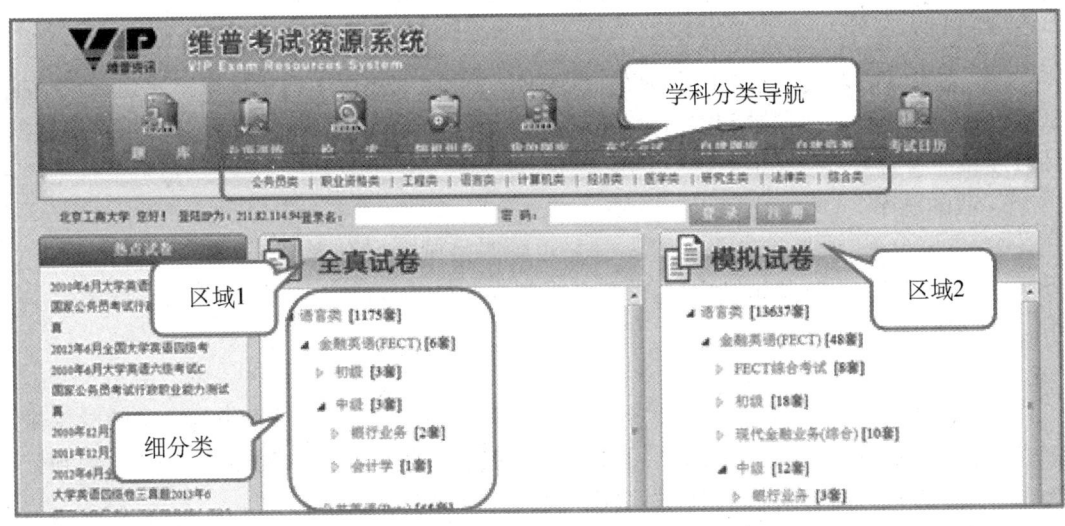

图7-8 维普网络考试学习资源数据库分类浏览界面

3. 检索结果

检索结果页面以逐条显示的方式展现相关的检索结果。选择所需练习的试题,鼠标单击其右方"点击进入做题"按钮,即进入答题界面,再单击"开始答卷"按钮进行答卷(如图7-9所示)。

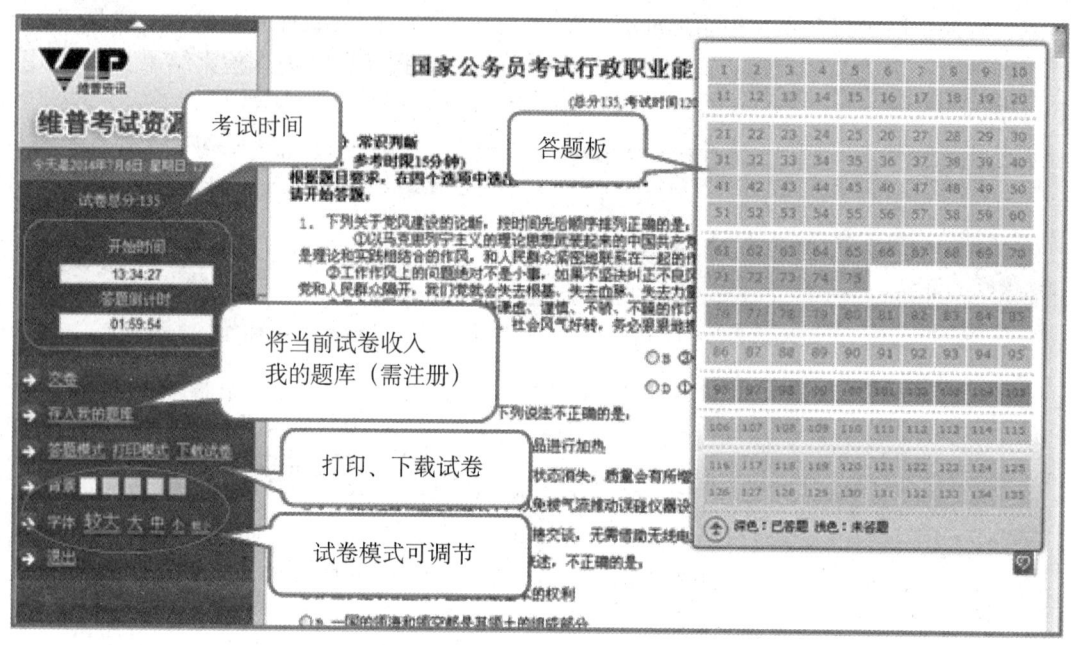

图7-9　维普网络考试学习资源数据库考试界面

(三)维普网络考试学习资源数据库的特色功能

1. 专项训练

读者可以通过该功能对自己比较薄弱的某类题型进行有针对性的强化练习。选定某类考试的某类题型之后,系统将自动在海量题库中进行随机抽题。

2. 随机组卷

通过随机组卷功能,可以根据系统默认模板,在特定的题库中随机抽取试题组合成模拟试卷进行自我测试。模拟试卷中的全部试题均为历年考试真题或者模拟试题,具有很强的针对性和很高的模拟练习价值。

3. 我的题库

在"模拟自测"功能下进行自测练习时,可随时将试卷保存到"我的题库"中,方便学生下次登录时继续作答。测试结束后,系统会将本次测试的成绩自动记录在"测试成绩记录"中,方便掌握测试结果。

4. 在线考试

通过在线考试功能,被授权的读者可以通过计算机网络参加教师组织的各种随堂考试、正式考试或作业考试。考试结束后,VERS系统将对所有考生的客观题试卷部分自动判分,并自动计算该次考试成绩、参考人数、名次等数据。

5. 自建资源

自建资源作为日常教学的有益补充,为师生间的授课和学习提供了一个开放性的网络平台。教师可根据教学任务和计划将部分教学课件、教案、课后作业、课程预习笔记等资料上传到该平台上,供学生点播下载。

第三节　视频音频资料

一、知识视界视频教育资源库

(一)知识视界视频教育资源库的简介

"知识视界"内容包罗万象,分为生命科学、环境保护、电子信息工程、历史、军事等18个专业类别,整体上"知识视界"又分为基础性、实用性和前沿性3个类别。基础性节目介绍了各种专业的科学原理和专业知识;实用性节目将展示给读者实际操作场面和社会生活场景;前沿性节目则介绍了国内外在高科技领域和其他领域最新理论成果。同时节目库又分为专题教学片、馆藏资料片和校园VOD片三大类。"大学视频教育节目库"汇聚了世界各国科教片精华,能帮助大学生巩固专业知识,开阔视野,该平台共收录1670小时2920部科教视频。

"知识视界"集结了一万多部科教大片,有场面宏伟壮观的战争纪录片,有惊险刺激的科技侦探片,有超越时代的前沿科技片,还有展示世界各地旖旎风光的、介绍微观世界小生命的活动景象的、讲述各种逸闻趣事的。"知识视界"中的科教大片来自澳大利亚、美国、德国、法国、日本等不同国家,带来原汁原味的英、德、法、日等多语种大量专业的词汇,地道的外语表达方式,是学习专业外语的最佳选择。此外,其首次推出外语发音、中外文双语字幕显示的独特功能。

(二)知识视界视频教育资源库的使用

1. 登录数据库

IP范围内,登录知识视界视频教育资源库(http://vers.cqvip.com/UI/index.aspx),如图7-10所示。

图7-10　知识视界视频教育资源库首页

2. 检索方法

知识视界视频教育资源库主要有快速检索、分类检索、高级检索、画面检索、分类浏览 5 种检索方式。

(1)快速检索。在知识视界视频教育资源库的主界面上方即为快速检索。输入检索词后,单击"检索"按钮进行检索(如图 7-11 所示)。

图 7-11 知识视界视频教育资源库快速检索

(2)分类检索。单击"快速检索"按钮,便可进入"分类检索"界面(如图 7-12 所示),选择"学科类别",再在"关键词"后输入检索词,最后,选择"节目"显示检索结果,或选择"画面"展示画面检索结果。

图 7-12 知识视界视频教育资源库分类检索

（3）高级检索。高级检索用多个检索词的组合检索，可以从多途径联合检索。单击"画面检索"按钮，进入高级检索界面，在关键词对应框中输入检索词，在所提供的"分类""国别""语种""收录时间"4 个检索字段后的下拉列表中选择所需的限制条件，关键词和多个限制条件组配后执行检索（如图7 – 13 所示）。

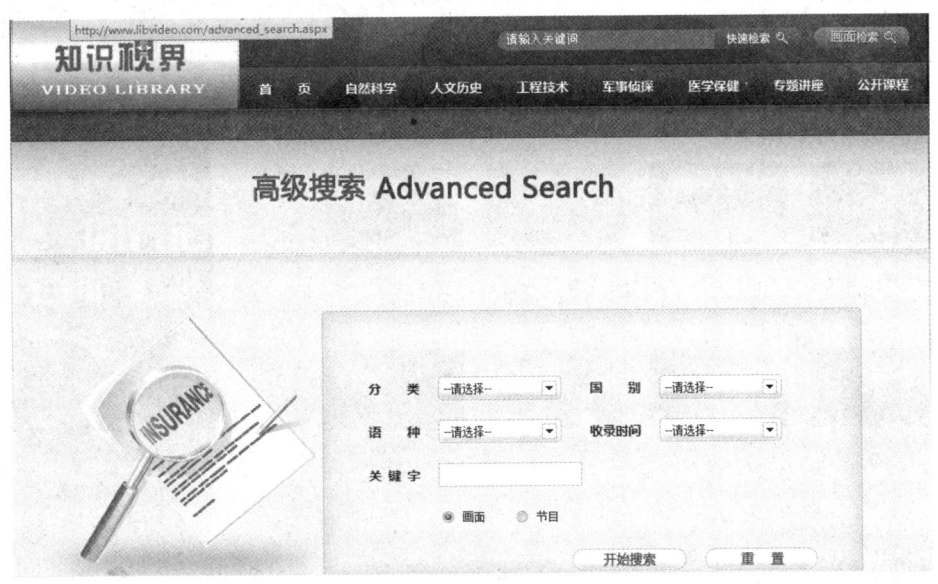

图 7 – 13　知识视界视频教育资源库高级检索界面

（4）画面检索。在分类检索时选择"画面"，或在高级检索时选择"画面"，均可显示画面检索结果（如图7 – 14 所示）。

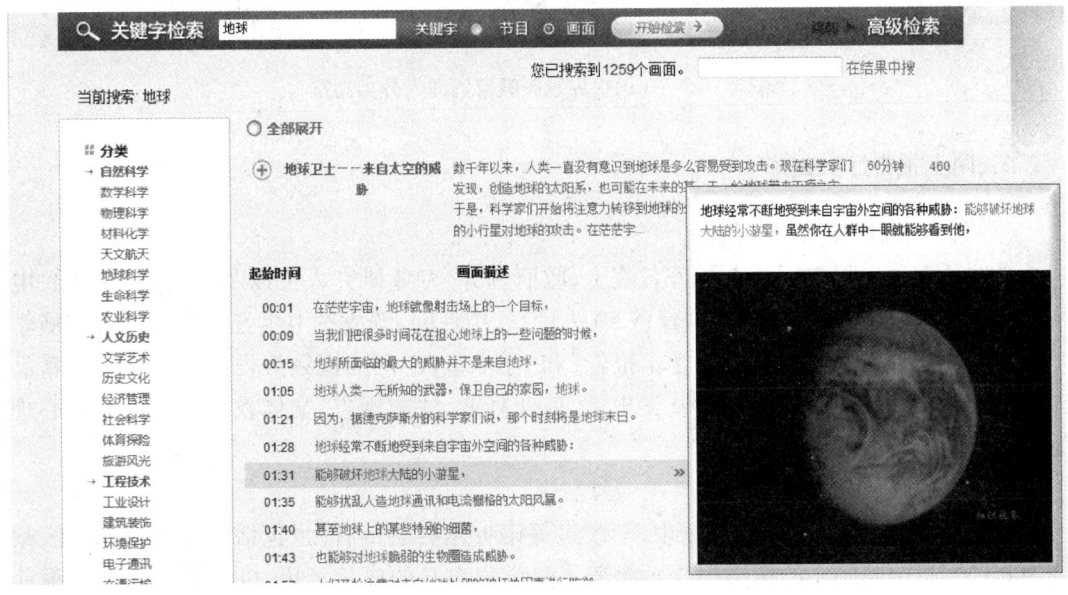

图 7 – 14　知识视界视频教育资源库画面检索结果界面

（5）分类浏览。知识视界视频教育资源库拥有 7 个大类别 28 个子类，用户可根据所需视频内容的类别进行选择查找，也可以按排行榜、专题推荐等浏览（如图 7 – 15 所示）。

图 7 – 15　知识视界视频教育资源库分类浏览

二、网上报告厅数据库

（一）网上报告厅数据库简介

爱迪科森网上报告厅整合了著名院士、政府领导、专业研究人员以及中央党校、中央电视台、清华大学、中华医学会、中国经济 50 人论坛、中评网、解放军卫生音像出版社等权威学术机构的专家报告资源，开发了"学术报告"和"学术鉴赏"两大视频报告群，以及一个"精品课件"群，形成包括理工类、经管类、文史类、就业择业、法律视点、文体教学、综合素质、心理健康等十四大系列的专家报告。

1."学术报告"群

"理工系列"包括杨振宁、丁肇中、李政道等诺贝尔奖获得者，也包括周光召、白春礼、戴汝为等一大批两院院士的精彩报告。涵盖了科学家自身的成长经历，也包括了各学科最前沿的专家观点。"经管系列"包含了一大批像林毅夫、周小川、龙永图、成思危等专家针对目前经济领域的热点问题所做的深度报告。涉及经济理论、财政金融、企业管理等范围。"文史系列"是提升广大师生文化素质的优秀教材，既可以品读《水浒》《红楼梦》，也可以通过

《清十二帝疑案》了解真正的历史。"就业择业"以宏观的视角、专业的评析、大众化的表现形式,为就业人员、留学人员以及关注这类问题的人士提供综合、权威、准确的相关信息,从商务礼仪,到应聘求职使大学生从容应对职场变化。

2."学术鉴赏"群

"学术鉴赏"群整合了中央电视台多个精品栏目,提供人物访谈、科普类视频资料。目前已推出"对话""军事系列""旅游地理"和"探索发现"。

3."精品课件"群

"精品课件"群提供清华大学资深教授、优秀教师的讲课录像、试验录像。包括物理、机械、电子、金属工艺、化学、建筑、土木、外语、体育等专业。

(二)网上报告厅的使用

1. 登录系统

IP 范围内,登录网上报告厅(http://gaoxiao. wsbgt. com),如图 7 – 16 所示。

图 7 – 16　网上报告厅数据库主界面

2. 网上报告厅的检索方法

网上报告厅主要包含简单搜索(即单项搜索)、高级搜索和分类浏览。其中简单检索与高级检索比较常用。

(1)简单搜索。利用简单搜索能够实现多媒体视频的视频名称、视频讲师、视频分类以及视频简介的单项模糊查询。对于一些目的范围较大的查询,建议使用该检索方式。首先,可以按照视频名称、视频讲师、视频分类以及视频简介进行检索;然后,根据需要输入检索词;最后,点击"检索"按钮开始检索(如图 7 – 17 所示)。

(2)高级检索。利用高级检索可以实现多媒体视频报告的多条件查询。对于目的性较强的读者建议使用该检索方式。首先,点击高级检索;再根据需要按照视频名称、视频讲师、视频分类以及视频简介进行检索,并确定不同检索项之间的逻辑关系以及各项检索的检索类型,其中检索类型主要包含模糊检索和精确检索两项;然后,填写扩展检索信息,即视频数据的发布时间,按需选取所需视频数据的类别;最后,点击"检索"按钮开始高级检索(如图 7 – 18 所示)。

图 7 - 17   网上报告厅数据库简单检索

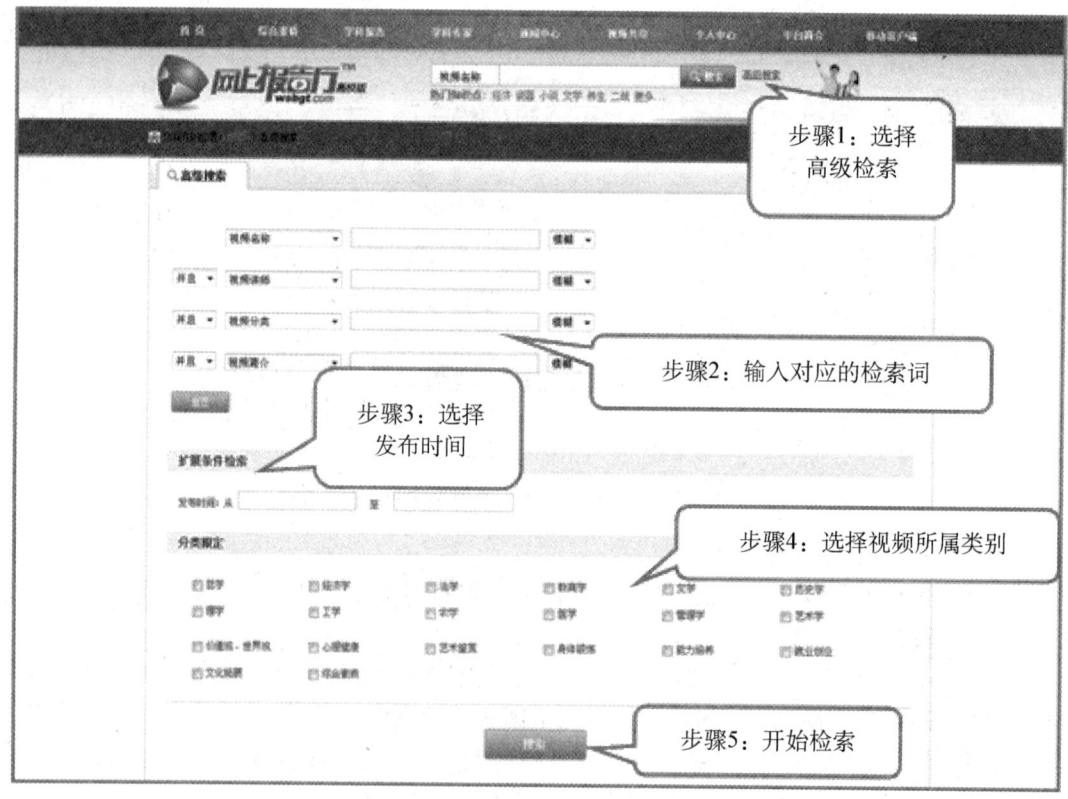

图 7 - 18   网上报告厅数据库高级检索

（3）分类浏览。网上报告厅数据库系统在其综合素质、学科报告、学科专家、视频共享等功能页签中都包含有分类浏览功能。用户可以根据所需的检索内容，按照相应的分类信息进行数据浏览。

现以综合素质功能页签为例，对其分类浏览功能进行介绍（如图 7 - 19 所示）。

步骤 1：选择综合素质功能页签。

步骤 2：从专业分类、年份中选择所需的页签。

步骤3:在每个页签下有相应的分类列表,再根据所需查找视频内容的类型进行选择。

步骤4:可以根据需要对查询结果进行排序,其中主要包含按时间排序和按浏览量排序。

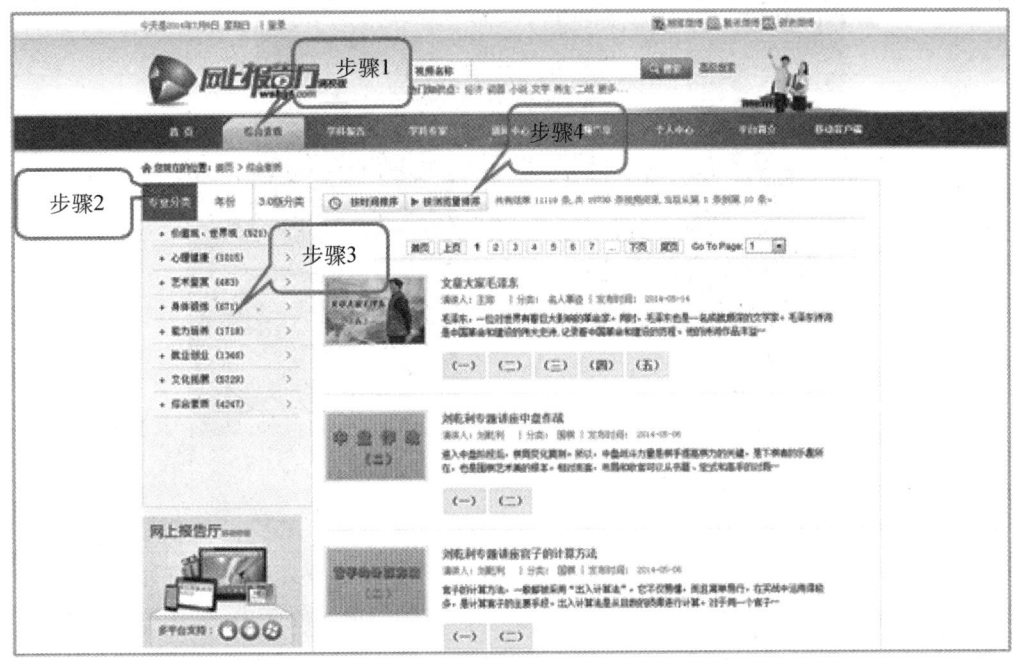

图7-19　网上报告厅数据库分类浏览

(三)网上报告厅的特色功能

1. 播放功能

网上报告厅采用三分屏的播放模式,左边为报告专家的个人信息,右边为相关报告视频的简介。同时,视频简介下方还具有"段落信息"和"全文文稿"。该播放模式更加有利于用户对报告的学习以及对报告内容的了解。同时,在视频点播方面加入了"加入收藏""加入专题""嵌入PPT"以及"下载MP3"功能,通过相关功能对已经学习过的报告内容进行标记和下载。另外,视频可以根据相应的点播次数进行排序,能够根据相关视频的点播情况进行选择性的浏览,有效帮助读者学习系列报告内容(如图7-20所示)。

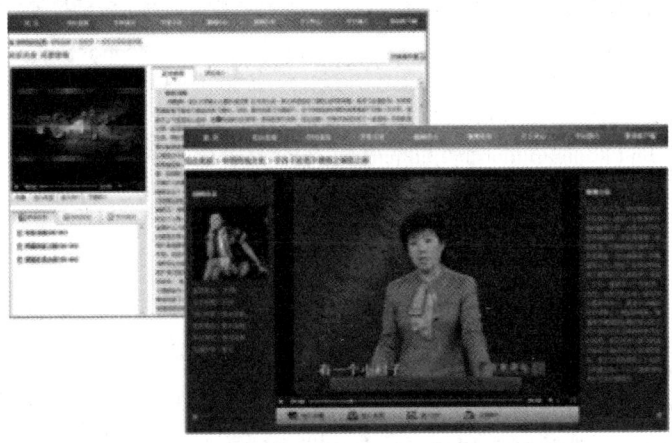

图7-20　网上报告厅数据库视频播放界面

为了从视觉和听觉两方面为用户提供更好的体验,网上报告厅数据库内部还增加了高清数据,用户可以根据播放环境实现高清/标清,宽屏/窄屏资源切换(如图7-21所示)。

图7-21　网上报告厅数据库视频设置

2. 嵌入 PPT

网上报告厅视频播放界面中提供了嵌入 PPT 功能,用户在学习报告的过程中,通过时间轴的匹配,实现对相应 PPT 的嵌入处理,进而增强用户学习报告的能力(如图7-22所示)。

图7-22　网上报告厅数据库视频播放中嵌入 PPT

3. 移动微学习

网上报告厅提供200集按照资源属性进行分类的微课件供用户进行视频学习,该视频引用"微"概念,课程耗时短、内容简明扼要,方便使用者高效利用碎片化时间,快速查找、学习并掌握知识点。

三、KUKE 音乐数字图书馆

(一)KUKE 音乐数字图书馆简介

库客(KUKE)是专注于非流行音乐发展的数字音乐图书馆。它依托 Naxos、Marco Polo、AVC、Countdown、CRC 等国内国际著名唱片公司的雄厚资源,将这些优秀的音乐资源整合到数字音乐平台,提供便捷的正版音乐点播服务。KUKE 已经拥有了世界上98%以上的古典音乐资源,包括交响乐、室内乐、歌剧、芭蕾、协奏曲、乐器独奏等古典音乐种类,还有亚洲、欧洲、非洲、大洋洲、美洲的众多国家独具特色的民族风情音乐。除此之外,KUKE 还提供了爵士音乐、电影音乐、新世纪音乐、轻音乐、儿童音乐等几十类的音乐曲风;KUKE 共汇聚了中世纪时期到近现代的 9000 多位艺术家、100 多种乐器的音乐作品,曲目数量已达 20 多万首。

KUKE 配备有丰富的文字资料介绍,包括全面的唱片介绍、歌剧故事大纲、作曲家及演奏家生平介绍、音乐教育知识、乐谱等,以满足不同乐器、不同层次的音乐学习者和欣赏者的需求,深受国内外众多读者青睐。

KUKE 还有很多的英语读物资源,都是由英国 BBC 广播电台、美国 ABC 广播电台当红主播亲自朗读,结合丰富的古典音乐配乐,在形式上很受大众的喜爱。内容涵盖了儿童文学、诗歌名著、小说、历史传记等近千部作品。

(二)KUKE 音乐数字图书馆的使用

1. 登录数据库

IP 范围内,登录 KUKE 音乐数字图书馆(http://www.kuke.com),如图 7-23 所示。

图 7-23 KUKE 音乐数字图书馆主界面

2. 检索方法

KUKE 音乐数字图书馆主要包含简单检索(即单项检索)和分类浏览。其中简单检索比较常用。

(1)简单检索。利用简单检索能够实现对音频、视频、FM、圈子以及剧院的单项模糊查询(如图 7-24 所示)。

图 7 - 24　KUKE 音乐数字图书馆简单检索

（2）分类浏览。KUKE 音乐数字图书馆在其圈子、FM、唱片、视频、剧院以及有声读物功能页签中都包含有分类浏览功能。用户可以根据所需的内容信息，按照相应的分类进行数据浏览。

现以音频唱片功能页签为例，对其分类浏览功能进行介绍（如图 7 - 25 所示）。

步骤 1：选择左侧唱片功能页签。

步骤 2：根据需要选择分类、乐器以及音乐家等类别，并在相应类别中选择音频数据分类。

步骤 3：选择所需的音频数据。

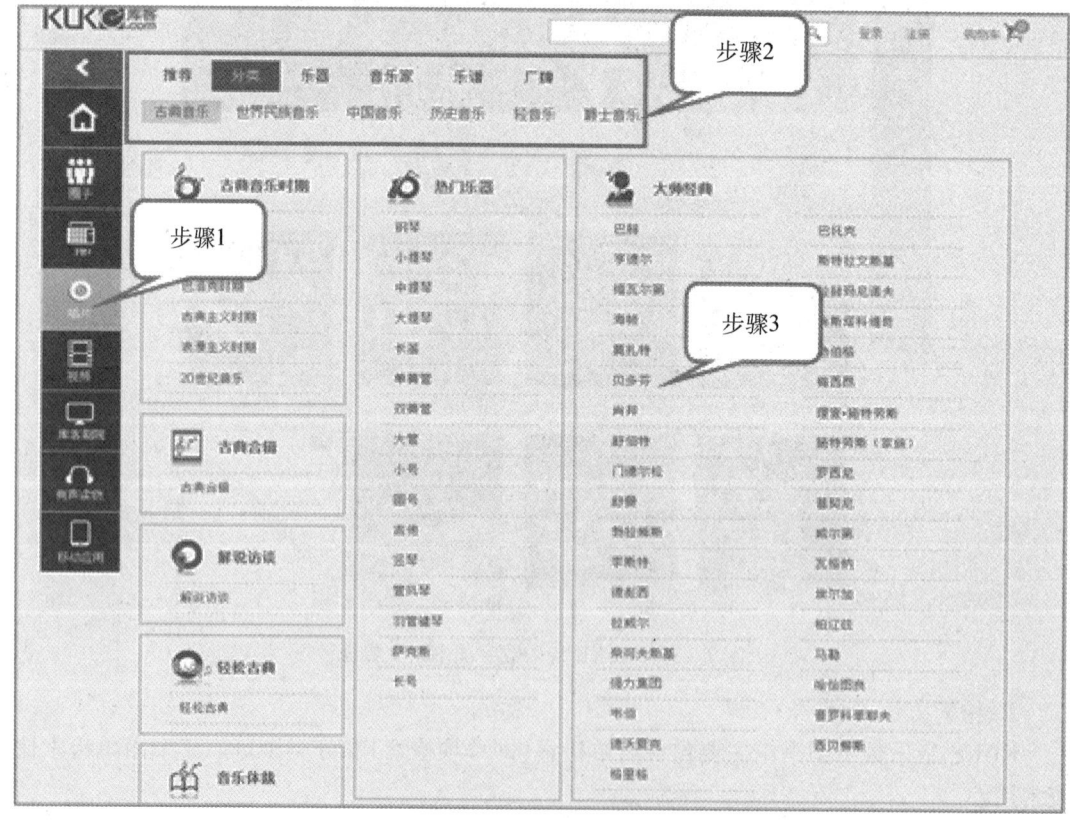

图 7 - 25　KUKE 音乐数字图书馆分类浏览

（三）KUKE 音乐数字图书馆的特色

1. 热门标签

KUKE 音乐数字图书馆针对数字音频的访问量和检索次数进行排序,并结合数据库中最新纳入的音频信息,统计出相应的热门标签。读者根据相应的热门标签获取到最新的、最热门的音频信息(如图 7 – 26 所示)。

图 7 – 26　KUKE 音乐数字图书馆热门标签

2. 个人定制

KUKE 音乐数字图书馆中的 FM 功能内包含了"我的 FM"功能模块,用户通过登录KUKE 音乐数字图书馆,根据个人需求创建"我的 FM",并添加所需的音频数据,最终在"我的 FM"中生成个人信息列表(如图 7 – 27 所示)。

图 7 – 27　KUKE 音乐数字图书馆个人定制界面

参考文献：

［1］吴潇.多媒体信息检索研究.情报杂志,2002(3).

［2］胡帆,刘晓峥.基于内容的多媒体信息检索研究进展.科技信息,2010(19).

［3］吴延熊.信息检索教程.北京:中国传媒大学出版社,2010.

［4］肖珑.数字信息资源的检索与利用.北京:北京大学出版社,2013.

思考题：

1. 请在维普考试库中在线试做一份英语4级考试题,并简述其各项功能。

2. 简述你所在学校图书馆多媒体数据库的各项功能差异。

第八章 自然科学类文献数据库

第一节 化学类文献数据库

一、SciFinder 数据库及检索

（一）数据库概述

SciFinder 是美国化学学会（ACS）旗下的化学文摘服务社 CAS（Chemical Abstract Service）所出版的化学资料电子数据库。CAS 是世界最大的化学文摘库，也是目前世界上应用最广泛，最为重要的化学、化工及相关学科的检索工具。CAS 创刊于 1907 年，由 CAS 编辑出版，被誉为"打开世界化学化工文献的钥匙"。CAS 的内容几乎涉及化学家感兴趣的所有领域。随着网络技术的发展，1995 年 CAS 推出了 SciFinder 联机检索数据库。自推出以来，SciFinder 一直都是全世界的科学家进行化学课题研究、成果查阅、学术期刊浏览以及把握科技发展前沿的最得力工具。与 CAS 相比，SciFinder 具有更丰富的内容和更强大的功能。SciFinder 数据库收录的文献资料来自全球 200 多个国家和地区，涉及 60 多种语言，包括 1 万多份期刊、63 家专利机构的专利、评论、会议录、论文、技术报告和图书中的各种化学研究成果。与其他科学资源相比，SciFinder 有更多的期刊和专利链接。

SciFinder 数据库包含内容：

表 8 - 1　SciFinder 数据库内容

CAS REGISTRYSM	>7400 万有机无机物质 >6400 万生物序列 >4 亿条实验和预测数据 物质报道文献，回溯到 1802 年 每天更新
Markush Structures	>100 万专利中的 Markush 结构 回溯到 1961 年 每天更新
CHEMLIST	全球范围内的法规信息 >29.7 万的化合物 1980 至今的数据 每周更新

续表

References from CAplusSM	>3800 万期刊,专利,学位论文记录 >1 万种科技期刊的覆盖 63 家专利发行机构的专利 1997 年以来的 3.65 亿条引文记录 回溯到 1800 年 每天更新
References from MEDLINE	> 1900 万条生命科学相关文献 > 5600 期刊 回溯到 1946 年 每天更新
CASREACT	CAS 提供的反应信息包含: 　—反应中的结构信息 　—反应中所有物质的 CAS No. 　—详细的反应条件 　—实验过程 >5580 万单步多不反应 >1360 万物质合成制备信息 反应回溯到 1840 反应条件起始于 2003 每天更新
CHEMCATS	CHEMCATS 提供物质的供应商信息 >6900 万商业信息 >2100 万不同种类物质 >880 个全球范围内的供应机构 >1005 商品目录的覆盖 每周更新

(二)检索方式和技术

1. 注册与登录

SciFinder 数据库的登录地址为 https://scifinder.cas.org。已订购数据库的成员馆用户访问权限通过 IP 地址控制,须输入用户名和密码,注意该数据库有用户数额限制,若超过规定用户使用数会导致无法登录。

(1)使用学校图书馆提供的下面 URL 访问 SciFinder 用户注册网页:

https://origin-scifinder.cas.org/registration/index.html?corpKey = B5B8EDF5-86F3-50AB-121E-8CBCB5B4BCF7

(2)单击 Next,如图 8 - 1。

Welcome to User Registration for SciFinder®

Click Next to begin registration as a new user.

License Agreement

SciFinder® is for Educational use ONLY.

Commercial use of your University account is strictly prohibited.

By clicking the Accept button, **I agree to the terms below:**

1. I am a current faculty, staff member or officially registered student of the University.
2. I will use SciFinder® ONLY for my own academic research.
3. I will not use SciFinder® for commercial research or for organizations other than my University.
4. I will not share my unique username and password with any other individual.
5. I will not use an automated script.
6. I may store no more than 5,000 records in electronic form at any one time.

Violations of these terms may result in your University losing SciFinder® access.

Contact your University's Key Contact for assistance or CAS Customer Care (help@cas.org) for commercial licensing information.

图 8 - 1　注册页面

（3）输入联系信息

1）只有姓名和电子邮件是必需的，而其他信息则会帮助 CAS 更好地了解 SciFinder 用户，从而改进产品和服务。

2）您的用户名必须是唯一的，且包含 5—15 个字符。它可以只包含字母或字母组合、数字和/或以下特殊字符：

——（破折号）

_（下划线）

.（句点）

@（表示"at"的符号）

（4）您的密码必须包含 7—15 个字符，并且至少包含 3 个以下字符：

字母

混合的大小写字母

数字

非字母数字的字符（例如@ 、#、% 、& 、*）

3）从下拉列表中选择一个密码提示问题并给出答案。

4）单击 Register（注册）。

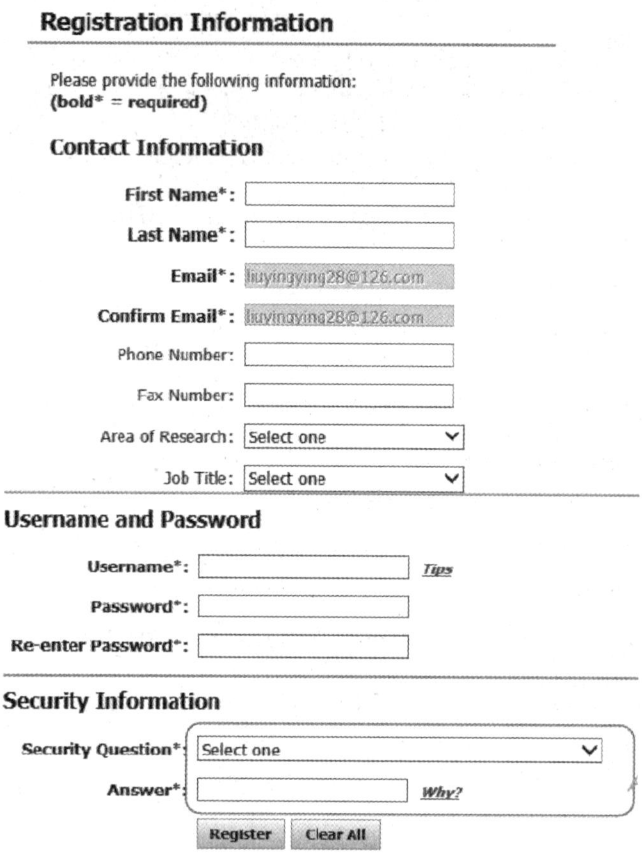

Registration Information
Please provide the following information:
(bold* = required)
Contact Information
First Name*:
Last Name*:
Email*: liuyingying28@126.com
Confirm Email*: liuyingying28@126.com
Phone Number:
Fax Number:
Area of Research: Select one
Job Title: Select one
Username and Password
Username*:
Tips
Password*:
Re-enter Password*:
Security Information
Security Question*: Select one
Answer*:
Why?
Register
Clear All

图 8－2　输入用户信息

2. 检索方式与输出

SciFinder 数据库中的文献检索有多种方法，从功能上可以分为主题检索、作者名检索、机构名检索、文献标示符检索，从物质、反应获得文献等。其中主题检索适用于关注某特定领域的文献；作者名检索适合于关注某科研人员的文献；若先获得物质，再想获得文献则适合用从物质、反应获得文献。

检索方式
文献检索
研究主题、作者姓名、机构名称、文献标识、期刊、专利、标签
物质检索
物质结构
精确结构、亚结构、相似结构
物质标识
化学名称、CAS登记号
Markush结构、分子式
反应检索
反应结构检索

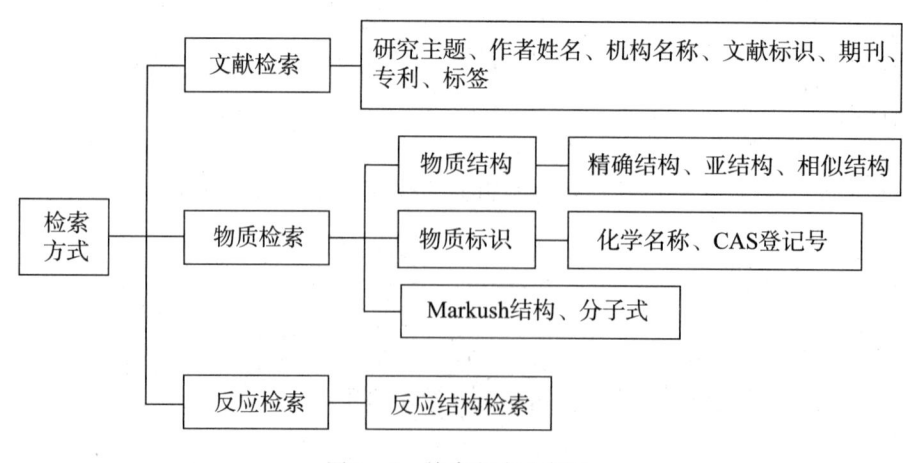

图 8－3　检索方式示意图

（1）文献检索。进入数据库的检索界面，用户可以根据需要直接进入主题检索，检索界面如图8-4所示。主题检索提供一个检索词输入框，可以进行快速检索。主题检索适用于关注某特定领域的文献。

检索实例：主题为 Genetically Modified Food with safety（转基因食品的安全评估）

步骤一：选择 Research Topic。

步骤二：输入关键词"Genetically Modified Food with safety"，用介词（of、with、to、in）将关键词连接。

步骤三：点击 Search。

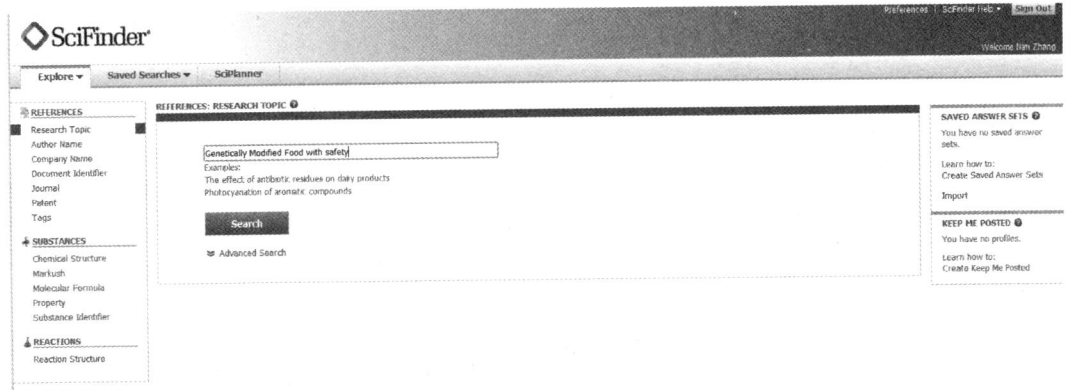

图8-4 主题检索实例展示

步骤四：Concept，表示 SciFinder 后台做了同义词，近义词扩展。

步骤五：Closed associated with one another，表示两个关键词出现在同一个检索字段中。

步骤六：Were present anywhere in the reference，表示两个关键词出现在记录的任意位置。

步骤七：一般选择同时包含 Concept 和 Closed associated with one another 的选项。

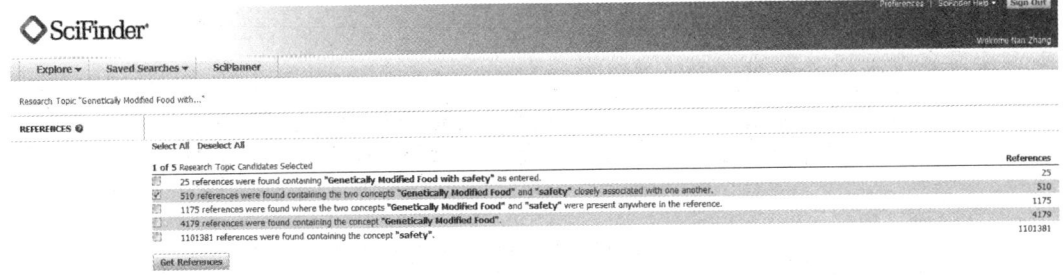

图8-5 主题检索实例过程

SciFinder 提供强大的文献处理工具，帮助处理文献。其中包括 Analysis 分析工具、Refine 限定工具、Categorize 系统分析工具、Create Keep me posted alert 创建提醒、依据引文排序、文献的被引次数、Full Text 链接。

Analyze 中有12种分析方法，其中 Author Name 主要用于分析领域内主要研究人员、专家。Company - Organization 主要用于分析研究机构、合作伙伴和竞争对手。Journal Name 主要用于分析出版杂志机构、潜在投稿期刊。Index Term 可以帮助我们对文献的内容进行大致的了解。

右上角的 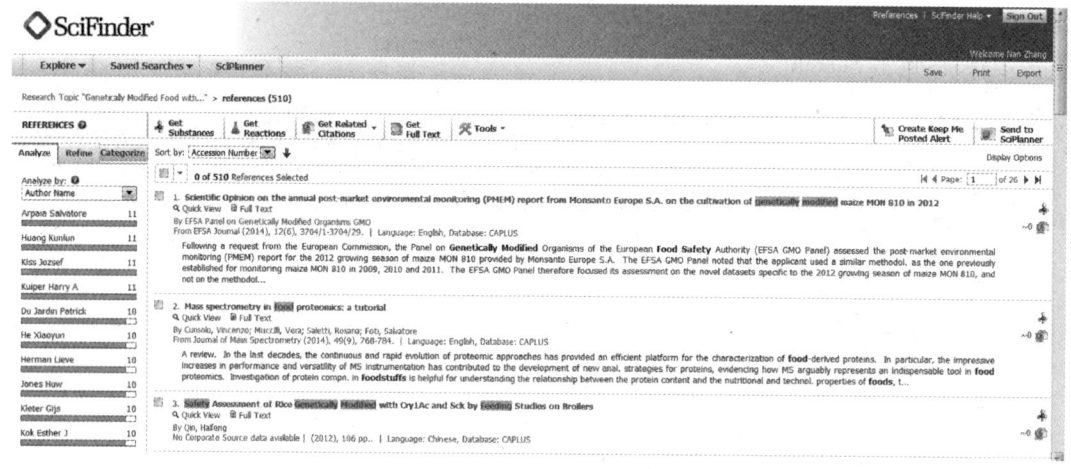 是 SciFinder 提供的自动提醒功能,能及时将最新资讯推送到用户的邮箱中。

Export 中"Citation manager:保存成 RIS 格式"用于导入 EndNote 等文献管理工具,"Offline Review:保存为 PDF、RTF 格式"用于脱机浏览。

Save 保存在服务器上,可登录后查看。

图 8 - 6　主题检索实例结果

(2)物质检索

物质检索可以检索物质名称、CAS No 分子式、结构式、理化性质等。其中结构式检索适用于有机物和天然产物,Markush 检索适用于专利中的 Markush 结构,分子式检索适用于无机化合物,此外,分子式和结构检索也适用于高分子化合物。

检索实例:主题为 $C_{15} H_{22} O_5$(青蒿素)

1)物质名称检索(Substance Identifier),输入物质名称、CAS No.、商品名、俗名等都能检索,一次最多检索 25 个物质。

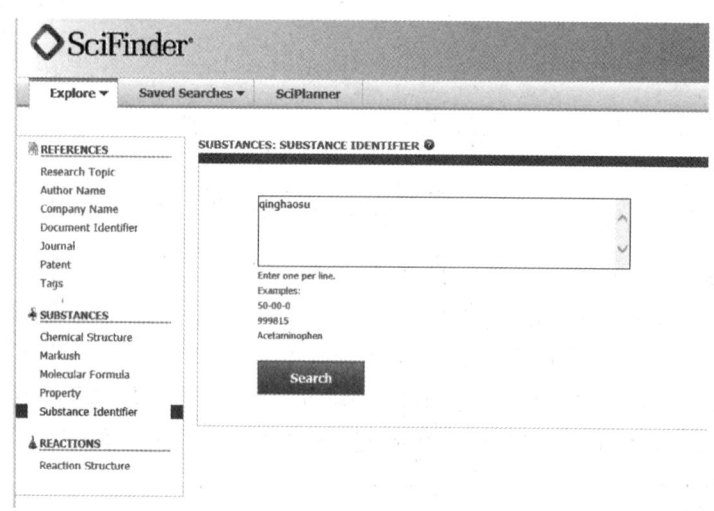

图 8 - 7　物质名称检索

一个完整的物质结果界面包含:物质详情链接(框1)、文献链接(框2)、反应链接(框3)、商品信息链接(框4)、管制品信息链接(框5)、谱图链接(框6)、实验性质链接(框7),详见图8－8。

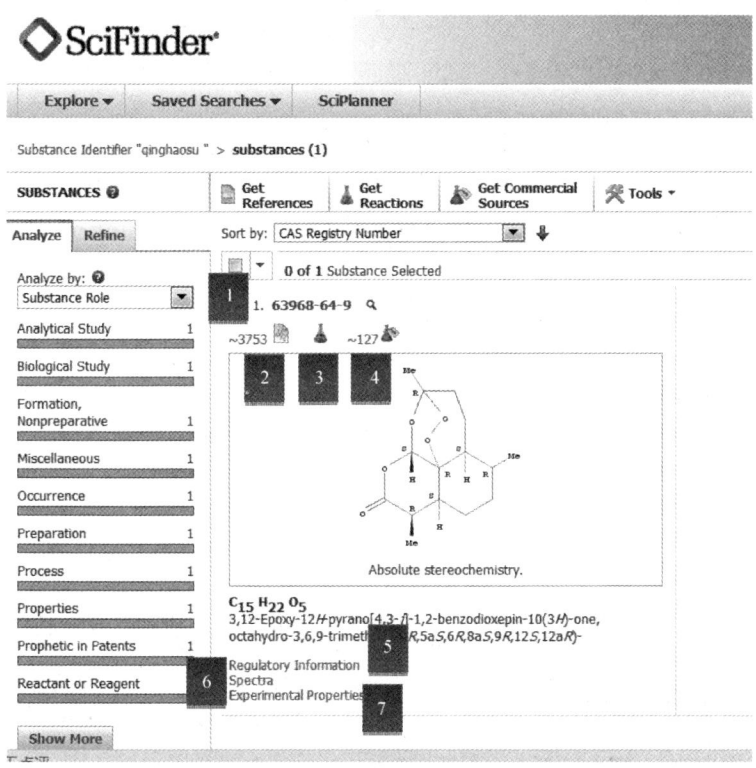

图8－8 实例青蒿素检索结果

2)理化性质检索(Property)可以通过实验性质,预测性质检索物质。

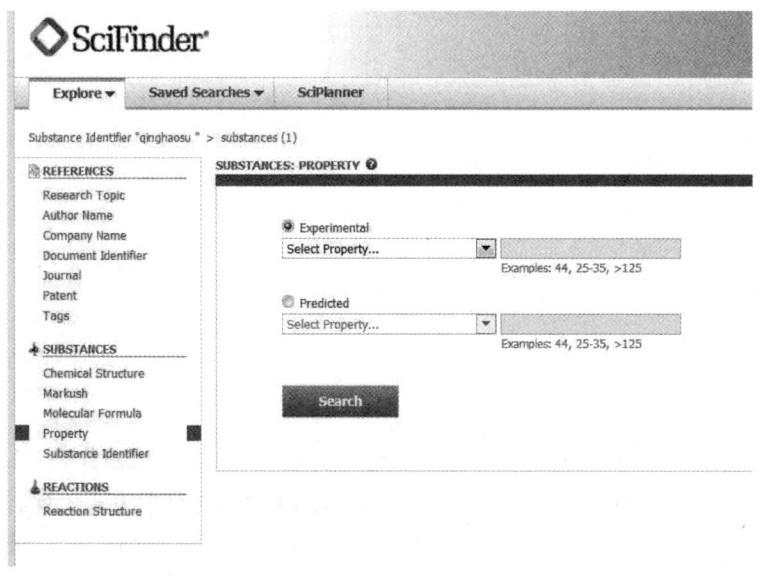

图8－9 理化性质检索

3）分子式检索（Molecular Formula）：SciFinder 中的分子式检索，需要按照 HILL 排序方式输入，简单来说，CH 写前面，其他的按照字母顺序写。

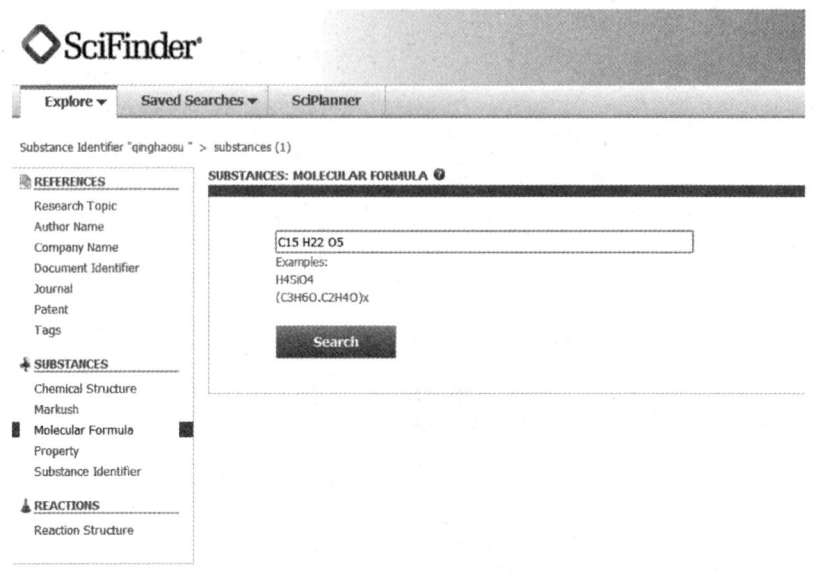

图 8 - 10　分子式检索

4）Markush 检索：用于检索专利 Claim 中的 Markush 结构，用于初步专利评估。

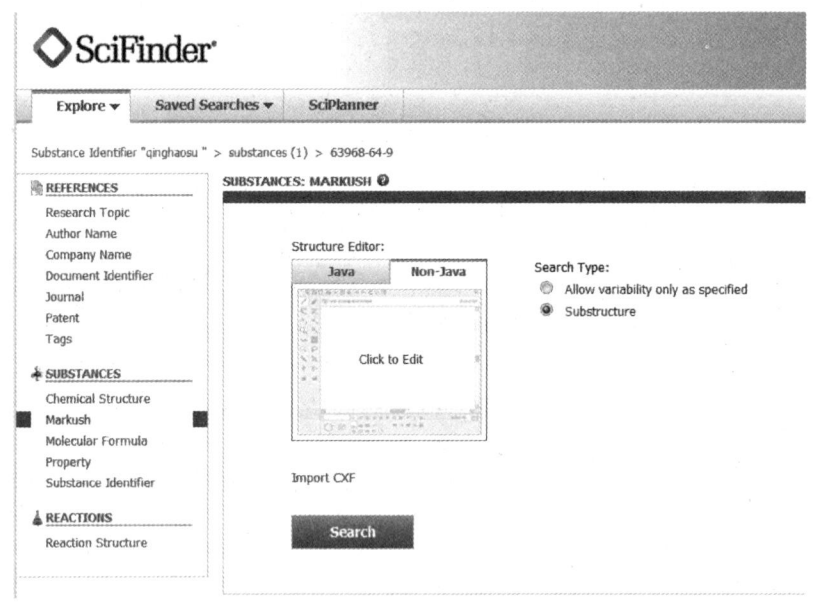

图 8 - 11　Markush 检索

5）结构检索（Chemical Structure）：有 3 种检索类型，其中精确结构检索（Exact Structure，框 1）可以检索到具体结构的盐、混合物、配合物、聚合物等，母体结构不能取代，不能修改；亚结构检索（Substructure，框 2）可以检索到结构的修饰结构，母体结构可以被取代，但不可以修改；相似结构检索（Similarity，框 3）可以检索到和母体结构相似度在 60 分以上的结构，母体结构可以被取代,也可以被修饰,以相似度控制结构的输出,如图8-12。图8-13为SciFinder结构绘制工具(Structure Editor)的详细介绍。

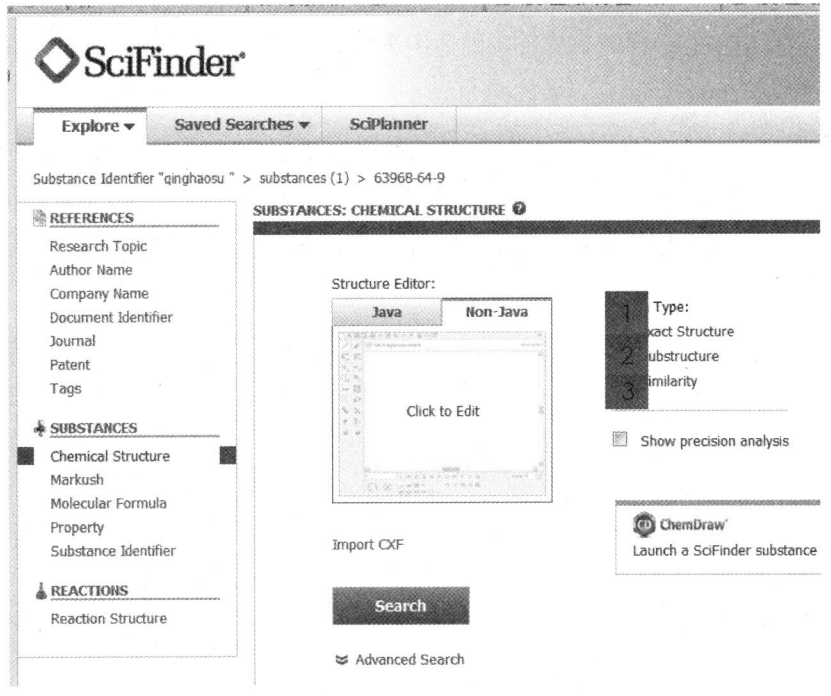

图8-12 结构检索

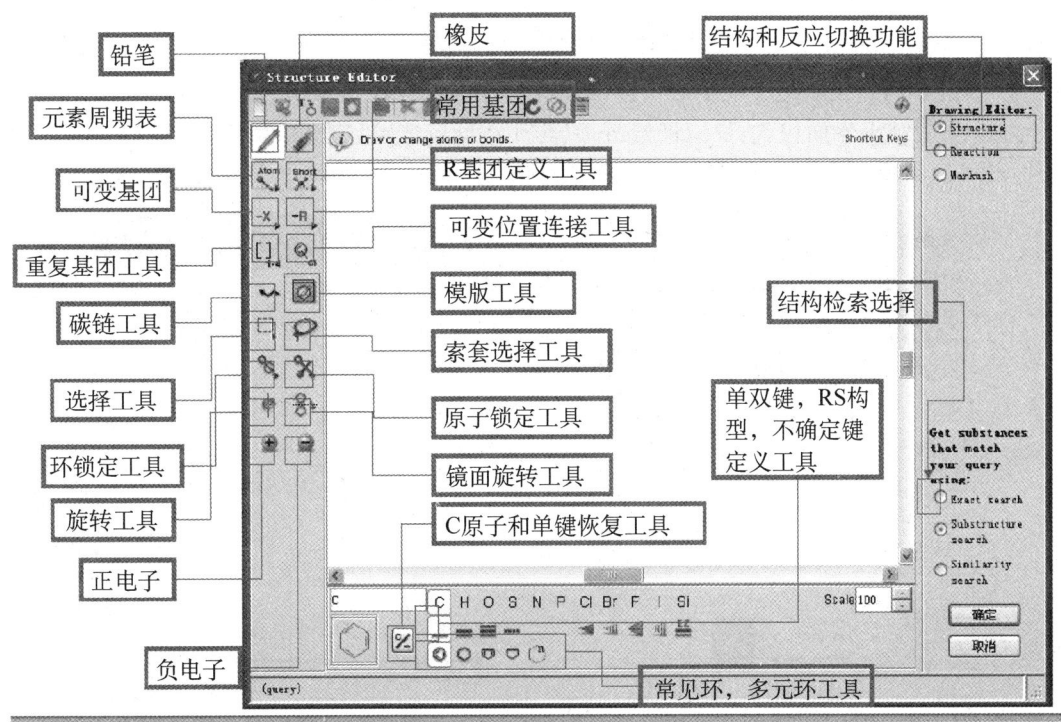

图8-13 SciFinder结构绘制工具(Structure Editor)

（3）反应检索

反应检索适合于特定位点上的反应检索、亚结构反应检索以及相似反应检索。其中如果有明确反应中心或核心结构的反应适用于特定位点上的反应检索或亚结构反应检索。如果用来寻找与反应中心一样的单步反应则适用于相似反应检索。

检索实例：

1）绘制结构式或反应式反应检索，具有明确反应中心或核心结构的反应，结构绘制好后，直接检索。

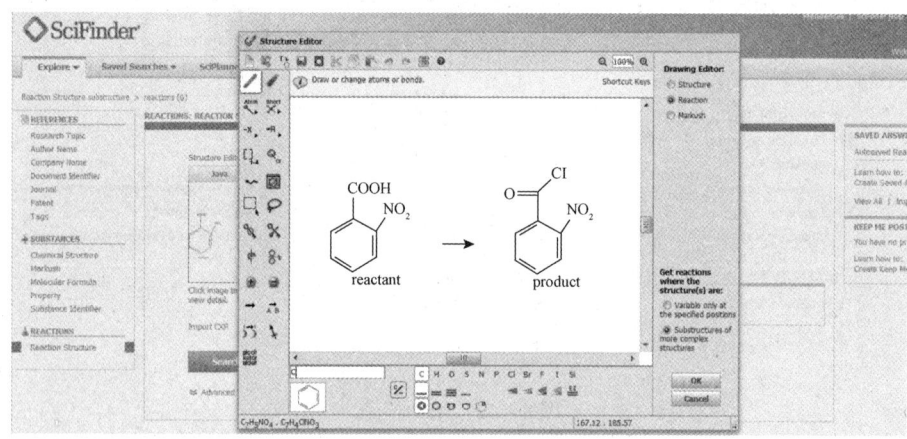

图8-14　SciFinder绘制结构式或反应式反应检索

2）获得和该条反应的反应中心一样的反应。

一个反应结果界面包含：反应详情链接（框1）、反应总览（框2）、反应分组（框3）、反应排序（框4）、将反应推送到SciPlanner（框5）、反应分析与限定（框6），详见图8-15。

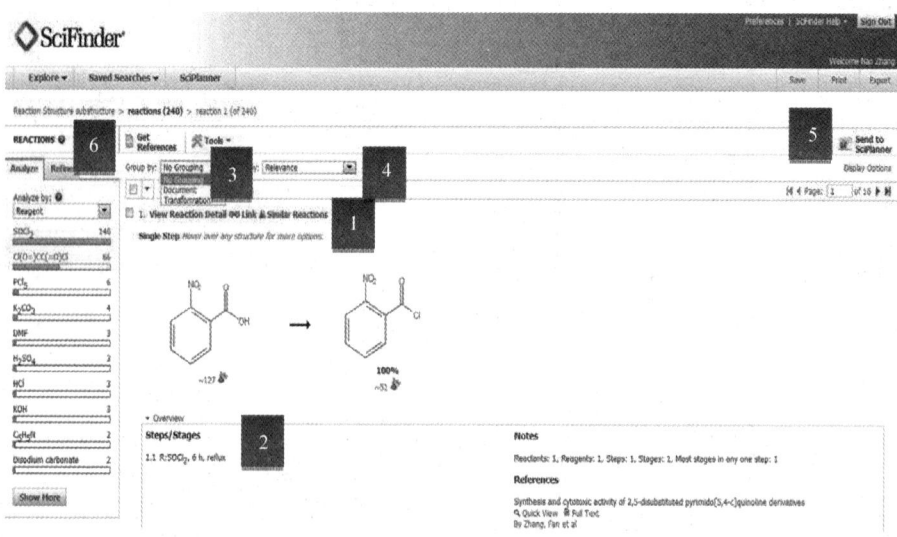

图8-15　反应检索结果实例

170

二、美国化学学会(American Chemical Society)全文数据库及检索

(一)数据库概述

美国化学学会简称 ACS,成立于 1876 年,全球拥有超过 16 万会员,是世界上最大的科技学会之一,其权威性和影响力受到全球化学界人士认可和推崇。ACS 期刊内容涵盖 24 个主要的化学研究领域,被 ISI 的 Journal Citation Report(JCR)评为"化学领域中被引用次数最多的期刊"。2014 年,ACS 数据库的期刊达到 43 种,可查看 385 万页的化学文献,包括论文、调查报告、评论等。

(二)数据库特色

内容全面——43 种期刊,每一种期刊都回溯到了期刊的创刊卷。

高影响力——23 种期刊 IF 超过 4.0;新期刊引用量成长迅速。

更优化的浏览和检索功能——可按名称和学科分类浏览期刊;检索结果可按多种方式筛选。

增强的全文浏览功能——HTML 全文可直接在文章引用处查看参考文献;PDF 全文提供参考文献的外部链接和图表单独浏览功能。

精彩内容提前看——ACS 数据库用户可以在正式发行出版以前看到最新文,ACS 数据库用户可以在 24 到 48 小时的时间内查阅到被作者授权发布的文章。

CAS 学科分类——文章标明所属 CAS(美国化学文摘)分类,点击链接可查看该类别下的其他 ACS 文章。

(三)检索方式和技术

1. 登录

ACS 数据库采用 IP 地址控制访问权限,校园网的用户不需要账号和口令,可直接访问该数据库,并获取其原文,访问网址 http://pubs. acs. org/。

2. 检索方式

(1)快速检索

在页面右上方的检索栏中输入检索词,根据自己需要选择输入关键词并选择检索范围和字段 anywhere、title、author、abstract 进行检索,点击 Search,就可得到所需结果,如图8 – 16。

图 8 – 16　ACS 检索界面

Citation 检索选择期刊名称、输入年卷和页码可以快速查找所需文章。DOI(原文的数字目标标识符)检索输入 DOI 编号快速找到某篇文章。subject search 检索分学科查看,见图8 - 17。

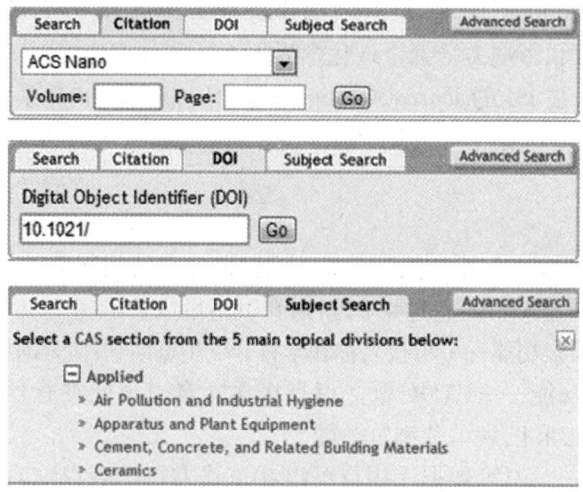

图 8 - 17　快速检索方式

(2)高级检索

点击 Advanced Search 进入高级检索界面。点击检索栏"高级检索"或在检索结果左栏点击 Search Criteria,可同时设定多个字段,如文章标题或摘要中出现的文字、发表时间段等。支持逻辑检索符。要将检索限定在特定的时间段,请使用左边的时间段栏目。

注意:Enable stemming(include root terms)为勾选词干和词根检索功能,Search within source 为限定检索的出版物范围,Search within section 为限定检索的学科范围。

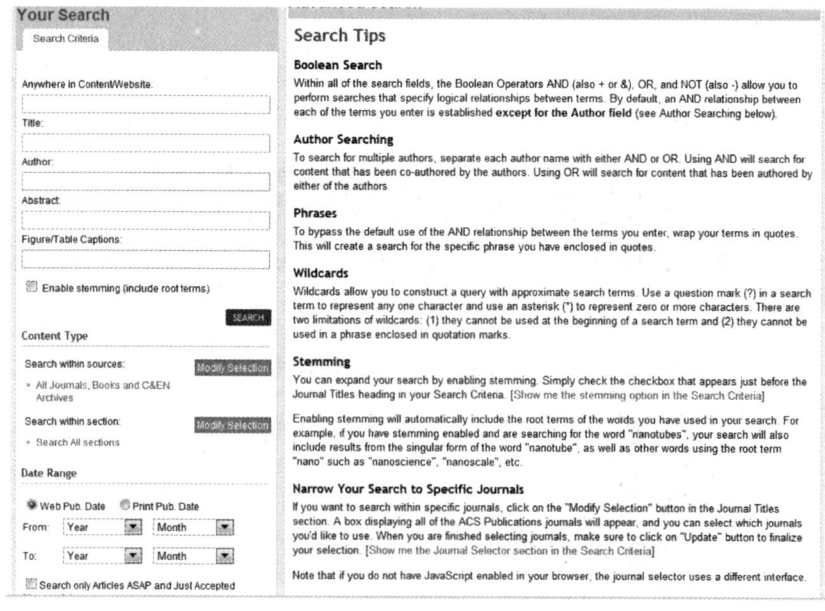

图 8 - 18　高级检索方式

（3）浏览期刊

点击 ACS Journals A-Z 标签，就能看到 ACS 所有期刊和杂志的名称。点击您所需要查看的杂志名称，能看到该杂志的最新一期目录。

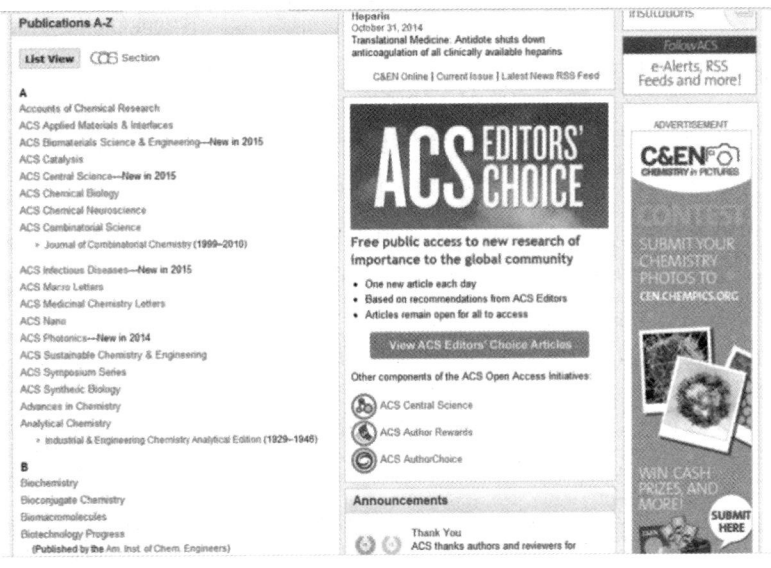

图 8 – 19　浏览期刊检索方式

（四）检索结果的输出和处理

提交快速检索或者高级检索要求后，检索结果页面会显示出原文列表。默认的显示方式为：与检索要求最匹配的文章显示在页首。您还可以利用右边的下拉菜单选择其他检索结果排序方式：日期、相关度、期刊名称。访问原文请点击 HTML 或者 PDF 链接，如图 8 – 20。ACS 数据库查看全文的多种形式，详见图 8 – 21。

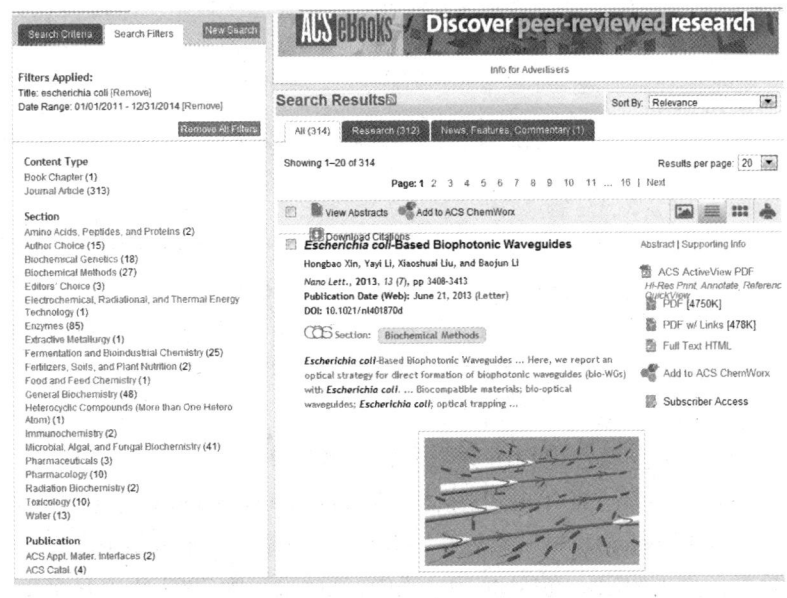

图 8 – 20　快速检索或者高级检索结果界面

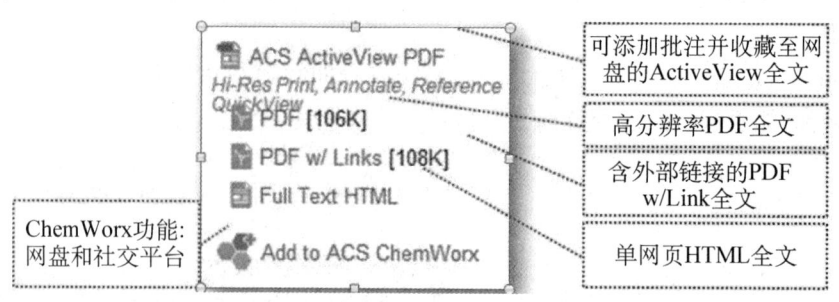

图 8 - 21　查看全文的多种形式

　　若选择浏览期刊模式,点击 Just Accepted 为该刊最新收录的文章,经过同行审阅,未交付技术编排。Articles ASAP 为在纸本期刊出版前看到当月最新文章,已经过技术编排。Current Issue 为最新一期目次。Most Read 为被阅读最多的文章。您所需要的文章条目下的 Abstract,能看到该文章的摘要,点击 HTML 或 PDF 分别以 HTM 或 PDF 等形式查看全文,如图 8 - 22。

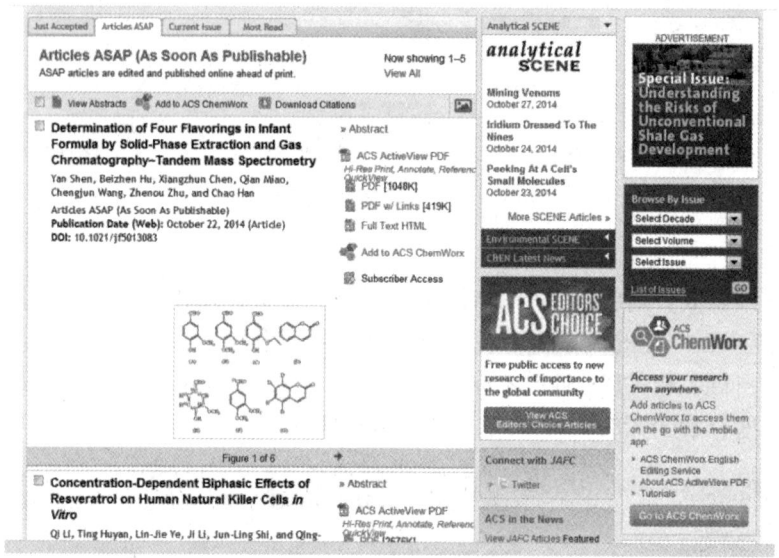

图 8 - 22　浏览期刊检索结果显示界面

(四)检索实例

　　检索课题:检索 2004—2014 年发表的,关于"capillary electrophoresis"(毛细管电泳)方面的,且与核酸(Nucleic acid)分离(separation)相关的外文文献。

　　分析课题:核酸可以选择"Anywhere in Content/Website"作为检索入口,毛细管电泳可以选择"Title"作为检索入口,分离可以选择"Abstract"作为检索入口。

　　检索步骤:采用高级检索方法。

　　第一步:登录。通过学校图书馆主页登录 ACS 数据库。

　　第二步:选择高级检索。在 Title 中输入"capillary electrophoresi";在"Anywhere in Content/Website"中输入"Nucleic acid";然后在"Abstract"中输入"separation"。

　　第三步:检索条件的限定。在"date range"中,日期设定为 2004 年 1 月至 2014 年 12 月,其他条件保持默认;单击"search"按钮开始检索,如图 8 - 23。

第四步：查看结果。点击 HTML 或 PDF 分别以 HTM 或 PDF 等形式查看全文，如图8－24。

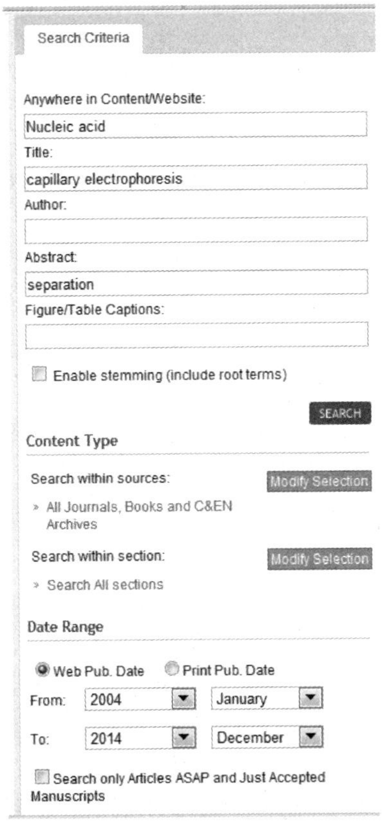

图 8 － 23　ACS 实例的检索条件界面

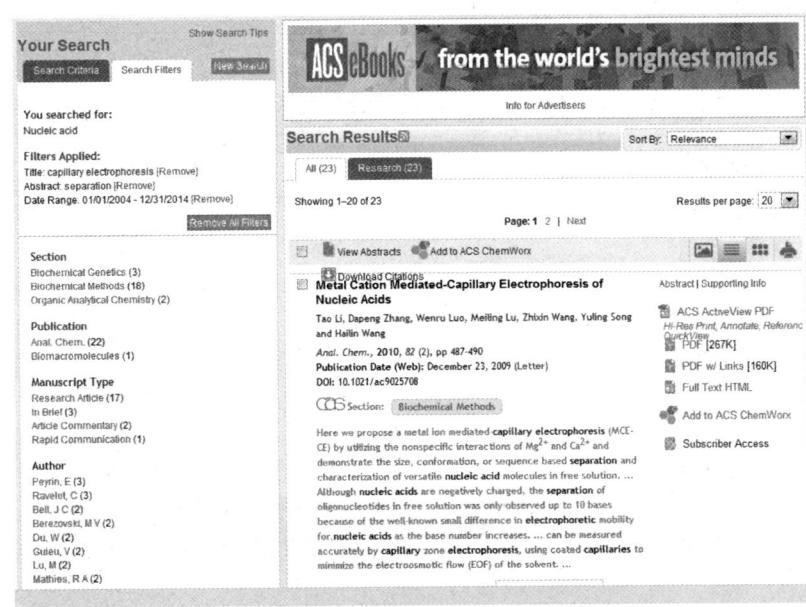

图 8 － 24　ACS 实例的检索结果界面

第二节　食品类文献数据库

一、《食品科学文摘》(Food Science & Technology Abstract)及检索

（一）数据库概述

《食品科学文摘》(Food Science & Technology Abstract,简称 FSTA)来自于 Ovid Technologies,其为全球领先的农业、医学、科技及学术领域的电子信息资源供应商。FSTA 是国际公认的食品科学和技术文献的首要数据库。它专为满足迅速而有效地访问食品和营养学领域内的世界专著的需求而设计,内容广泛,涉及食品科学、食品技术和所有与人类营养相关的食品商品等各个方面。该数据库含有 56 万个参考书目记录,覆盖了 1969 至今的资料。FSTA 数据库收录了来自世界各地出版的与食品科学和技术相关的科学期刊以及专刊、书籍、学会记录、报告、专论、标准、法规等重要信息。所有文摘均为英文,由专业科学人员和语言学家执笔,其文摘采自世界各地以 40 多种语言发表的原始文献。

（二）检索方式和技术

1. 登录和选择数据库

FSTA 数据库的登录地址为 http://ovidsp.ovid.com/autologin.html。已订购数据库的图书馆用户访问权限通过 IP 地址控制,无须输入用户名和密码,无用户数额限制。

FSTA 数据库依托于 Ovid 平台,登录数据库系统后首先进入如图 8 – 25 所示的 Ovid 主页,即数据库页面。点击数据库前的 ⓘ 按钮可查看该数据库介绍;选择需要检索的数据库,直接单击数据库名称可进入该库检索,也可在数据库名称前的选择框中打钩选择多个数据库进行检索。系统下部提供了英文、简体中文等不同语种的检索界面,可根据需要选择,如图 8 – 26。

注意,在检索时必须输入英文检索词。

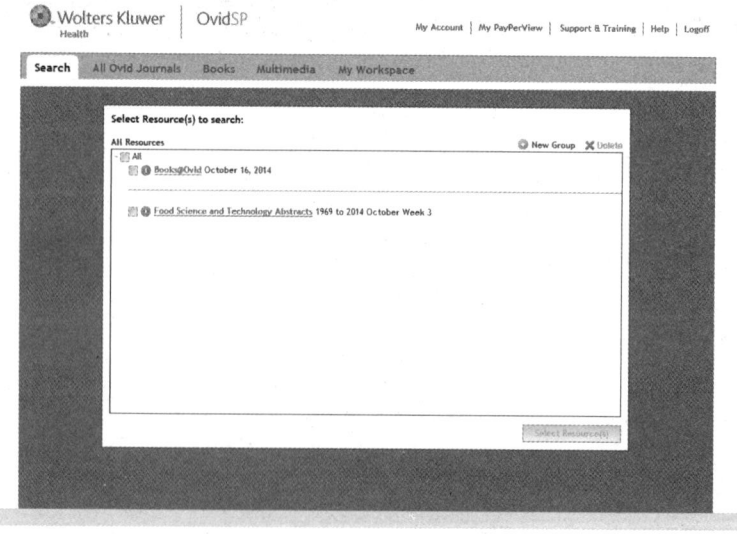

图 8 – 25　数据库选择页面

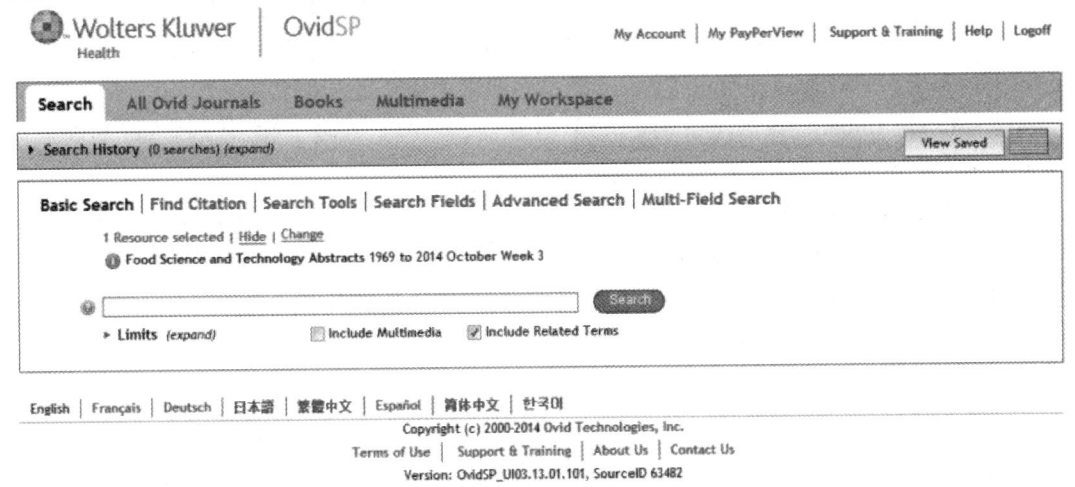

图 8 - 26　FSTA 数据库界面

2. 检索方式

（1）基本检索。基本检索是 Ovid 系统默认的检索界面，也可以通过点击基本检索（Basic Search）图标进入基本检索界面（见图 8 - 27）。用户可以在检索词输入框中输入相应的检索词，点击"Search"按钮即可完成一个基本检索。输入框下方的常用限制（Limits）是检索条件限制选择项，点击即可显示，这些限制选择项根据数据库的不同而有不同的选择内容。

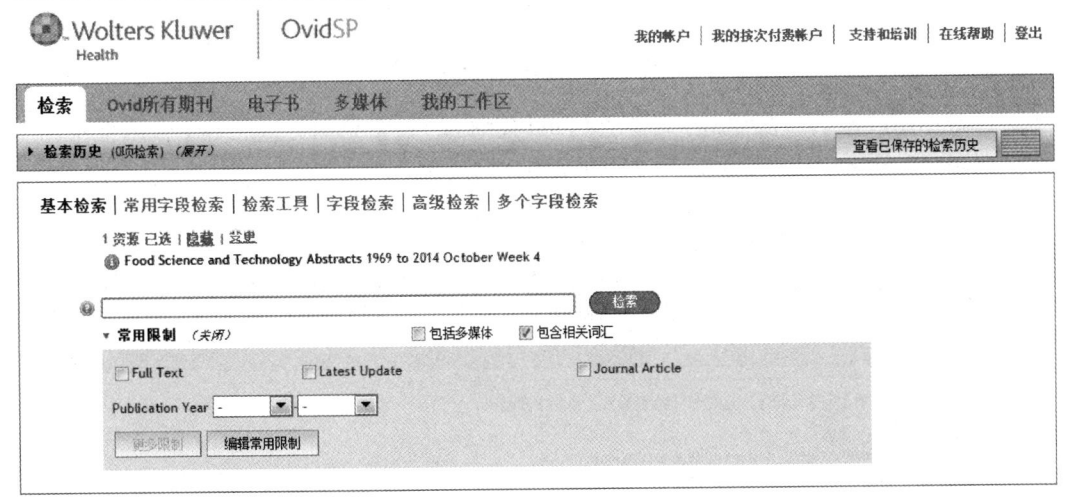

图 8 - 27　基本检索界面

（2）高级检索。通过点击高级检索（Avanced Ovid Search）图标可进入高级检索界面。高级检索包括关键词（Keyword）检索（默认）、作者（Author）检索、标题（Title）检索、期刊（Journal）检索（见图 8 - 28）。

关键词检索（Keyword）：系统默认的检索方式。所谓"关键词"实际包括了篇名词、文摘词及文本词等。使用关键词检索文献，范围广泛，检索全面，不易漏检。FSTA 也支持命令（Commands）检索，通过输入检索运算式进行检索，其操作运算符有布尔逻辑算符（AND，

OR,NOT)、截词符($)和位置符(ADJ)。在关键词检索方式下,如选择检索框右方的主题词自动匹配(Map Term to Subject Heading),提交检索后,系统列出与输入的检索词最接近的主题词及原来输入的检索词供用户选择(选择单库检索才提供此功能)。

　　著者检索(Author):只需按系统要求以"姓在前,名在后,姓是全称,名是缩写"的规则在著者检索框中输入欲检著者的姓名,即可查出所需文献。

　　题名检索(Title):如需检索位于文献标题中的词汇,可点击题名(Title)图标进入检索界面,在篇名词检索框中输入检索词即可查出所需文献。

　　刊名检索(Journal):输入期刊名称(全部或部分,但不用缩写)。

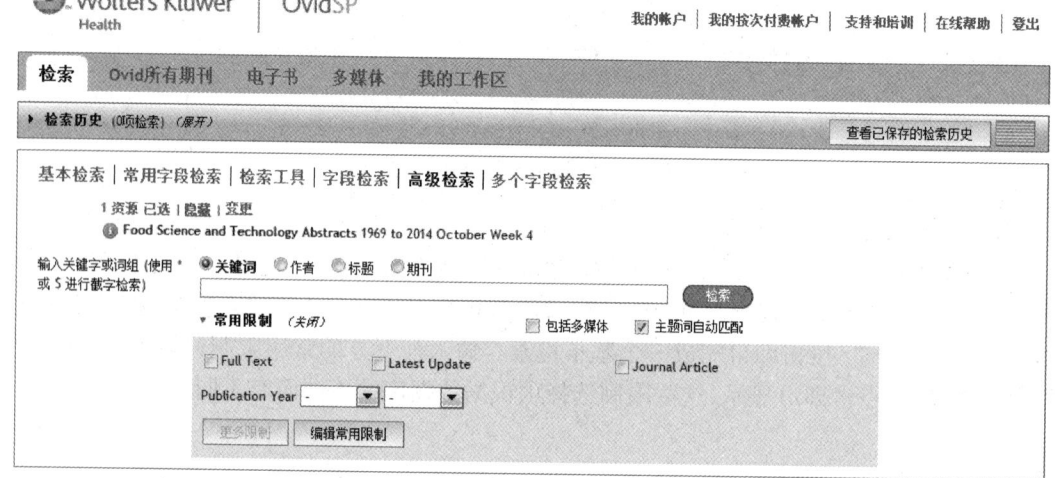

图 8 - 28　高级检索界面

　　(3)常用字段检索。在常用字段检索(Find Citation)检索界面提供的各个输入框中输入相应检索内容,便可以快速找到已知文章的记录(见图 8 - 29)。

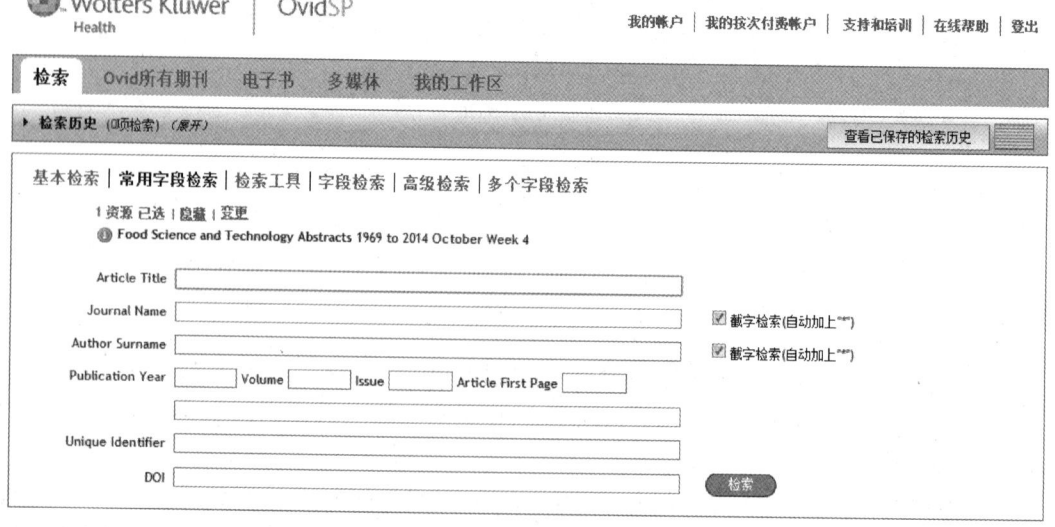

图 8 - 29　引文检索界面

（4）检索工具。点击检索工具（Search Tools）图标，进入主题词检索界面。在输入框中输入检索词，系统将提供相关配对的主题词词条提供用户选择（见图 8 − 30）。

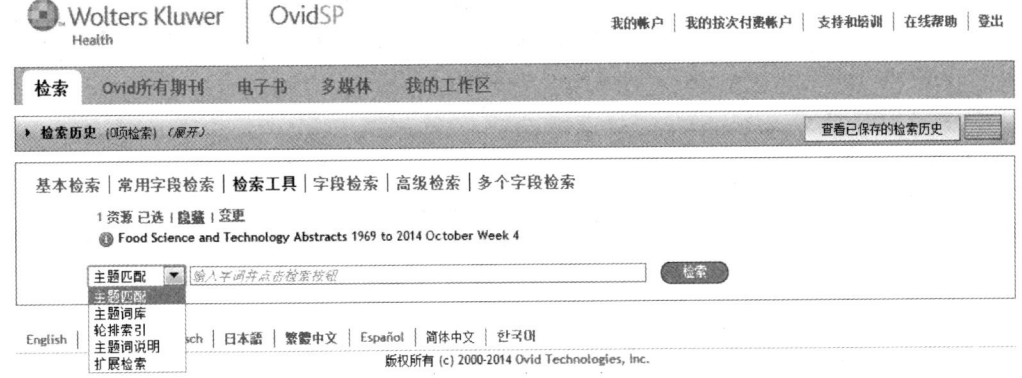

图 8 − 30　检索工具界面

（5）字段检索。Ovid 平台上可用于检索的字段还有很多，在字段检索（Search Field）界面中提供给用户选择和检索（见图 8 − 31）。

图 8 − 31　字段检索界面

（6）多个字段检索。Ovid 平台上可以使用多个字段进行检索，在多个字段检索（Multi-Field Search）界面中给用户提供了多个可选择的输入文本框以及下拉列表，在每个文本框中指定要检索的字段并输入检索词，然后用布尔逻辑算符把文本框中的检索词组合在一起，检索字段可根据需要增加（见图 8 − 32）。

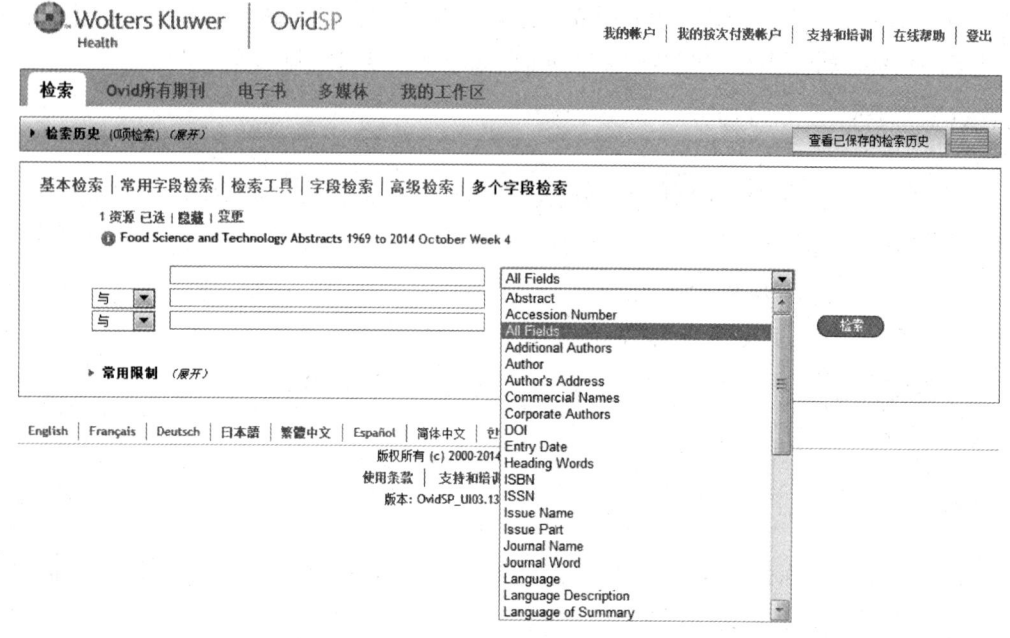

图 8 - 32　多个字段检索界面

3. 检索技术

表 8 - 2　检索技术

检索算符	检索式构成	说明
$ 截词符	Immun $	用于词尾,可代替任何 1 到多个字母,如果是 $1,表示代替 1 个字母。本检索式可检索出 immune、immunity、immuniza-tion 等
# ? 通配符	Wom#n colo?r	可用于词中间和词尾。一个#代替 1 个字母,两个#代替两个字母。? 代替 1 个或零个字母。Wom#n 可检索出 women,woman。colo?r 可检出 color 和 colour
and 逻辑与	Molecular and Improvement	检中结果的指定字段中必须同时包含 Molecular 和 Improvement 这两个词
or 逻辑或	College or university	检中结果中只要出现 college 或 university 其中的一个词就符合检索条件
not 逻辑非	apple not fly	检中结果中出现 apple,但不能出现 fly 才符合检索条件
adjN 邻近算符	animal adj5 breeding	检索结果中 animal 和 breeding 之间最多相隔 5 个单词,animal 和 breeding 先后顺序可颠倒

(三)检索结果的输出和处理

检索后,检索结果页面上方显示的是检索史,包括检索式序号、输入的检索式和命中结果数目,页面下方显示检索结果的题录,包括每篇文献的作者、篇名、刊名、卷期、出版日期,并提供该记录文摘、全字段、原文及馆藏信息页的链接。文献原文采用 SGML、PDF 文件格式。

点击检索历史（Search History），可查看和编辑检索史，见图 8 – 33。

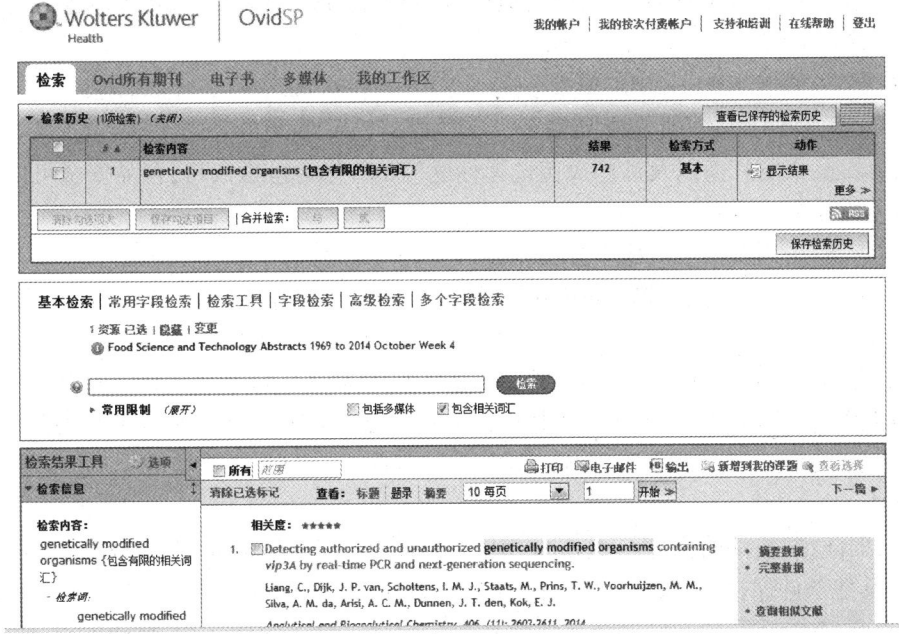

图 8 – 33 检索历史界面

查看检索结果，系统提供了三条可选择的显示格式：标题、题录（系统默认）、摘要。在此界面下，可进行以下处理（见图 8 – 34）：

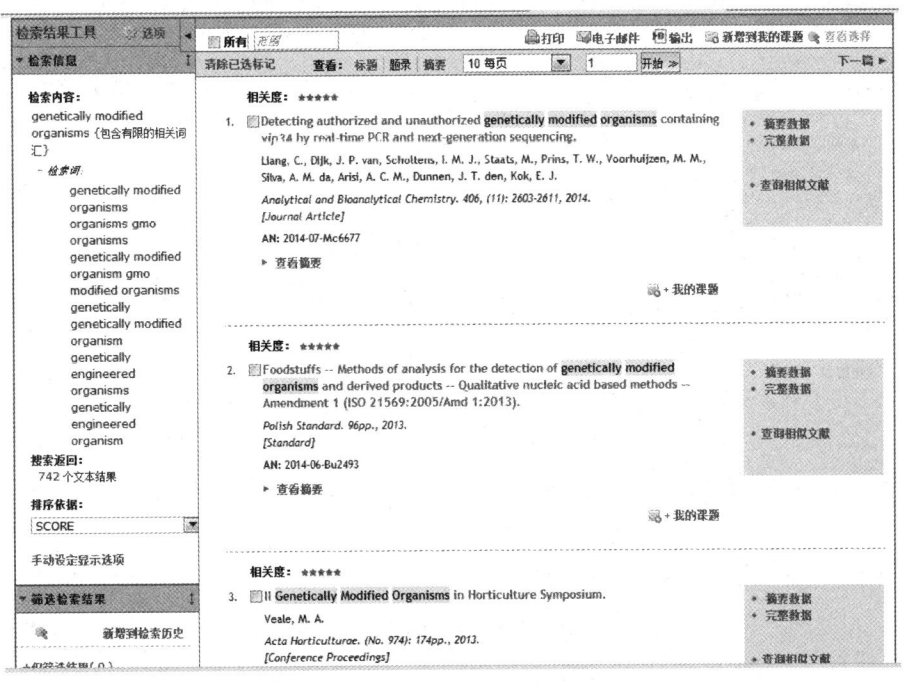

图 8 – 34 检索结果

打印(Print):通过打印机可直接将文献信息打印下来。

电子邮件(E-mail):直接将文献以 E-mail 形式发至个人邮箱中。

注意:使用该数据库完毕后,一定要通过"Logoff"退出检索系统,以免影响他人使用。

(四)检索实例

检索课题:检索 2004—2014 年发表的,关于"escherichia coli"(大肠杆菌)以及"salmonella"(沙门氏菌)方面的,且与食品安全"food safety"一词相关的外文文献。

分析课题:大肠杆菌以及沙门氏菌选择标题(Title)作为检索入口;食品安全可以选择摘要(Abstract)作为检索入口。

检索步骤:采用多个字段检索方法。

第一步:登录。通过学校图书馆主页登录 Ovid 平台,选择 Food Science & Technology Abstract 数据库。

第二步:选择多个字段检索。在第一个输入框中输入 escherichia coli,选择检索字段:ti Title(标题);然后在第二个输入框中输入 salmonella,选择检索字段:ti Title(标题);接着在第三个输入框中输入 food safety,选择检索字段:ab Abstract(摘要),选择逻辑运算符 AND。

第三步:检索条件的限定。点击常用限制(Limits),Publication Year 设定为 2004 年至 2014 年,其他条件保持默认;单击"检索"按钮开始检索,如图 8-35。

第四步:查看及下载。检索结果如图 8-36 所示。可以选择保存、打印或以 email 等形式发送文献信息等。

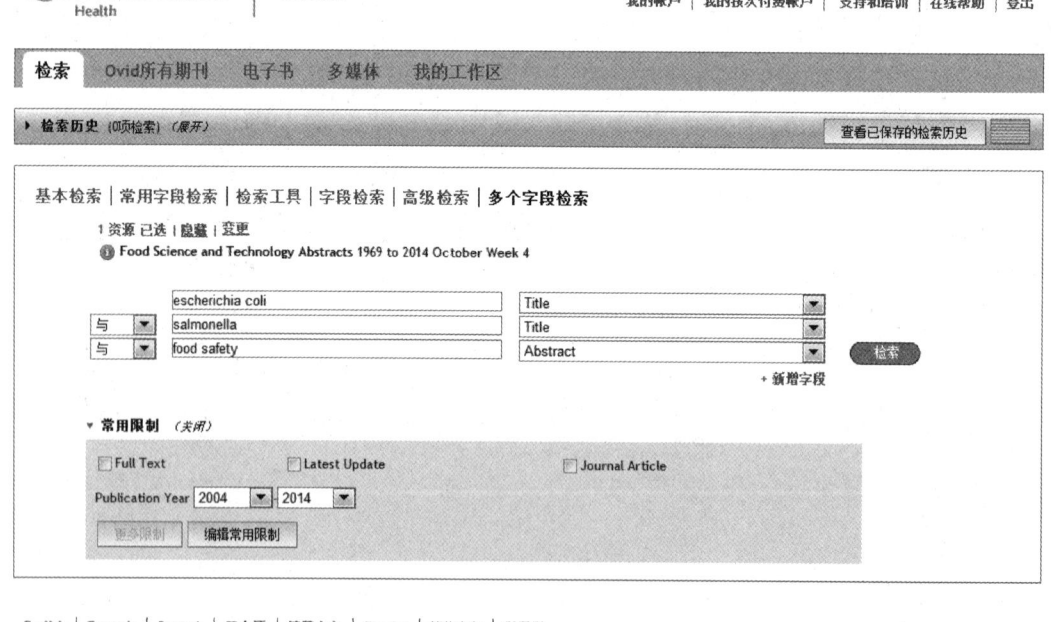

图 8-35　FSTA 实例的检索条件界面

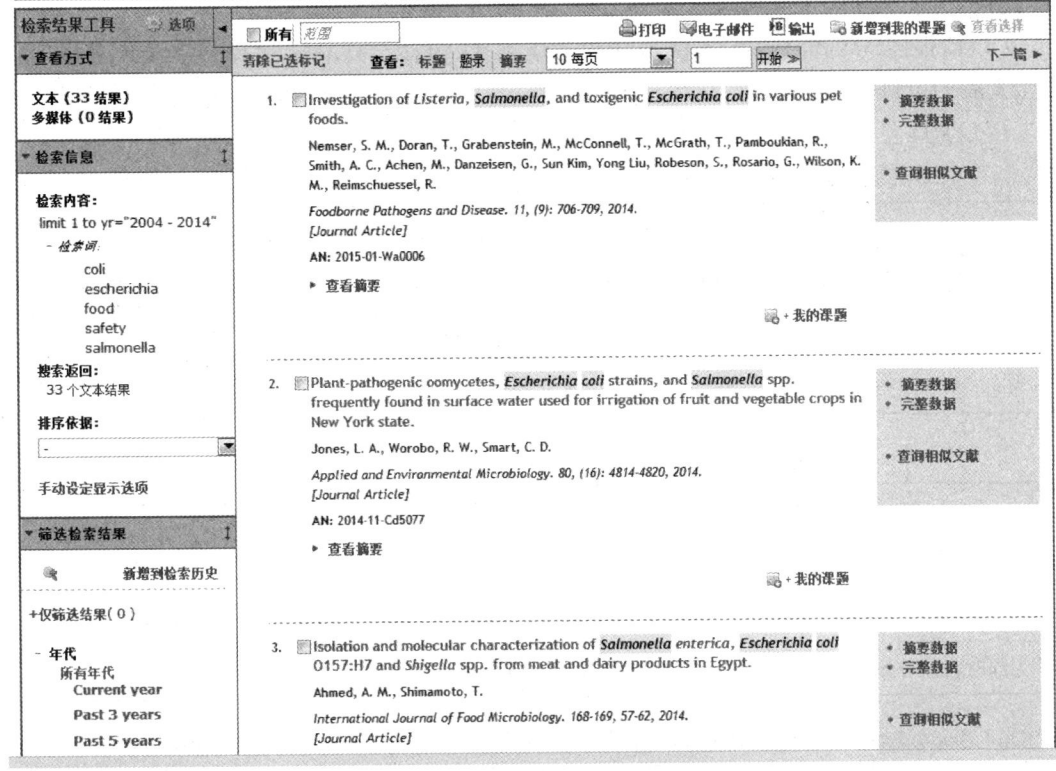

图 8 - 36　FSTA 实例的检索结果界面

二、食品科学全文数据库(EBSCO Food Science Source)及检索

（一）数据库概述

食品科学数据库(Food Science Source,简称 FSS)是一个可以满足食品工业各个级别信息数据需求的综合性全文数据库。该数据库提供了大量与食品工业领域密切相关的、无与伦比的、全文覆盖的相关资料,包括农业产业化、餐饮科学、食品贮运与包装、食品加工、食品服务、运输等。

FSS 收录逾 1420 种出版物(逾 1320 为全文出版物,其中 220 种全文期刊,1000 种食品科学相关的产业/市场全文报告,40 种全文参考书及其他),回溯最早至 1986 年。该数据库还从数以千计的贸易和工业出版物中筛选出数以万计的附加食品工业文章、基准和最佳实务。FSS 收集了当今与食品行业相关的最重要内容,专门提供给各类食品行业专家和信息专业人员。

（二）数据库特色

（1）专业性(expert)：为用户提供重要信息,包括许多业内领先的学术期刊、杂志、书籍和专著、贸易出版物,以及其他有价值的数据来源。

（2）完整性(comprehensive)：全面覆盖食品科学、营养和相关领域的资料。

（3）便利性（convenient）：由许多重要主题词快速访问关键信息系统，包括完整的全文图像、表格、图表和其他图形内容等。

（4）情报性（informative）：提供基准和最佳实务，包括与食品科学有关实践和全球业内人士发展的范例。

（三）FSS 与主要二次文献库的比较分析

1. 与 SCI 的收录比较

Journal of Citation Reports—Science Citation Index（SCI）,2008					
文摘期刊	%	影响因子平均值	全文期刊	%	影响因子平均值
123	59	1. 8624	66	50	1. 4463
% 为同时收录在 SCI 的刊数与 FSS（208/133）学术期刊数的比率					

2. 与 Scopus 的收录比较

Scopus			
文摘期刊	%	全文期刊	%
172	83%	101	76%
% 为同时收录在 Scopus 的刊数与 FSS（208/133）学术期刊数的比率			

3. 与 Food Science and Technology Abstracts（FSTA）比较

FSTA（2009 年共收录 914 种 active serials）			
文摘期刊	%	全文期刊	%
167	80%	111	83%
% 为同时收录在 FSTA 的刊数与 FSS（208/133）期刊/杂志数的比率			

（四）检索方式和技术

1. 登录和选择数据库

FSS 数据库的登录网址为 http://search. ebscohost. com。已订购数据库的成员馆用户访问权限通过 IP 地址控制，无须输入用户名和密码，无用户数额限制。

登录数据库系统后首先进入如图 8 - 37 所示的 EBSCOhost 主页，即数据库页面（以简体中文页面为例）。页面右上角可以进行语言选择，用户可以根据需要选择不同的语言显示界面。选择数据库时可直接单击该数据库名称，检索窗口会随之出现。如直接单击 Food Science Source 也可勾选数据库名称左边的"□"再单击页面上方或下方的继续（Continue）按钮中进入检索画面。

注意：系统允许打开一个或同时打开多个数据库。在检索过程中可以随时更换数据库。

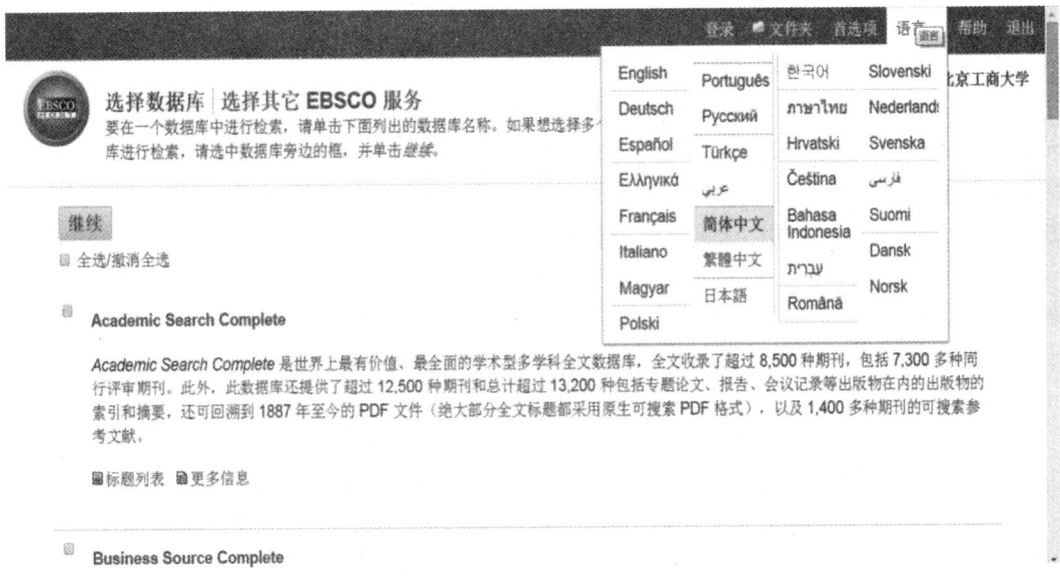

图 8 - 37　数据库选择页面

2. 检索方式

选择 Food Science Source 选项进入数据库的检索界面,用户可以根据需要选择基本检索和高级检索页面,系统默认为高级检索界面。检索界面如图 8 - 38 所示。基本检索(Basic Search)提供一个检索词输入框,可以进行快速检索。高级检索(Advanced Search)提供三组检索词输入框,通过下拉菜单来限定检索词出现的字段,如 Title、Author、Source、Abstract 等;三组检索词之间选择下拉式布尔逻辑算符 AND、OR、NOT 进行匹配;检索框下方提供各种选项,可以对检索范围进行限定或扩展(在"检索选项"窗口,可限制或扩展检索结果范围)。

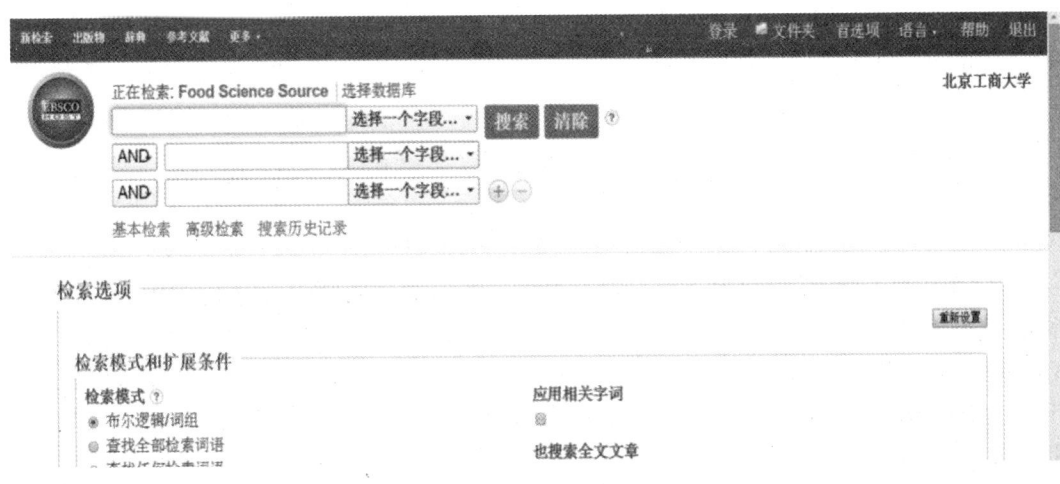

图 8 - 38　数据库检索界面

FSS 数据库提供的检索方式主要有：关键词（Keyword）、主题词（Subjects Terms）、出版物（Publications）、图像（Images）、参考文献（Cited Reference）、索引（Indexes）等，系统默认为关键词检索。

（1）关键词检索（Keyword Search）。"Keyword"指的是题名、文摘、全文等中出现的任意词汇，是系统默认的主要途径。用户在检索框内用自然语言的短句或句子进行检索，在高级检索窗口下，逻辑关系可以直接输入，或者在检索指导框中选定逻辑运算符以及所需的字段进行检索；在基本检索窗口下，也可以直接输入逻辑关系符。

（2）主题检索（Subjects Search）。利用规范化主题词检索。检索效率高，相关性大。主题词不是任意自定，而是要用系统规定的主题词。因此首先要查找系统的相关主题词。可供选择的主题有：All（所有的主题）、People（人物）、Products & Books（产品与图书）、Companies（公司企业）、Subjects（主题）。

（3）出版物检索（Publications Search）。利用系统提供的出版物（期刊）名称进行检索，可以选择一种或多种出版物检索。检索时首先对出版物名称进行检索，然后选定某个特定出版物，检索出在该出版物上发表的论文。通过这种检索还可以了解该数据库收录的期刊名称、刊号、出版周期、出版者、刊物报道范围等，如图 8 – 39。

图 8 – 39　出版物检索界面

（4）参考文献检索（Cited References）。参考文献检索功能使读者除了可阅读作者的文章外，还可以检索出这篇文章引用的参考文献及这篇文章被其他文章引用的情况。在 Cited Author（被引作者）、Cited Title（被引文章题目）、Cited Source（来源刊）、Cited Year（被引年代）或 All Citation Fields（全部检索字段）内输入关键词，然后单击"检索"（Search）按钮即可。选中某个结果的框，然后单击"查找引文"即可查找引用过用户口的结果的文章。如图 8 – 40。

图 8 - 40　参考文献检索界面

3. 检索技术

（1）逻辑算符。该系统使用的逻辑检索算符有：AND（与）、OR（或）、NOT（非）。优先级（）> NOT > AND > OR。

（2）位置算符。"Nn" "Wn"：位置算符表示两个检索词之间的位置邻近关系。

"Nn"表示关键词最多相隔 n 个字符，而它们在文章中的出现顺序与输入的顺序无关。

"Wn"表示关键词最多相隔 n 个字符，且它们在文章中出现的顺序必须与输入的顺序相符。

（3）截词算符。截词算符包括" * "和"?"，"?"是中截断，用于替代检索词当中的一个字符，同一个检索词当中可以使用多个"?"。" * "是后截断，用于替代一个或连续的多个字符，如"education * "就可以检索到"education" "educational"。

（4）字段限制。通过字段代码和检索词进行组配检索，字段代码主要有：题名 TI、著者 AU、主题 SU、文摘 AB 等，例如"AU Wiley" "SU cell biology"。

（5）值域设定（Range Operators）。页数设定："pg - "和" - pg"。如输入"Soybean and pg - 2"可找到有 Soybean 并少于 2 页的文章；输入"Quantitative and - pg5"可找到有 Quantitative 并多于 5 页的文章。

（6）词组。如果希望检索词作为词组出现，需要将该词组用双引号引起。

（7）禁用词。在检索 FSS 数据库时，有些词语不能作为检索词，如 the、of 等冠词、介词。

（五）检索结果的输出和处理

1. 检索结果的输出

执行检索命令后，若有检索结果，系统显示检索结果的简单题录信息列表，列表显示全部命中文献的题目内容、全文提供格式及所属科目等信息，如图 8 - 41 所示。

图 8 - 41　检索结果显示界面

2. 查看检索结果

"结果列表"屏幕有两列："精确搜索结果"和"检索结果"。单击结果顶部附近的控制箭头，可以隐藏或显示不同的区域。

检索结果：显示在"结果列表"屏幕中心位置的文章，通过文章标题链接可查看引文信息或全文。将鼠标放到"🔍"图标上，可以查看"摘要"。通过"HTML 全文"链接可直接查看文章的全文。通过"PDF 全文"链接可查看 PDF 版全文。

限制缩小结果范围：在"精确搜索结果"中选择所显示的任一限定条件。照来源类型、主题、期刊、作者地址、国家等，缩小检索结果的范围。

文件夹：需要将文章打印、电邮或保存多个项目，可将文章保存到"文件夹"，请单击结果右侧的"➕"链接，文章直接保存到文件夹。要查看"文件夹"中的项目，单击屏幕右上方"📁 文件夹"视图链接。

3. 打印/电子邮件发送/保存检索结果

单击标题链接后（图 8 - 42），页面显示该篇文章的详细信息，包括作者、来源刊信息、文献类型以及全文下载等。可对显示的详细资料中的单个结果执行打印、发送电子邮件、保存、引用或导出操作。要对多个结果执行打印、电子邮件发送、保存、引用或导出操作，请将其添加至文件夹，然后单击文件夹内部的"打印""发送电子邮件""保存""引用"或"导出"图标。可通过单击"登录我的 EBSCOhost"链接，设置个性化文件夹账户保存文件夹内容。

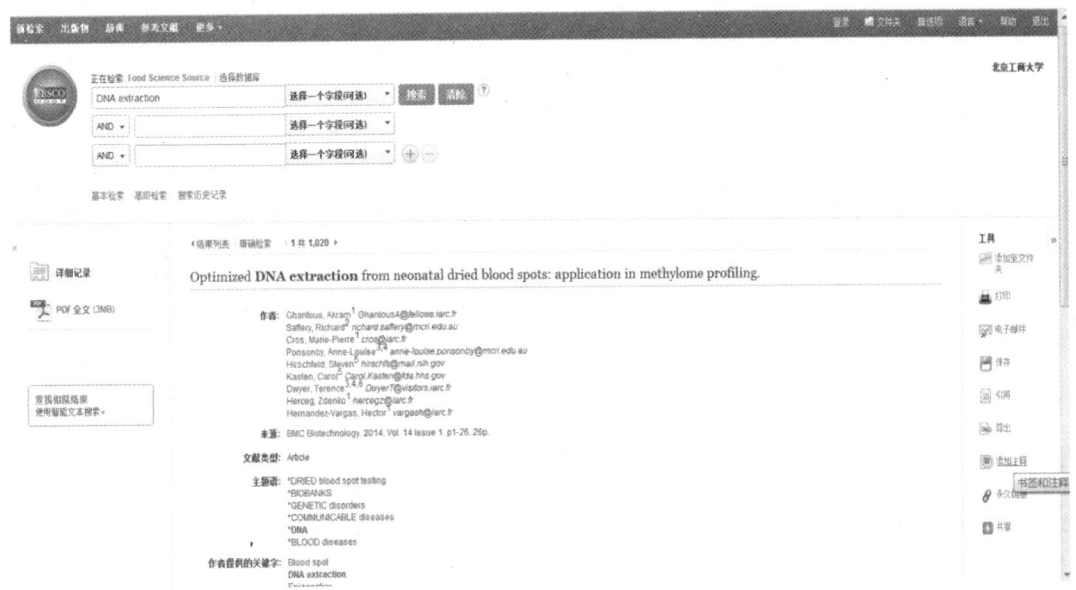

图 8 – 42　单篇文章检索结果界面

（六）检索实例

检索课题：检索 2004—2014 年发表的，关于"genetically modified organisms"或者"transgene"（转基因）方面的，且发表在含有"food"一词的期刊（食品科学类刊物）上的外文全文文献。

分析课题：根据检索内容，检索词"genetically modified organisms"是一个固定词组，所以加双引号做精确检索，此处为了直观方便，暂选择"文章标题"作为检索入口；检索词"food"可以选择期刊名称作为检索入口；检索表达式可以写为（"genetically modified organisms"or transgene）AND food。

检索步骤：采用高级检索方法。

第一步：登录。通过学校图书馆主页登录 EBSCO 数据库，选择 Food Science Source 数据库。

第二步：选择高级检索。在第一个输入框中输入"genetically modified organisms"or transgene，选择检索字段：TI Title（文章标题）；然后在第二个输入框中输入 food，选择检索字段 SO Publication Name（期刊名称），选择逻辑运算符 AND。

第三步：检索条件的限定。在检索区，勾选全文复选框，出版日期设定为 2004 年 1 月至 2014 年 12 月，其他条件保持默认；单击"搜索"按钮开始检索。

第四步：查看及下载。检索结果如图 8 – 43 所示。单击 PDF全文 链接可以在线浏览全文。还可以选择保存、打印或以 Email 等形式发送引文信息、全文等。

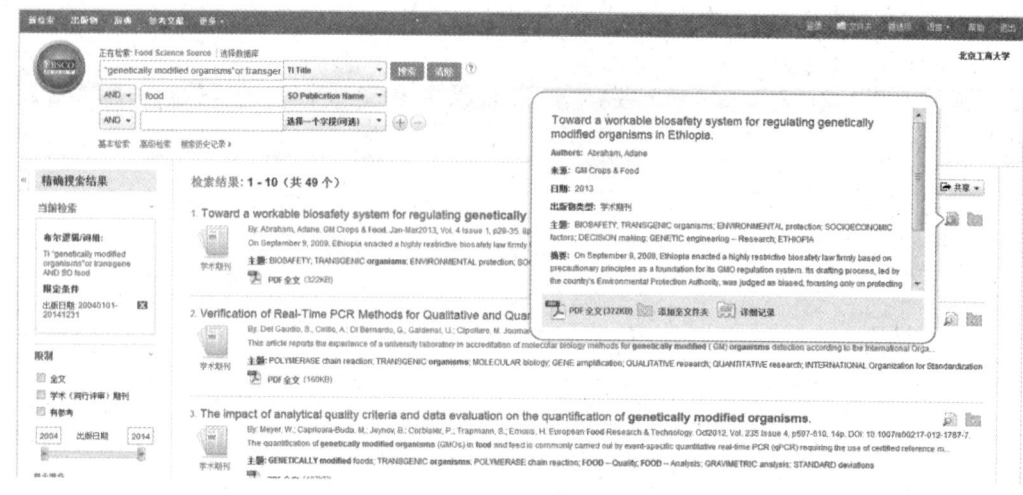

图 8-43　FSS 实例的检索结果界面

第三节　计算机类文献数据库

一、IEEE/IET Electronic Library(IEL)

（一）IEL 数据库简介

IEL(IEEE/IET Electronic Library)数据库是 IEEE 旗下最完整、最有价值的在线数字资源。IEL 数据库提供美国电气电子工程师学会(IEEE,the Institute of Electrical and Electronics Engineers)和英国国际工程和技术学会(IET,the Institution of Engineering & Technology)两个著名学术机构的出版物。IEL 数据库能够提供 1988 年以来两大机构出版的近 300 种期刊10 000 多种会议录、4000 多种标准的全文信息，部分期刊还可以看到预印本。用户通过 IEEE Xplore 在线平台，可以检索、浏览、下载或打印与原出版物版面完全相同的全文图像和照片等。IEL 数据库中许多电子期刊都被权威的检索工具 SCI 和工程索引 EI 所收录，具有较高的学术水平和科研影响力。

IEL 数据库出版的电子期刊涉及多个专业领域，比如计算机、自动化及控制、工程、机器人技术、电信、运输科技、声学、纳米、新材料、应用物理、生物医学工程、能源、教育、核科技、遥感等都位居世界第一或前列。

IEL 数据库采用 IP 地址控制使用方式，可允许 15 个用户同时在线使用。IEEE Xplore 在线平台地址为：http://ieeexplore.ieee.org。

（二）检索功能

1. 基本检索

IEEE Xplore 的检索页面提供了多种不同的检索途径，有基本检索、高级检索、作者检索及出版物检索等。其中，基本检索就是直接在简单检索框中输入任意检索词，不需要做任何限定，点击 Search 即可跳转到结果页面，高级检索可限制对特定字段的检索（包括全文字段）等，作者检索可以从系统列出的表中通过点击该作者名字进行检索，也可以直接输入作者名字进行检索。

图 8 - 44　IEEE Xplore 的基本检索页面

在结果页面中(如图 8 - 45 所示),读者可以使用"TYPE-AHEAD""SEARCH SUGGES-TION(S)""FILTER THESE RESULTS"等功能。"TYPE-AHEAD"功能会自动推荐常用检索词,当读者在检索框输入检索词时,"TYPE-AHEAD"功能会自动给读者推荐与此词相关的其他检索词,读者可选择某个推荐词进行检索,或者继续使用读者输入的检索词。如果读者输入的检索词拼写有误,点击检索后,检索结果页面会给读者纠正拼写错误,通过"SEARCH SUGGESTION(S)"列出正确的检索词。

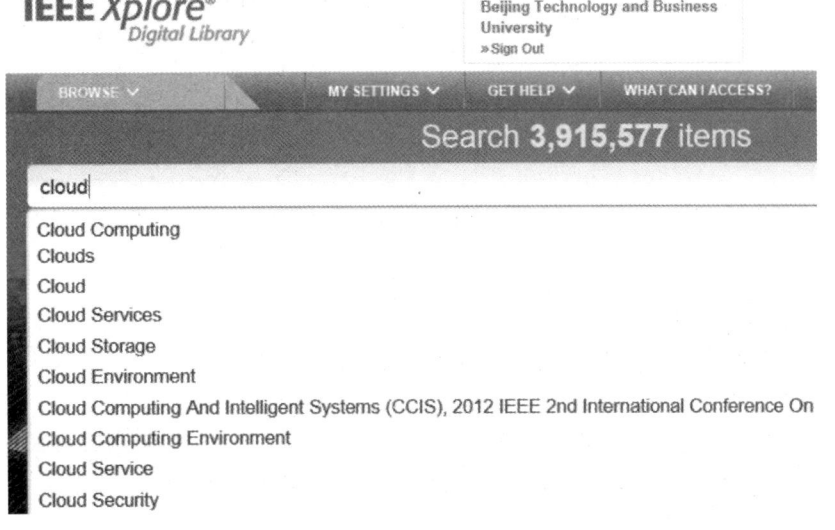

图 8 - 45　IEL 数据库的自动推荐检索词功能

多种检索结果的聚类排序,通过"RESULTS PER PAGE"下拉列表用户可改变每页显示文献的数量,也可通过"SORT BY"下拉列表改变检索结果的排序方式。(如图 8 - 46:"Newest First""Oldest First""Most Cited〔By Papers〕""Most Cited〔By Patents〕"等。)

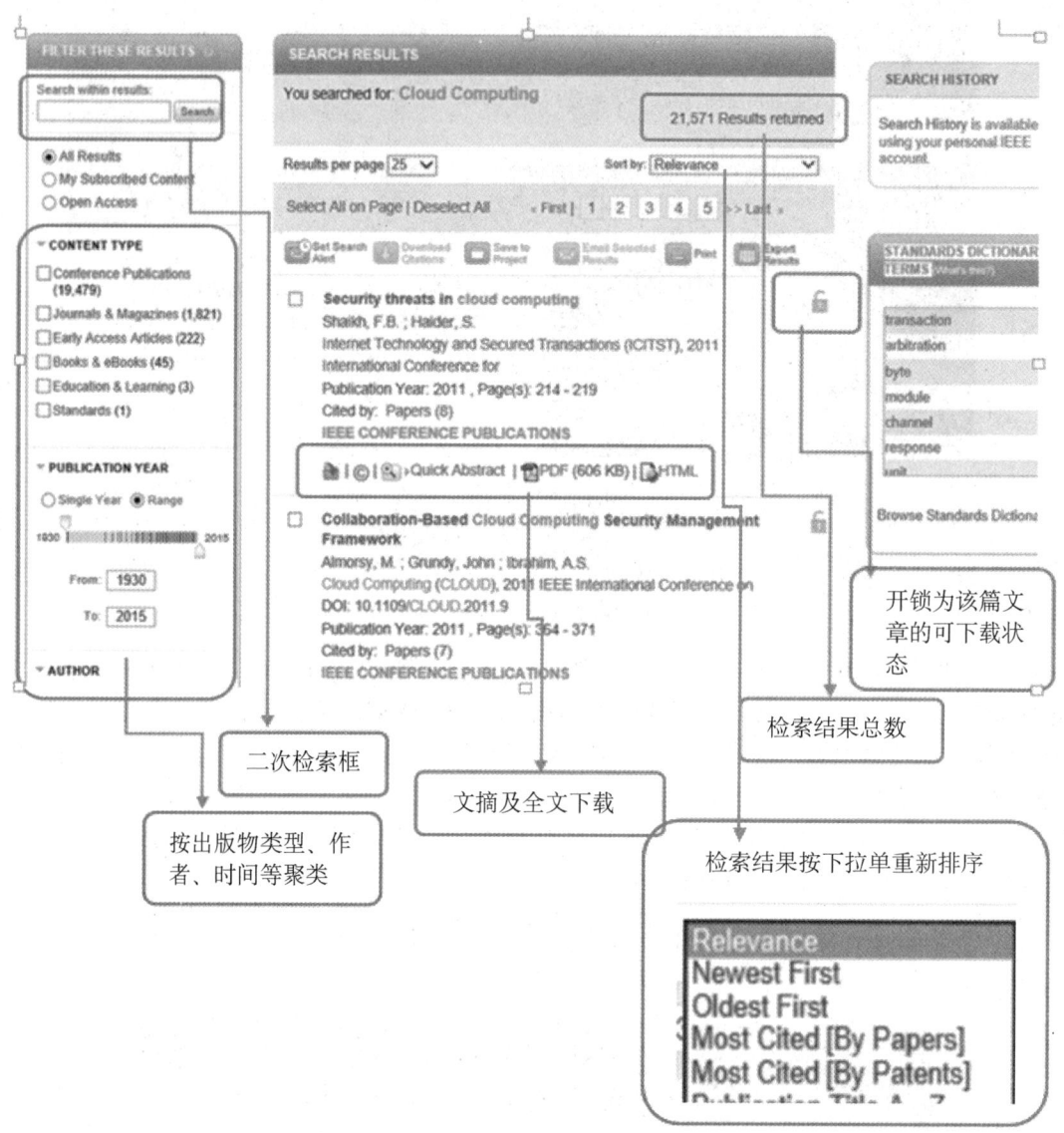

图 8 - 46　IEL 数据库检索结果页面

2. 高级检索

高级检索(advanced keyword/phrases):相当于指南检索,支持多个检索条件的组配,可以选择检索字段和检索限定条件如图 8 - 47 所示。

3. 专家检索(command search):从高级检索界面单击"command search"可以跳转到 command search 页面,进入专家检索界面,读者自行构造检索式,使用字段代码限定检索入口,通过自由文本的逻辑运算符(比如 near)构建丰富的检索式。

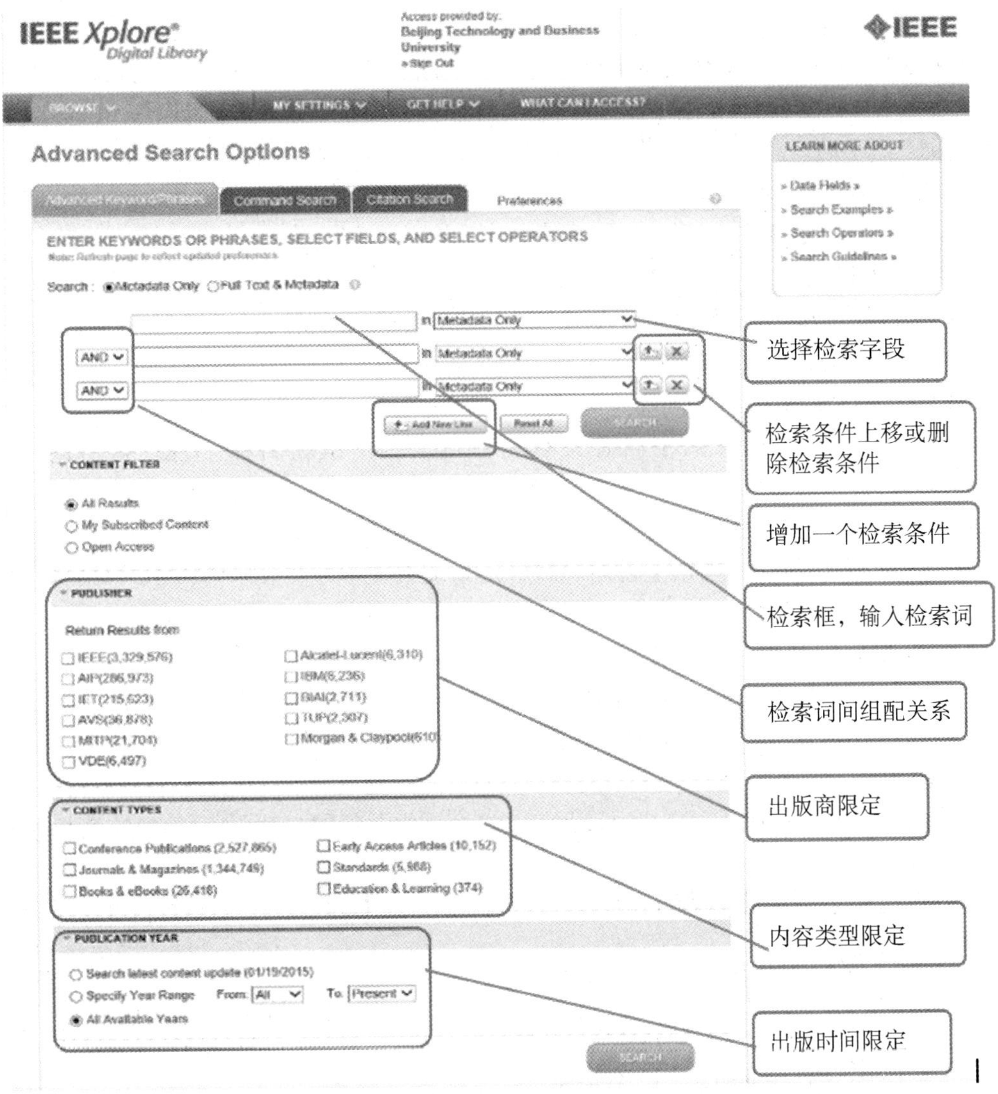

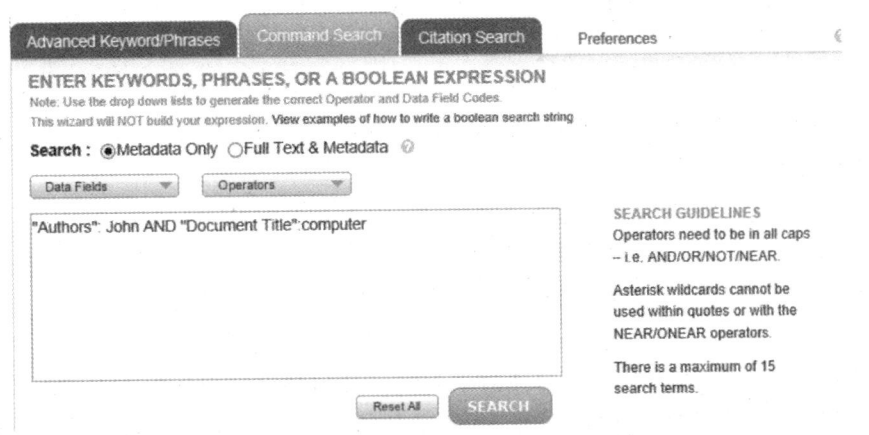

图 8 – 47　IEL 数据库高级检索页面

图 8 – 48　IEL 数据库专家检索页面

4. 浏览

浏览(Browse):按照资料类型提供浏览:期刊杂志、会议录、标准、图书、教育课程(education courses)、技术调查(technology surveys)。每一出版物类型下按字母顺序、出版年、卷期排列文献。

5. 出版物快速检索(Publication Search):可以通过输入出版物名称、文章名称、作者名称、(文章发表的)年、卷、期、起止页码等信息快速检索文章。

(三)检索技术

(1)系统默认精确检索,即在输入两个以上单字的单词时,检索结果包含全部检索词,且应在同一句中出现。

(2)截词符:使用 *,例如 optic * 可检索出 optic、optics 和 optical。

(3)字段检索:可检索的字段有文献名称、作者、出版物名称、文摘、索引词(index terms)、作者机构、书目号、作者关键词、能源部术语(DOE terms)、数字对象标识符(DOI)、INSPEC(科学文摘)非受控词、INSPEC 受控词、国际标准书号(ISBN)、国际标准刊号(1SSN)、卷期、美国医学图书馆主题词(MeSH)、物理天文学分类表术语(PACS terms)、专利号、出版号、标准号等。

(4)作者检索:必须严格按照系统规定的格式输入作者姓名,即:姓十空格十名的首字母十".号。如作者姓名为 Joseph M. Lancaster,则输入为:Lancaster J. M. 。

(5)布尔逻辑算符:支持 AND、OR、NOT 算符,按输入顺序运算. 例如输入(gaso1ine NOT diesel AND electric hybrid)AND vehicle,则首先检中包含 gaso1ine 这个词但不包含 diesel 这个词的文献,然后检中的是与 electric hybrid 这个词组并集的文献,最后检中的是与 vehicle 这个词并集的文献。

(6)检索限定:包括出版者、内容类型(期刊、会议录、标准、课程、图书等)、主题领域、出版时间 4 种限定。

(四)检索结果与输出

(1)检索结果列表:包括篇名、作者、来源出版物名称、卷期、日期、页码、文摘链接、文件格式、全文大小等内容,如图 8 - 46 所示。

(2)检索结果排序:有相关度、出版时间(倒排序)、字母顺序(a to z、z to a)5 种排序方式,可由用户选择其一。此外还可以选择每页显示结果数量,最多可以每页达到 100 个结果。

(3)二次检索:使用"Search within Results",可以在结果中进行二次检索。

(4)记录格式:除去检索结果列表中的内容外,还增加了作者机构、ISBN、ISSN、IEEE 目录号、页数、引文总数、INSPKC 编号、文摘、索引词(index terms)等内容,并用红色标记出了检索词所在位置。

(5)文件格式:大部分文献的全文为 PDF 格式,也有少量 HTML 文本格式。

(6)检索结果下载:可以直接下载 PDF 格式全文,也可以只下载、打印、Email 发送题录或文摘。题录或文摘下载时可以选择常见参考文献管理工具的格式。

(五)个性定制

读者只要在 IEEE Xplore 新平台注册个人账号,即可享受个性化定制服务,点击页面的"MY SETTINGS",读者可根据自己的检索喜好设置内容,点击检索结果页面的"SET SEARCH ALERT",一次性最多可保存 15 个常用检索式,并可对新的相关内容设置 Email 或

RSS 提醒,如下图 8 - 49 所示。

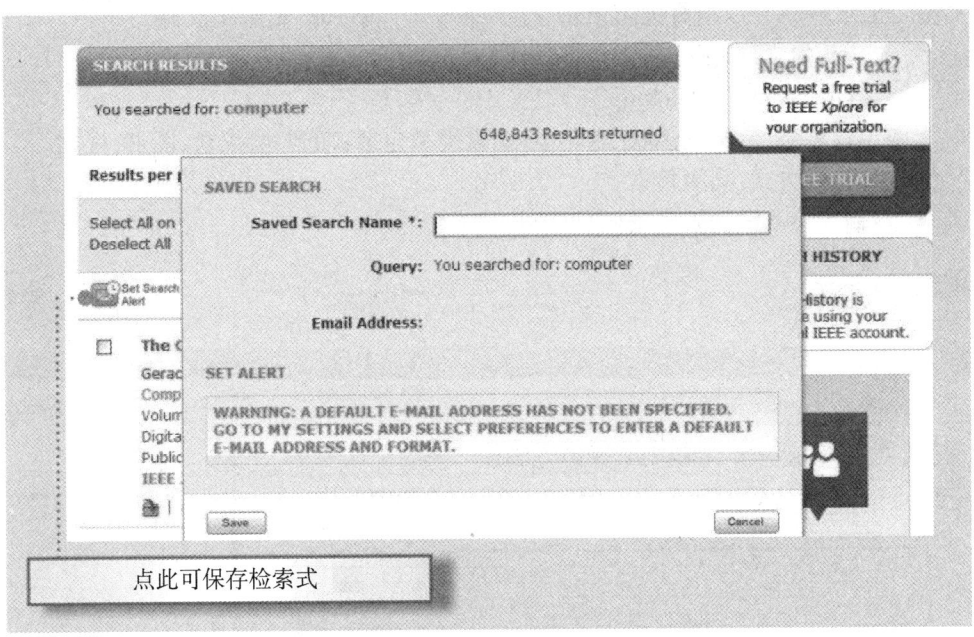

图 8 - 49　个性化定制页面

(六)其他读者服务

通过主页下方 Just Published,即可得到最新更新的出版物。Most Popular 追踪最热点的论文。还可通过 Popular Searches Terms 获取最热门的前 10 个检索词。见下图 8 - 50。

图 8 - 50　IEL 数据库首页下方显示的热门推荐界面

（七）检索实例

课题：查找 2003 年以来有关闭锁效应（latchup or latch-up）的有关文献

步骤一：分析检索词，限定检索条件。

　　检索词：latchup or latch-up

　　限定检索条件：时间 2003 年—今；文献类型包括：期刊、会议录、图书、标准

　　选择检索方式：高级检索

步骤二：输入检索词和限定条件，见图 8－51。

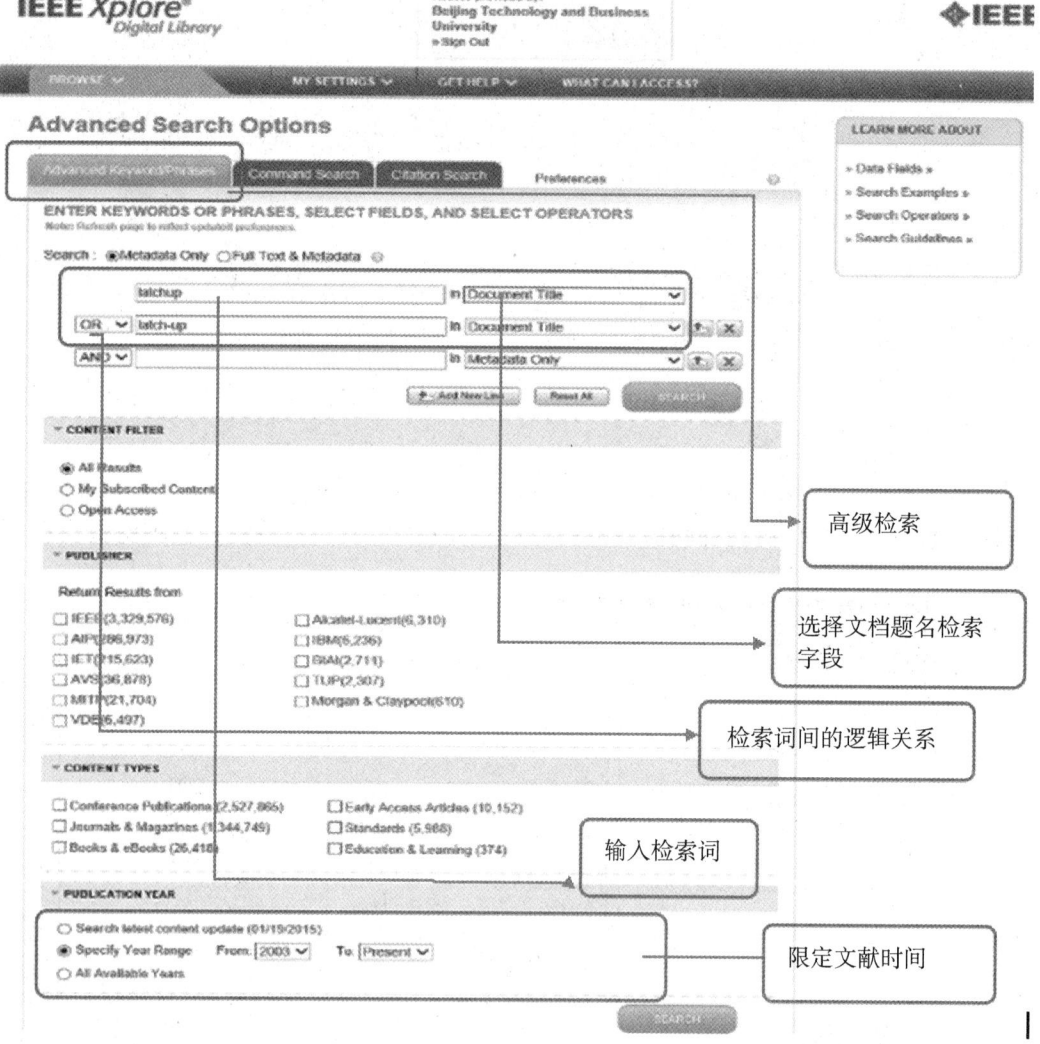

图 8－51　检索实例高级检索页面

步骤三：在检索结果页面中选择目标文章，见图 8－52。

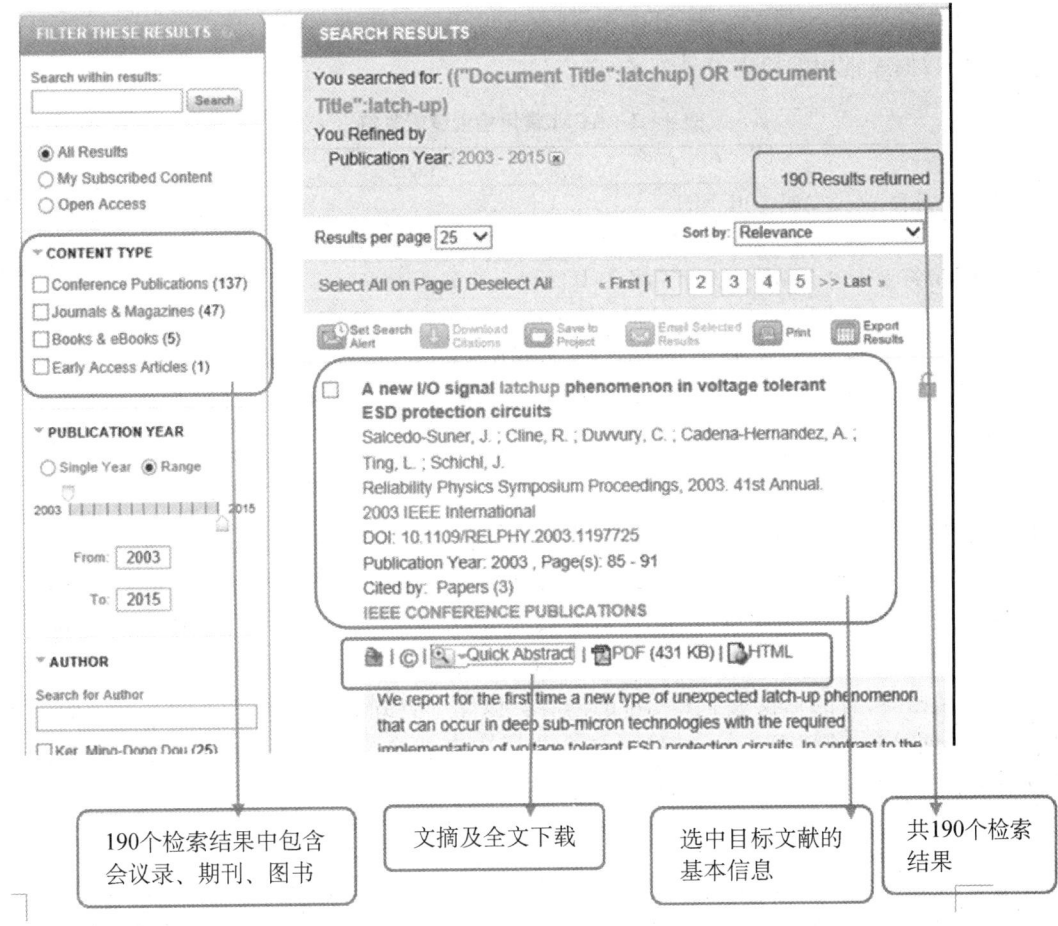

图 8－52　实例检索结果

二、ACM Digital Library(美国计算机协会数字图书馆)

(一)ACM(美国计算机协会)简介

ACM(Association for Computing Machinery)创立于 1947 年,历史悠久,出版具有权威和前瞻性的文献,如专业期刊、会议录和新闻快报,并于 1999 年开始提供在线数据库服务——ACM Digital Library。ACM 出版物类型较多,包括 52 种期刊、杂志和会刊。全部回溯到起始卷,超过 4000 卷会议录文献,其出版物的引用量和影响因子在计算机类期刊排名中位居前列。

在访问方式上 ACM 同时提供国际站点和镜像站点两个访问地址,国际站点通过网络访问,内容上比较丰富而且更新速度较快,而镜像站点相对来说要慢一些,因此推荐用户使用国际站点,下面的介绍主要是国际站点的使用。

国际站点访问网址:http://dl. acm. org/

镜像站点访问网址:http://acm. lib. tsinghua. edu. cn/acm/

ACM 数据库采用 IP 地址控制访问权限,IP 范围内用户不需要账号和密码,可直接访问该数据库,并获取全文。

（二）检索技术

ACM 数据库常用的检索符见表 8 - 3。

表 8 - 3　ACM 常用检索逻辑算符

检索算符	说明
逻辑运算符	AND、OR、NOT
位置算符	ADJ:表示两词相邻,一般以空格表示,是系统默认状
	NEAR/n:表示两词之间可插入 n 个词,词序可颠倒
	W/n:表示两词之间可插入 n 个词,词序不可颠倒
通配符"?"和"＊"	"?"只替代一个字符,相当于模糊检索,如:int??net,可检出 internet、interanet…
	"＊"可以替代多个字符,可以进行词根检索,如:inter＊,可检出 inter、internet、international

（三）检索方法

1. 快速检索

在 ACM 国际站的主页上,可以看到一个快速检索框,见图 8 - 53,在快速检索框中输入关键字然后点击检索即可跳转到检索结果页,目前该库中大多数内容可看到全文(pdf 格式),但有些文献只能看到文摘。各种文献的收录年代范围不统一,有的收录自创刊起直到当前的最新内容,有的只收录了某几年的内容。该库中查到的由 IEEE 主办的会议,如果没有全文,可到 IEEE/IET Electronic Library 全文库中查找全文。ACM 的电子出版物都采用 Computing Classification System(CCS)分类法。

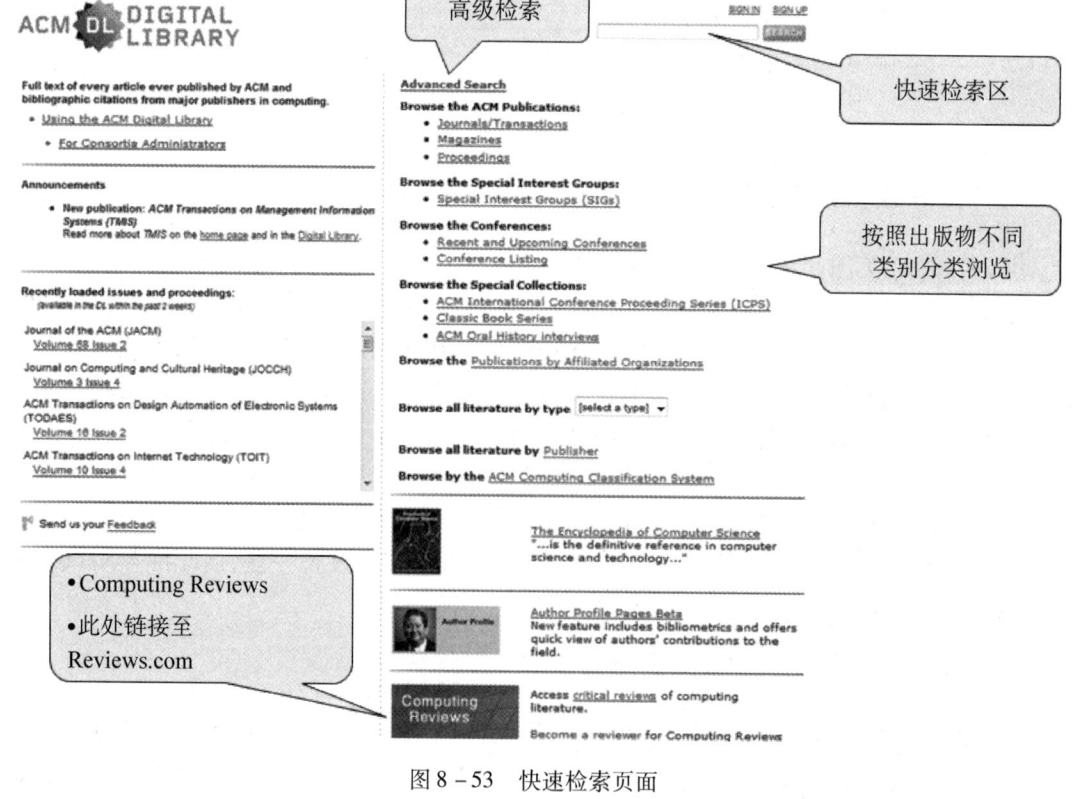

图 8 - 53　快速检索页面

2. 高级检索

点击高级检索页面需要读者在相应的检索字段输入检索词进行组合查询,也可以限定检索的文献类型和检索结果包含的信息。

在高级检索中,用户可通过单独或组合字段检索、限定检索文献类型获取所需数据。

—词组或姓名(Words or Phrases\Names)

—关键字\作者所在机构(Keywords\Affiliations)

—出版物(Publication)

—会议(Conference)

—ISSN/ISBN/DOI 检索

—ACM 计算机分类体系 CCS

(Computing Classification System)

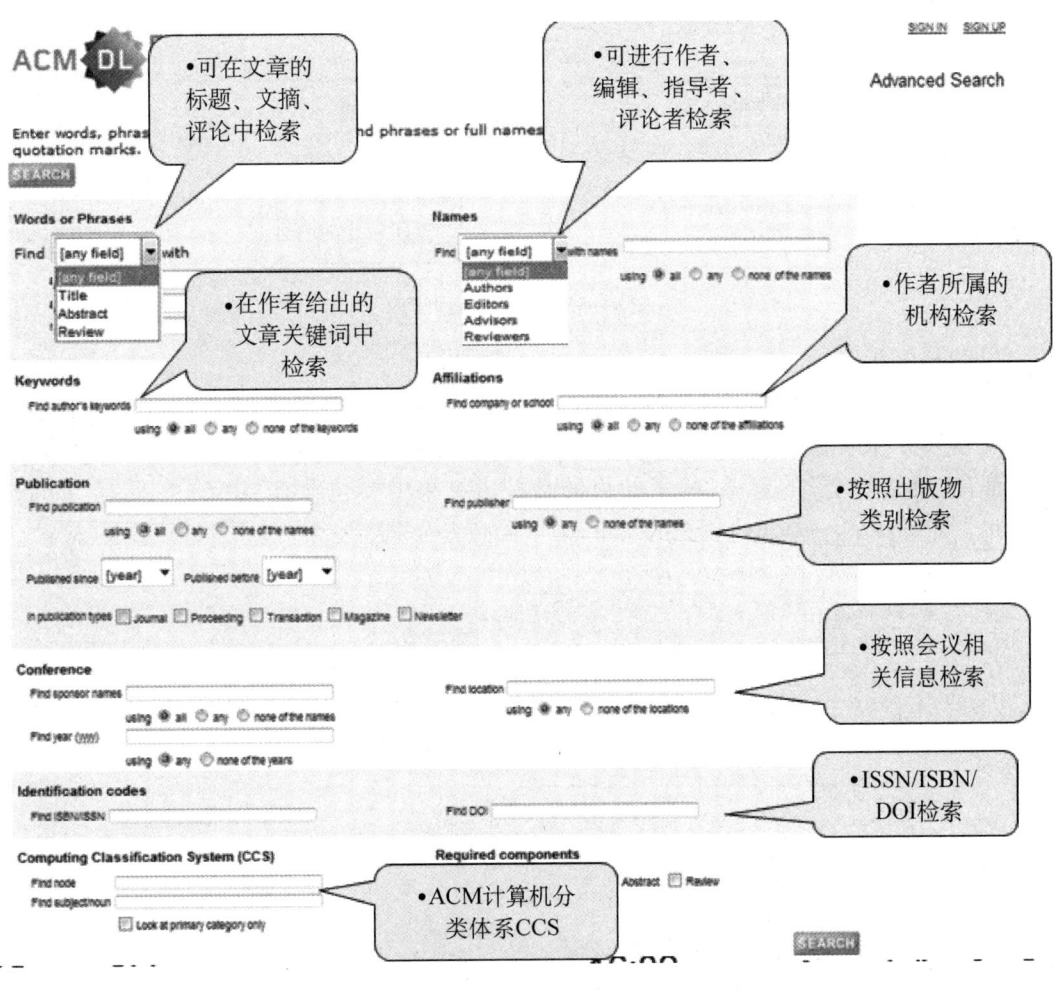

图 8 – 54　高级检索页面

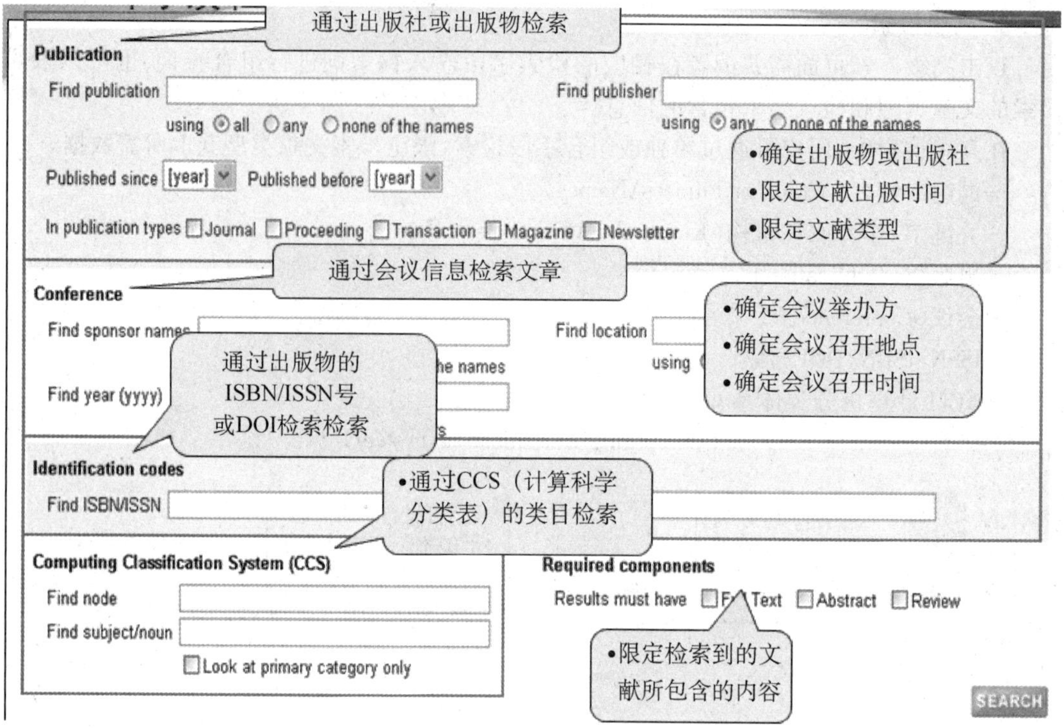

图 8 - 55　高级检索页面

（四）检索实例

检索课题：2005 年至今"基于 IPv6 的网络安全机制研究"的文章

检索分析：根据检索内容，"IPv6"是固定的专业词汇，"internet security"和"network security"都有"网络安全"的意思，检索的目的是检索结果中要包含有"IPv6"并且有"internet security"或"network security"相关的文章，为了提高查全率应注意同义词和相近词的检索。

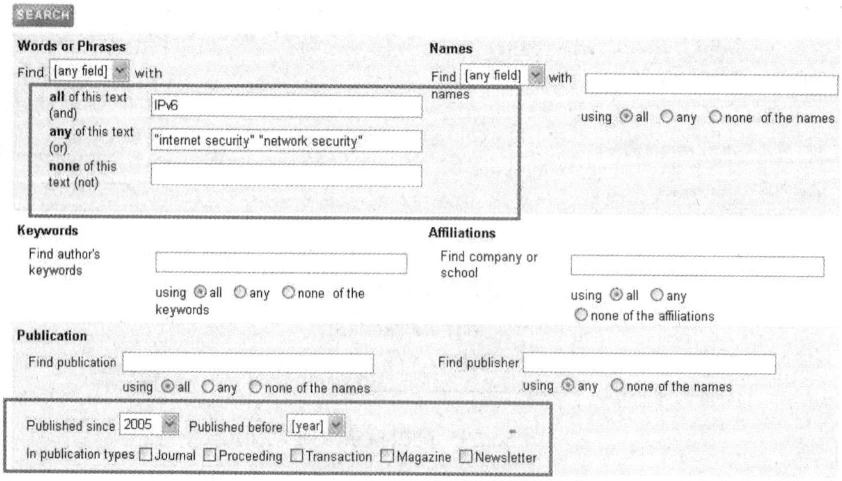

图 8 - 56　检索实例：高级检索

执行检索后得到 133 个结果。见图 8 - 57。

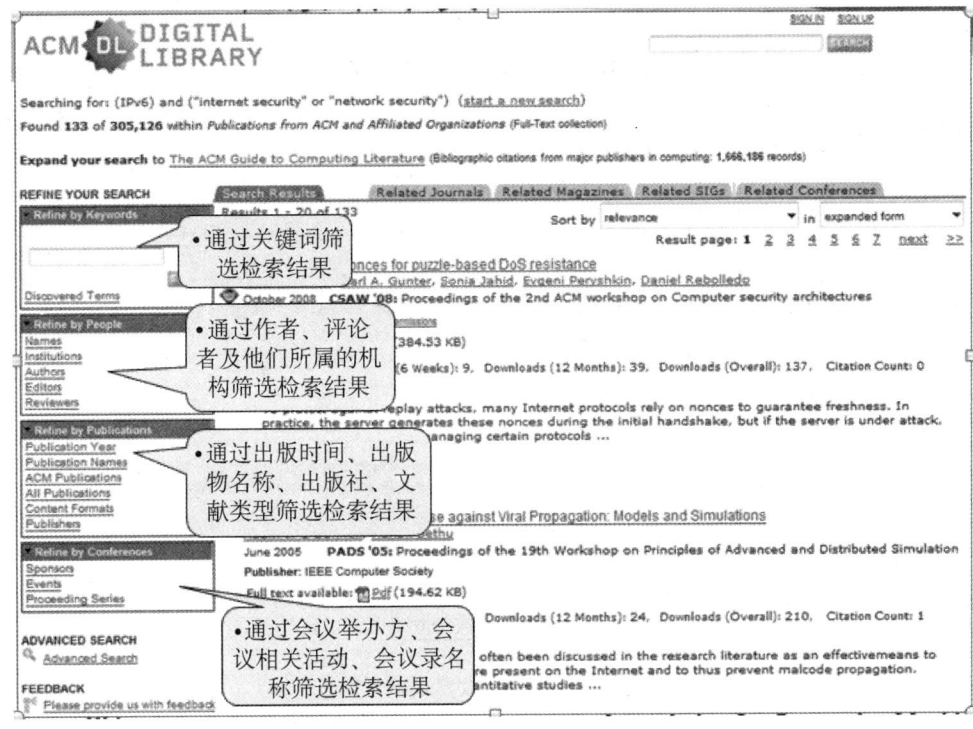

图 8-57 检索结果左侧部分的各种精炼选项

检索结果中页面上方的"Related Journal""Related Magazines""Related SIGs""Related SIGs""Related Conferences",分别表示与检索结果相关的期刊、杂志、SIG出版物和会议。可以根据需要点击相应标签。见图 8-58。

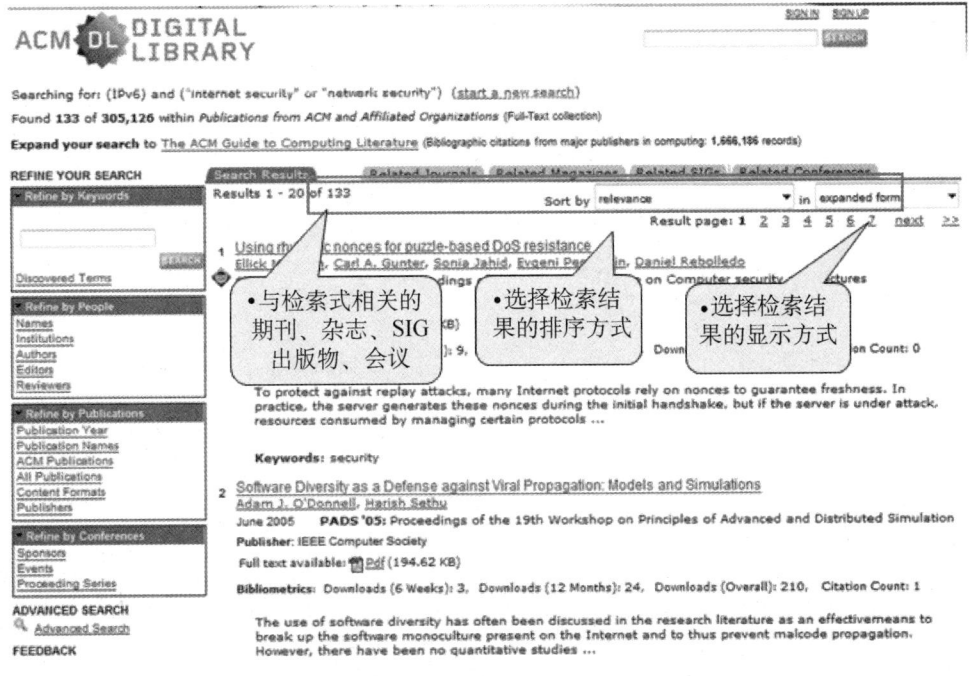

图 8-58 检索结果显示部分

　　检索结果的每篇文章下面都显示了该篇文章的基本信息,包括文章题名、作者、出版机构、全文、关键词以及该篇文章下载数量的信息。见图 8 – 59。

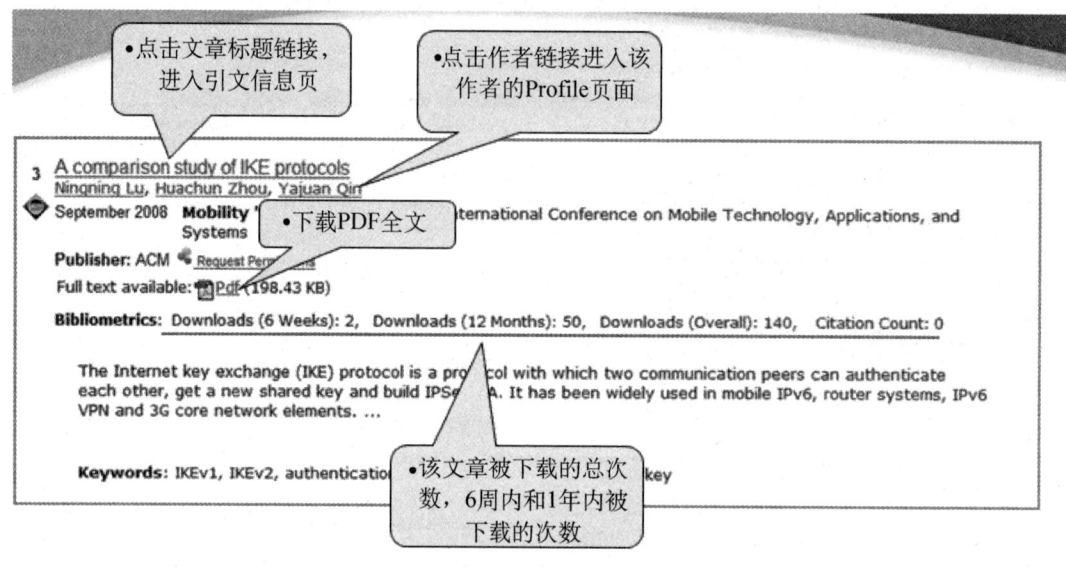

图 8 – 59　检索结果文章的基本信息

思考题:

1. 作为食品、化学、计算机专业的学生,简述本专业的专业文献数据库有哪些。

2. 请分别以黄酮(flavone)、维生素 H(biotin,即生物素)、云计算(cloud computing)为关键词,检索食品、化学、计算机类文献数据库,比较同专业数据库检索结果的差异。

第九章　人文社科文献数据库

第一节　商管财经类文献数据库

一、事实和数值型文献数据库

相对于文献数据库,事实和数值型数据库具有更强的实用性,涉及面广,查准率高,检索结果往往只是单一记录;相对于参考工具书,事实和数值型数据库具有更强的检索功能,存储的信息范围更广,内容更新及时。法律及商业金融类的事实和数值型数据库占多数,且各有特色,检索功能和收录范围各不相同,需要仔细鉴别。

事实和数值型数据库收录的内容一般不可能涵盖所有专业,往往是某一个专业、某一个行业甚至某一个更小领域的相关信息,例如统计数据、企业名录、新闻报道,也有各种各样的商情数据库、行业或地区企业名录、法律法规数据库、医药数据库等。事实型数据库具有某一个领域的百科全书的功能。

（一）国研网数据库

国务院发展研究中心信息网（http://www.drcnet.com.cn/www/integrated/）简称"国研网",是由国务院发展研究中心主管、国务院发展研究中心信息中心主办、北京国研网信息有限公司承办的中国著名的专业性经济信息服务平台。国研网依托高效、专业化的研究咨询团队,在宏观经济、行业分析、战略规划等领域积累了丰富的经验,结合多年积累建成的丰富而系统的经济信息数据库资源,为中国各级政府部门、广大企事业单位和众多海内外机构提供深度的市场研究与决策咨询服务。其首页如图 9 - 1 所示。

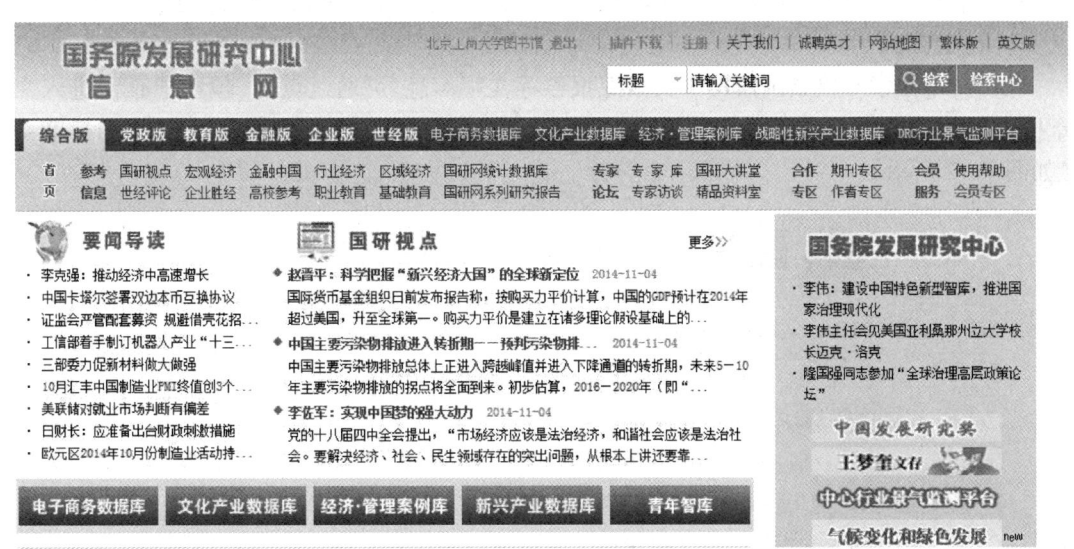

图 9 - 1　国研网数据库

1. 主要资源

国研网目前已经开发出全文数据库、专题数据库、统计数据库、研究报告数据库四大类数据库,并针对金融机构、高校用户、企业用户和政府用户的需求特点开发了金融版、教育版、企业版、党政版及综合版5个专版产品。"全文数据库"主要是政府工作、经济运行方面的内参文章或公开发表的文章全文。内容细分为国研视点、宏观经济、金融中国、行业经济、区域经济、企业胜经、世界经济与金融评论、高校管理决策参考、基础教育、发展规划报告、经济普查报告、政府工作报告、政府统计公报、中国国情报告、财政预决算与审计、经济形势分析报告16个栏目。

"专题数据库"主要是以专题为中心,收集整理内参文章和公开发表的文章全文。内容可细分为领导讲话、宏观调控、体制改革、聚焦"十一五"、市场与物价、人口与就业、基础设施建设、公共管理理论、社会保障、资源环境、科学发展观、农民工问题、新农村建设、国际贸易、跨国投资、循环经济、国内政府管理创新、国外政府管理借鉴、政策法规19个栏目。

"统计数据库"主要是对来自于国家统计局、海关、人民银行、行业协会等国家权威机构的经济数据进行整合加工后的产物。内容细分为最新数据、每日财经、对外贸易数据、工业统计数据、产品产量数据、宏观经济数据(月度厚度/年度/专题)、金融数据、世界经济数据、区域经济数据(市级)、教育经费统计数据、医药卫生、汽车工业、冶金工业、机械工业、轻工行业、建材工业、信息产业、石油化工、交通运输、纺织工业、地产业、旅游行业、批发零售、贸易和餐饮业、科学技术、能源工业、农林业、企业排行榜、财经词典29个栏目。

"研究报告数据库"主要是内参类的政府调查研究报告。内容细分为金融周评、宏观经济月度分析报告、金融中国月度分析报告、房地产行业月度分析报告、电力行业月度分析报告、钢铁行业月度分析报告、汽车行业月度分析报告、石油化工业月度分析报告、通信行业月报分析报告、港口航运业月度分析报告、宏观经济季度分析报告、金融中国季度分析报告、汽车行业季度分析报告、房地产行业季度分析报告、石化行业季度分析报告、通信行业季度分析报告、钢铁行业季度分析报告、电力行业季度分析报告、交通运输行业季度分析报告19个栏目。

2. 检索方法

(1)文章搜索。检索国研网中文章或报告等文字信息,可通过点击"检索中心",进入文章搜索界面,在左栏选择检索的栏目范围,上部检索框中输入关键词,点击"检索"图标即可(如图9-2所示)。

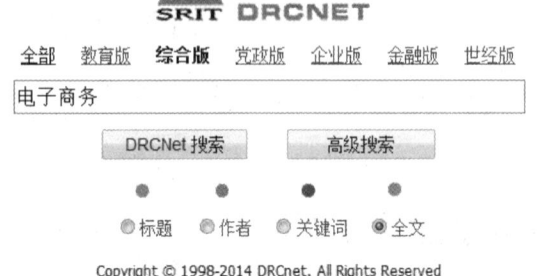

图9-2　国研网数据库综合版

（2）数据搜索。如需检索各种经济指标产生的具体统计数据,可点击"国研统计数据库"栏目,其下包含的各子库因内容差异检索方法有所不同。如检索"金融统计数据"子库,查询时先要在界面左侧选择各种相关参数、月度数据、年度数据等。如图 9－3 所示。

图 9－3　国研网统计数据库

（3）研究报告检索。国研网研究报告数据库以独立的视角,对一系列的行业热点问题进行专题报道,形成周评、月报、季报、年报的体系,便于读者全方位了解问题,从各个层面深刻了解问题的脉络。例如对于数据随时更新的信托市场、期货市场来说,周评、月评便于读者从宏观角度了解市场的动态。国研网的月报、季报栏目更是囊括了各大行业,读者可以全面了解研究对象的发展态势。检索阅览如图 9－4 所示。

（二）中国宏观经济信息网

中国宏观经济信息网(http://edu. macrochina. com. cn/)简称"中宏网",隶属于国家发改委中国宏观经济学会,是具有政府背景和研究背景的权威专业网站。"中宏数据库"的内容主要包括新华社、中新社等国内主要新闻媒体的新闻信息、国务院各部委局办公开发布的政务信息、国务院发展研究中心、中国社科院、国家计委宏观经济研究院、国家信息中心等国内主要研究机构和咨询机构的研究报告、中宏专家百人团、中宏研究院经济专家长期研究的"资料库"和"成果库"、各省市区信息机构信息、全国一些大型批发市场行情信息、海外著名新闻媒体与研究机构信息、各类经济专业报刊的文献资料等。如图 9－5。

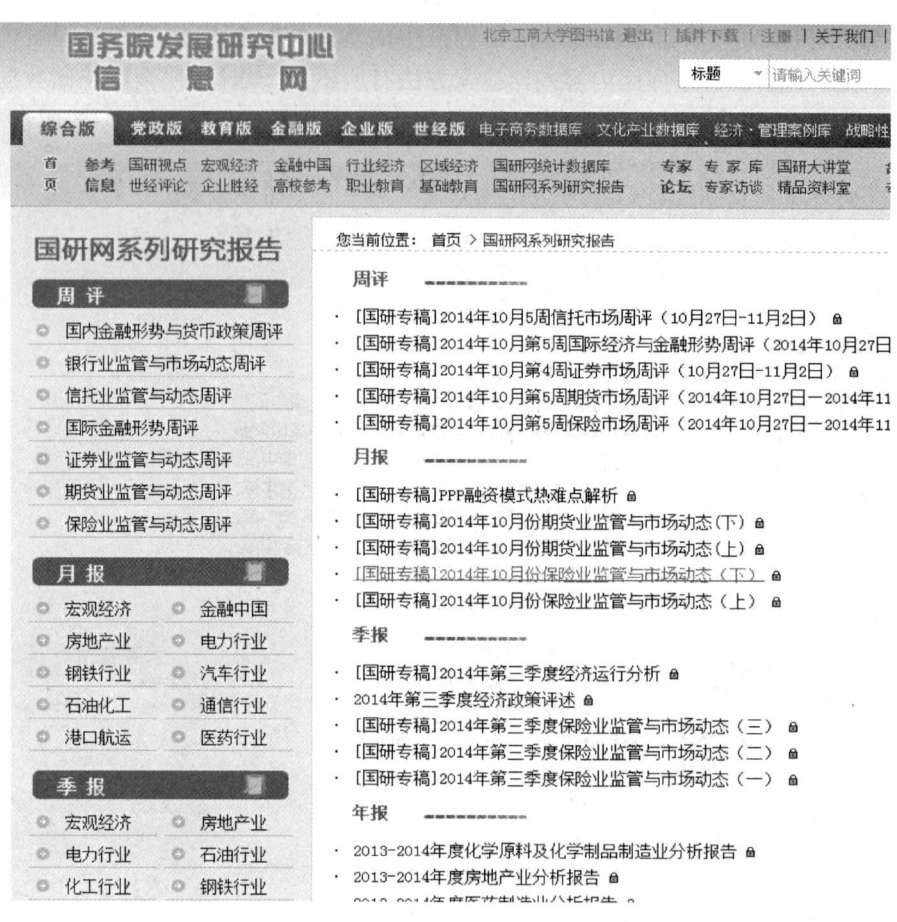

图 9 – 4　国研网研究报告检索

图 9 – 5　中宏网首页

1. 主要资源

"中宏数据库"拥有超过 20 大类、130 中类的专业库,而新专业库也在不断形成。"中宏数据库"内容涵盖 20 世纪 90 年代以来宏观经济、区域经济、产业经济、金融保险、投资消费、世界经济、政策法规、统计数据、热点专题等方面的内容,既有深度的研究报告,也有鲜活的政策动态,更有详尽的统计数据,容量已相当于一家中型专业图书馆。每日更新 40 万—100 万字。其大类专业库有以下几个。"中国宏观经济形势库"收录了我国经济的运行状况、形势判断、热点分析和趋势预测等信息内容和研究报告。

"财政税收数据库"包括财政、税收两个子数据库,现有历史资料 8443 条 1689 万字,每日更新。

"投资数据库"收录了投资方面的信息内容和研究报告,包括投资新闻、政策法规、背景资料、统计数据、投资体制、投资环境、投资管理、国际投资。

"消费数据库"收录了消费市场的运行状况、形势判断、热点分析和趋势预测等信息内容和研究报告。

"物价数据库"收录了物价运行状况、形势判断、热点分析和趋势预测等信息内容和研究报告,包括新闻动态、政策法规、政策解读、背景资料、统计数据、深度分析等。

"国内贸易数据库"收录了国内贸易方面的信息内容和研究报告,包括新闻动态、粮食流通体制改革的政策、商品期货市场的理论和政策、农产品流通的中近期对策、流通产业政策、商贸发展战略、中国物流发展战略的实证分析、国内贸易基本状况、全国消费品市场交易情况、社会消费品零售总额(按行业分)、限额以上批发零售贸易业主要商品分类销售额等。

"对外经济与合作数据库"收录了对外经济与合作方面的信息内容和研究报告,包括对外经济与合作基本状况、战略规划、政策法规、统计数据、市场分析、国际经贸动态。

"中国外资数据库"收录了中国利用外资方面的信息内容和研究报告,包括利用外资和境外投资规划,利用外资的政策措施,外商投资管理体制,投资环境,分年度、分地区、分产业利用外资基本情况,国际投资概况,政策法规,政策解读,背景资料,利用外资方式,成果分析,专题研究报告等。

"企业管理和经营战略数据库"收集了国内外企业管理与经营战略方面的信息内容和研究报告,包括管理理论、管理方法、管理实务、典型案例、规章制度、合同文书范本、企业精英等。

2. 检索方法

以"月度统计数据库"为例。在搜索栏输入"中国制造业采购经理指数",界定搜索日期与地区,即可得出图 9-6 所示结果。搜索结果清晰,用户也可以根据自己的需求保存图片,或利用 Excel 进行导出。如图 9-6 所示。

(三)中经网统计数据库

中经网统计数据库包括宏观月度库、行业月度库、海关月度库、综合年度库、城市年度库等子库。各子库从专业的角度反映所收专题的多项指标内容,各行业运行发展的状况以及我国社会、经济发展的全貌、城市经济发展状况等主要统计指标。数据翔实、丰富,涵盖我国经济发展各主要领域的情况。如图 9-7 所示。

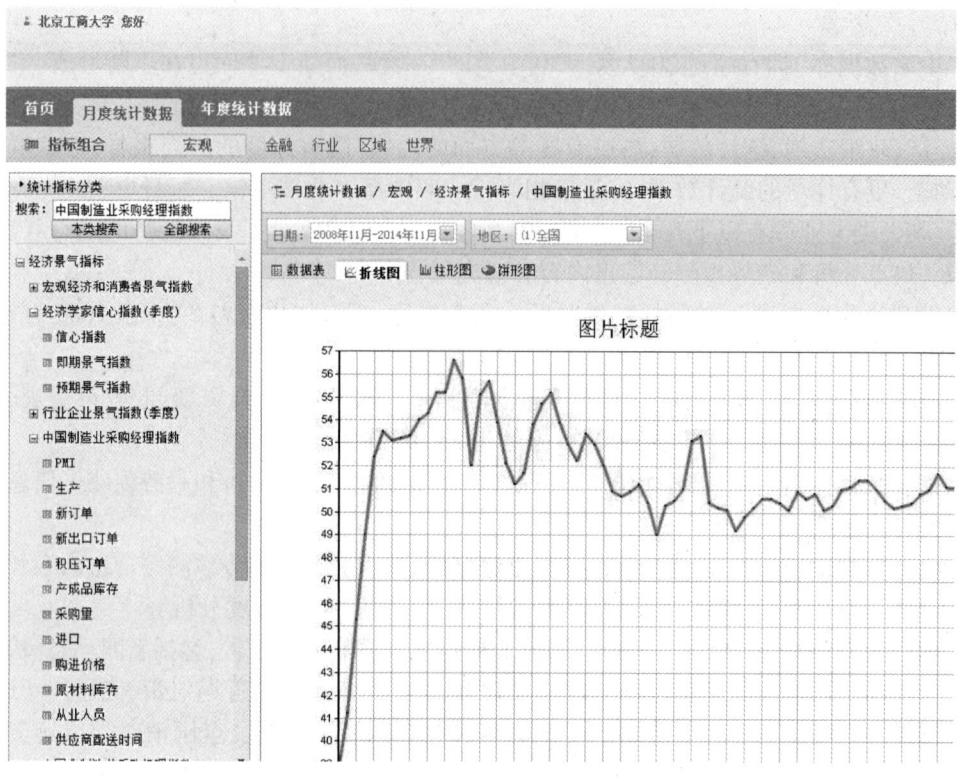

图 9-6　中宏月度统计数据库

图 9-7　中经网统计数据库数据页面

二、常用金融数据库检索

实证经济、金融、会计学和与经济计量研究的发展,计量经济学、金融统计学、金融数学等学科的兴起,一个重要的基础是财经数据的搜集。对于学术研究者,唯有搜集到全面、准确的数据,才能进行有意义的经济、金融与会计研究,高质量的数据平台的建设,是开展经济、金融、会计、贸易等专业实证研究的首要基础和必备条件。

实证学术研究是以数据来描述经济行为,通过分析、计算、实验、研究得出结论的一种研究方法。数据、模型、假设、检验、推理与结论是实证学术研究的六大要素。其中,数据是最基本的要素,没有数据,实证学术研究就无从开展。在实证学术研究的过程中,如果没有完整准确的数据库做支持,研究者 60% 以上的时间都会花费在数据的收集、整理,并且收集到的数据也很难保证完整性、准确性,这不仅大大降低了研究的效率,而且会影响研究的结论,进而影响成果的发表。

(一)国泰安 CSMAR 系列研究数据库

构建符合研究需求的数据库,是开展实证学术研究的先决条件。国泰安 CSMAR 研究数据库从学术研究的需求出发,强调数据的精度、可比性和延续性,大大降低了研究成本,提高了研究效率,开拓了研究思路。CSMAR 系列研究数据库由股票、公司、高频、基金、债券、衍生品、经济、行业、货币市场、海外、板块、资讯和专题等两千多张表上万个指标近 4 万个字段。如图 9 - 8 所示。

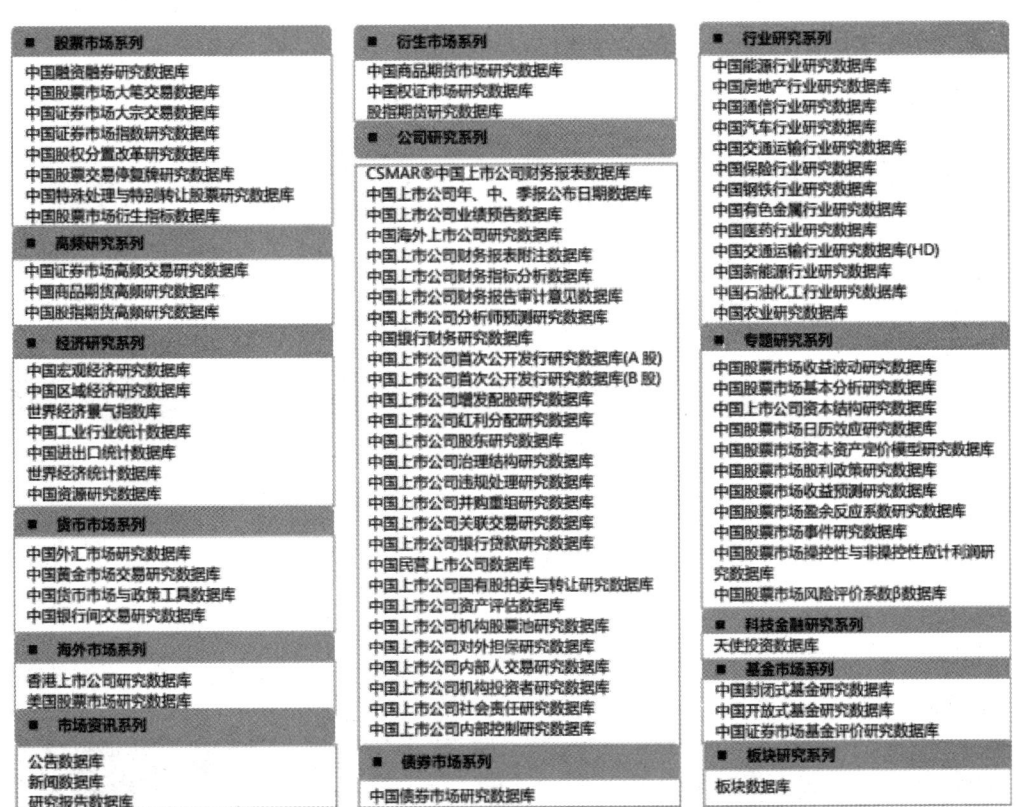

图 9 - 8　国泰安 CSMAR 数据库

1. 操作指南

（1）代码选择

图 9 - 9　代码选择

（2）日期选择、字段选择、条件设置

图 9 - 10　条件设置

（3）数据下载格式

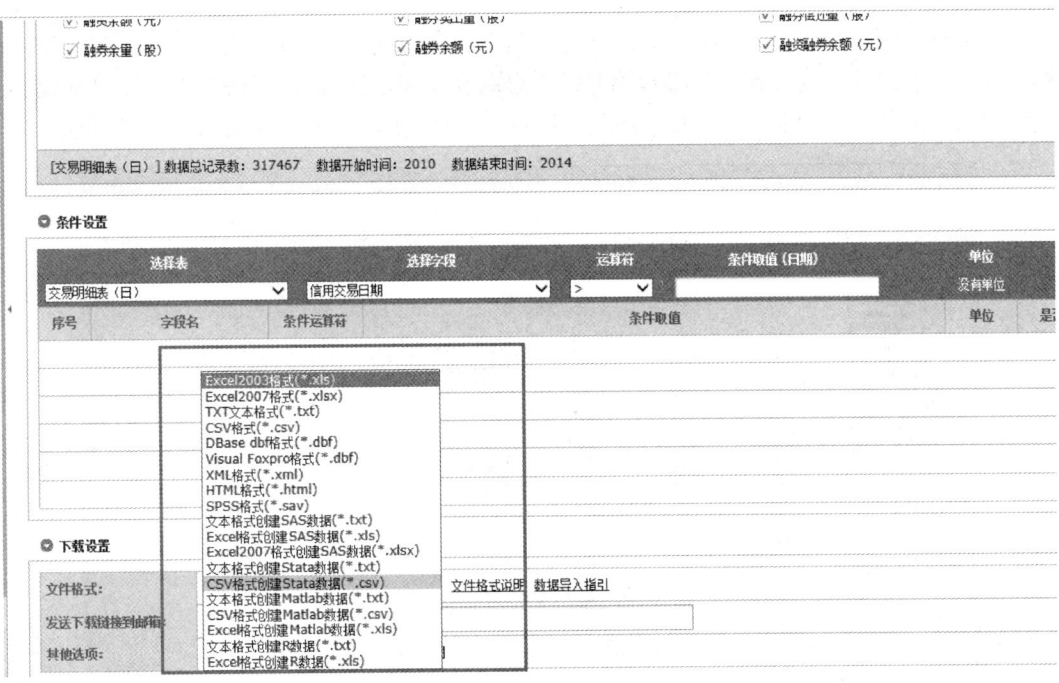

图9-11　选择数据下载格式

（4）数据预览及下载到邮箱

图9-12　预览数据

2. 多样化的查询工具

（1）CSMAR 数据库查询系统

CSMAR 数据库查询系统 V4.0 延续之前所有版本的优势,打造全新数据数据库查询与分析平台。该系统可加载国泰安全部 CSMAR 数据库,在单表快速查阅、多格式数据导出基础上,更添加了自定义跨库查询、字段模糊搜索、多维条件选择、查询方案保存、在线更新等功能。

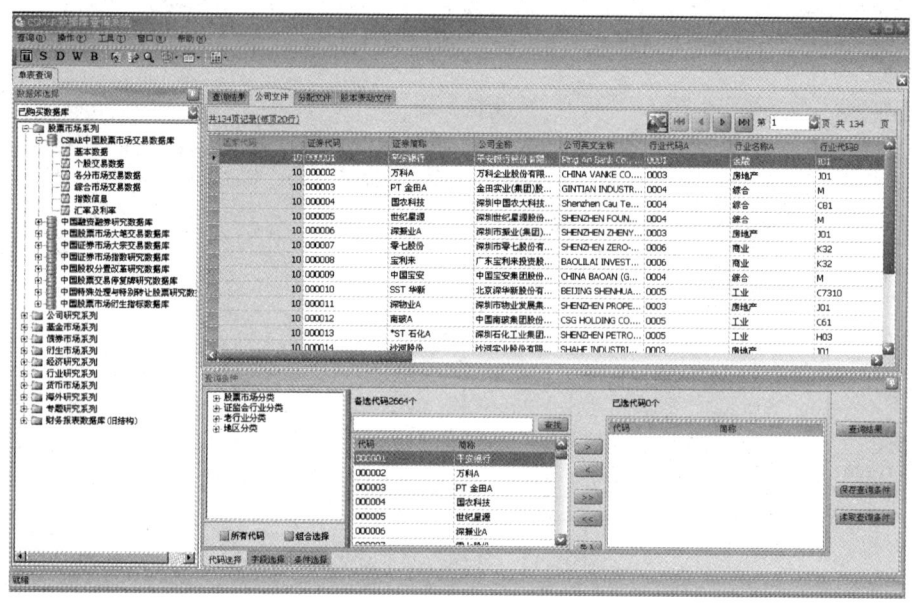

图 9-13　自定义检索

（2）CSMAR 多样的解决方案

数据内容主要为 CSMAR 数据库与新闻、公共、研报等资讯数据库,可以进行 CSMAR 数据查询下载、绘图、统计,浏览新闻、下载原文、收藏研报,查看学术论文、关注学术会议、下载课程资料、案例资料。

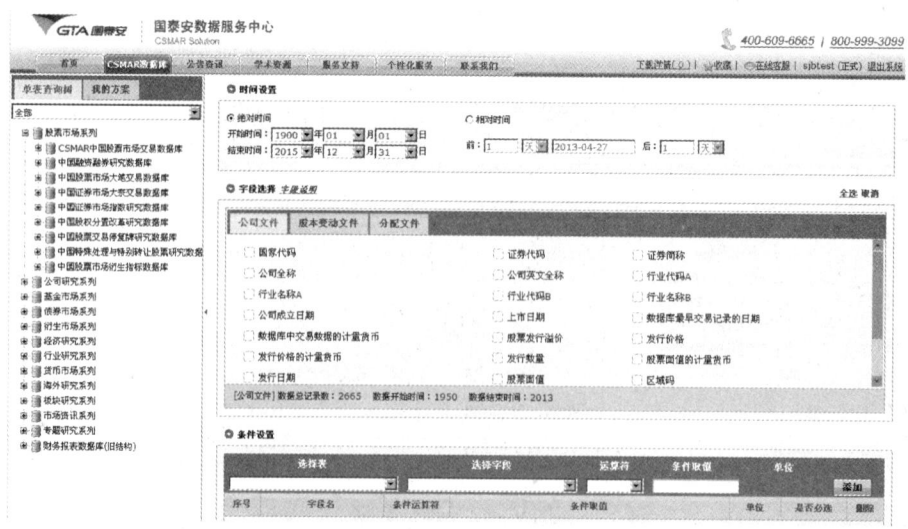

图 9-14　CSMAR 多样化解决方案

（二）锐思数据库

RESSET 金融研究数据库（RESSET/DB）是一个为模型检验、投资研究等提供专业服务的数据平台。RESSET/DB 充分参照国际著名数据库 CRSP、Compustat 等的设计标准，又考虑中国金融市场实际情况，以实证研究为导向进行整体设计。RESSET/DB 设计体系科学先进，数据全面准确，提供多种数据获取模式，方便易用。其设计思想、体系结构、数据质量、技术模式等，均达到了国际先进水平，可为实证研究、学科与实验室建设提供强力支持。

锐思数据（RESSET）推出的 RESSET 金融研究数据库 RESSET/DB 是为实证研究、模型检验等提供支持的数据平台，主要供高校、金融研究机构、金融企业的研究部门使用。RESSET/DB 金融研究数据库目前包括股票、债券、基金、宏观、行业、外汇、期货、黄金、金融统计、融资融券、研究报告十一大系列，共 60 多个数据库，包括中英文各 1000 多张表，超过 20 000 个字段的内容，覆盖范围广泛，历史数据全面，涵盖了经济、金融、会计实证与投资研究所需的绝大部分数据。

在同类型数据库中，锐思数据库提供了大量经过深加工的衍生指标数据，如股票持有期收益、风险因子、波动率、估计指标、三因子数据、期限结构等，并且对于这些指标提供相应的模型说明。

1. 操作指南

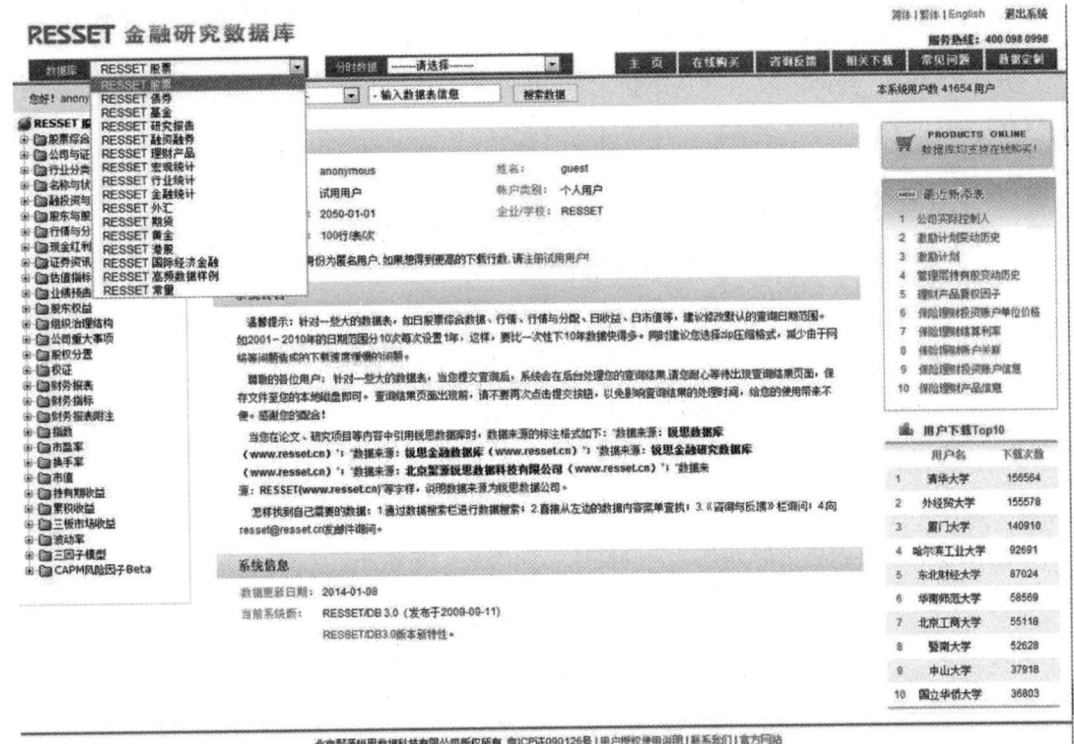

图 9-15　RESSET 金融研究数据库

点击进入锐思数据库界面，即可获得数据内容列表、数据库列表以及即时公告信息。熟知数据库的基本内容构成，便可以获取相应的所需数据。

（1）数据查询案例

RESSET 股票—标识与信息—最新股票信息查询

1）选择"日期范围"

图 9 - 16　选择日期范围

选择一日期对象,输入或点选起止日期查询,值为空时代表无时间限制。

2）选择"查询字段|代码选择|概念板块"（三种方式选一）

方式 1:选择"查询字段",即从下拉菜单中,选择要查询的字段,例如"股票代码",如图 9 - 17 所示。

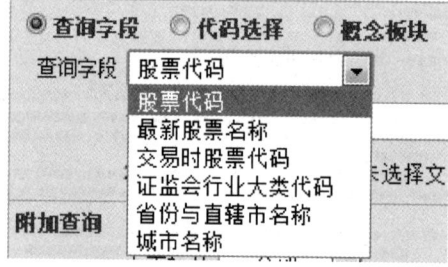

图 9 - 17　输入查询条件

方式 2:手工输入单个股票代码"000001",如图 9 - 18 所示。

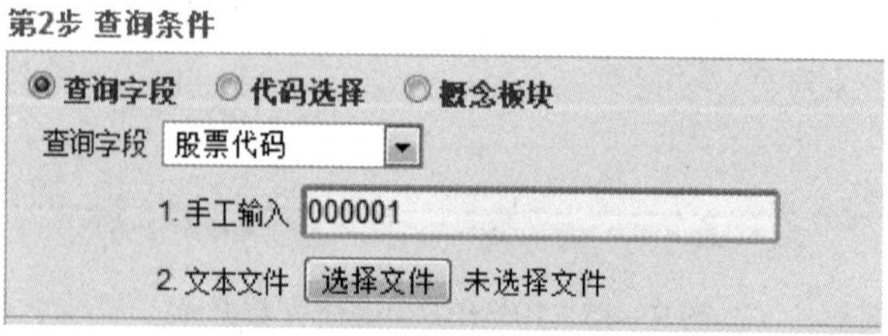

图 9 - 18　输入股票代码

方式 3:手工输入多个股票代码"000001 000002 600036 600050",多个股票代码之间用空格分开,如图9-19所示。

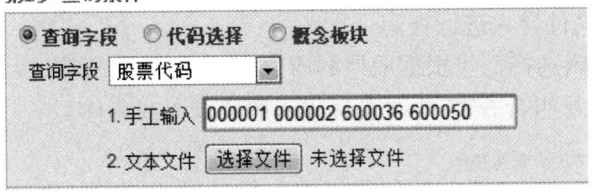

图9-19　手工输入代码

　　查询股票数量较多,手工输入不方便时,可以上传一个包括多个股票代码的文本文件,每行一个股票代码,如图9-20所示。点击"浏览"按钮,添加要导入的文本文件即可。

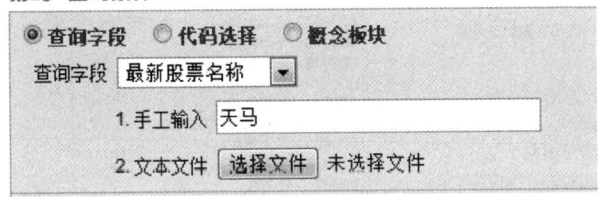

图9-20　上传股票代码文件

　　3)查询字段选择"最新股票名称",手工输入股票名称(支持模糊查询)。手工输入单个股票名称"天马",如图9-21所示。

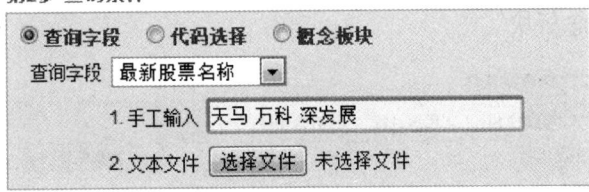

图9-21　输入股票名称

或手工输入多个股票名称"天马 万科 深发展",如图9-22所示。

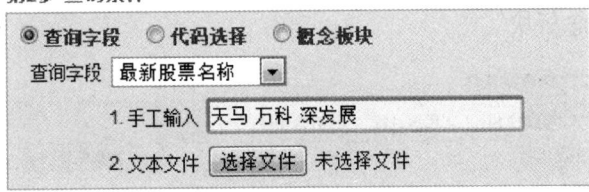

图9-22　输入股票名称

　　(2)利用"查询字段"完成用户任意常用证券组合的下载

　　1)通过代码选择对话框选出需要查询的代码,用鼠标选中股票代码的输入框,按Ctrl + A全选输入框中的股票代码,之后按Ctrl + C进行复制,再将复制后的股票代码粘贴保存至本地的TXT文本文件中,以后使用只需要打开相应TXT文件,拷贝粘贴即可。

2)按照步骤1中的操作将股票代码保存到本地的 TXT 文件中后,将文件中代码之间的空格替换为回车(即保证每行一个代码),之后进行保存,以后使用则可通过"查询字段"的方式,将相应的文本文件导入进行查询。

方式1:选择"代码选择",可根据股票的所属地区、交易所标识、股票类型、当前状态、所属行业等信息选择进行组合查询,也可直接输入股票代码或名称。

图 9 – 23　选择代码

点击"代码列表"按钮,将得到如图 9 – 24 所示界面。

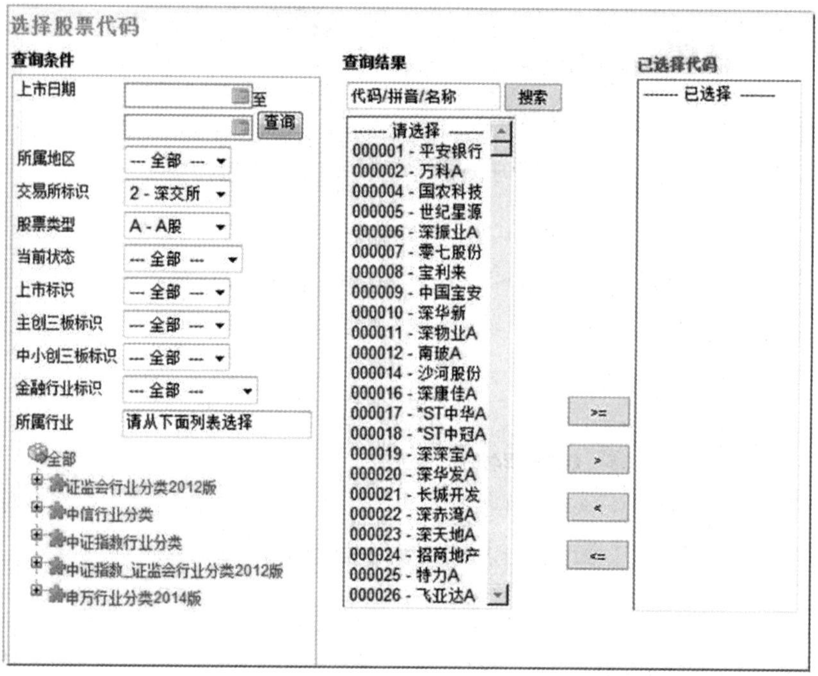

图 9 – 24　代码列表

方式2:选择"概念板块"。

图 9 – 25　概念板块选择

点击"概念板块列表"按钮,如图 9 – 26 所示。

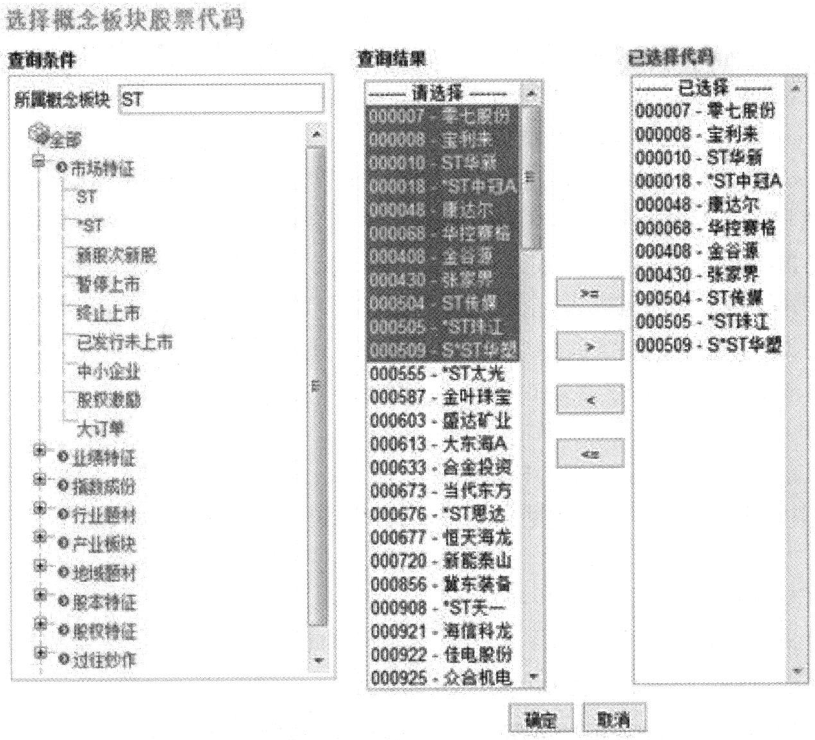

图 9 - 26　概念板块股票列表

（3）RESSET 数据库的优势

1）涵盖范围广泛：包括股票、债券、基金、期货、黄金、外汇、宏观、行业、融资融券、金融统计、研究报告十一大系列。

2）信息量大：库表数据量超过 90G，数据库表超过 1000 个，数据字段数近 20 000 个。

3）历史数据完整：确保每张表都有完整的历史数据。

4）衍生指标丰富：提供了大量经过深加工的衍生指标数据，如股票持有期收益、风险因子、波动率、估计指标、三因子数据、期限结构等。

5）金融知识全面：对于每个表都有详细说明（全部中英文对照），同时还给出金融分析所需背景、模型、历史变更等知识，以及完全开放的模型和算法，构成了一个全面专业的金融知识库。

三、常用财经数据库

（一）EBSCO 数据库

EBSCO 是一个具有 60 多年历史的美国大型文献服务专业公司，提供期刊、文献订购及出版等服务，总部在美国，19 个国家设有分部。有近 250 多个在线文献数据库。涉及自然科学、社会科学、人文和艺术等多种学术领域。

1. Academic Source Complete 数据库

Academic Source Complete（ASC）有 2976 种全文出版物，收录领域包括社会科学、教育、法律、医学、语言学、人文、工程技术、工商经济、信息科技、通信传播、生物科学、教育、公共管理等。其中有超过 11 200 种期刊索引及摘要,7100 种全文期刊。ASC 有 2000 种全文期刊被 ISI、Web of Science 收录,在人文社科方面 720 种全文期刊收入 PsycINFO 数据库,790 种全文期刊收入 LA Intemational Bibliography 数据库,700 种收入 SSCI 数据库。

2. Business Source Complete 数据库

Business Source Complete(BSC)涵盖了商业相关领域之行销、管理、管理信息系统(MIs)、生产与作业管理(POM)、会计、金融等议题。除此之外,BSC 数据库还收录非期刊的全文数据包含图书、专题论文、参考工具资料、书摘、会议论文、个案研究、投资研究报告、产业报告、行销研究报告、国家报告、企业公司档案、SWOT 分析等。BSC 为 EBSCO 最完整的商管财经全文数据库,约收录 4292 种期刊索引及摘要,还包括 Bernstein Financial Data(伯恩斯坦财务分析报告)、EIU272 种全文出版品、AICPA 美国会计师协会出版品。

3. EconLit winl Full Text 数据库

该数据库是世界上经济文献的权威研究工具之一,最早可回溯至 1968 年。该数据库包含 EconLit 中的所有索引和 480 种期刊的全文,其中美国经济协会的期刊可按卷期浏览所有全文期刊。

4. EBSCO 的检索方法

EBSCO 网站主页如图 9 – 27 所示,在需要检索的子库前方打"√"(可多选),然后点击"continue",进入检索页面。以 Business Source Premier 为例,检索界面如图。

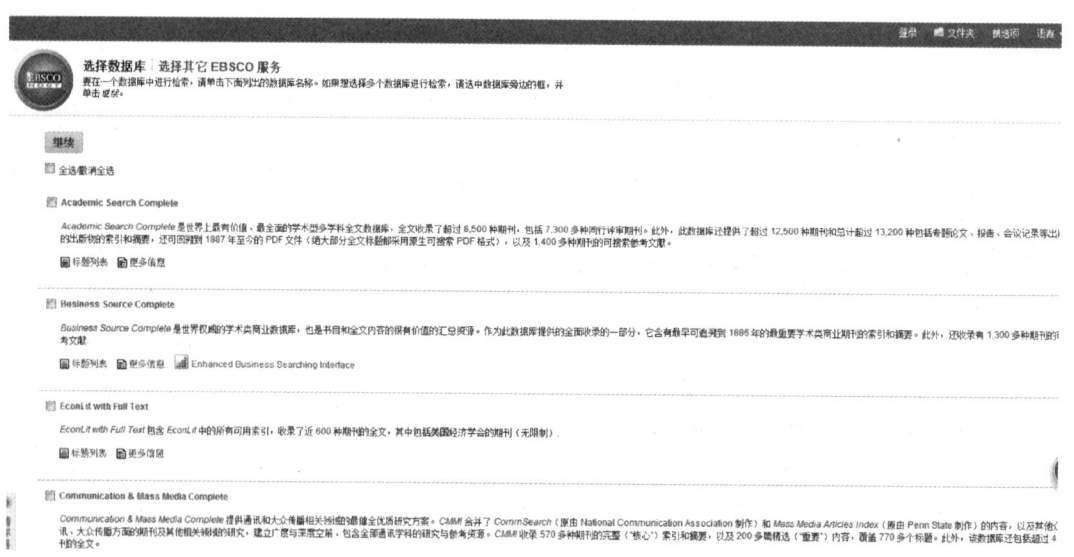

图 9 – 27 EBSCO 检索界面

(1)Basic Search(基本检索)

EBSCO 是统一检索的大平台,读者可以进入 EBSCO 网页进行统一检索,并勾选目标检索数据库,点击继续便可进入下级检索。进入 Business Source Premier 默认界面即为基本检索界面。在检索框中输入检索词,点击"search"开始检索。点击"clear"可清除输入的检索词。如输入"finance",得到初次检索结果界面如图,利用窗口左边的树形目录可以根据不同的分类调整检索显示结果,中间为检索结果栏,右边的显示栏可以对检索结果进行进一步限定,另外还可以查看相关信息。

（2）Advanced Search（高级检索）

在 Business Source Premier 界面点击"高级检索"按钮,得到高级检索界面如图 6－26
所示。界面上部有多个检索条件输入框,用户可以输入一个检索条件进行简单查询,也可
以输入多个检索条件实现多个检索字段的组合检索。多个检索条件之间默认的逻辑关系
为"and",点击相应下拉框,可以根据需要改变为"or""not"。界面的下部可以对检索结果
进行限定,以得到更精确的检索结果。如限定"Full Text"则检索仅在有全文的文章中
进行。

图 9－28　EBSCO 检索

（二）经济合作发展组织（OECD）

OECD 即经济合作发展组织,是由 30 个市场经济国家组成的政府间国际经济组织,旨在
共同应对全球化带来的经济、社会和政府治理等方面的挑战,并把握全球化带来的机遇。它
还包括国际能源组织、国际原子能组织、欧洲交通部长会议、发展中心、教育研究和创新以及
西非发展中国家组织这 6 个半自治的代理机构。

OECD 出版了超过 7950 种图书、报告（自 1998 年以来的电子版）,且每年增加 200 多种,
分为 17 个类别;出版 35 种期刊和 28 种统计数据库（数据库包括 1965 年以来的数据）,此外
还有国际能源组织 IEA 的 10 个数据库,1000 种期刊,3700 份工作报告,3200 份多种语言书
写的摘要,6200 本电子书,37 000 张图表,29 500 篇章节和文章,34 000 个 MS Excel 表格（全
文）的链接,42 个可跨库检索的统计数据库（包含 50 多亿个数据点）。

OECD Library 是经合组织最新推出的网络服务平台,集成了它所出版的图书、期刊、工
作分析报告、统计数据等各种信息资源,为读者提供方便快捷的访问服务。该平台主要包括
1000 多种期刊杂志（约 400 种连续出版物）,OECD 期刊集包括 OECD 从 1998 年至今出版的
14 种期刊,按照期刊种类分为:期刊、参考类期刊、统计类期刊三大类,涵盖经济、金融、教
育、能源、法律、科技等领域。

OECD 有 22 个在线统计数据库,数据不仅来自 OECD 的 30 个成员国,而且也有来自其
他非成员国家的数据资料。此外还有国际能源组织的 10 个数据库。OECD 已出版书籍、报

告 3200 余种,网站提供从 1998 年以来出版的近 4000 种图书、报告的 PDF 格式在线阅览,而且每年还会增加 200 多种。涵盖以下的 20 个领域类别:农业和食品、发展学、教育和技术类、新兴经济形态、就业、能源、环境和可持续发展、财政和投资/保险和社会保障、宏观经济和未来学研究、政府管理、工业,服务业和贸易、OECD 成员国数据统计、核能源、科学和信息技术、转型经济、统计资源和方法、社会问题/移民/卫生健康、税收、交通、城市、乡村及地区发展。

OECD 涵盖 17 个学科领域能源、税收、就业、贸易、核能源、政府管理、工业和服务、城市、乡村和地区发展经济、教育、环境、交通、发展、科学和技术、金融和投资、农业和食品、社会问题、移民和健康。

1. OECD 检索页面

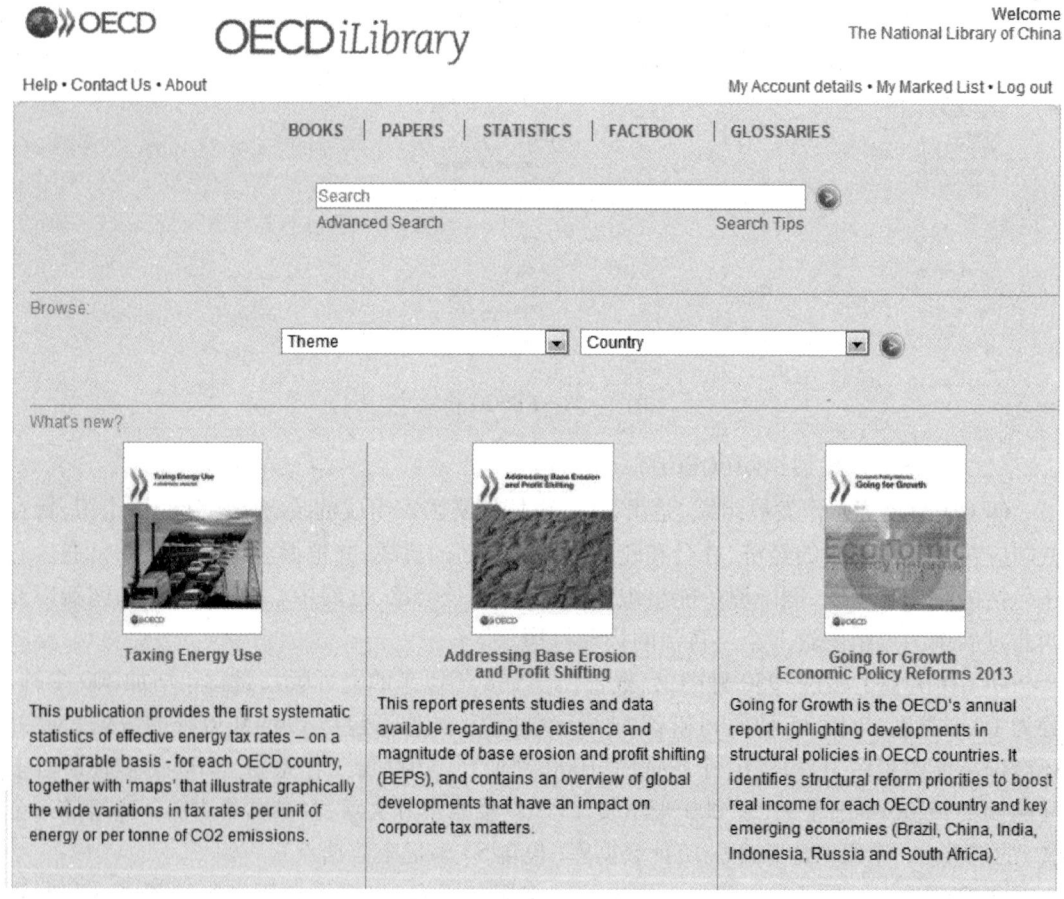

图 9 - 29　OECD Library 数据库

2. OECD 论文/期刊检索页面

通过 Title Index 可按字母排序浏览论文题名,通过 Year Index 可按年份排序浏览论文,通过 Journals 按照题名浏览期刊,通过 Annuals & Outlooks 直接滚动浏览选择年报、年刊,通过 Working Papers Series 直接滚动浏览选择工作论文系列文章。

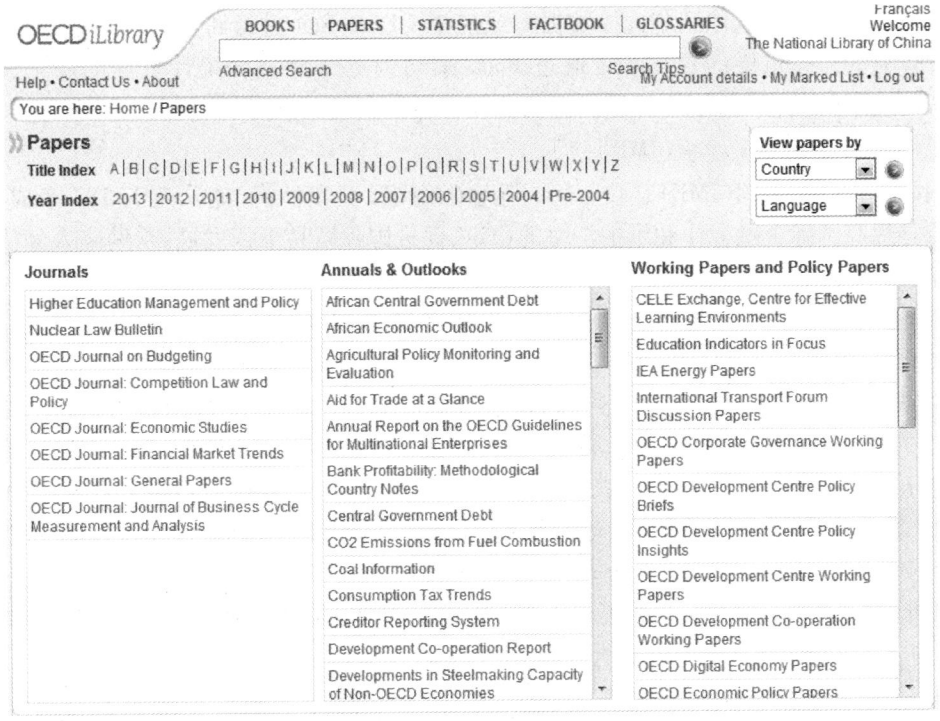

图 9 – 30　OECD 论文期刊数据库

3. OECD 统计数据库

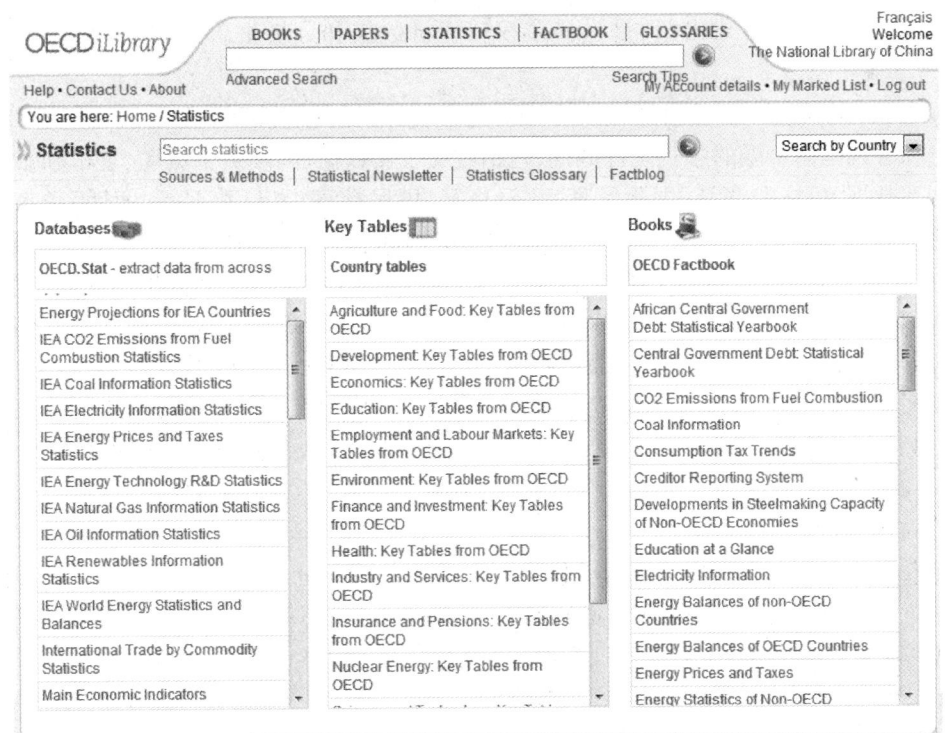

图 9 – 31　OECD 统计数据库

通过 Database 按名称浏览选择数据库或点击 OECD. Stat 进行跨库检索。通过 Key Tables 滚动浏览选择重要的数据表。通过 Book 滚动浏览选择包含统计数据的图书，OECD Factbook 链接直接进入 OECD 概览内容。

（三）国际货币基金组织（IMF）

国际货币基金组织（IMF）是政府间国际金融组织，于 1945 年成立，现有 187 个成员国。其宗旨是提高国际金融合作和维护汇率的稳定，促进国际贸易平衡发展，帮助陷入经济困境的国家，减少贫困。

IMF eLibrary 是国际货币基金组织所出版的各种资料，如图书、期刊、工作报告、国家报告等的网络平台。主要内容：IMF 工作文件（Working Papers）涵盖广泛研究主题的理论性或分析性工作文件。IMF 国家报告（Country Reports）是各成员国经济、金融发展和趋势的评估和预测。世界经济展望（World Economic Outlook）是全球经济发展的中短期分析，并有丰富的统计数据和表格。全球金融稳定报告（Global Financial Stability Reports）聚焦当前市场状况，评估全球金融系统和市场，预测未来发展，关注可能对金融稳定产生影响的问题。地区经济展望（Regional Economic Outlooks）按亚太地区、中东和中亚、欧洲、撒哈拉以南非洲和西半球 5 个区域讨论国家或地区的经济发展和展望。此外，还有多种期刊、图书、使用手册和指南等实时介绍国际货币基金组织的各项研究和活动的最新进展和成果。

1. IMF Data（IMF 统计数据库）

IMF 收集、加工、发布一系列有关国际货币组织借贷、汇率以及其他经济和金融指标的数据和统计信息，并提供多种版本格式，包括纸本、CD-ROM 版、在线版，部分数据同时以年刊/年鉴的形式出版，是世界最权威经济数据和分析报告来源之一。主要内容如下：

International Financial Statistics（IFS 国际金融统计）提供超过 200 个国家约 32 000 条国际金融和各国国内金融的各类统计数据，包括收支平衡数据、国际资金流动、货币和银行、汇率和利率数据、价格和产品、国际贸易、政府决算、国民核算、人口数据等。时间涵盖年限：1948 年至今。Balance of Payments Statistics（BOP，国际收支统计）拥有超过 170 个国家和地区约 10 万条季度和年度的统计数据，包括综合性或细分性的标准化和分析性数据。主要内容涵盖国际经济贸易数据，例如整体商品、服务、工业贸易等，国际资本转移、债权和债务的资本转移，国际收支数据等。Direction of Trade Statistics（DOT，贸易方向统计）提供超过 190 个国家和地区约 10 万条双边或多边的商品进出口统计数据。Government Finance Statistics（GFS，政府财政统计）提供 145 个成员国中央政府税收、消费、规划预算、额外预算、社会保险、综合财务核算等数据。

（1）IMF 检索方法

在检索框，直接查询出版物信息；数据库页面的 Advanced Search 可以进行高级查询；主页右下角的地图界面可以通过国家或地区浏览出版物。

IMF 搜索界面如图 9 - 32 所示。

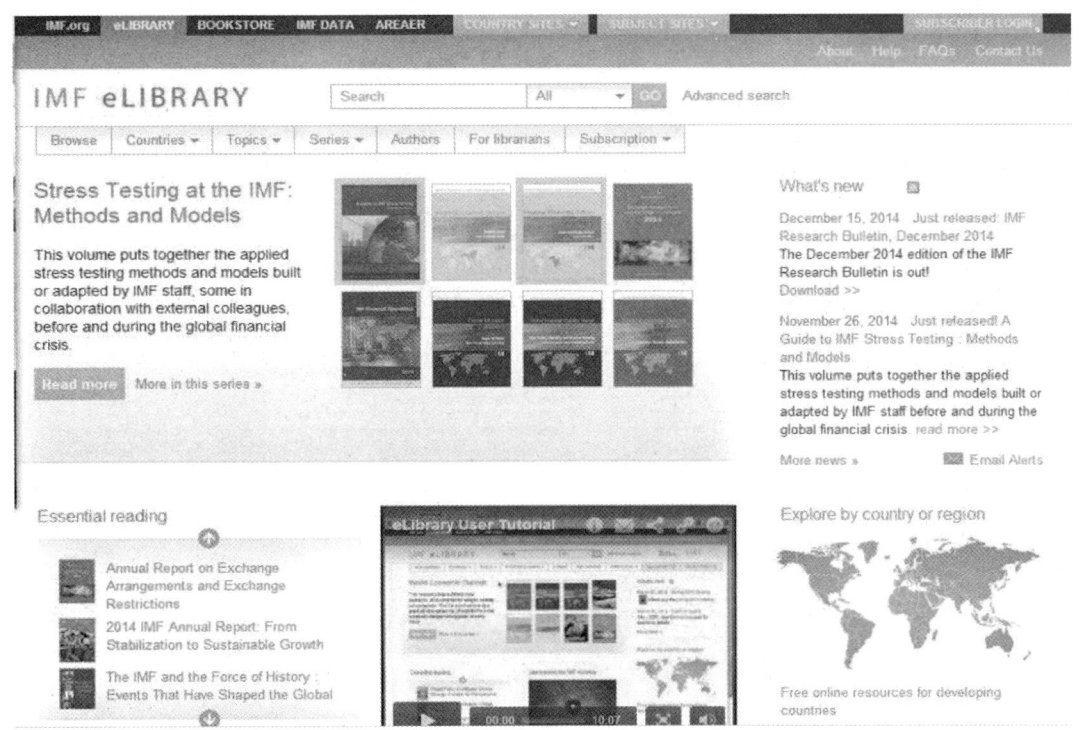

图 9 – 32　IMF 数据库检索

按国家检索如图 9 – 33。

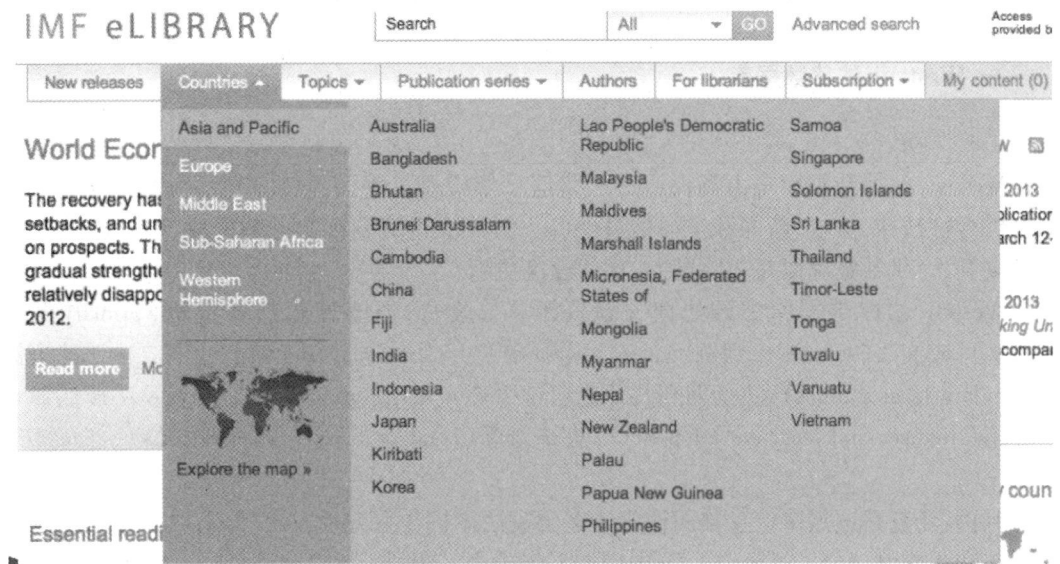

图 9 – 33　IMF 按国家检索

按主题检索如图 9 – 34。

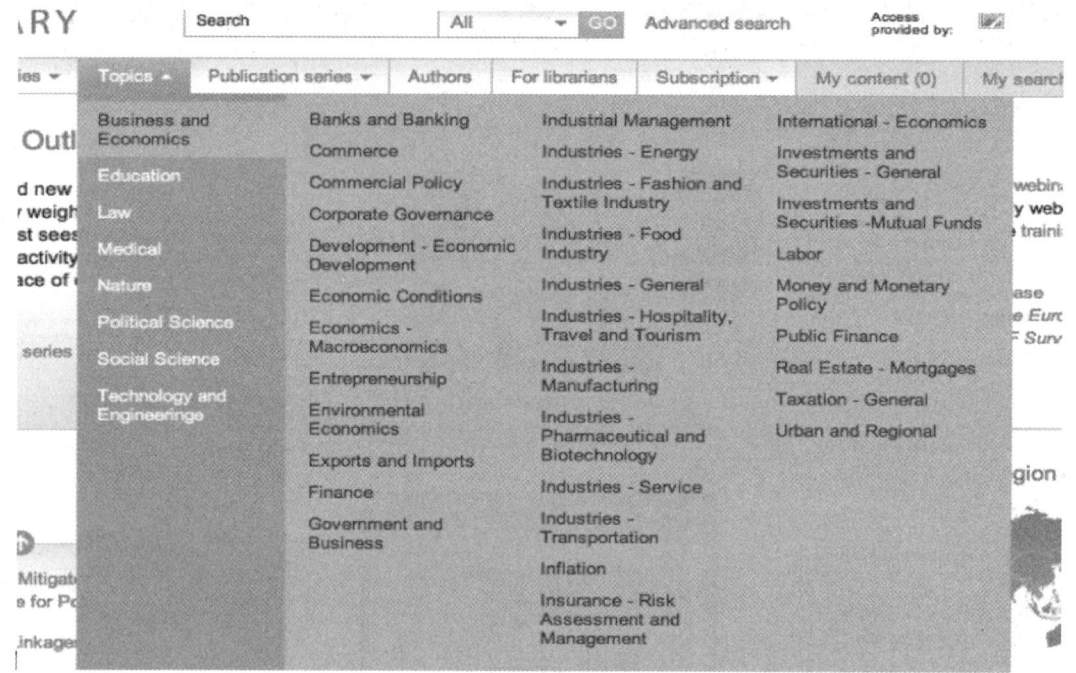

图 9 - 34　IMF 按主题检索

第二节　常用法律数据库

一、Westlaw 法律数据库

（一）简介

Westlaw 法律数据库是由汤森路透法律信息集团旗下美国 West 出版公司于 1975 年开发的综合性法律、法规、新闻和公司信息平台。包含超过 27 000 个子数据库，1000 余种法学专业期刊，个别数据库以每 30 分钟一次的速度更新。

Westlaw 法律数据库中的法律文献资源丰富全面，既有原始法律资源（primary legal sources）：成文法（statutes）、判例（cases）、国际条约（International treaties），也有二次法律资源（secondary legal sources）：法学期刊及评论（law review and journal）、法学专著及法律法律百科全书（treatises and legal encyclopedia）、法律新闻（legal news）、法学词典（*Black's Law Dictionary*）。

判例：汤森路透法律信息集团作为诸多国家法律报告官方授权出版者，数据库收录了美国联邦和州判例（1658 年至今）、英国（1865 年至今）、欧盟（1952 年至今）、澳大利亚（1903 年至今）、中国香港地区（1905 年至今）和加拿大（1825 年至今）的所有判例。除此之外，还提供其他国际机构的判例报告，包含国际法院、国际刑事法院（前南法院和卢旺达法庭）、世贸组织等判例报告。

法律法规：其中主要包括英国成文法（1267 年至今）、美国联邦和州法（1789 年至今）、欧盟法规（1952 年至今）、中国香港地区（1997 年至今）和加拿大的法律法规。

法学期刊:1000 余种法学期刊,覆盖了当今 80% 以上的英文核心期刊。汤森路透法律信息集团在自己出版诸多法律期刊的基础上,还刊载大量知名的国际法律期刊,如 *Harvard Law Review*(1949 年第 63 卷至今)、*Yale Law Journal*(1891 年第 1 卷至今)、*Stanford Law Reviews*(1947 年第 1 卷至今)、*Columbia Law Review*、*Criminal Law Review* 等多种法律专业全文期刊。此外还包括 300 多种法律通讯(legal newsletter)和法律新闻(legal news),如 *New York Law Journal*、*American Lawyer* 和 *Criminal Law News*,帮助法律专业人士更多、更快地获取学界最新动态。

法学专著、工具书及词典:数据库收录多种法学专著、工具书,如《美国法律精解》(*American Law Reports*)、《美国法律大百科》(*American Juris Prudent*)、《美国法律释义续编》(*Corpus Juris Secundum*)、美国联邦法典注释(USCA)等,并独家完整收录了法律界最为权威的法律词典——布莱克法律词典第八版(*Black's Law Dictionary*,8th)。

(二)检索和利用

作为法学类的专业数据库,Westlaw 在检索上有别于普通的综合类数据库,有其特别的检索方法和步骤。一般而言,Westlaw 的检索分为三步:

第一步,选择进入某特定数据库;

第二步,输入检索指令;

第三步,浏览检索结果,筛选合适的文档并进行保存等处理。

1. 选择数据库

上文介绍该数据库包含超过 27 000 个子数据库,某类案例、一项法规、一种期刊或一本著作,在 Westlaw 都作为一个子数据库,而在 Westlaw 的数据库检索中,也必须首先通过某种方式进入某特定的可检索的子数据库后,才能在其中进行检索,这也是该库与其他数据库检索最大的不同。在 Westlaw International 中选择进入数据库,一般通过如下 3 种方法:

①通过 Directory 逐级点击链接进入数据库;

②通过 Directory 的 search 功能输入数据库名称关键字进入该库;

③通过 Search these databases 功能输入数据库的识别号(identifier)进入一个或多个数据库(跨库检索)。

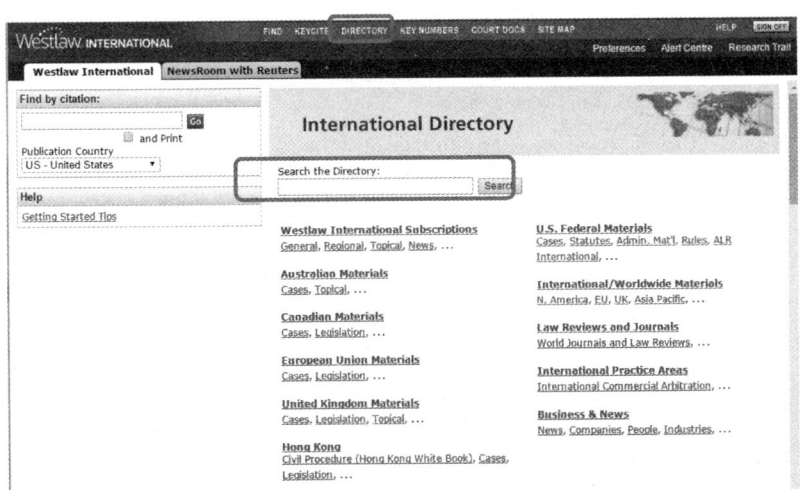

图 9-35 Westlaw 数据库首页

（1）通过 Directory 逐级点击链接进入数据库

图 6 – 35 为进入 Westlaw 数据库的首页,点击上方"Directory"进入 Directory 页面(或通过首页常用 Directory),逐级点击链接进入数据库,见图 9 – 36。

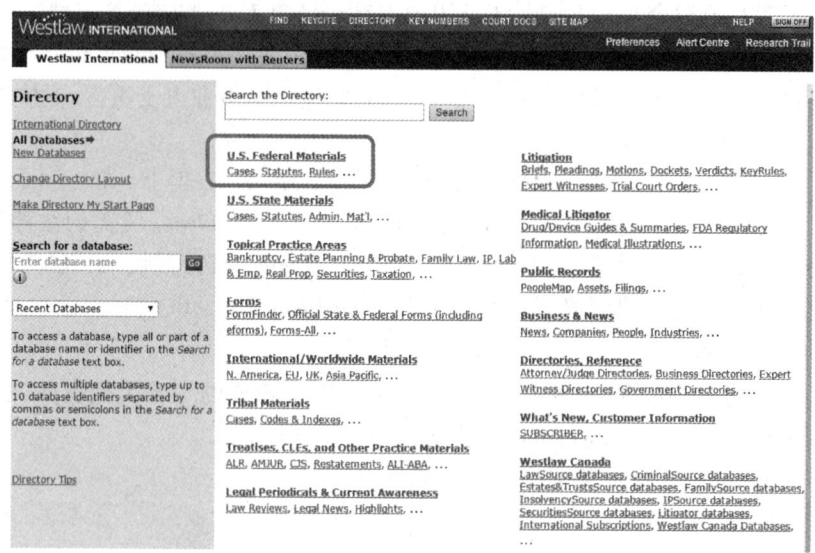

图 9 – 36　Directory 页面

如图 9 – 36,我们选择"U. S. Federal Materials",逐级点击链接,可检索至子数据库,标题后有 ⓘ 即标识其为可检索子数据库,如图 6 – 37。

图 9 – 37　子数据库

（2）通过 Directory 的 search 功能输入数据库名称关键字进入

在数据库首页和 Directory 页面（见图 9 – 35 和图 9 – 36）都有"Search the Directory"搜索框,输入数据库名称的关键词即可找到数据库。

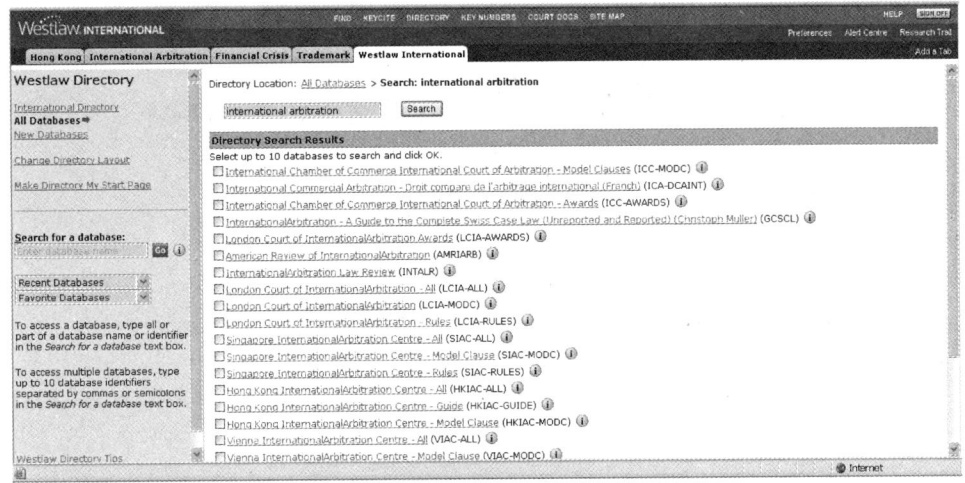

图 9 – 38　检索数据库

（3）通过 Search these databases 功能输入数据库的识别号（identifier）进入一个或多个数据库（跨库检索）

这种方法要求检索者知道准确的数据库识别号（identifier）,如图 9 – 39。

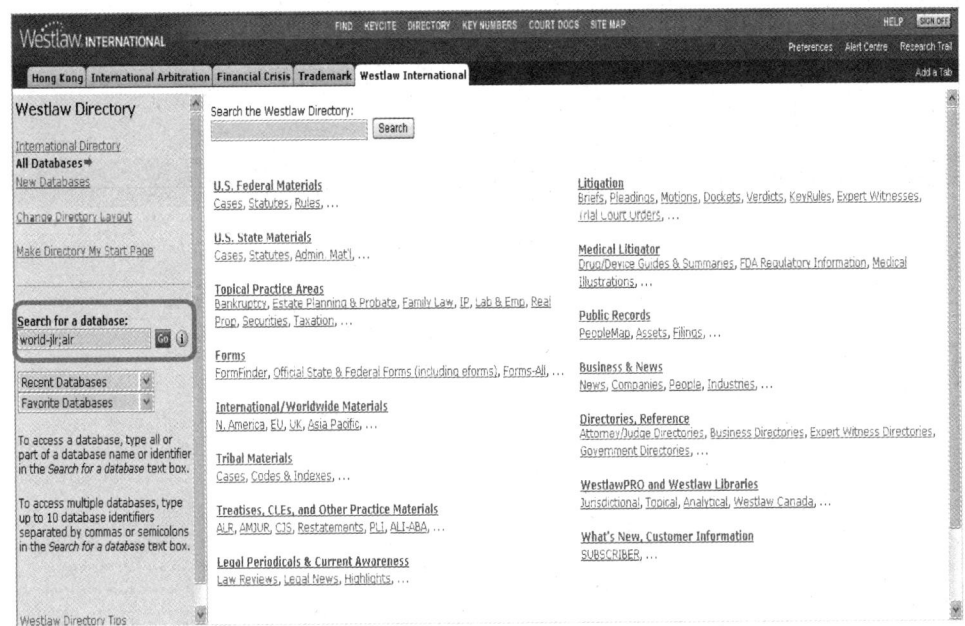

图 9 – 39　通过数据库识别号检索

2. 输入检索指令

通过刚才介绍的某种途径进入一个或者多个数据库后,即该进行第二步步骤:编辑检索指令。

Westlaw International 中绝大部分数据库均包含 2 种检索语言——Terms and Connectors（术语和连接符语言）以及 Natural Language（自然语言）供用户选择。

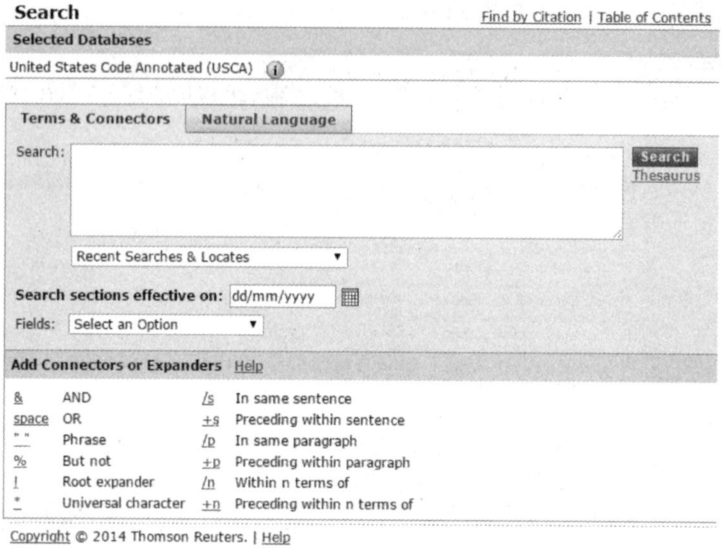

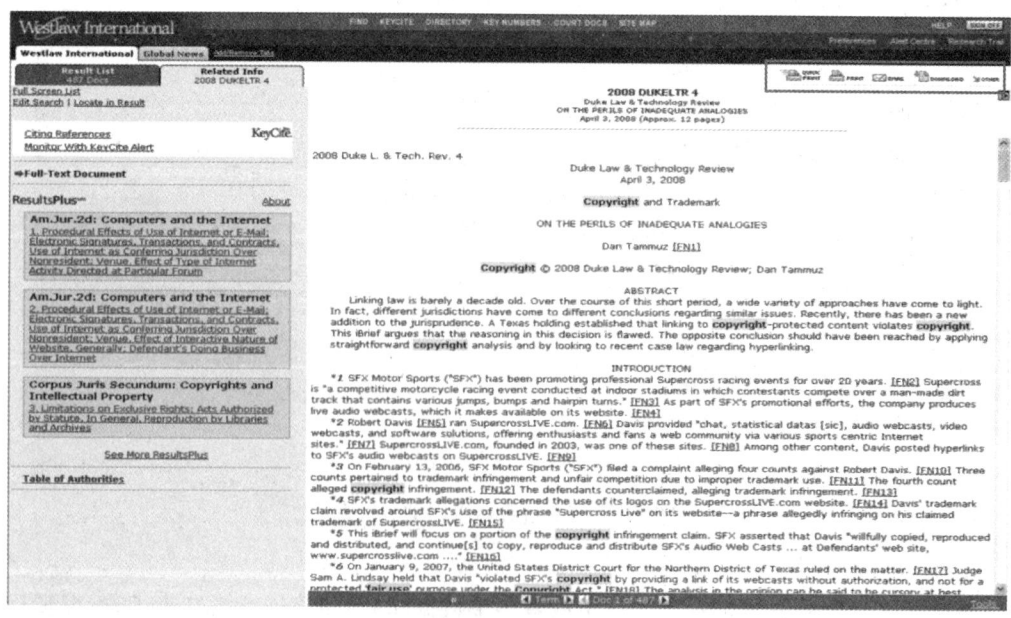

图 9 - 40　检索数据库界面

自然语言（Natural Language），即普通英语（Plain English），类似于 Google、百度中的检索语言，用户输入描述性语句或者字词，系统会按照相关度原则，给出 100 份文件。这种检索语言即通常说的简单检索，适合初级用户。

3. 浏览结果并处理

通过检索得到检索结果后，点击单个条目，即可浏览检索结果，如图 9 - 41。可进行下载、打印、发送至邮箱等操作。

图 9 - 41　检索结果

4. 其他检索方法

除上述检索方法外,还有 3 种方法可查找 Westlaw 中的资源。

(1)Find by citation(引称检索)

在首页的"Find by citation"检索框,输入已知文件的引称(citation),直接检索出唯一结果。同样要求检索者知晓准确的引称(citation)。如图 9 - 42。

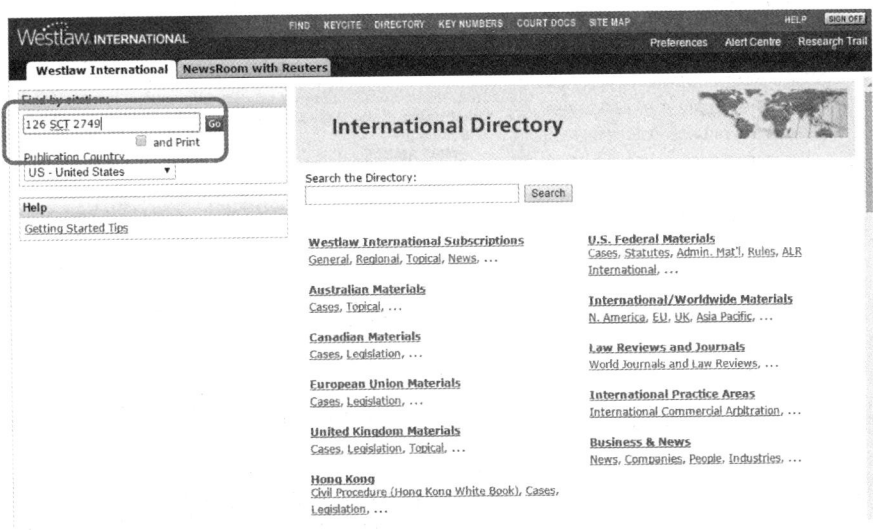

图 9 - 42 引称检索

(2)Table of Contents(目录阅读法)

通过 Table of Contents 可模拟纸本书籍结构,无须输入检索词,将成文法和专著按层级目录式展开进行浏览和阅读。在首页选择"Cite Map",然后选择"Browse Westlaw International"中的"Table of Contents",如图 9 - 43。再逐级展开,直至正文内容,如图 9 - 44。

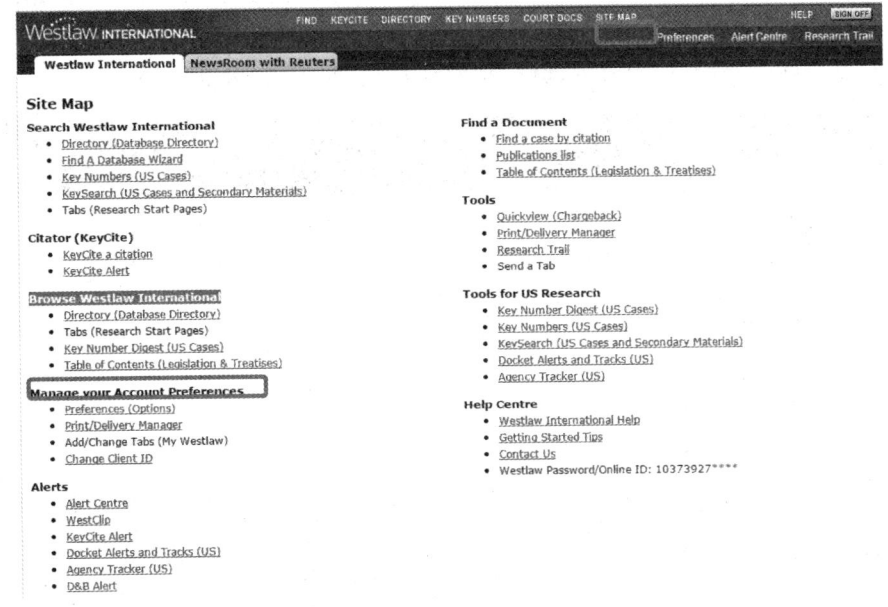

图 9 - 43 目录阅读

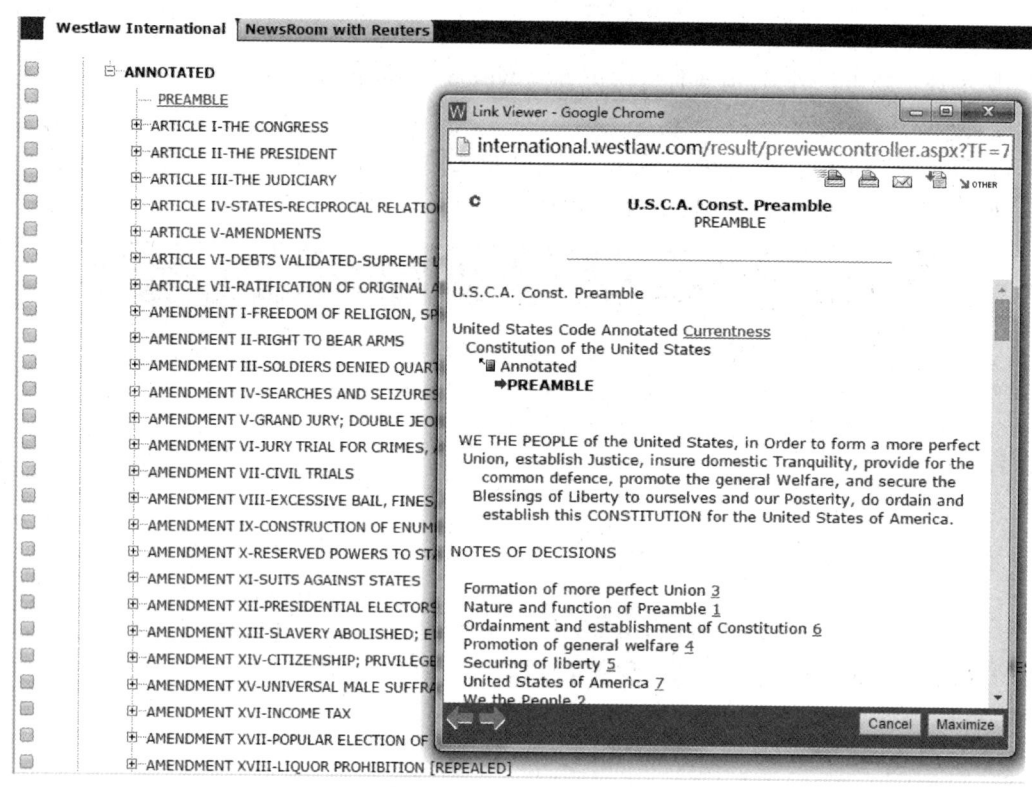

图 9 - 44　正文

（3）Key Number（钥匙码检索法）

Westlaw 将全部法律分为 400 个法律主题（legal topic），每个主题再逐级细分，共有 10 万多个法律议题（legal issue）。可选择进入具体的 legal issue，再输入关键词检索，也支持直接唤出具体的 legal issue。每一个 legal issue 内可以检索与该主题有关的判例、成文法、法学期刊文章和专著等。

首先，点击首页"Key Number"，选择"Key Search"，如图 9 - 45、9 - 46。

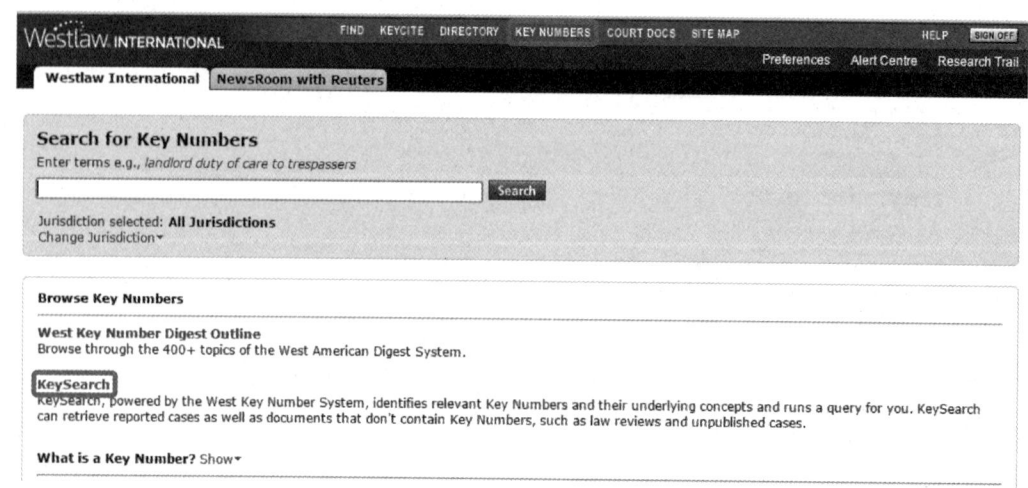

图 9 - 45　钥匙码检索

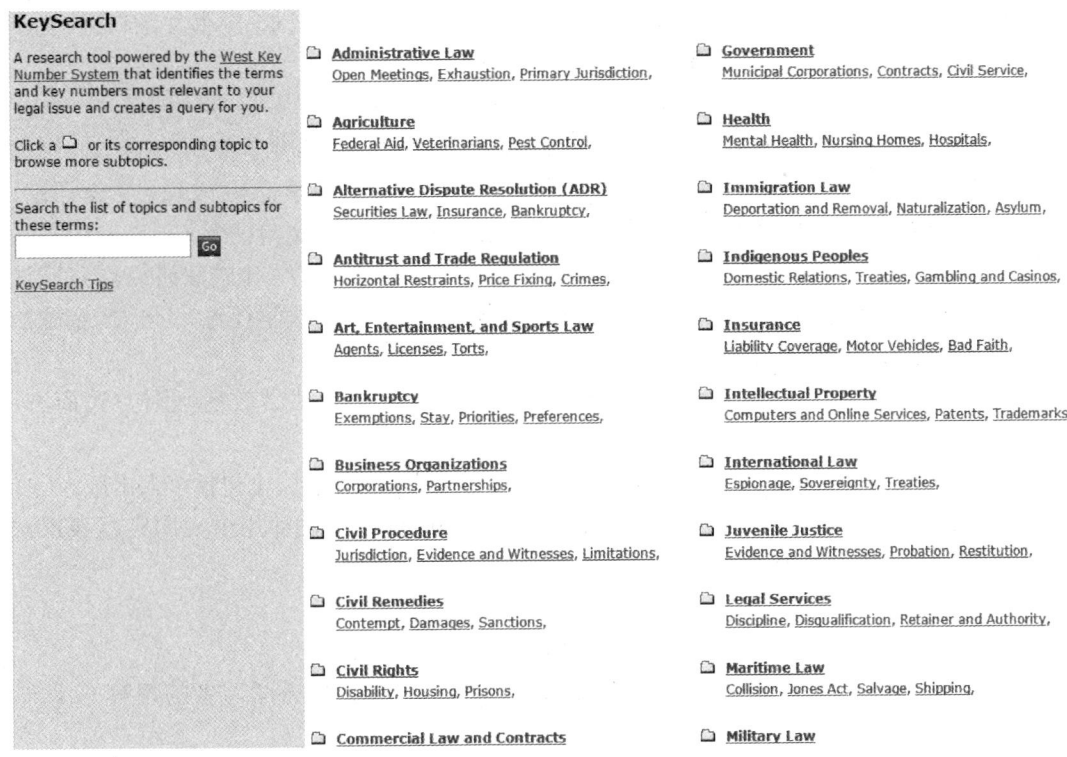

图 9 - 46　钥匙码检索

再选择进入特定 legal issue 内检索,如图 9 - 47。

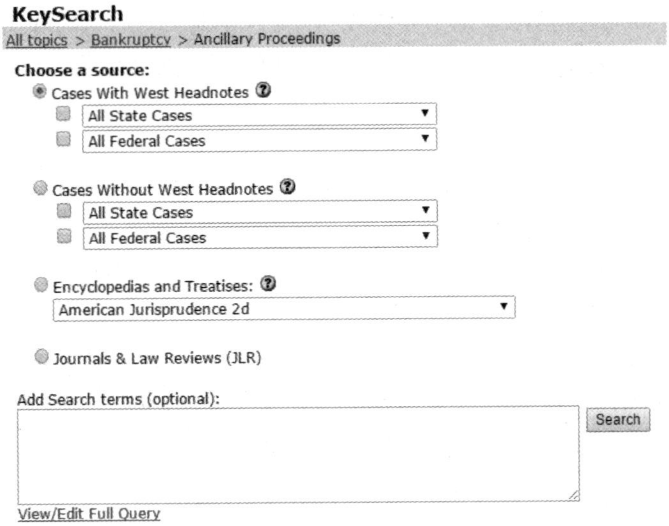

图 9 - 47　legal issue 内检索

二、月旦知识库

(一)简介

来自台湾的月旦知识库(原月旦法学知识库)是一个以法学文献资源为主的数据库。回溯至 1952 年 5 月发表的文章迄今,收录法学文献类型包括期刊文献、图书文献、词典工具书、两岸常用法规、精选判解、教学案例、博硕论文索引、题库讲座。

期刊文献:

(1)台湾高等教育 TSSCI 期刊:《教育研究集刊》《台东大学教育学报》《教育与心理研究》《教育政策论坛》《教育学刊》《台湾教育社会学研究》《台大法学论丛》《政大法学评论》《东吴法律学报》《台北大学法学论丛》《东海大学法学研究》《中原财经法学》。

(2)大陆重要 CSSCI 核心期刊:北大《中外法学》、中国政法大学《比较法研究》与《政法论坛》、清华大学《清华法学》、吉林大学《当代法学》、武汉大学《法学评论》、北大《金融法苑》《华东政法大学学报》《法学杂志》《法学家》等。

(3)月旦法学杂志系列:《月旦法学杂志》《法学新论》《月旦法学教室》《月旦民商法》《月旦财经法》《中德私法》《月旦裁判时报》《月旦释读文摘》等。

图书文献:两岸 4000 位作者授权的著作。除了出版机构出版外,也包括个人出版。

词典工具书:收录《元照英美法词典》《英汉法律词典》《英汉法律用语大词典》《英汉法律缩略语辞典》,共约 16 000 笔词条。

教学资源:

(1)教材讲义:提供学者教学所使用的教材及讲义。

(2)案例解析:由学者自创教学案例,透过学理阐述与分析,提升学习者的理解,实践学理与实务印证。

(3)裁判评释:收录学者所挑选可具参考的、经典的判决与函释,由案例事实中提供学理见解后,做出体系的归纳,更对此案例提出争点评释。

两岸常用法规:

(1)台湾法规:6600 种两岸常用重要法规,并有专业编辑进行近万笔知识点加值。呈现框架:沿革、条旨、立法理由、草案对照、新旧条文对照、条文、相关实务见解等。

(2)大陆法规:收录近 500 种重要法规,并有专业编辑进行近万笔知识点加值。

实务判解精选:

(1)台湾:选实用的判解约 25 000 笔,包括大法官会议解释、司法解释、"最高法院"判决、"最高法院"决议、"最高法院"裁判。

(2)大陆:选用重要及经典案例,包括最高人民法院、最高人民检察院、各级地方法院、专业法院等近千笔裁判。

博硕论文索引及全文:收录两岸精选法、政相关领域的博硕士论文索引及部分全文。

两岸题库讲座:收录两岸法学相关试题及部分参考答案,台湾试题有司法人员(司法官、律师等)、法律研究所、专技及高普考等,大陆试题(包括司法考试、法学硕士、法律硕士、自考试题等),以及《判解集》《法观人》的完备考试信息。

(二)检索和浏览

通过图书馆链接或直接用其网址(http://www.lawdata01.com.cn/)进入数据库首页,页面中即有简单检索的搜索框,在其中输入关键词即可进行简单检索。点击"文档查询",即进入其高级检索。

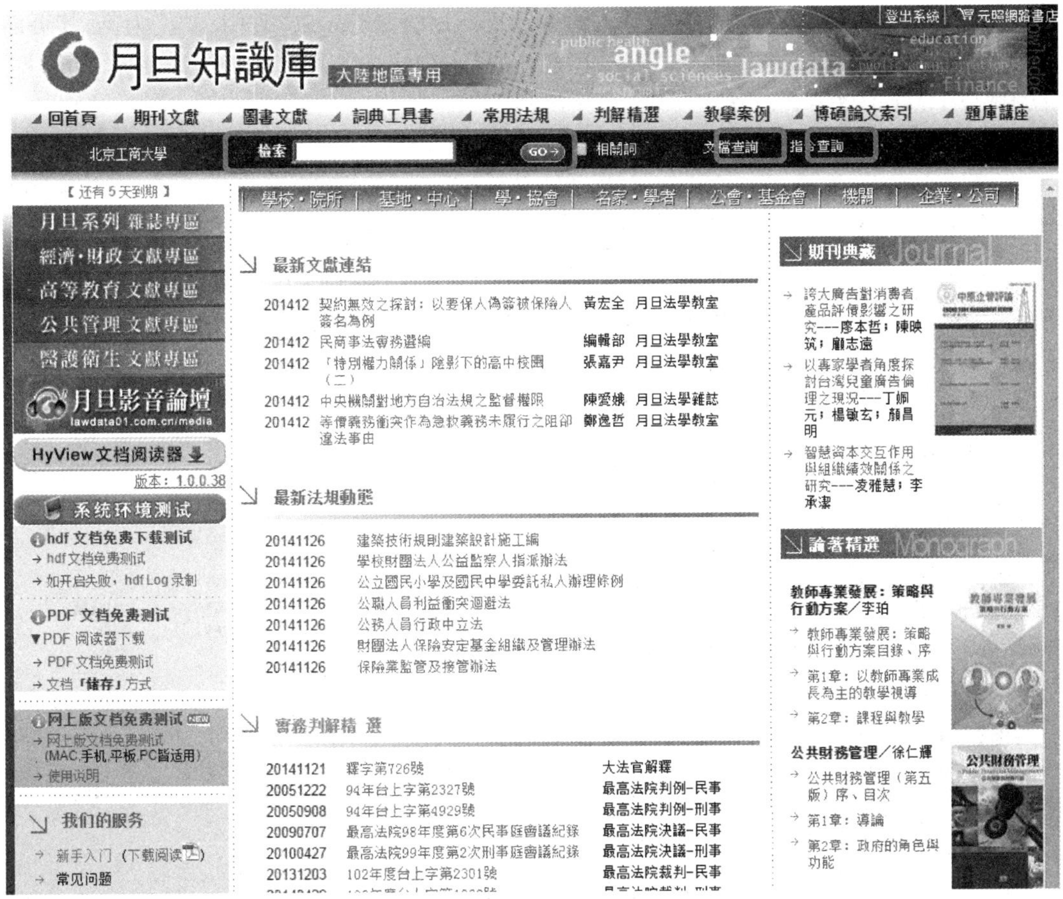

图 9-48　月旦知识库首页

　　图 9-49 为该库高级检索界面。可选择关键词的检索字段,关键词可用"AND""OR"或"NOT"进行组配。可选字段有中文篇名、作者、篇名/书名、专栏和摘要。还可限定日期范围。

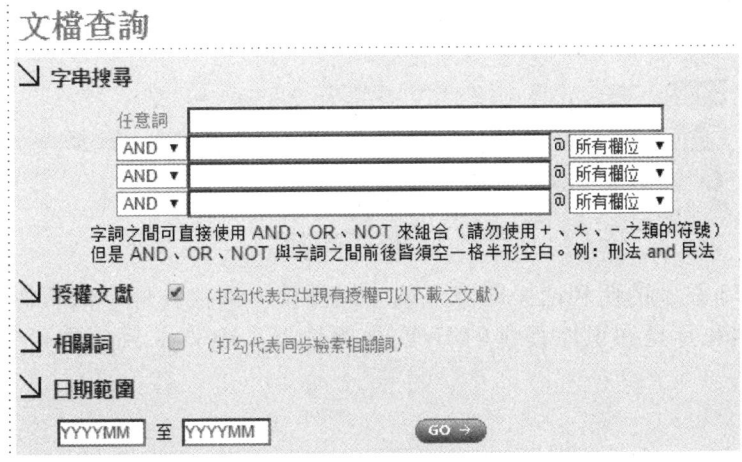

图 9-49　高级检索界面

在首页点击文献类别名称,即可进入该专题进行逐级浏览。以"常用法规"为例,其页面如图 9－50。进入后默认为"台湾法规",可切换至"大陆法规",按更新日期排序。也可按法律领域分类,进入某一类别浏览。

图 9－50　按类别浏览

(三)阅读和下载

通过检索和浏览找到某一具体条目后即可进行阅读或下载。如标识为"网上版"即可在线全文阅读,"下载版"则需下载才能阅读全文。如图 9－52 的法规条文即可在线阅读法规内容。

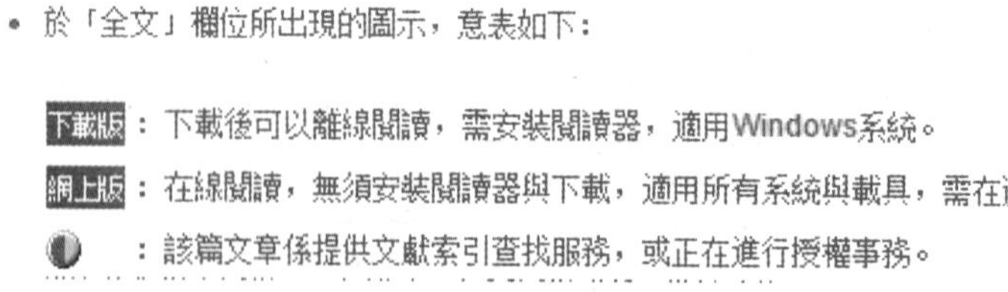

图 9－51　下载说明

如图 9－53 显示的期刊论文即需下载才能阅读。阅读该库下载资源,要求同时安装 PDF 阅读器和月旦知识库提供的 HyView 阅读器。HyView 阅读器可在首页下载后安装。

法规全文顯示

回簡目顯示　上一筆　下一筆　友善列印

法規名稱	學校財團法人公益監察人指派辦法
公布日期	20081226
最新異動日期	20141126
法規沿革	1 中華民國97年12月26日教育部台參字第0970255399C號令訂定發布全文11條 2 中華民國103年11月26日教育部臺教高（三）字第1030160335B號令修正發布第4條條文
法條內容	第1條 　　本辦法依私立學校法（以下簡稱本法）第十九條第四項規定訂定之。 第2條 　　本法第十九條第三項所稱獎勵、補助，指學校主管機關依本法第五十九條規定予以學校之獎勵、補助；所稱學校法人前一年度歲入總額，指學校法人前一學年度決算收入，扣除附屬機構之收益及接受政府機關委託研究經費後之金額。 　　前項學校法人設有多所學校者，學校主管機關對個別學校之獎勵、補助金額，應合併計算。 第3條 　　公益監察人應了解學校運作，並具有下列資格之一者： 　　一、曾任專科以上學校總務、會計單位主管合計十年以上，成績優良。 　　二、執行會計師或律師業務十年以上，聲譽卓著。 　　三、曾任政府機關或機構主計、會計、審計職務合計十年以上，成績優良。 　　四、曾於國內外大學以上學校擔任助理教授以上教師，講授財務金融、會計、審計、經濟、法律或相關課程合計十年以上，聲譽卓著。 　　五、曾任金融、證券、期貨等相關機構經理或相當職位以上職務合計十年以上，聲譽卓著。 　　六、曾任公私立學校校長、學校或學校法人董事長、董事或監察人，具有十年以上辦學經驗。 　　七、其他經法人主管機關認定足堪勝任公益監察人職務。 第4條 　　有下列情形之一者，不得充任為公益監察人： 　　一、有本法第二十條各款所定情形之一。 　　二、年滿七十歲。但於指派期間年滿七十歲者，不在此限。 　　三、有事實證明從事或涉及不誠信、不正當之活動，或有妨礙公務、違反法令規定且情節重大。 　　四、配偶及三親等以內血親、姻親任職擬指派之學校法人或所設學校。 　　五、現任同級學校法人董事、學校校長、副校長或一級行政主管。

图 9 – 52　法规全文

回簡目顯示　上一筆　下一筆　友善列印

中文篇名	法律的壓制性與創造性——人權與人口販運法制的被害者主體
西文篇名	Law's Oppressive Effect and Creative Capacity: Human Rights and the Subject Formation of Human Trafficking Victims
中文刊名	政大法學評論
西文刊名	Chengchi Law Review
作者	王曉丹
出版年月	201406
卷期	總號：137
起迄頁	33-98
總頁數	66
卷期代碼	A46000137
出版社	國立政治大學法律學系
關鍵詞	人口販運；人權；被害者；法律的社會作用；主體形構；合法律性；正當性；法社會學；法人類學
系統號	004370958
全文	下載原文
摘要	臺灣在國際的壓力之下，開始介入跨國移動工作者受到剝削的社會現實。我們以政府的力量介入，透過法律的制訂與施行，整合警政、檢調、社工、勞政、移民事務等專業者，建構了人口販運的防制網絡。這些法制上的努力，雖有成果，但原本是要提供一個架構，使來到臺灣的移工得以享有合理的工作環境，而嚴酷的狀況卻更加複雜。人口販運相關法制以刑罰化的設計為主，為了達成打擊犯罪的目的，受販運者一旦被認列為「被害人」，實際上被強制留在臺灣境內，成為一個獲得救援與接受安置的「他者」。法律的社會現象，到底是偏向壓制性，還是創造性？本文以田野調查的觀察與反思為基礎，從人口販運法制之「合法律性」（legality）與「正當性」（legitimacy）之關係，回答上述的議題。作者發現，我們經常只是著重於「依法行政」，或不違反「合法律性」的要求，但是卻忽略了法律可能具有壓制性。實際上，法律於事審的建構上，可能有粗糙、不精準或者片面的狀況，以及法律之執行規則可能欠缺細緻的操作機制。聚焦於「合法律性」的法律操作，其結果為將艱難的倫理性議題，僅侷限在權利賦予及官僚專業與否的討論。這使得法律之「正當性」的問題往往不被重視，當我們忽略了理性法律的操作需要人們的參與及對話。富法律失去看到被害人多元存在與複雜道德衝突之功能，法律的施行往往無法達成人性尊重的目標，甚至成為社會排除的過程。此時，法律的創造性功能不彰，可能陷入於具有壓制性。本文以為，為了使法律減少壓制性而能具有創造性，必須重新審思法律主體的建構性議題。人權的推動應該避免落入「加害者」、「被害者」與「拯救者」三重面貌的自我建構，因為這三者的自我建構往往阻礙我們看見的具體困境，並做出規範上的回應。人權的推動，必須強調人（尤其被害人）的主動性與對話性，才有可能回應在合法律性下新的社會現象；惟有藉由法律的正當性之持續抗爭，才得以促成被害人主體論述的建構性回應，並強化法律的創造性功能。 Under pressure from the international community, Taiwan has started undertaking intervention against the deprivations suffered by laborers from foreign countries in the past few years. Government authorities have played a major role in passing relevant laws and establishing a preventive mechanism that combines the police, prosecutors, social services, the labor administration and immigration control. Even though these efforts have had a significant impact in improving foreign workers' social and working conditions in Taiwan, the reality is far more complicated. Since the laws addressing human trafficking focus on the punishment

图 9 – 53　期刊论文下载

第三节 艺术传播类文献

一、EBSCO—CMMC 大众传播暨应用外语全文数据库

（一）数据库概述

CMMC 是美国全文检索数据库 EBSCO 旗下的传播学数据库，它几乎包括了新闻传播学及其相关领域的全部学术文献和参考资源。Communication & Mass Media Complete（大众传播暨应用外语全文数据库）包括了通讯及大众传播媒体相关领域的数字资源。CMMC 整合 CommSearch 与 Mass Media Articles Index 及其他数种与大众传播、大众媒体及其他相关研究领域的期刊，囊括了广泛的传播领域所需的研究与参考资料来源。

（二）数据库特色

CMMC 是美国 EBSCO 旗下的传播学数据库，它几乎包括了新闻传播学及其相关领域的全部学术文献和参考资源。

（1）收录传播类期刊 840 多种,496 种为全文收录。

（2）收录期刊中,464 种为家评审刊（Peer-Reviewed）。

（3）收录了大量的专论、会议论文及 working papers 等资料。

CMMC 的内容主要来自美国传播协会（National Communication Association）的 CommSearch 数据库及美国宾州州立大学的 Mass Media Articles Index 数据库,CMMC 为电视台、电台、出版社、新闻学院,外语学院,教育学院必备的电子文献。数据库收录的著名学协会及出版社还包括国际商业交流学会（International Association of Business Communicators）、美国营销学会（American Marketing Association）、新闻传媒教育学会（Association for Education in Journalism & Mass Communication）、Blackwell Publishing Limited、剑桥大学出版社（Cambridge University Press/UK）、哥伦比亚新闻业评论（Columbia Journalism Review）、电影与历史（Film & History）、电影文化（Film Culture）、哈佛商学院出版社（Harvard Business School Publication Corp.）、哈佛法学院出版社（Harvard Law School Publications）、国际传播学会（International Communication Association）、John Wiley & Sons Inc./Business、Springer Science & Business Media B. V. 等。

（三）检索方式和技术

CMMC 数据库的登录地址为 http://search. ebscohost. com,已订购数据库的成员馆用户访问权限通过 IP 地址控制,无须输入用户名和密码,无用户数额限制。

登录数据库系统后首先进入图 9 – 54 所示的 EBSCOhost 主页,选择"EBSCO 大众传媒暨应用外语全文数据库",即可直接登录数据库。页面右上角可进行语言选择,用户根据需要选择不同的语言显示界面。选择数据库时可直接单击该数据库名称,检索窗口会随之出现。如直接单击 Food Science Source,也可勾选数据库名称左边的"□"再单击页面上方或下方的继续（Continue）按钮中进入检索画面。

注意:系统允许打开一个或同时打开多个数据库。在检索过程中可以随时更换数据库。

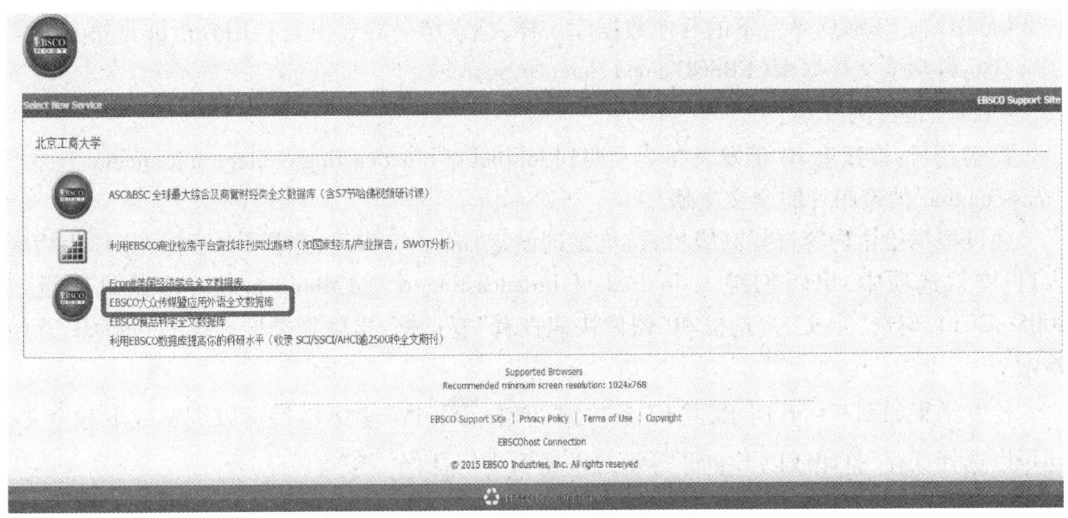

图 9 – 54　CMMC 登录页面

　　首先在检索条键入检索词,检索条下方可限定检索条件,如需要全文文献,可勾选全文。如需配图的,可勾选图像快速查看,检索选项里同时提供出版物、出版日期、参考文献等检索条件供选择。

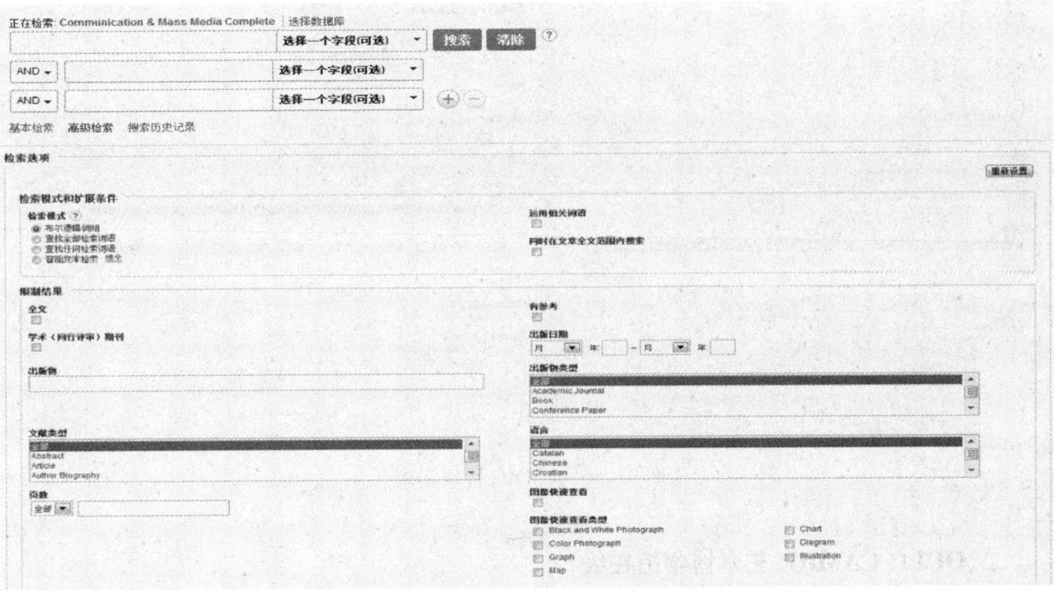

图 9 – 55　CMMC 基本检索页面

　　CMMC 与 EBSCO 平台下的其他数据库一样,检索方式还包括基本检索、高级检索、关键词检索、主题检索、出版物检索、参考文献检索,系统默认为高级检索界面,详见第八章第二节食品科学全文数据库(EBSCO-Food Science Source)。

（四）检索结果的输出和处理

CMMC 与 EBSCO 平台下的其他数据库一样，检索结果的导出与利用分析详见第八章第二节食品科学全文数据库（EBSCO-Food Science Source）。

（五）检索实例

检索题目：检索近 10 年发表在学术期刊 Journal of broadcasting & electronic media 上关于"mass media"的带图片的全文文献。

建议根据检索内容选择高级检索，检索词设定"mass media"，选择"文章标题"作为检索入口；检索选项中，出版物键入 Journal of broadcasting & electronic media，出版日期设定 2005—2014，勾选"全文"复选框和"图像快速查看"复选框，出版物类型选择 periodical，开始检索。

检索结果如图 9－56 所示，共 67 条数据，单击 PDF全文 链接可以浏览或下载全文，还可以选择保存、打印或以 E-mail 等形式发送引文信息、全文等。

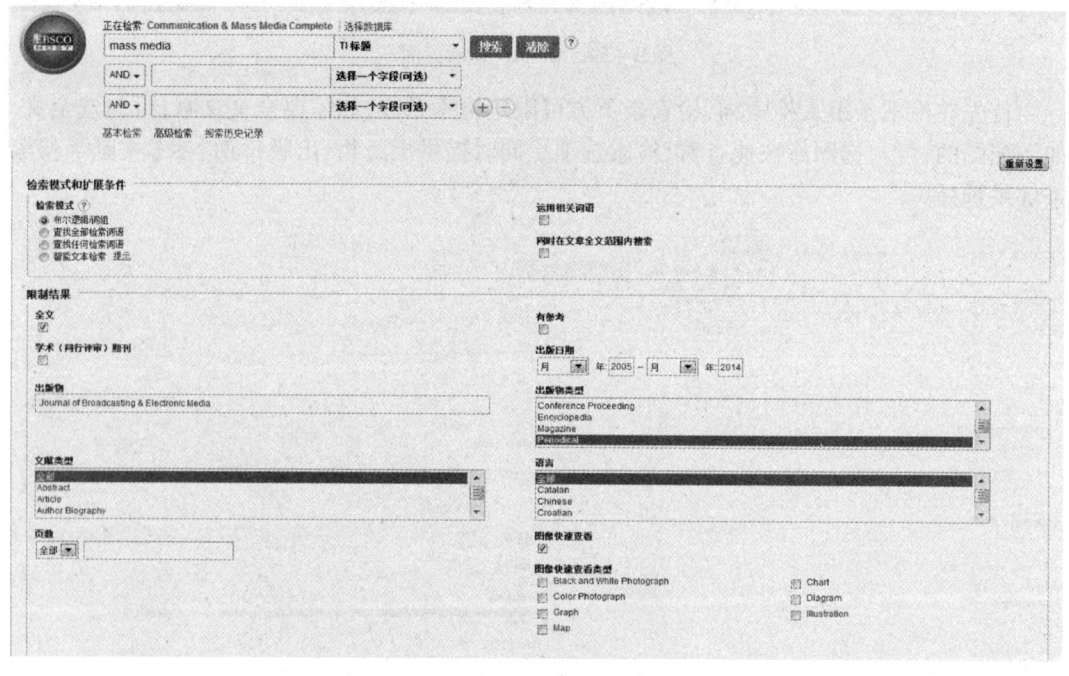

图 9－56　CMMC 检索实例

二、OCLC CAMIO（艺术博物馆在线）

（一）数据库概述

艺术博物馆在线（CAMIO，Catalog of Art Museum Images Online）收录了世界各地丰富多样的艺术资料，其内容及描述由二十多家世界级知名博物馆提供，包括美国第一大博物馆大都会博物馆（the Metropolitan Museum of Art）、全美第三大美术馆费城艺术博物馆（Philadelphia Museum of Art）、世界知名摄影博物馆乔治·伊士曼之家，国际摄影博物馆（George Eastman House，International Museum of Photography）、美国最著名的当代艺术中心之一沃克艺术中心(Walker Art Center)、英国第二大博物馆维多利亚与艾伯特博物馆(Victoria and Albert Museum)。

CAMIO 馆藏丰富,涵盖公元前 3000 年至今约 95 000 件艺术作品,包括照片、绘画、雕塑、装饰和实用物品、印刷品、素描和水彩画、珠宝和服饰、纺织物和建筑,以及音频、视频和混合媒体资料等。CAMIO 展示了各种美术和装饰艺术作品资料,为教育、研究和欣赏提供高质量的艺术图像。

(二)数据库特色

(1)艺术作品的内容及描述均由世界知名博物馆提供;

(2)内容丰富、形式多样,提供当代珍稀艺术资料;

(3)所有内容已获得版权并可用于教学;

(4)运行条件简单,可使用任何网络浏览器访问,提供中文用户界面;

(5)图像采用 JPEG 格式,提供小图像、大图像,便于浏览、下载保存使用;

(6)IP 认证无须输入用户名和密码,无并发用户数限制。

(三)检索方式和技术

(1)CAMIO 数据库登录首页后可以按博物馆或主题浏览

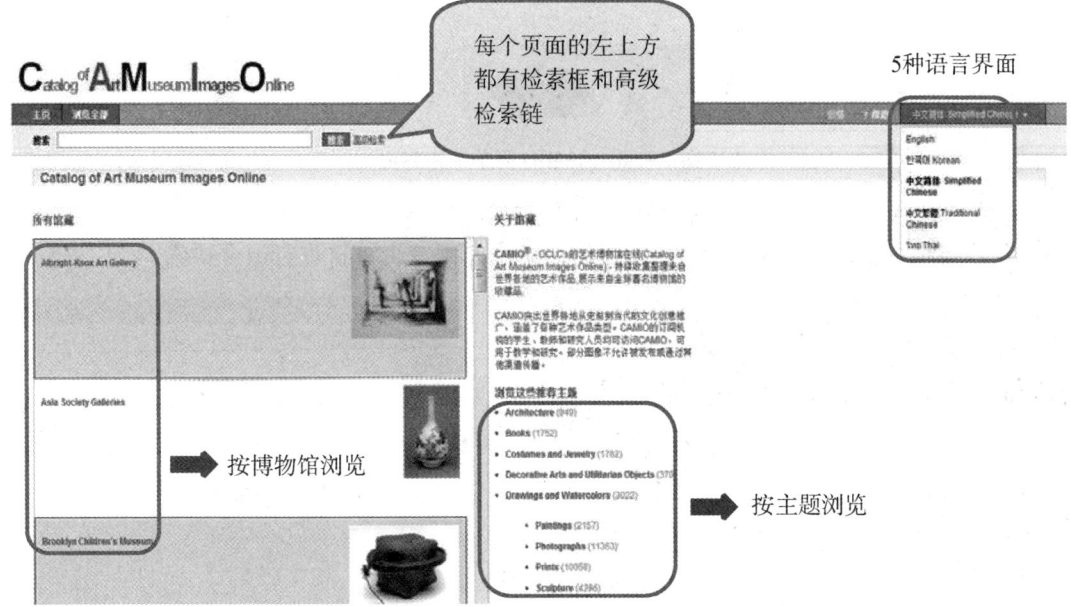

图 9 - 57　CAMIO 首页检索界面

(2)简单检索

用户可以在简单检索框输入检索词进行搜索,支持在所有的都柏林核心元数据字段中进行检索,如题名、主题、描述、创建者、出版者、其他责任者、日期、类型、格式、标识符、来源、语种,等等。

图 9 - 58　CAMIO 简单检索界面

（3）高级检索——支持在所有都柏林元数据字段中检索

用户可根据需求在多个字段、多个博物馆馆藏使用逻辑算符进行组合检索。

图 9 - 59　CAMIO 高级检索界面

（4）图片展示——Vincent Van Gogh（凡·高）的油画作品"Adeline Ravoux"

图9-60　CAMIO图片检索结果

(5)高分辨率欣赏(截取图像的一部分)

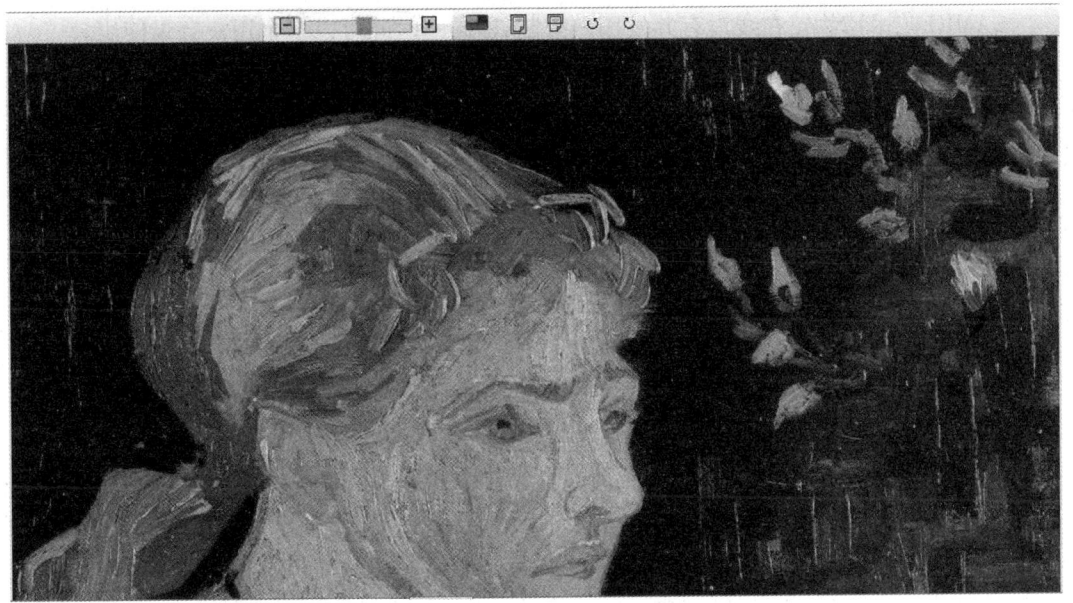

图9-61　CAMIO高分辨率图片展示

(6)每件艺术作品都具有完整的元数据

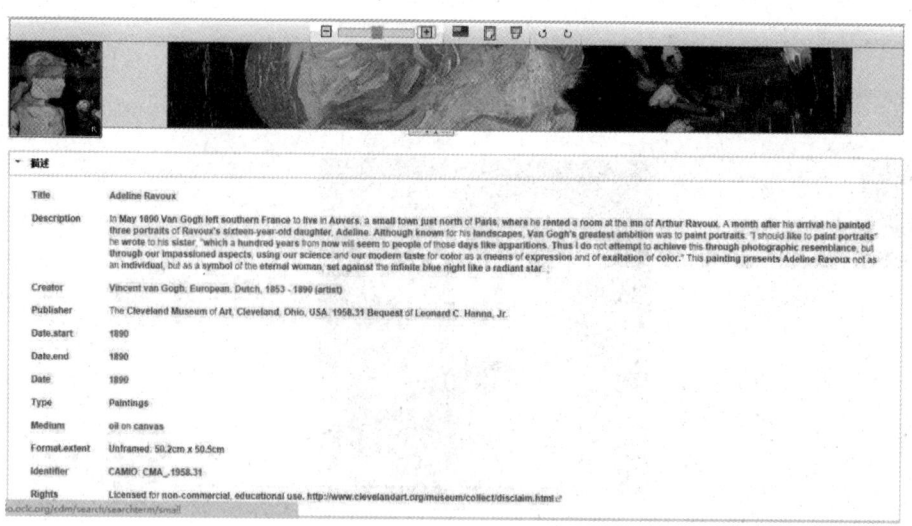

图 9 - 62　CAMIO 图片完整的元数据

（四）检索结果的输出和处理

1. IP 认证

CAMIO 艺术博物馆在线支持 IP 认证，在 IP 范围内读者可直接登录使用，无须输入用户名和密码。

2. 没有并发用户数限制

CAMIO 艺术博物馆在线没有并发用户限制，即同一时间可以多个用户登录使用。

3. 客户端要求

用户通过浏览器（如 IE、Firefox 等）可直接登录和使用 CAMIO 艺术博物馆在线，无须安装特殊的插件。

4. 使用、下载的限制

在合理使用的原则下，用户可以浏览、检索和下载 CAMIO 中的所有图片。

（五）检索实例

在高级检索中，以作者为凡·高（Van Gogh）、作品名称为向日葵（sunflowers）进行检索。

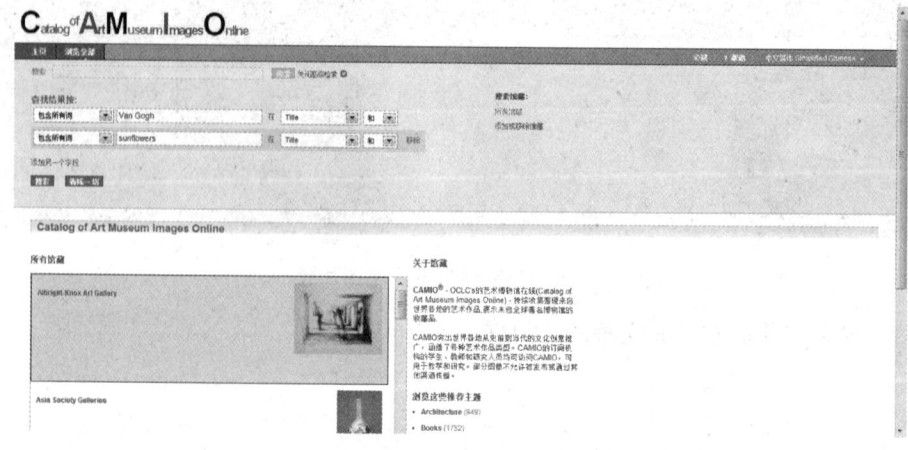

图 9 - 63　CAMIO 高级检索界面实例

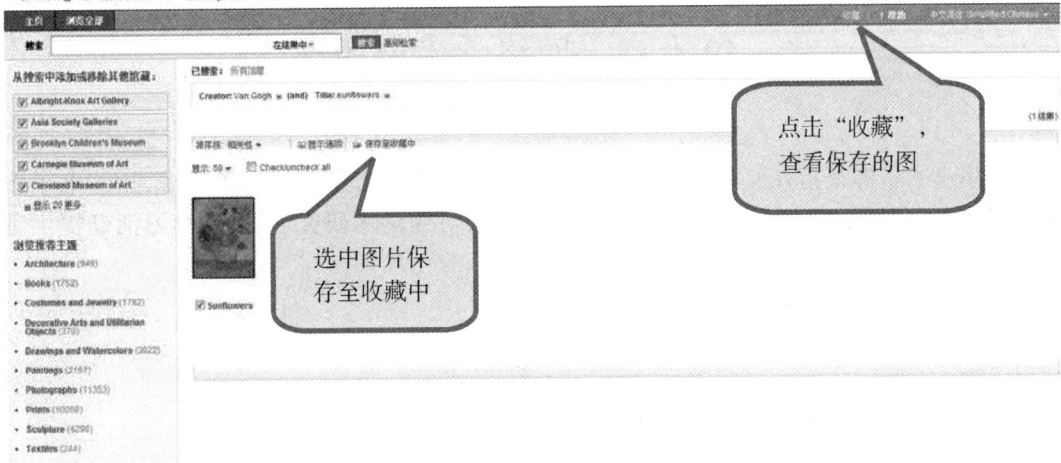

图 9 – 64　CAMIO 检索结果保存功能

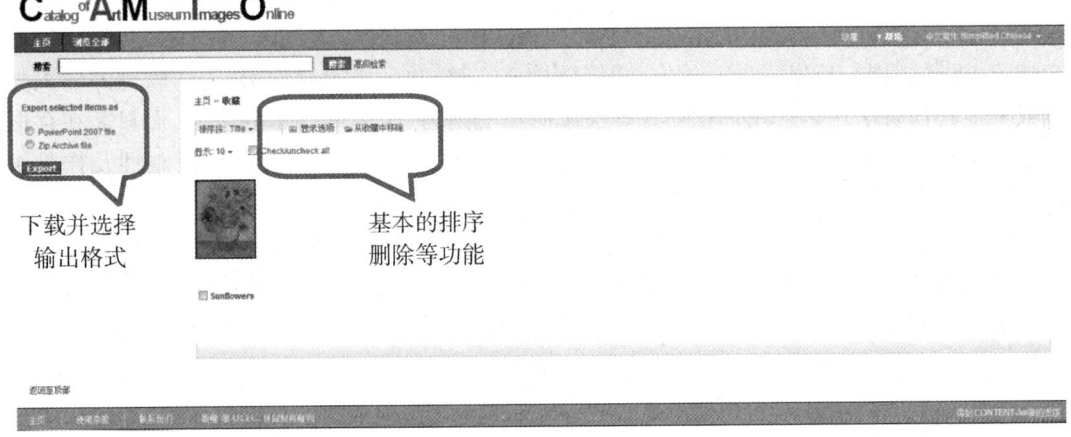

图 9 – 65　CAMIO 检索结果输出功能

思考题：

1. 请结合自己所学专业,列举商管财经类数据库有哪些。
2. 请检索我国 2003—2013 年按季度国内生产总值(GDP)数据,并导出数据、生成图表。
3. 请以 Coca-Cola 为关键词,检索其在 Westlaw 数据库中的判例。

第十章　网络学术资源

网络学术资源是指在互联网上可以免费获得的具有学术价值的电子资源,这些电子资源能反映学术发展成果、体现学术研究和发展动态,可为学术研究、教学和学习活动提供重要参考。

第一节　开放获取资源

一、概述

（一）开放获取的概念及特点

开放获取即 Open Access,简称 OA,根据布达佩斯开放存取先导计划（Budapest Open Access Initiative,简称 BOAI）中的定义,OA 是指某文献在互联网可以被免费获取,允许任何用户阅读、下载、复制、传递、打印、检索、超级链接该文献,并为之建立索引,用作软件的输入数据或其他任何合法用途。用户在使用该文献时不受财力、法律或技术的限制,而只需在存取时保持文献的完整性,在版权方面的唯一限制是使作者有权控制其作品的完整性及作品被准确接受和引用。

OA 出版不同于基于订阅的传统出版,它秉着学术信息共享的理念,旨在创造一个不受任何使用限制的网络平台。在这个平台上,作者只为贡献自己的学术成果供同行学者使用,而不求任何回报,用户则只需通过网络,且不受任何时间、地点或经济状况等条件的约束,自行进行全文浏览、下载等。

开放获取资源具备以下 3 个特点:

（1）方便快捷。用户可以免费使用开放获取平台上的所有资源,相对于传统学术文献资源而言,节约了其使用成本。

（2）出版灵活。当资源较多时,开放获取平台可以批量发表,不会因版面局限而被延期,进而造成发表时滞。

（3）检索方便。通过检索可以扩大读者群,进而促使资源广泛传播,提高学术资源的利用率,促进科研发展。

（二）开放获取的发展

开放获取的萌芽出现于网络发展初期,1991 年 8 月 16 日,美国物理学家 Paul Ginsparg 创建以促进科研成果的交流与共享为目的的 arXiv 电子文献库,之后,开放获取日渐兴起。

开放获取的真正发展在 21 世纪。2002 年 2 月,美国开放社会协会发布了布达佩斯开放获取先导计划,该计划给开放获取做出准确定义,并提出了实现开放获取的两种途径:自行存档和创建开放获取期刊,同时呼吁政府机构、大学、图书馆、杂志编辑、出版商、基金会、学术团体、专业学会和学者们参与到这一计划中,以共同扫清开放获取的障碍,共享全世界的学术信息资源。同年,美国、英国、日本等发达国家都相继开始开放获取实践活动。2003 年

4 月发布的"贝斯达开放获取出版声明",以及同年 10 月柏林会议通过的"柏林宣言",大力推动了开放获取运动在全球范围的开展。2006 年可以称为强制性开放获取政策年,在这一年,很多机构已经开始强制实施开放获取;美国则把 2007 年 2 月 15 日定为本国的开放获取日,并在当天公布美国"联邦研究公共获取提案(FRPAA)"。此后,开放获取进入稳步发展时期,开放获取期刊和知识库数量稳步增长、规模稳步扩大。

近年来,各国开发获取事业发展迅猛,相应的开放获取政策也陆续发布。2012 年 10 月,中科院文献情报中心举办"中国开放获取周(China Open Access Week)"国际研讨会;2013年,美国国家科学基金会制定了一项旨在提高公众获取科学出版物与科学数据的计划;同年4 月,英国研究理事会发布强制性开放获取政策,要求所有由英国研究理事会资助的研究成果必须执行开放获取;同年 5 月,全球研究理事会(Global Research Council,简称 GRC)通过并正式发布开放获取行动计划;2014 年 5 月,中国国家自然科学基金委发布第一项 OA 政策《关于受资助项目科研论文实行开放获取的政策声明》。

目前,新加坡、韩国、日本、印度等亚洲国家也陆续发布开放获取政策,开放获取在地区分布上的发展开始逐步趋于均衡,开放获取文献中英文以外其他语种的文献逐步增多,涉及的学科种类也越发广泛。

(三)开放获取的形式

发展至今,开放获取主要以两种方式实现:即金色 OA 和绿色 OA。"金色 OA"是指以OA 期刊文献方式出版,主要由发表方承担相应费用,以保障读者免费阅读;"绿色 OA"或称为"OA 库",指通过开放仓储库,科研人员可以利用自我归档技术提交、存放自己的论文或者是发表过的文章,从而使其文献可以迅速、便捷地在其学科领域内被传播、检索和谈论。"金色 OA"与"绿色 OA"的主要区别在于:由于发布渠道流程不同,使得"绿色 OA"相较而言缺少同行评审过程,所以文献质量方面不免会受到质疑。此外,"金色 OA"又可细分为整刊OA 与混合型 OA 方式,如刊物内部分文章 OA、延迟开放等形式均属于混合 OA。

二、常用的开放获取期刊数据库

经过多国科研机构和各方人士的共同努力,越来越多的学术资源开始以各种方式提供免费全文信息,现在网络上已拥有一定数量的开放获取学术资源且种类繁多,主要包括开放获取期刊、图书、课件、学位论文、会议论文、机构收藏库、电子印本资源等。其中最为主要的是开放获取期刊(Open Access Journal),所谓开放获取期刊,是指任何经过同行评审,以免费的方式提供读者或机构取用、下载、复制、打印、分享、发行或检索的电子期刊。随着开放获取期刊的数量日益增多,为便于科研人员查找、获取和利用开放获取期刊,一些大学、图书馆和出版社等机构又建设了集成整合大量开放获取期刊的数据库和网站(本书统称为数据库),下面介绍几种常用开放获取期刊数据库。

1. Directory of Open Access Journal(DOAJ)

2003 年 2 月,在 OSI(the Open Society Institute)支持下,瑞典隆德大学图书馆与 SPARC(the Scholarly Publishing and Academic Resources Coalition)联合创建了 DOAJ(如图 10 - 1 所示)。DOAJ 由隆德大学图书馆负责维护,旨在覆盖所有学科、所有语种的高质量的开放存取期刊,以现代信息组织理论为基础,对开放存取期刊进行组织,以提高其透明度、可用性和利用率,为科研工作者提供一站式服务。该数据库收录开放获取期刊都经过同行评议或者有编辑做质量控制,具有免费、全文、自由获取、高质量等特点,对学术研究有很高的参考价值。截至 2014 年 12 月,DOAJ 共收录期刊 10 308 种,其中 6164 种期刊可进行全文检索,共收录论文达 1 852 327 篇,涉及 17 个学科领域。

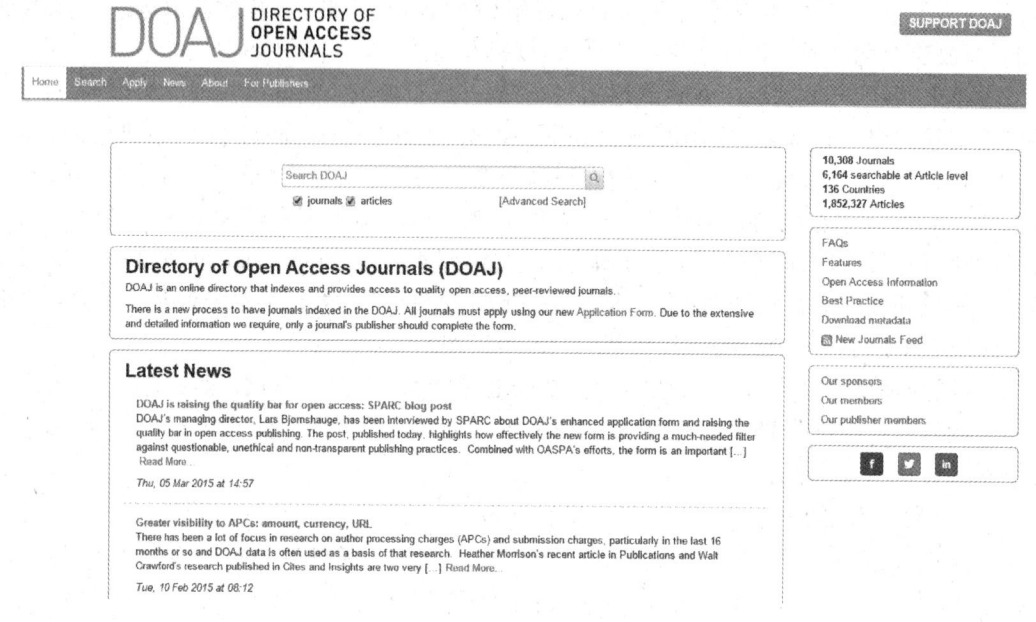

图 10 - 1　DOAJ 主界面

2. High Wire Press

High Wire Press 是提供开放获取期刊的重要网站,由美国斯坦福大学 High Wire 于 1995 年建立。内容涉及生命科学、医学、物理科学及社会科学等多个学科领域,截至 2014 年 12 月,收录 140 多家学术出版机构的电子期刊 1232 种,文章总数达 5 607 502 篇,其中 1 890 041 篇可免费获得全文(如图 10 - 2 所示)。

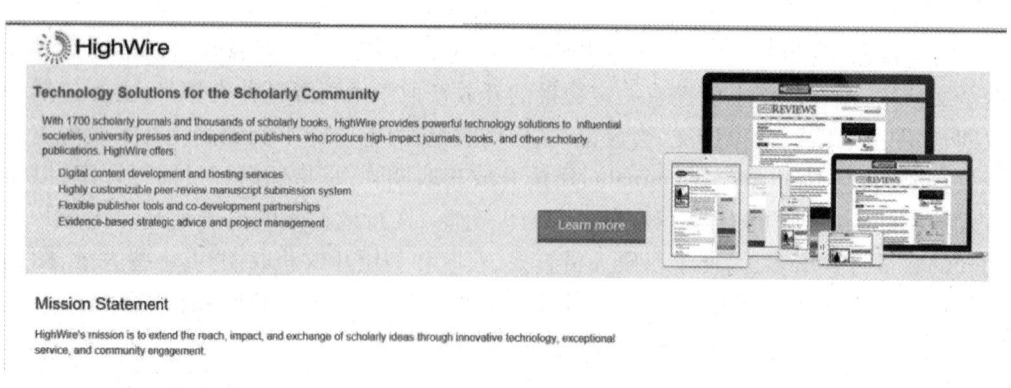

图 10 - 2　High Wire Press 主界面

3. BioMed Central(BMC)

BioMed Central 是著名的开放获取出版社。基于"开放地获取研究成果可以使科学进程更加快捷有效"的理念,该出版社通过 BMC 网站免费为读者提供信息服务,其出版的网络版期刊可供世界各国的读者免费检索、阅读和下载全文。截至 2014 年 12 月,拥有 272 种经同行专家评审的开放获取期刊,涵盖医学和生命科学各个领域(如图 10 - 3 所示)。

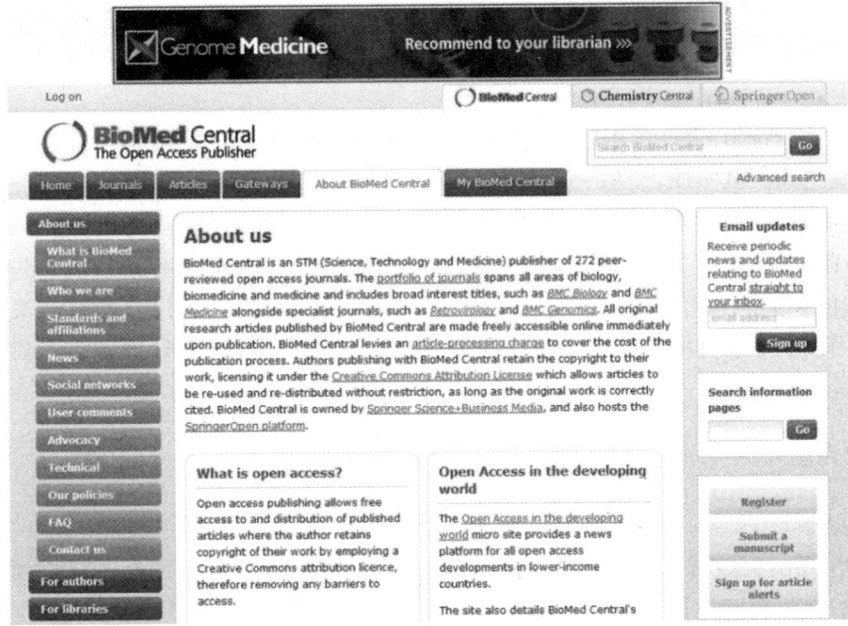

图 10 - 3　BioMed Central 主界面

4. PubMed Central(PMC)

PubMed Central 是 2000 年 1 月由美国国家医学图书馆的国家生物技术信息中心建立的生命科学期刊全文数据库,它旨在保存生命科学期刊中的原始研究论文的全文,并在全球范围内免费提供使用。PMC 采取自愿加入的原则,某期刊一旦加入,必须承诺期刊出版后一定时间内将其全文提交给 PMC,由 PMC 免费提供全文检索和访问。截至 2014 年 12 月,PMC 共收录了 2790 种期刊,其中 1586 种可以全文检索,文章总数达 320 万篇(如图 10 - 4 所示)。

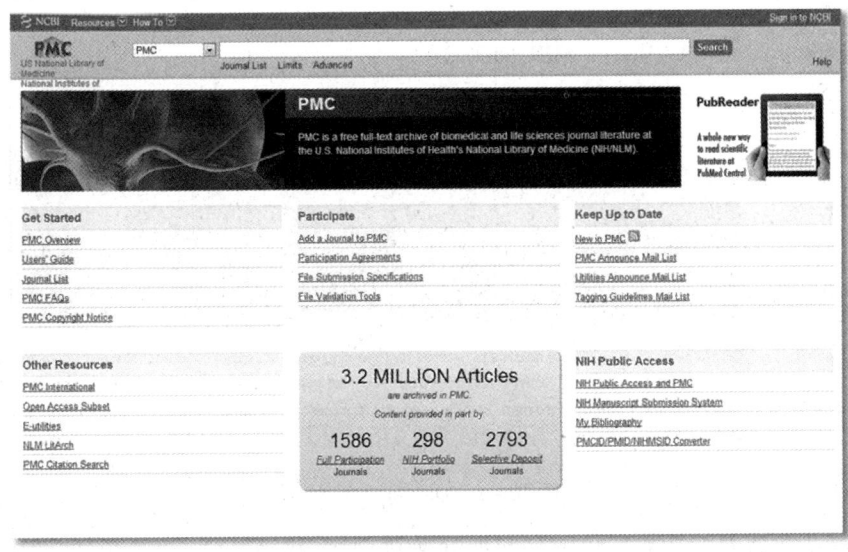

图 10 - 4　PubMed Central 主界面

第二节　学术门户网站

门户网站(Portal Site)含正门、入口之意，人们通常认为门户网站是网民进入互联网的起点与始发之地。其本质上是一个"链接"页面，是通过它去获取更多资源与服务的应用系统，主要提供新闻、搜索引擎、网络接入、聊天室、BBS、免费邮箱、影音资讯、电子商务、网络社区、网络游戏、免费网页空间等。目前，人们所了解的门户网站大部分是指一些综合性质的网站，如世界上三大门户网站 Yahoo、AOL、MSN，以及国内的三大门户网站新浪、搜狐、网易。专门用以学术研究的门户网站也有很多，如 Oaister、WorldCat、CALIS 重点学科网络资源导航门户等。

一、常用国外免费学术门户网站

1. OAIster

OAIster 是由美国密执安大学数字图书馆制作服务部于 2002 年创办。它收割了来自世界各地学术资源仓储库的元数据记录，并将其索引进中央数据库提供用户检索。2009 年 OCLC 参与进行 OAIster 的建设维护，目前该系统可提供超过 3000 万条记录，描述、指向和链接到世界上 1500 家研究图书馆、学术机构创建和维护的开放资源。OCLC 正致力于将 OAIster 建设成一个所有开放存取数字资源库的自助服务贡献模型，以确保其对丰富开放存取资源的存取能力具有可持续性。

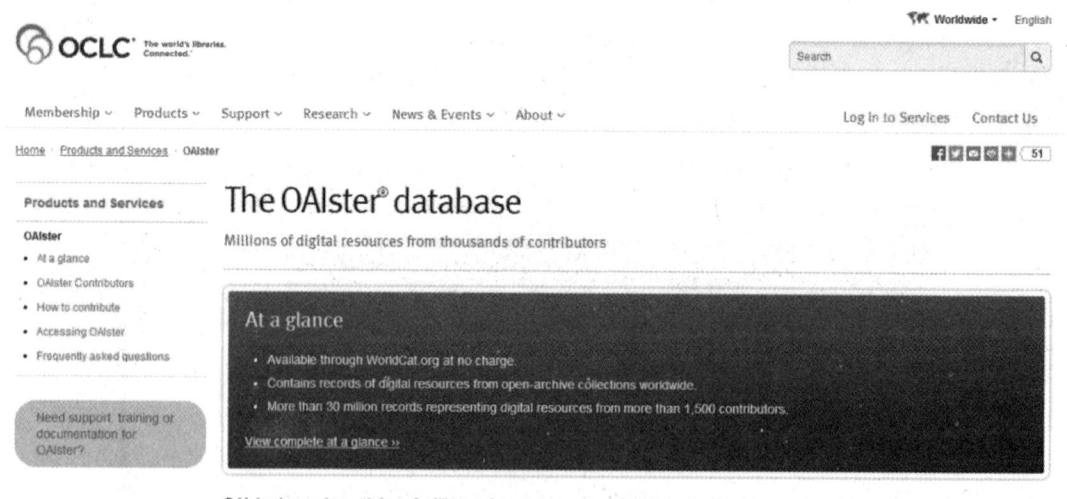

图 10 - 5　Oaister 主界面

OAIster 提供资料包括数字化图书与期刊文章、原生数字文献、音频文件、图像、电影资料、数据集、论文、技术报告、研究报告、摄影图片等，可按点击率、作者、题名、时间进行排序浏览,检索结果含资源描述和该资源链接,标引对象包括美国国会图书馆美国记忆计划、各类预印本及电子本文献服务器、电子学位论文、机构收藏库等。

2. 全球在线科学信息门户(WorldWideScience. org)

美国能源部、英国图书馆以及其他8个参与国于2007年6月22日在华盛顿共同开启了从全球15个国家入口接入的全球在线科学信息门户,它可以为普通市民、研究人员以及任何对科学感兴趣的人提供科学信息的搜索入口,以便他们能够轻松访问那些使用普通搜索技术不能访问的网站。创建 WorldWideScience. org 的目的在于使其成为世界级的网络工具,让任何地方的任何一位科学家或任何人都能轻松地获得任一种语言或任一国家的搜索结果(如图10-6所示)。

图10-6　全球在线科学信息门户主界面

二、常用国内免费学术门户网站

1. CALIS 重点学科网络资源导航门户

中国高等教育文献保障系统(CALIS)在"九五"期间启动了"重点学科网络资源导航库"项目,目的是将因特网中相关重点学科的最优秀的网站信息提供给读者,帮助高校科研人员快速、准确地获取所需的相关权威机构、出版物、专家、学术动态等信息。CALIS 重点学科网络资源导航门户共建有教育部1997年颁布的《授予博士、硕士学位和培养研究生的学科、专业目录》中的除军事学学科门类外的77个一级学科,314个二级学科(如图10-7所示)。

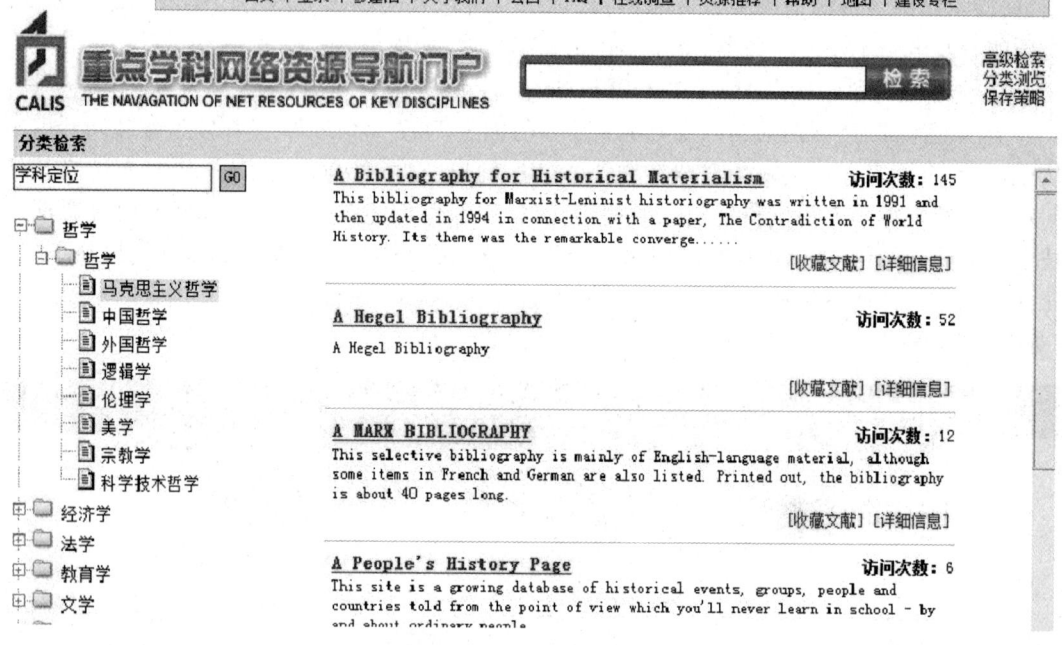

图 10-7 CALIS 重点学科网络资源导航门户主界面

2. 中国国家科学数字图书馆化学学科信息门户

化学学科信息门户是中国科学院知识创新工程科技基础设施建设专项"国家科学数字图书馆项目"的子项目,化学学科信息门户建设的目标是面向化学学科,建立并可靠运行 Internet 化学专业信息资源和信息服务的门户网站,提供权威和可靠的化学信息导航,整合文献信息资源系统及其检索利用,并逐步支持开放式集成定制。化学学科信息门户可以提供站内最新信息和全文的检索,可根据 27 个资源类型和 7 个学科分类浏览(如图 10-8 所示)。

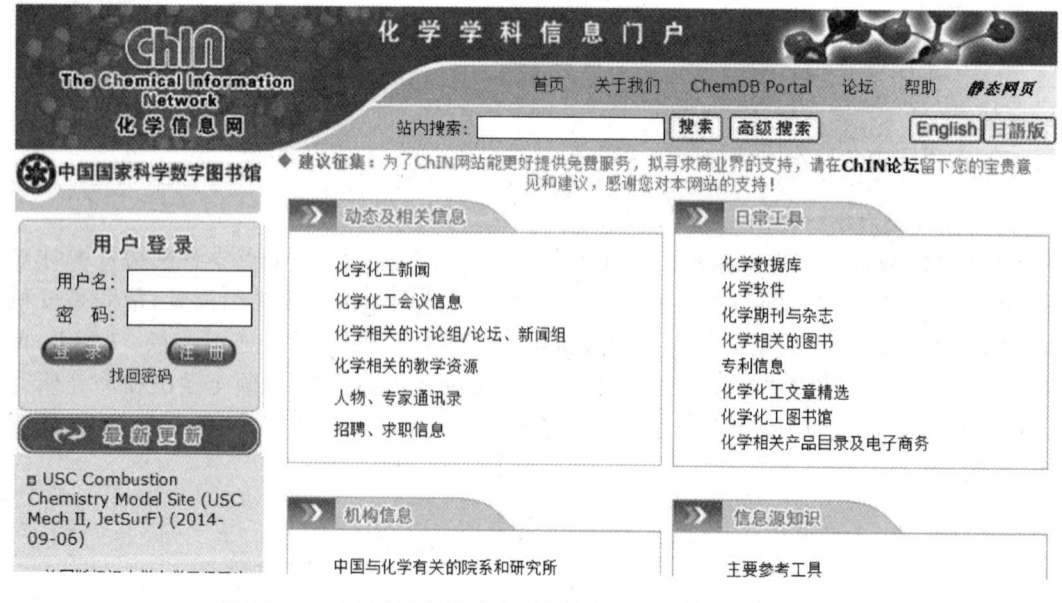

图 10-8 中国国家科学数字图书馆化学学科信息门户主界面

第三节　慕课

一、概述

（一）MOOC 的概念

MOOC（Massive Open Online Course）译为"大型开放式网络课程"，亦被称作"慕课"，是由加拿大爱德华王子岛大学（University of Prince Edward Island）的戴夫·科米尔（Dave Cormier）和国家人文教育技术应用研究院高级研究院的布赖恩·亚历山大（Bryan Alexander）于 2008 年根据网络课程的教学创新实践提出的。

2012 年 9 月 16 日，维基百科上对 MOOC 的定义为"一种参与者分布在各地，而课程材料也分布于网络之中的课程"，并且"这种课程是开放的，规模越大，它的运行效果会越好"。它通过基于主题或问题的讨论与交流将分散在世界各地的学习者和教师联系在一起。2012 年 9 月 20 日，该定义演变为"MOOC 是一种以开放访问和大规模参与为目的的在线课程"。MOOC 既是远程教育领域的新发展，也是开放教育理念的新发展。

（二）MOOC 的起源与发展

一般认为，MOOC 课程模式起源于基于互联网的开放课程，最早可追溯到 2007 年，当时，美国犹他州立大学的 David Wiley 教授基于 Wiki 发起了一门名为"Intro to Open Education（INST 7150）"的网络开放课程，世界各地的用户都可以分享课程资源并参与该课程。2008 年 1 月，加拿大里贾纳大学（University of Regina）的 Alec Couros 教授开设了一门网络开放课程"Media and Open Education（EC&I 831）"，并邀请全球众多专家远程参与教学。这两个开放课程从思想和技术上为 MOOC 这一新的课程模式的诞生奠定了基础，可以说是 MOOC 的前身。

2010 年，西门思（Siemens）和道恩斯（Downes）开设了 PLENK（Personal Learning Environments Networks and Knowledge）。2011 年，一大批著名大学的教育工作者开始尝试以这种课程形式设计课程，如玛丽华盛顿大学的吉姆·格鲁姆（Jim Groom）教授和莱恩（Lisa M. Lane）开设的 DS106—Digital Storytelling。2011 年年底斯坦福大学试探性地将 3 门课程免费发布到网上，其中包括吴恩达（Andrew Ng）教授的"机器学习"（Machine learning），超过 10 万来自世界各地的学生注册了这门课。网络学习者对试探性课程的广泛认可和参与促使达芙妮·科勒（Daphne Koller）和吴恩达共同创办了 Coursera（意为"课程的时代"）。Coursera 旨在同世界顶尖大学进行合作，在线提供免费的网络公开课程。

在斯坦福大学发布的试探性课程中，斯坦福大学前教授 Google X 实验室研究人员塞巴斯蒂安·特龙（Sebastian Thrun）的"人工智能导论"（Iratroduction to Artificial intelligence）课程有来自 190 个国家的 16 万学生注册参与。不久，特龙离开了斯坦福与另外两名同事共同创办了 Udacity。2012 年 6 月，麻省理工学院和哈佛大学联合投资创建了 Edx，德克萨斯大学和加利福尼亚大学伯克利分校后来加入其中。本项目主要有两个目的：一是配合校内教学，提高教学质量和推广在线教育；另一方面是通过学生学习过程数据的分析，研究技术在教学中的应用。

自此，MOOC 发展的风暴席卷全球，世界各地掀起了一股学习 MOOC、研究 MOOC 的热潮。

（三）MOOC 的分类及特点

1. MOOC 的分类

几年来,随着 MOOC 的迅猛发展,人们在探索中找到了多种教学模式,其实践已完全超越理论,学者们也根据不同的标准把 MOOC 划分为了不同类别。

马克(Sui Fai John Mak)按照理论基础将 MOOC 划分为 5 种类型:讲授主义的(instructivist)、认知主义的(cognitivist)、建构主义的(constructivist)、社会建构主义的(social constructivist)和关联主义的(connectivist)。莱恩(Lisa M. Lane)认为每一门 MOOC 包括社交网络(Networks)、任务(tasks)和内容(contents),根据三者设计的侧重点不同,可将 MOOC 划分为 3 种类型:基于社交网络的 MOOC(network-based MOOC)、基于任务的 MOOC(task-based MOOC)和基于内容的 MOOC(content-based MOOC)。

如今,人们比较认可的分类是按照学习理论分类的方法,将 MOOC 分为两类,即联通主义大规模开放网络课程 cMOOC 和美国知名高校运用行为主义的方法开发的 xMOOC 两种,二者在教学理念上差异很大,一般媒体上常见是 xMOOC。两者的区别在于:cMOOC 模型强调创建、创造性、自主性和社会网络学习,xMOOC 模型强调视频演示小测验、测试等传统的学习方法。换言之,cMOOC 关注知识创造与生成,而 xMOOC 关注知识重复。

2. MOOC 的特点

由 MOOC 概念可以看出,MOOC 具有两个一般性特征:一是开放式获取,即任何人都可以免费参与网络课程学习,没有人数、时间、地点限制;二是规模可伸缩性(scalability),即课程是为无限数量的学习参与者设计,学习者可以根据自己的习惯和偏好使用多种工具或平台参与学习,具有显著的大规模性。大型(massive)不仅是指参与课程的学生的规模较大,而且表示课程活动的覆盖面广。美国高等教育记事(Chronicle of Higher Education)在对开展 MOOCs 的 103 名教授的调查中显示,每门课程平均有 33 000 个来自全国各地的学生注册,相当于传统课程授课人数的几百倍。

Downes 总结出 MOOC 的 4 个基本原则:汇聚、混合、转用、推动分享。他认为这些原则也体现了 MOOC 的特点。Panchenko L. F. 根据自己的体验和对相关研究的分析,认为 MOOC 对教师而言具有 13 个优点:免费参与;支持在职培训;让学习者接触到知名大学的教学风格;能比较不同的方法论;从学生角度体验远程学习;体验论坛讨论;体验同伴评价;拓展关于教学方法论的视野和知识;借助 MOOC 增加在大学讲授课程的机会;跨文化能力的发展;英语听、读、写技能的提高;建立新的专业联系;从一个新的角度反思自己的教育活动。

二、国内外大型开放式网络课程平台

1. Udacity

Udacity(https://www.udacity.com/)是由斯坦福大学教授于 2012 年 2 月创办的营利性机构。Udacity 旨在重塑 21 世纪教育,通过 Udacity 平台给各阶层想学、乐学的人带来可获取的、低廉的、高参与的高等教育,来缩小学生技能与就业所需素质之间的差距。Udacity 已经发布 24 门课程,分为初级、中级和高级 3 个水准,仅限于商学、计算机科学、数学、物理学和心理学 5 个学科领域。在教师选择上,Udacity 在选择教师时依据的并非是他们的学术研究能力,而是他们的教学水平。Udacity 的课程一部分是由教师自行设计,一部分是与 Google 或者微软等公司共同设计推出。其特色在于,高度交互性、基于项目练习的做中学,基于微视频学习的寓教于乐,基于真实情境的学习,高度参与的学习社区。Udacity 目前已经和圣何塞州立大学(SJSU)州立大学合作提供 5 门在线课程,能够成功完成这些课程的学生将获得圣荷西州立大学的学分,并可在加州州立大学系统内和美国大多数的高校进行学分互换。

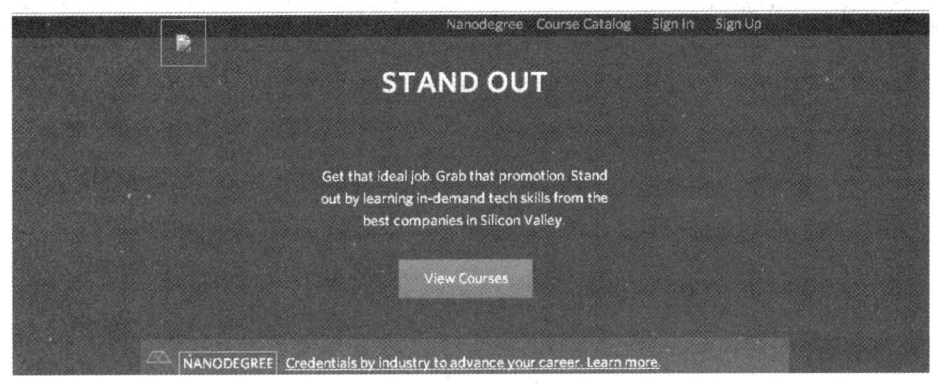

图 10 - 9　Udacity 主界面

2. Coursera

Coursera(https://www.coursera.org/)是于 2012 年 4 月创办,旨在与世界顶尖大学合作提供网络课程,为世界各地的学生提供免费的优质学习机会。Coursera 的首批合作院校为斯坦福大学、密歇根大学、普林斯顿大学和宾夕法尼亚大学。目前,合作大学和机构已达 108 家,其中包含我国的北京大学、复旦大学、上海交通大学、香港科技大学、香港中文大学等。Coursera 与高校的合作模式是在双方签订协议达成共识的基础上,Coursera 提供技术开发和支持,各高校授课教师或团队开发和设计网络课程,共同为来自世界各地的学生提供学习服务和支持。目前,Coursera 已经发展至 300 多门课程,280 余万学生注册。其课程组织形式主要是授课视频、在线测试和线上线下讨论等,充分体现了以学生学习需求为中心的设计。2013 年 2 月 8 号,Coursera 旗下的 5 门网络课程的学分获得了美国教育委员会(ACECRED-IT)的官方认可。学生必须要在 Coursera 上注册完成该课程的教学计划、参加其线上考试并且完成一个签名流程,才能有机会获得相应学分(如图 10 - 10 所示)。

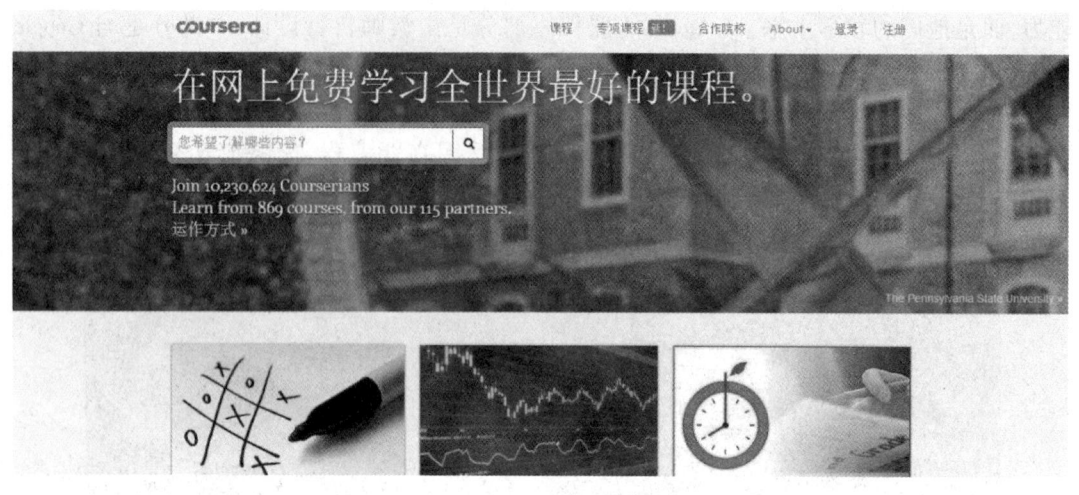

图 10 – 10   Courseras 主界面

3. Edx

Edx(https://www.edx.org/)是由麻省理工学院和哈佛大学在 2012 年 5 月联合推出的非营利性教育网站。两所学校各投入 3000 万美元,旨在以突出的教学设计为学生提供互动式在线学习。Edx 希望继承"MIT 网上免费公开课程项目"开放、共享优质教育资源的使命,创建一个反映学科广度和深度,为学生提供新的在线学习体验的网络课程平台。开展本项目的目的不仅是配合校内教学,提高教学质量和推广在线教育,而且通过学生学习过程数据的分析和研究技术在教学中的应用,可探索混合式教学模式的学习效果。目前,已经有来自世界各地的 12 所高校加入了 Edx,并提供有横跨 15 个学科领域的 32 门课程。Edx 为通过课程学习的学生颁发签有"X University"的证书。目前,已经吸引了超过 67.5 万的学生。其课程的形式主要由在线视频、网页插入式测试以及协作论坛组成。Edx 平台以交互式学习设计为特色,平台特征包括自定步调的学习、在线讨论小组、基于 Wiki 的协作学习、针对学生的学习进程进行及时的评价、在线实验室和其他的学习交互工具。

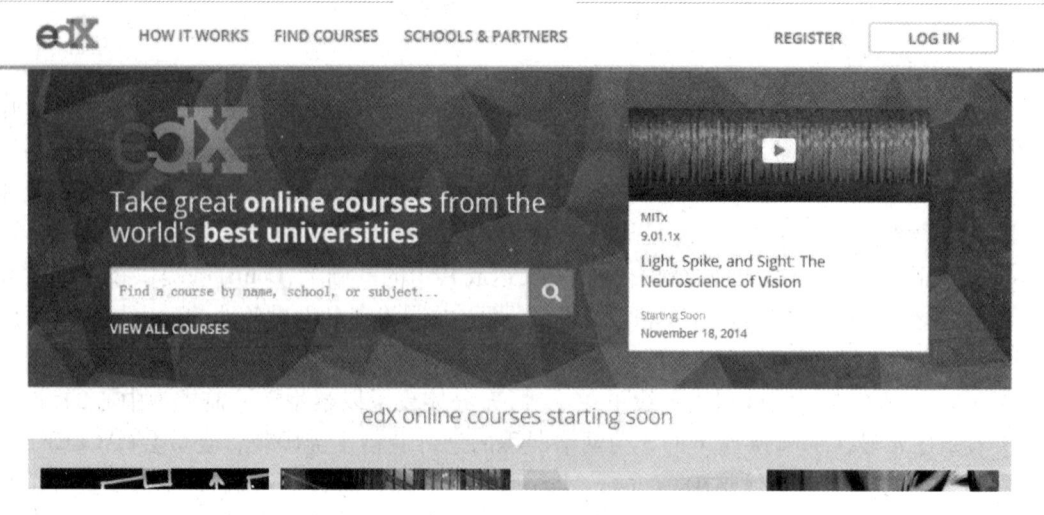

图 10 – 11   Edx 主界面

4. 国内主要 MOOC 平台——中国大学 MOOC

2014 年 5 月,由网易云课堂承接的教育部国家精品开放课程任务,与爱课程网合作推出的"中国大学 MOOC"项目(http://www. icourse163. org/)正式上线。平台吸引了北京大学、复旦大学、中国科学技术大学、浙江大学、哈尔滨工业大学等 30 所"985"高校入驻,目前开设文学艺术、哲学历史、经管法学、基础科学、工程技术、农林医学六大领域的课程 326 门。

图 10 – 12　中国大学 MOOC 主界面

第四节　其他网络学术资源

一、网络学术论坛

网络论坛是一个网上交流场所,一般就是大家口中常提的 BBS(Bulletin Board System)。而网络学术论坛则是学者和学术爱好者基于网络进行学术交流、开展学术讨论的平台,是网络论坛的一种。

目前的网络学术论坛已经成为集资料交流、信息发布、讨论互动等功能于一体的综合平台。网络学术论坛讨论功能的特点有:第一,讨论话题的专业性和广泛性。学术论坛一般都设定各种学科专业栏目,要求专业栏目中讨论有关专业问题。但由于参加论坛成员的复杂性和学术水平的多层次性,使论坛话题既有专业性又有广泛性,这既是学术论坛的优点也是其缺点。虽然可以吸引更多的参与人气,但也会导致话题及其讨论的学术水平下降。第二,言论自由度高。论坛的匿名性特点使得任何人都可以在论坛自由发表言论,展开讨论,既可以支持别人的观点,也可以反驳批判别人的观点,只要不发表论坛限制的违反法律和网络道德规范的信息即可,有利于形成自由平等的交流氛围。第三,方便的交互性。网络论坛可以实现参与者之间的便捷交流。参与者可以不受空间和严格的时间限制,随时随地自由参与讨论。可以节约参加学术会议、通信、发表论文耗费的大量时间、经费等成本,克服上述讨论方式的种种资源限制,容纳大量的学者和学术爱好者参加。

近年来,随着网络技术的发展,中文网络学术论坛也不断发展壮大,目前比较有名的综合性论坛有小木虫论坛、博研论坛、研学论坛、诺贝尔学术资源网、子午学术论坛等。还有很多专业性学术论坛,如中国生命科学论坛、丁香园论坛、水论坛、百思论坛等。下面,重点介绍几种常用的网络学术论坛。

1. 小木虫论坛

小木虫论坛(http://emuch.net/bbs/)创建于 2001 年,是一个独立、纯学术、非经营性的免费个人论坛。会员主要来自国内各大院校、科研院所的博硕士研究生、企业研发人员,这里拥有旺盛的人气、良好的交流氛围及广阔的交流空间,已成为聚集众多科研工作者的学术资源、经验交流平台。涵盖化学化工、生物医药、物理、材料、地理、食品、理工、信息、经管等学科,除此之外还有基金申请、专利标准、留学出国、考研考博、论文投稿、学术求助等实用内容。截至 2014 年 12 月,共有主题帖约 259 万余篇,讨论帖约 6986 万余篇,注册会员 3 532 453 位。

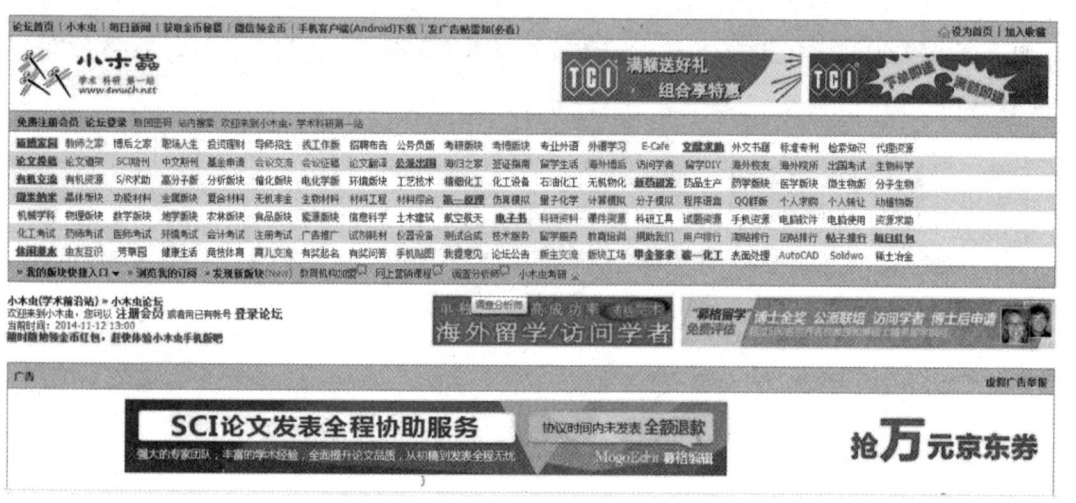

图 10 - 13　小木虫论坛主界面

2. 博研论坛

博研论坛(http://bbs.myboyan.com/)是由哈工大几位博士生创立,秉承"规格严格,功夫到家"的校训,以"学术交流,科研互助,资源共享"为办站宗旨,以"博百家之长,研天下之道"为办站理念。该论坛是一个学术性、公益型、非营利的个人网站,主要包括七大栏目:博研焦点区、学术交流区、科研交流区、文献交流区、图书交流区、标准交流区、盟友日志区。截至 2014 年 12 月,帖子约 353 万余篇,注册会员 883 454 位。

3. 研学论坛

研学论坛(http://bbs.matwav.org/forum.php)是独立的纯学术交流网站,倡导自由、开放、交流、创新、诚信、奉献,主要面向广大研究生和博士,以及高校科研院所企业的科研人员。论坛的办站宗旨是:通过构建一个学术交流的平台,改变目前国内科学研究分割、孤立的研究状况,让大家能够扩大交流,开阔视野,从而习惯合作研究的科学精神;促进科研人员和企业的交流,推动科研成果的技术转化以及加强企业技术需求和科研成果的联系;通过一系列的引导性文章和交流,培养后辈科研爱好者。截至 2014 年 12 月,帖子 123 余万篇,注册会员 568 943 位。

图 10 - 14　博研论坛主界面

图 10 - 15　研学论坛主界面

4. 中国生命科学论坛

中国生命科学论坛(http://www.cnbiosci.com/)是中国生命科学相关学术科研领域具有重要影响力的学术站点之一。网站是一个独立的、纯学术科研、非经营性论坛,专注于生命科学领域相关学术科研信息的交流,会员主要来自于国内各大院校、科研院所的博硕士研究生、企业研发人员,具有较高的人气和众多与生命科学研究相关的学术资源。内容蕴含了生命科学领域相关的方方面面。截至 2014 年 12 月,帖子近 2 万篇,注册会员21 603位。

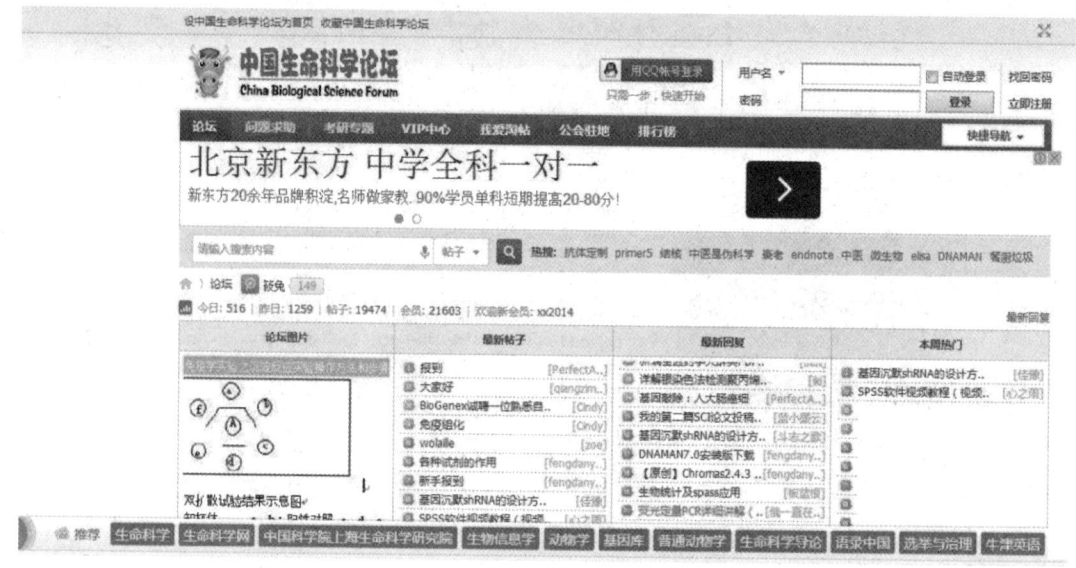

图 10-16　中国生命科学论坛主界面

二、博客

"博客"一词是从英文单词 blog 音译而来,是一种由个人管理、不定期张贴新的文章、图片或影片的网页或联机日记,用来抒发情感或分享信息。博客上的文章通常根据张贴时间,以倒序方式由新到旧排列。一个典型的博客结合了文字、图像、其他博客或网站的链接及其他与主题相关的媒体,能够让读者以互动的方式留下意见。

目前,比较著名的有新浪、网易、搜狐等博客,除此之外,还有一些学术型的博客,如科学网博客、小木虫学术博客等,下面将一一对其进行简要介绍。

1. 科学网博客

科学网(ScienceNet)是由中国科学院、中国工程院和国家自然科学基金委支持的中文综合性科学网站,于 2007 年 1 月 18 日正式上线,目标是构建全球华人科学社区。科学网博客(http://blog.sciencenet.cn/blog.php)则为科学网旗下的实名博客,属科学技术类博客群之一。博客栏目分为"新博推荐""博文推荐"等。排行榜有"博文周排行榜""博文月排行榜"等。博文分类有"精选博文""热门博文"等。博客博文按内容分类,博主按职业分类。

图 10 - 17　科学网博客主界面

2. 小木虫学术博客

小木虫学术博客(http://emuch.net/)是隶属于小木虫的实名博客,此博客分为两个栏目:不同主题的论坛链接和每日资源推荐。

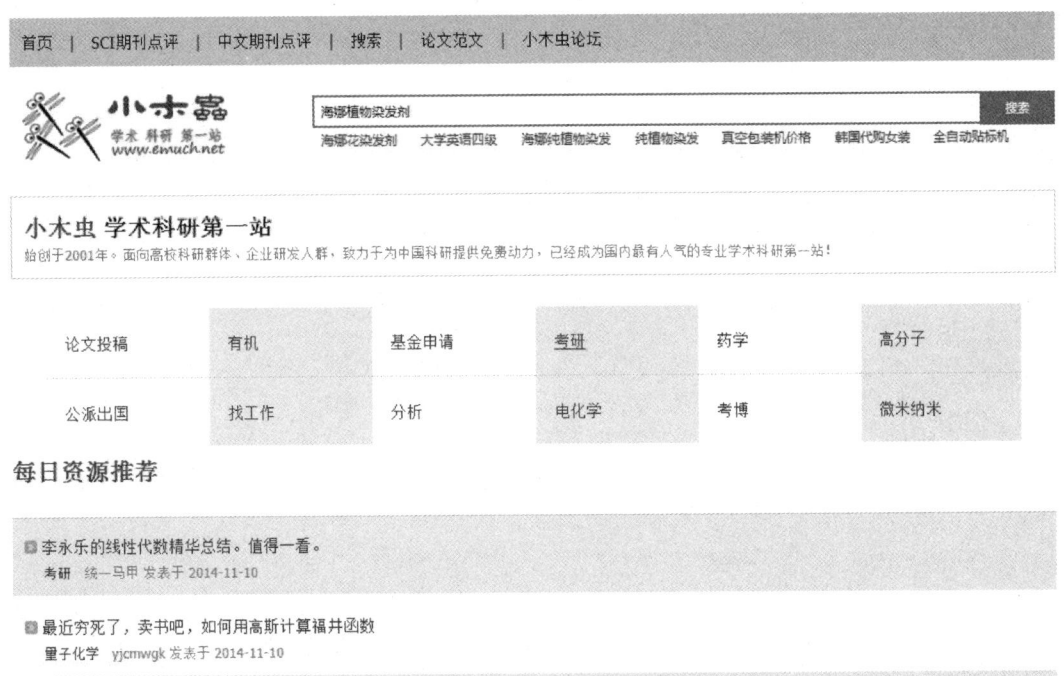

图 10 - 18　小木虫学术博客主界面

参考文献:

[1] 刘辉.开放获取期刊数据库——DOAJ.四川图书馆学报,2006(5).

[2] 张艳霞,田继壮.免费网络资源导航及其利用.图书馆研究与工作,2007(2).

[3] 连枫.中国门户网站的发展现状分析.山西财经大学学报,2008(1).

[4] 大规模网络开放课程(MOOC)典型项目特征分析及启示.远程教育杂志,2013(8).

[5] 徐庆宁,陈雪飞.新编信息检索与利用(第2版).上海:华东理工大学出版社,2012.

[6] 宫承波.新媒体概论.北京:中国广播电视出版社,2011.

思考题:

1. 请简述开放获取资源的概念及常用开放获取站点。

2. 你使用过哪些 MOOC 课程? 你对 MOOC 有哪些建议?

第十一章　常用个人文献管理工具

随着网络技术的飞速发展,数字资源日益丰富。研究者开展学术研究,文献的查阅、管理、分析和引用等是必不可少的。然而,如何把在知识的海洋中搜索到的有关资料妥善地管理? 传统的办法是用 Word 或其他办公软件将其保存到硬盘中。该方法在资料较少时很有效,但随着资料日益充实,这种方法显得易错、低效、烦琐,需要一个管理工具来统筹管理各种文件和资料。又如论文投稿时,需根据各刊物要求的格式编写参考文献和注释,引文整理、标注及排序的工作量巨大且烦琐,此时若能自动生成注释和引文,则事半功倍。实现这些功能的软件,我们称之为文献管理工具。

文献管理工具软件又叫书目管理软件,它是一种具有文献检索与整理、引文标注、按格式要求生成参考文献列表等强大功能的软件,可嵌入文字处理软件中使用,还可以直接通过在线数据库下载文献题录并对其进行统计分析。文献管理软件一般具有建立个人参考文献数据库、管理文献、自动生成参考文献和引用注释等功能。

目前国内外有多种文献管理软件,本节主要介绍其中较为常用的 EndNote、NoteExpress。

第一节　EndNote 文献管理软件

EndNote 由 Thomson Corporation 下属的 Thomson Research Soft 开发,是目前较为常用的国外文献管理软件。它支持国际期刊的参考文献格式有 3776 种,写作模板几百种,方便用户使用这些格式和模板。EndNote 不仅能直接连接上千个数据库,并使用通用的检索方式来提高科技文献的检索效率,而且它可管理的文献数据库的内容没有上限,至少能管理数十万条参考文献。EndNote 能够很好地和 WOK 平台上的数据库相关联,国外大多数学术数据库也都支持 EndNote。通过 EndNote 插件可方便地在 Word 中插入所引用的文献,并能生成指定格式的参考文献列表。下面以目前最新的版本 EndNote X7 简单介绍其基本使用方法。

一、基本操作

在计算机中安装 EndNote 软件后,启动 EndNote,如图 11 - 1,如果要打开已经存在的数据库,可在对话框中选择"Open an existing EndNote library",在下拉式目录中选中某个数据库,单击"OK"打开;如果要新建一个数据库,可在下面的对话框中选择"Create a new library",输入数据库文件名,保存后即可。进入 EndNote 的主界面(图 11 - 2)后,就可以通过使用菜单条上的选项或工具条上的按钮对文献进行各项操作。EndNote 文库的菜单栏由文件(File)、编辑(Edit)、参考文献(Reference)、群组(Groups)、工具(Tools)、窗口(Window)和帮助(Help)组成,其中一些常用的操作也可以点击工具栏上的快捷按钮和"我的文库"导航中的选项来实现。

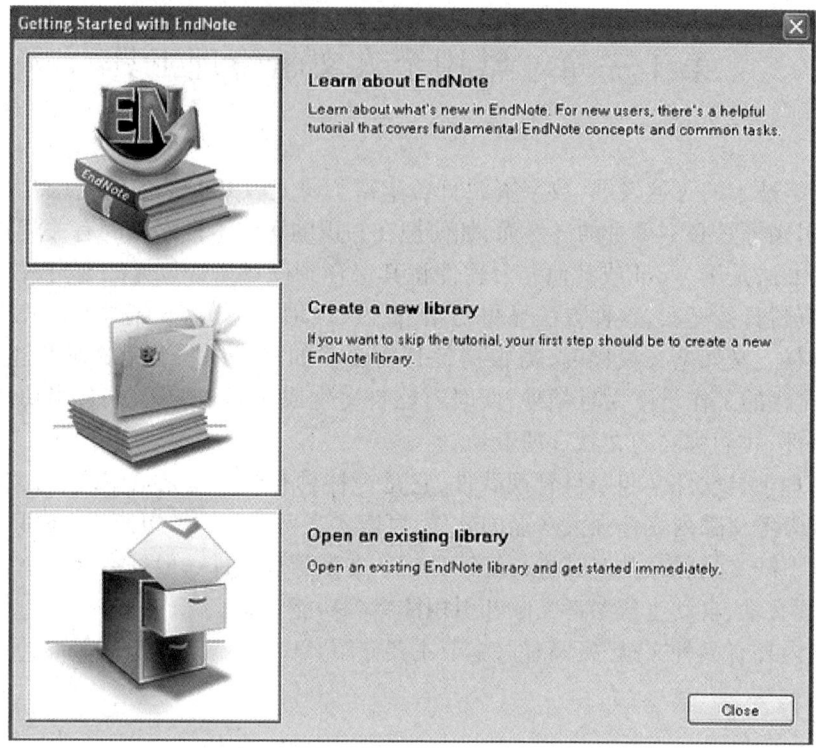

图 11 - 1　EndNote 启动创建数据库

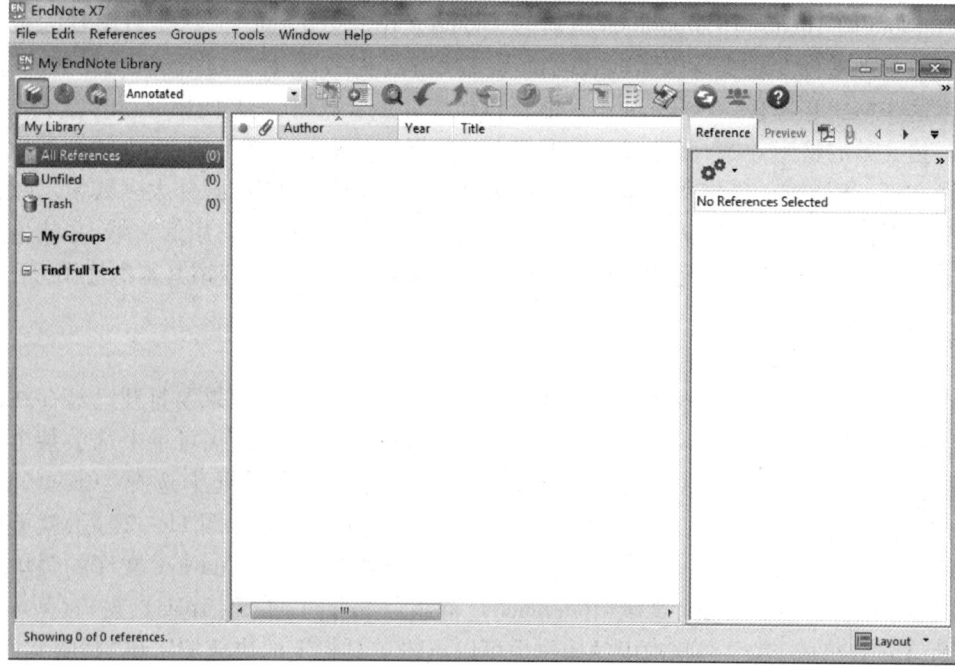

图 11 - 2　EndNote 菜单主界面

EndNote 除了独立运行之外,还作为 Word 的一个插件,与 word 协同工作。安装成功以后,系统自动在 Word 中建立一个 EndNote X7 工具栏,如图 11 – 3 显示。通过点击工具栏上的按钮,可以实现两者的协同工作和互相切换。

图 11 – 3　EndNote 在 word 中的应用

二、建立个人文献数据库

文献数据库建立是文献管理及应用的基础,建立数据库就是将不同来源的相关资料放到一起,汇聚成一个数据库文件,同时剔除来源不同的重复记录,便于分析、管理与应用。EndNote 需要首先建立一个本地数据库,以 . enl 为扩展名。EndNote 建立数据库的方法有 4 种:EndNote 内置在线检索、导入在线数据库的检索结果、导入 PDF 以及手工导入。

(一)EndNote 内置在线检索

目前许多数据库都支持 Z39. 50 检索协议并提供远程检索功能。EndNote 提供在线检索(Online Search)并下载相关信息。点击快速工具栏上的"Show Search Panel"按钮,打开在线搜索面板(见图 11 – 4)。在查询框中输入检索词,就可以像在数据库中一样进行检索了。单击检索窗口右侧的"＋""－"符号,可以增加或减少检索行。如果需要用同样的检索条件检索不同的数据库,可以保存检索策略,在检索其他数据库时调用即可。单击检索窗口的Options 按钮,然后单击"Save Search"按钮,即可存储检索策略。

单击"Search"按钮即可链接到数据库进行检索,并返回检索结果的数量。选择下载的条目,单击"OK"按钮开始下载,随后出现导入检索结果的界面,此时导入的文献只是暂时保存,如果直接关闭程序,这些记录将会丢失,需选择"文件→保存"命令新建一个本地数据库或将其存入已有数据库。

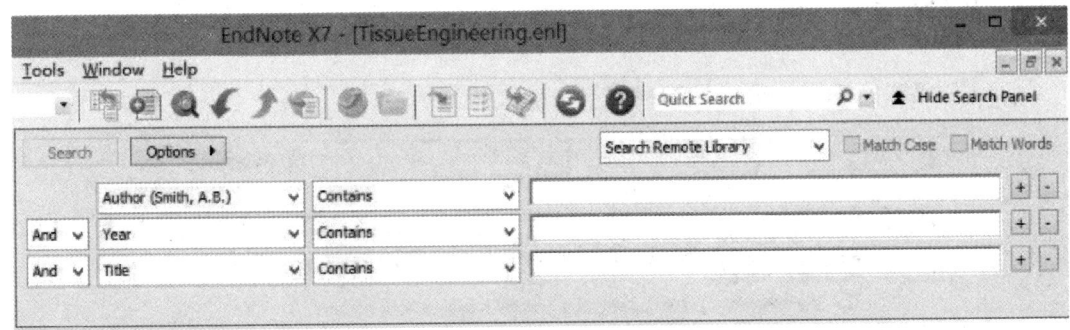

图 11 – 4　在线检索面板

如果要检索的数据库未出现在"Online Search"中,单击"more…"按钮,或者选择Tools——Online Search 命令,在弹出的对话框中选择欲检索的数据库(见图 11 – 5)。从中可以选择远程检索数据库,例如 PubMED(NLM)数据库,即出现联网检索 PubMED(NLM)界面。注意:在线检索功能不支持中文数据库。

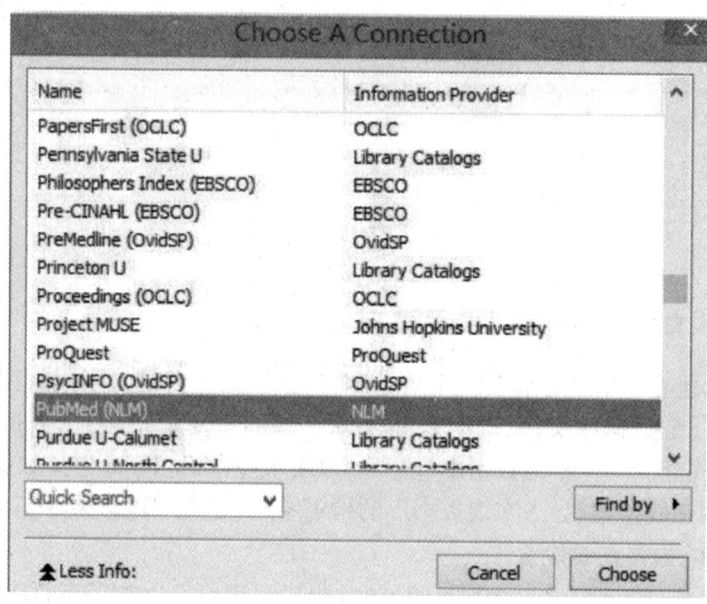

图 11 – 5　数据库选择界面

(二)在线数据库检索结果的导入

目前很多在线数据库都提供输出记录到文献管理软件的功能,如 Web of Science、Scopus、EMBASE、ScienceDirect 和国内数据库 CNKI 等。本文以 ScienceDirect 和 CNKI 为例,具体讲解在线数据库检索结果导入的方法。

1. ScienceDirect 数据导入。ScienceDirect 检索结果页面提供输出(Export)功能,选中想要输出的记录单击"Export"按钮后,在格式选择对话框中选择 EndNote 支持的记录格式。

首先,选中在 www. sciencedirect. com 上检索的结果,如图 11 –6。

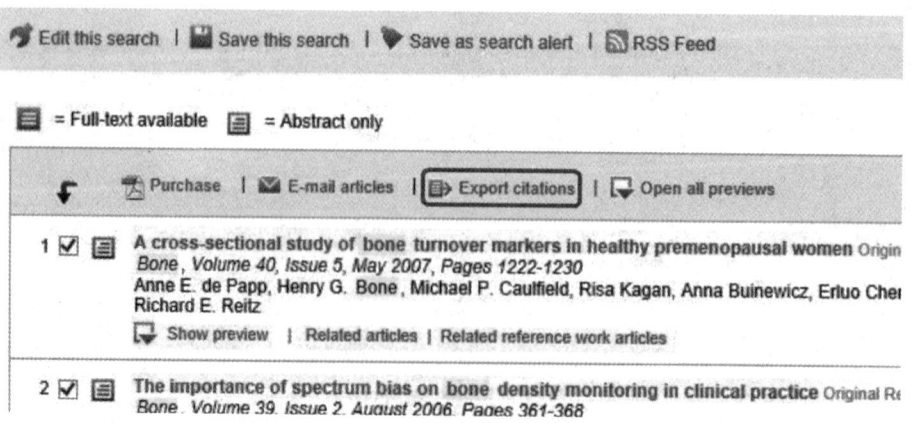

图 11 –6　ScienceDirect 检索结果操作图一

点击上方的"Export Citations"按钮,即打开一个新页面,如图 11 −7。

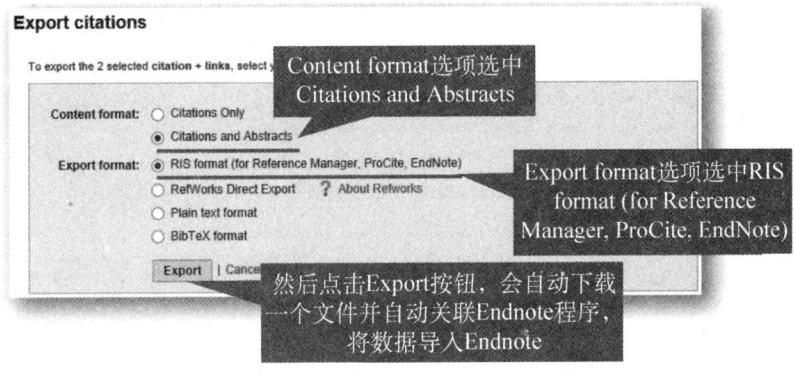

图 11 −7 sciencedirect 检索结果操作图二

2. CNKI 数据导入。在 CNKI 检索结果页面,选中需要保存的结果,在左上角点击"导出/参考文献"按钮,打开文献管理中心页面具体操作如图 11 −8 和图 11 −9。

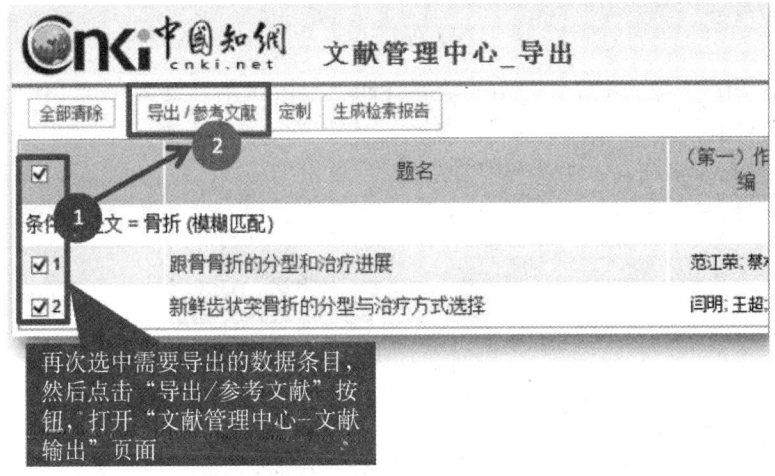

图 11 −8 CNKI 检索结果操作图一

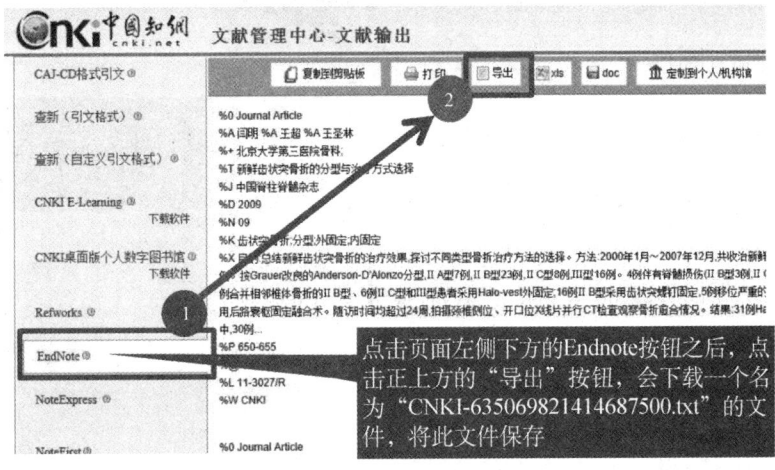

图 11 −9 CNKI 检索结果操作图二

打开 EndNote 程序,点击快速工具栏上的"Import"按钮;弹出 Import File 对话框后,点击"choose"按钮找到刚刚下载的文件,点击 Import Option 选择 EndNote Import,然后点击下面的"Import"按钮即可导入(如图 11 – 10)。

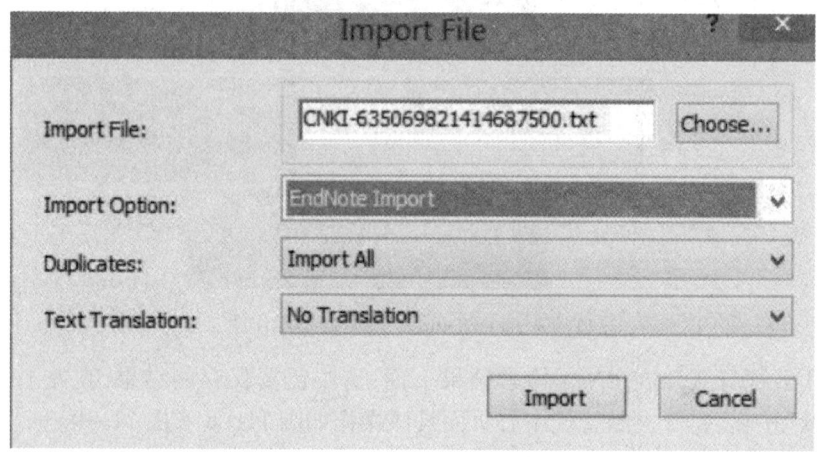

图 11 – 10　CNKI 在 EndNote 中导入操作图

(三)导入 PDF。导入电脑中已经存在的 PDF 文件,可单独导入单个 PDF 文件,也可使用文件夹导入功能批量导入 PDF 文件。依次在主菜单中打开 File→Import→File,选择要导入的文件,注意 Import Option 中选择"PDF"格式,单击"Import"按钮完成最终导入。具体操作如图 11 – 11 显示。

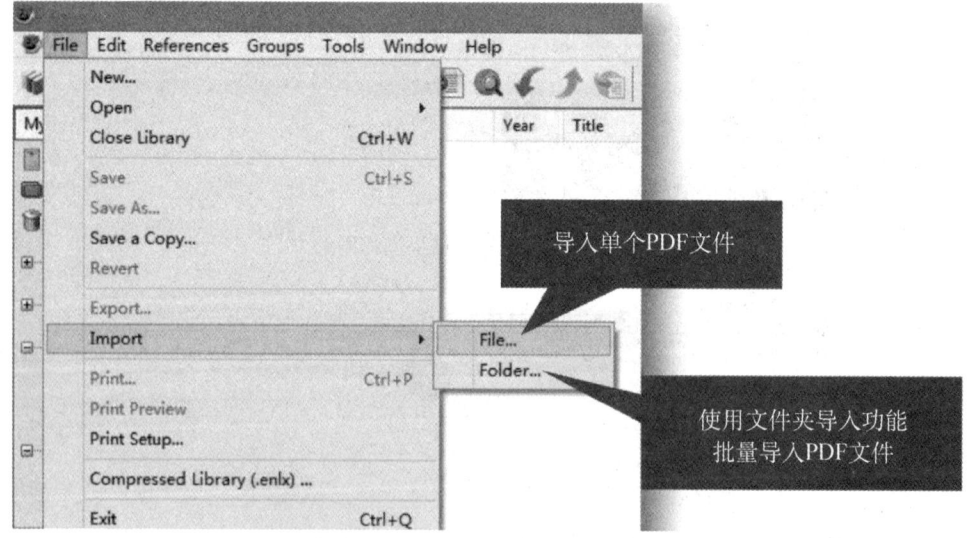

图 11 – 11　PDF 导入界面

注意事项:
- 不能正确识别中文文献;
- 不是所有的 PDF 文件都能正确导入;
- 导入时需要连接网络。

（四）手工导入。手工添加常用于添加本地电脑中零散的、在网上不易获得的文献信息。可在题录信息模板各字段中输入信息并添加附件。EndNote 不仅提供通用的文献信息题录模板,还提供针对不同类型的信息资源的专用模板。

在打开的数据库界面上单击工具栏图标 References,选择 New Reference 选项(如图 11 - 12),或者单击快捷工作栏的新建按钮,见图 11 - 13。打开新建 Reference 窗口,按照里面的要求填上作者、标题、期刊名称信息,然后点击"关闭"按钮,即可保存。

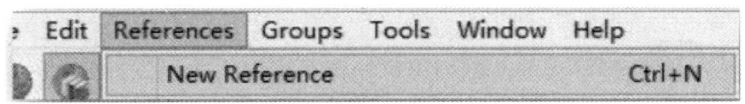

图 11 - 12　手工导入界面

图 11 - 13　快捷工作栏的新建按钮图

三、文献数据库管理和文献浏览、阅读

通过导入等方法建立的 EndNote 个人文献数据库,其界面如图 11 - 14 所示,正中是文献列表,右侧可预览所选择文献的题录信息。

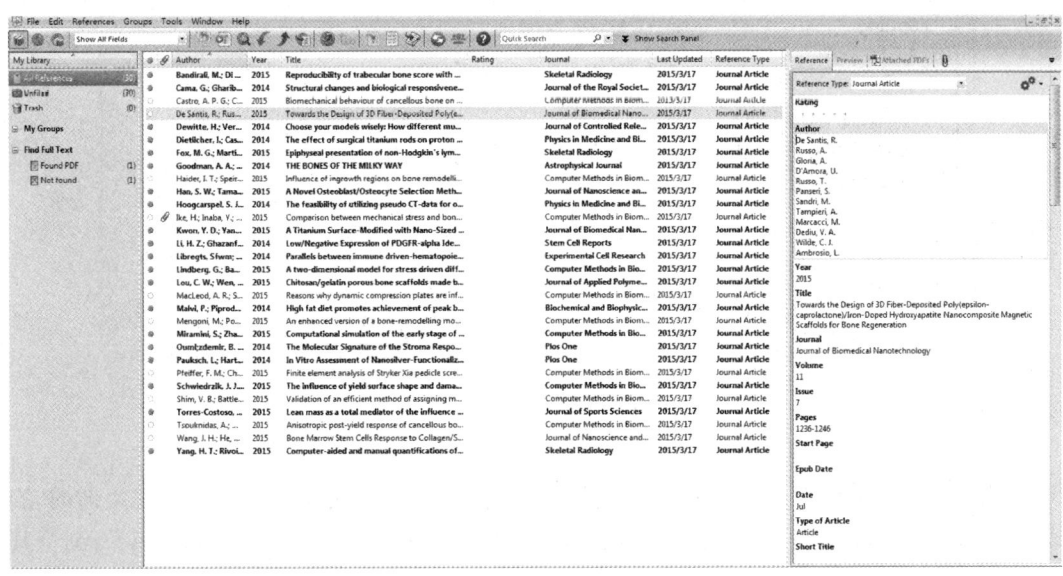

图 11 - 14　个人文献数据库界面

1. 排序

点击文献列表上方菜单栏中的作者、发表年、题名、期刊名等栏位,即可按所选择栏位的字段进行升序或降序排列。

图 11 - 15　排序字段

2. 去重

从不同来源、不同途径导入的文献列表可能存在重复的文献条目,可通过去重功能将重复的条目删除,相同的文献只保留一个条目。依次点击"Edit→Preferences→Duplicates",设定重复的标准,即哪些字段相同才算重复,如图 11 - 16。然后点击"References→Find Duplicates",查找当前数据库中有没有重复的文献记录,如有,选择"Delete"即可将重复记录删除。

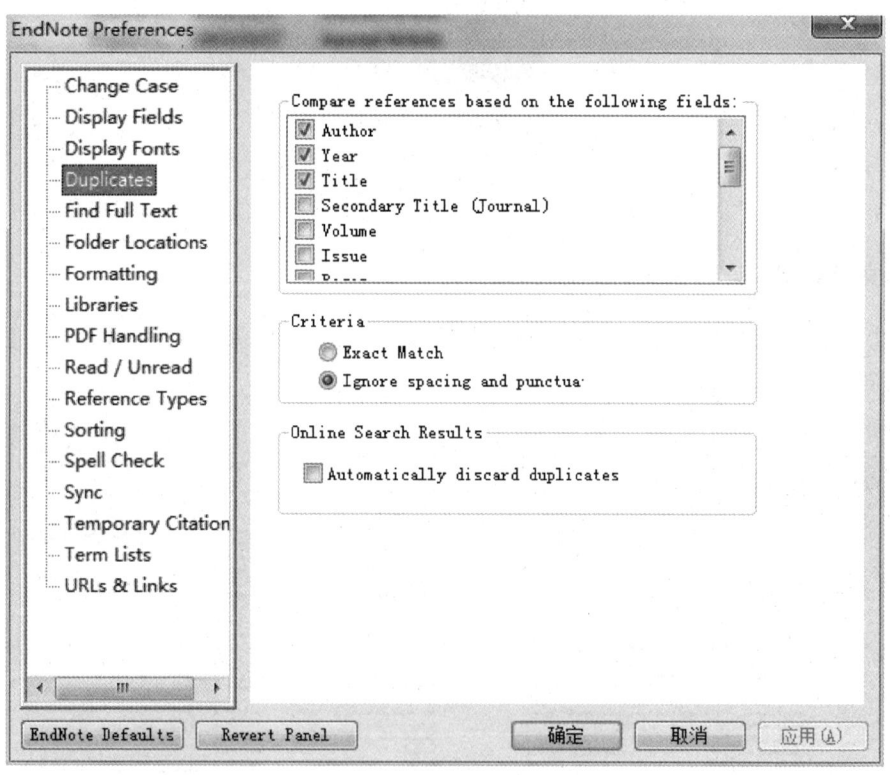

图 11 - 16　设定重复标准

3. 文献浏览

双击单个文献条目,即可打开其题录信息详情页,浏览该文献的作者、期刊、关键词、摘要、参考文献等,如图 11 - 17。也可直接单击文献条目,在右侧栏中选择"preview",浏览其题录信息。如图 11 - 18。

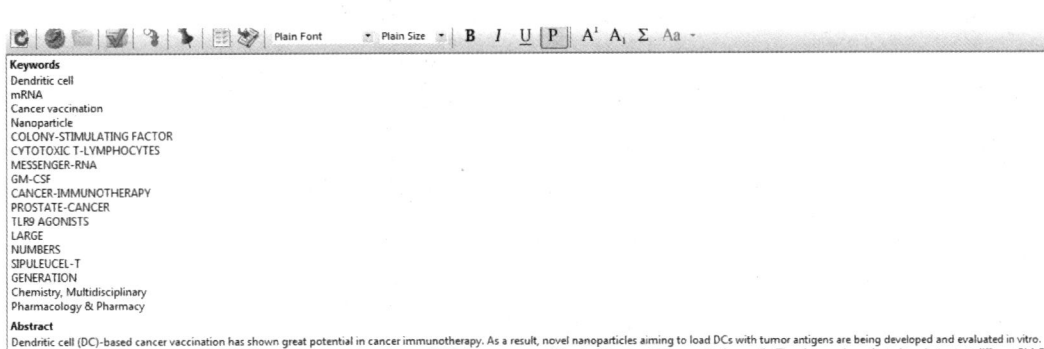

图 11 – 17　浏览题录信息详情

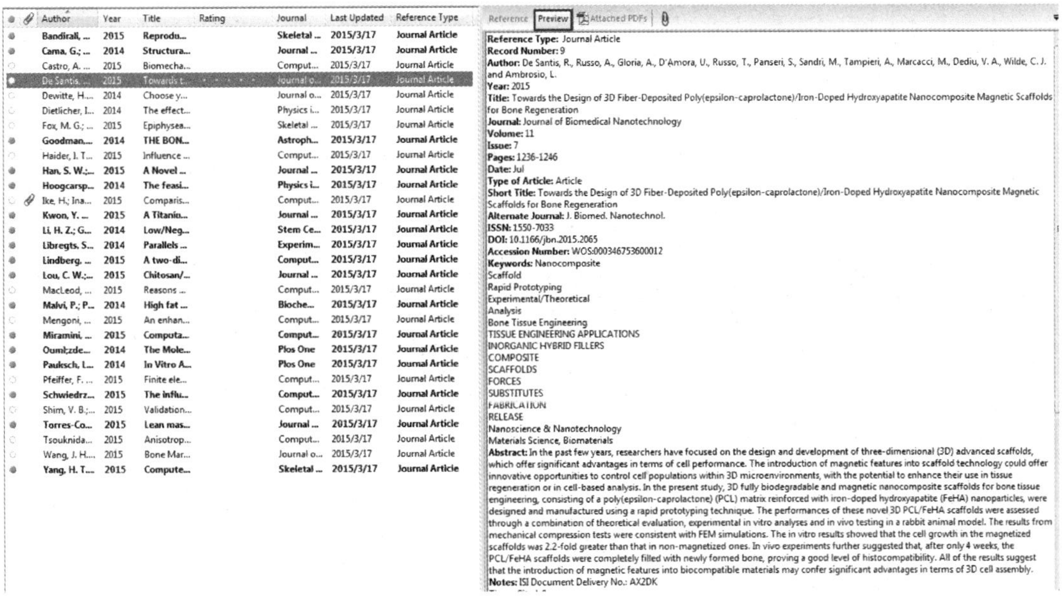

图 11 – 18　预览题录信息

4. 阅读全文

右击单个文献条目,选择"Find Full Text",软件会自动搜索并下载该文献的 PDF 格式全文,完成后也会自动在右侧栏中出现,点击即可预览,如图 11 – 19,再点击"Open PDF",即可在 EndNote 中打开,阅读全文。

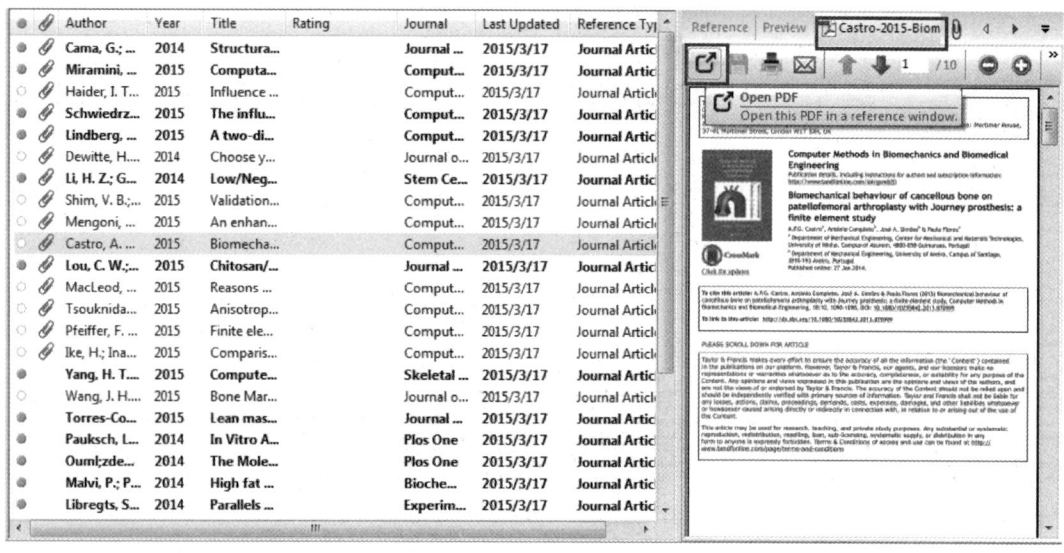

图 11 – 19　PDF 全文预览

如文献在 EndNote 中无法自动下载,也可在自己下载全文后,手动添加进 EndNote。点击右侧栏上方的曲别针型图标,如图 11 – 20,选择下载的文件,上传即可,预览和阅读方法同上。

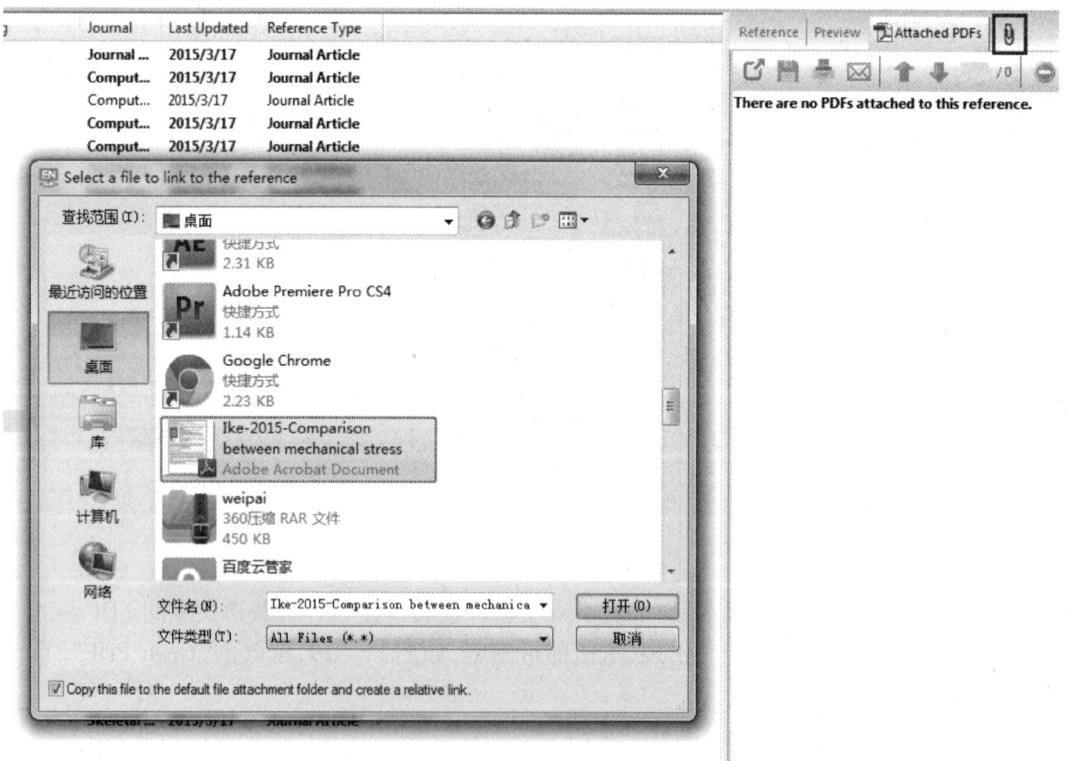

图 11 – 20　上传文献全文

四、参考文献和引文注释的生成

通过 Word 中的 EndNote X7 工具栏,可以轻松地按照选定的格式在 Word 文档中插入引文注释和文后参考文献。

首先需选择引文注释和参考文献所采用的格式。通过 EndNote 工具栏中的"Style"选择所需格式,EndNote 提供了 2000 多种期刊的引文注释和参考文献格式供选择,如图 11 – 21。

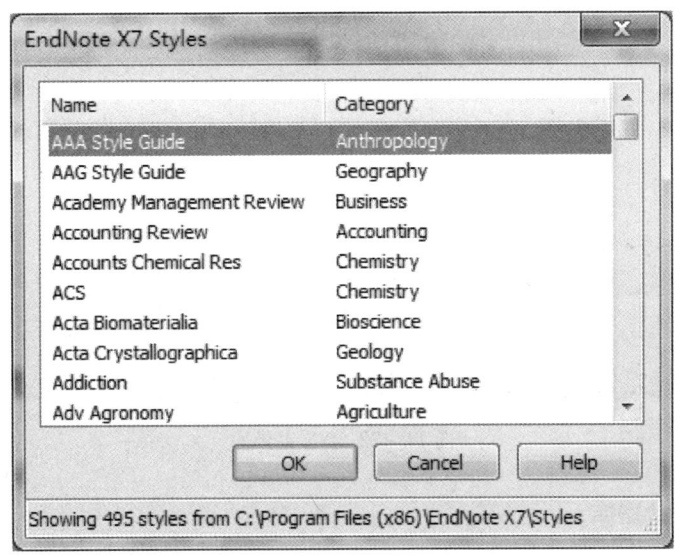

图 11 – 21　选择引文注释和参考文献格式

选定格式后,点击 EndNote 工具栏中的"Insert Citation"即可选择个人文献数据库中的文献,插入引文注释或参考文献。

第二节　NoteExpress 文献管理软件

NoteExpress(NE)是北京爱琴海软件公司开发的一款国内专业的文献检索与管理系统,其核心功能涵盖"知识采集、管理、应用、挖掘"的知识管理所有环节,完全支持中文。NoteExpress 可以帮助使用者通过各种途径高效、自动地搜索(含互联网)、下载、管理文献资料和研究论文。该软件可嵌入 Word 软件使用,自动在 Word 中生成一个 NE 快捷工具栏,在使用 Word 中输出各种格式化的参考文献信息,不需要脱离 Word 环境。

NoteExpress 为中文界面,使用方法与第一节 EndNote 大体类似,下面做简要介绍。

一、创建数据库

在第一次运行 NE 时,系统会自动加载"sample 示例库",如果不需要,可以将这个示例库删除,或者通过文件菜单新建一个数据库。在数据库一个目录树下包括 5 个文件夹:题录、笔记、检索、组织和回收站。这 5 个文件夹为一个固定单元,不能更改名字也不能删除。但在题录以及检索的子目录保存检索下可以随意增加或删除子目录。

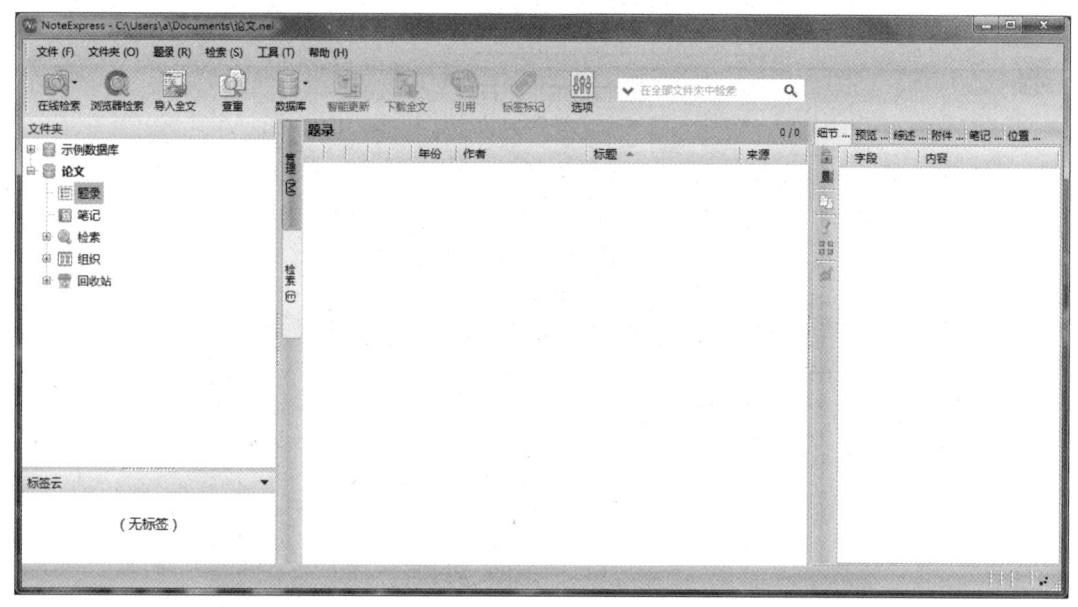

图 11-22　NE 主界面

二、题录导入数据库

1. 过滤器导入。对某个数据库或信息源检出的大量文献可进行一次性导入,要求每个文献字段基本相同,并具有规范的格式。具体导入步骤:打开 NE 界面,点击"文件"菜单,选择"导入题录"选项,在导入窗口中点击"浏览",选择保存好的题录文献,同时要选择相应的过滤器进行导入。所要导入文献来自剪贴板,则选择"来自剪贴板"。

过滤器是指用来"过滤"数据的程序。不同数据库检索结果有不同的格式,导入 NE 后需要以相同的格式显示出来。因此,需要选择与其相应的过滤器。目前,NE 集成了几乎所有常用数据库的过滤器。

这与上节"在线数据库检索结果的导入"类似,详细步骤不再演示。图 11-23 显示了导入 CNKI 检索结果的题录。

2. 在线数据库检索导入。直接通过 NE 平台,模拟在相应数据库中的检索功能,但实际上达不到真正在数据库中的检索效果,文献查全率和查准率不能保证。方法也与 EndNote 类似,点击"在线检索",选择数据库,如图 11-24,然后在检索窗中进行检索(如图 11-25),将检索结果导入到相应数据库中。

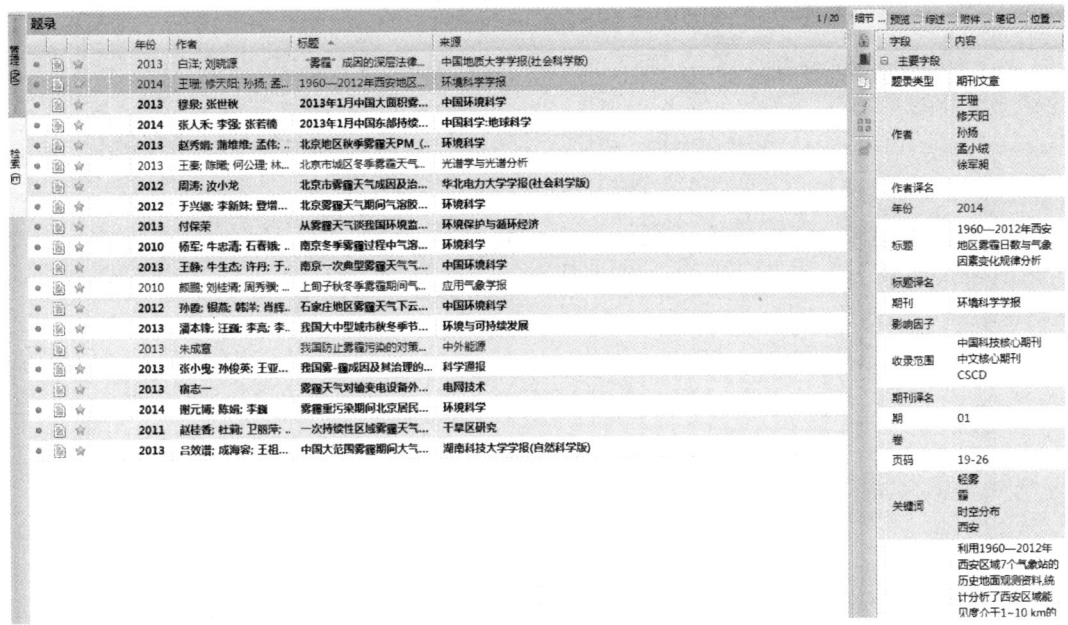

图 11 – 23　导入 CNKI 检索结果

图 11 – 24　选择数据库

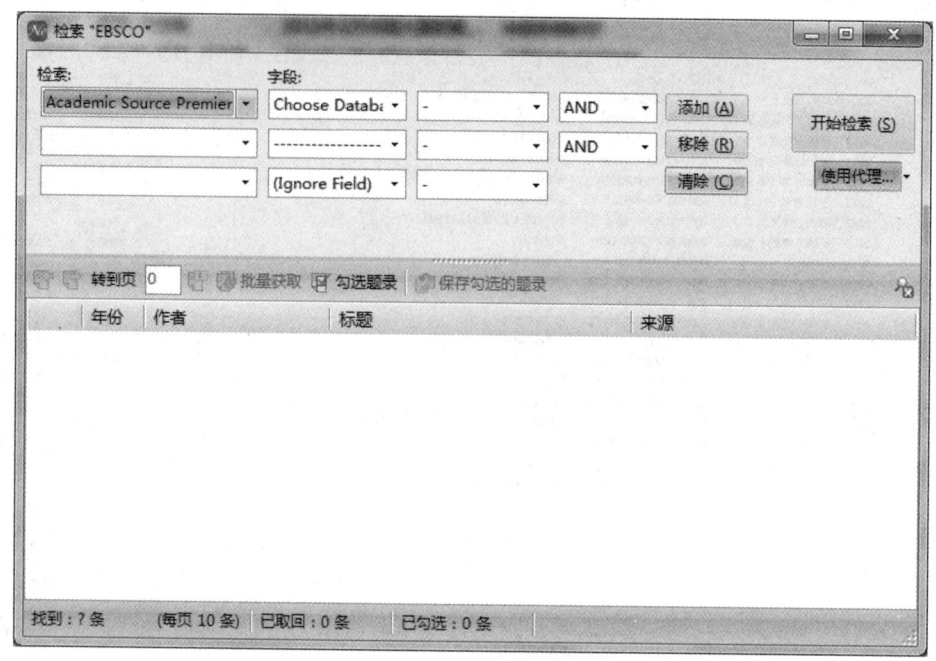

图 11 - 25　检索窗

3. 网页的文献数据导入

对于网页格式的文献,使用鼠标右键菜单中的"添加为 NE 题录"功能可直接将页面的文献导入库中,而无须保存到计算机中。

4. 手工录入。对于没有相匹配过滤器的题录,也没有在线检索功能时,只能选择手工录入。在编辑题录时,对于作者、关键词等字段,软件会在用户录入时自动查找数据库中相应字段的内容,并根据用户的录入进行提示(即自动完成),保证了录入相同内容的准确性,也提高了录入速度。手工录入费时费力,差错率高,尽可能使用网上检索,减少手工录入的劳动。需要手工录入时,也可以先复制一个与录入题录内容较为接近的题录,然后通过修改这条新题录来减少手工录入的劳动强度。

三、数据库管理

NE 提供各种管理模块,能够充分高效地掌握获得的信息。可以对数据库中的文献进行查重、标识、添加附件、库内检索以及按不同字段进行统计等。

1. 查重。首先是找到重复题录,之后再删除掉重复题录。第一步,在菜单栏中点击"查重",选择"查找重复题录",选择"待查重文件夹",在该页面选择待查重字段;软件中默认的字段有题录类型、作者、年份和标题,一般默认选择就可以,也可以再多选其他字段,如图 11 - 26。第二步,对于重复题录,点击鼠标右键,选择"从所有文件夹中删除"。

2. 标识。NE 支持标识功能,标识就是标签。在文献整理分析过程中,对其内容的分类或归类等进行不同标记,方便日后利用。NE 中的标识是可以自定义的,突显该软件的个性化。对文献进行标识,有标记、修改、添加、删除、清除、恢复等几种选择。都是通过鼠标右键,选择相应的功能完成。

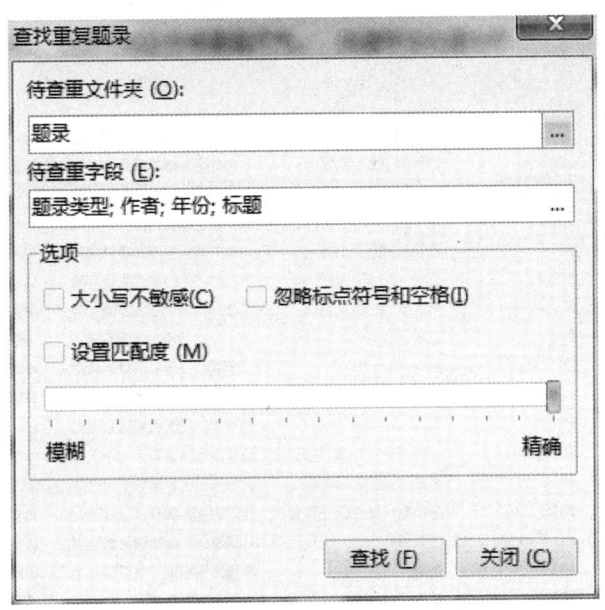

图 11 - 26　查找重复题录

3. 添加附件。文献全文以及参考文献原文、笔记、网址甚至影像资料等，都可以通过添加附件的方式来组织和管理。NE 能一次批量添加多个附件，而且可以导入整个目录及其子目录下的所有文件。具体操作步骤：第一步，点击"工具"菜单中"批量链接附件"；第二步，选择需要添加附件的题录文件夹；第三步，选择附件所在路径及各种条件选项，如图 11 - 27；第四步，导入你需要编制的文件夹（目录）或单个全文文件；第五步，检查所导入题录与附件全文是否匹配，不匹配就要修改。

图 11 - 27　选择附录文件夹

4. 通过 NE 下载文献全文。

除通过附件形式添加已下载的文献全文外，NE 还支持在软件中自动下载全文。单击选定单个文献条目后，点击上方"下载全文"（如图 11 - 28），或右键选择"下载全文"，然后选择全文数据库，如图 11 - 29，之后即可自动下载全文。下载完成后，可在"附件"找到 PDF 文件，并在 PDF 阅读软件中打开阅读。

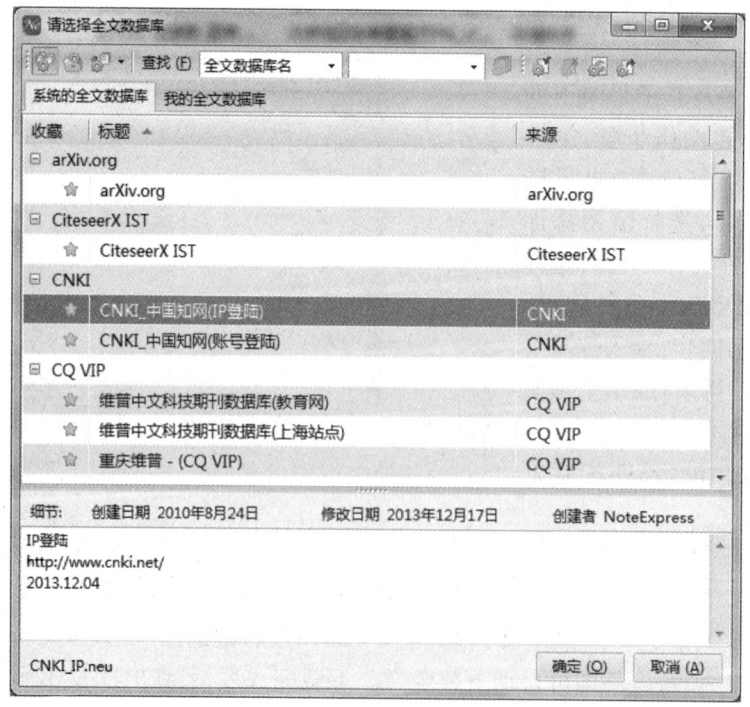

图 11 – 28   下载全文操作

图 11 – 29   选择全文数据库

四、参考文献和引文注释的生成

与 EndNote 类似,NE 也可通过 Word 中的工具栏,轻松地按照选定的格式在 Word 文档中插入引文注释和文后参考文献。NE 工具栏全中文的界面,更便于中文读者的使用,操作方法也较为便捷。

如图 11 - 30,NE 工具栏支持插入引文、注释和笔记,点击即可将在 NE 中选定的文献插入 Word 中。

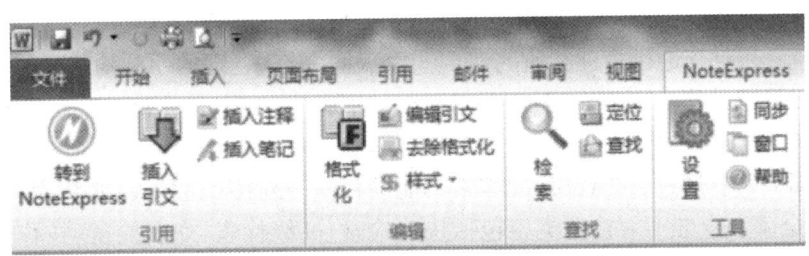

图 11 - 30　NE 工具栏

引文和注释的格式可选择和编辑,NE 中提供了 3800 多种中外文期刊引文和注释格式,如图 11 - 31。

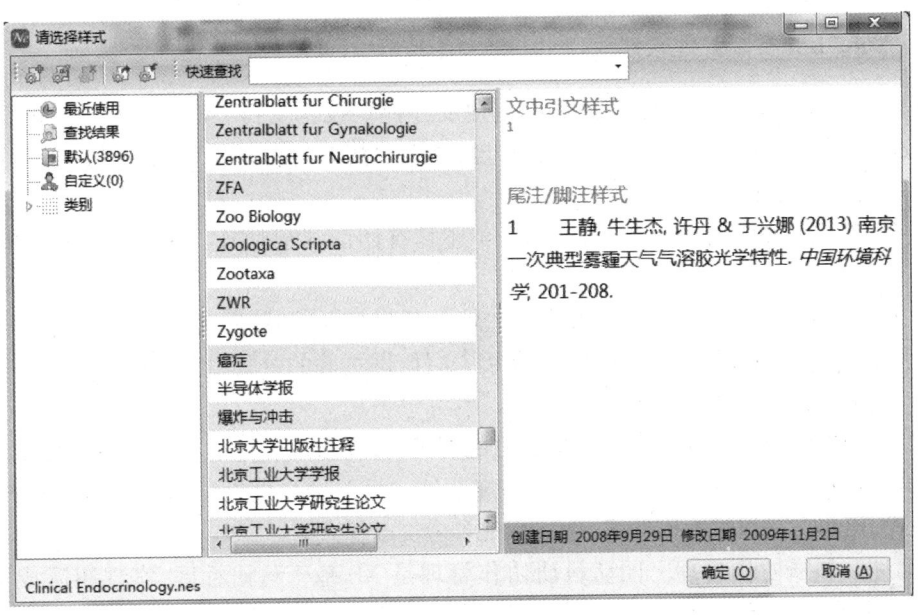

图 11 - 31　样式选择

第三节　其他文献管理软件概览

除前两节介绍的较为常用的 EndNote 和 NoteExpress 外,目前还有多种文献管理软件,如 RefWorks、NoteFirst、Mendeley 等。

一、RefWorks 文献管理软件

RefWorks 文献管理软件由 CSA（美国剑桥科学文摘出版社）的子公司 RefWorks 开发，可以帮助用户对文献资料进行数据库建立和管理，还可以实现在撰写文稿的同时，即时插入参考文献，同时生成规范的、符合出版要求的文后参考文献。RefWorks 拥有众多的语言版本，如简繁体中文、英文、法文、德文、日文、韩文等。

RefWorks 主要功能包括：

（1）参考文献管理。该系统是新型的联机个人参考文献管理系统，用于帮助用户建立文献资料信息库，并对其进行管理和研究，具有"个人图书馆"管理的便利功能。

（2）知识采集功能。可以直接检索数以千计的国内外文献数据库、电子图书馆、RSS 提要订阅源、网上资源，方便用户进行知识采集。

（3）数据检索。通过 RefWorks 的检索功能间接实现对多个数据库的跨库检索，提高资料检索的查全率和查准率。检索类型包括快速检索、高级检索、列表检索（按作者、叙词、期刊等）以及网上数据库检索。

（4）论文撰写功能。在撰写文稿的过程中只需在需要插入参考文献的位置点击鼠标就可以在文稿中轻松插入参考文献标识，同时可自动生成规范的、符合投稿和出版要求的参考文献格式。

二、NoteFirst 文献管理软件

该软件由西安知先信息技术有限公司开发并提供技术支持，集成了文件管理、文献收集、论文中参考文献的自动形成、参考文献自动校对、获取免费科技文献等功能。支持多种其他软件的文件格式，并集成了多语言系统。

除个人知识管理、论文写作外，NoteFirst 还具有团队科研协作、知识库建设功能，具体如下：

（1）个人知识管理。将专业数据库中文献收藏为个人文献，实现文献的累积；对网页中的网页资源保存为本地文件；支持文献、文稿、文件、网页等的分类、标签和搜索；支持文献随文注释、读书笔记的撰写与管理。

（2）论文写作。NoteFirst 可以根据文献的要求，自动生成规范的参考文献。提供多种论文、实验记录范例，以提高科研写作效率和规范性。目前，NF 提供国内外 1144 种期刊参考文献样式，用户也可根据写作需求，创建标准参考文献样式。

（3）团队科研协作管理。团队科研协作管理是 NF 基于科研社区，实现团队成员间文献、文稿、实验记录、笔记等有价值知识的分享、传承、编辑、评阅、管理。这种方式有利于发挥科研团队的合作精神，促进成员交流、累积知识。

（4）机构知识库。NF 具有"成果提交"功能，支持云用户将个人成果提交给机构知识库。将个人成果自动收集、辅助审核，实现知识再组织。

三、Mendeley 文献管理软件

Mendeley 由 Mendeley 小组研发，该小组于 2007 年 1 月在伦敦成立，是由来自多个学术机构和高校的研究人员、开源软件开发者等组成，并于 2008 年 8 月发布了 Mendeley 第一个

公开测试版。Mendeley 是一款基于 Qt 平台开发的免费跨平台文献管理软件,包含桌面版和在线版客户端,以及 iOS 系统的移动设备客户端(iPhone、iPad)。它不仅实现了较好的网页文献信息抓取和 PDF 文献信息抓取功能,还提供了一个学术社交平台,可以让科研人员进行更广泛、更便捷的学术交流。

该软件的功能主要有:

(1)文献管理。借助 Mendeley 软件,可以轻松实现参考文献的添加、管理、移动和备份,它支持从其他文献管理软件导入参考文献。

(2)文献阅读。Mendeley 中内置的 PDF 阅读器,可以轻松获取、导入文献全文,实现对文献的阅读和注释。

(3)引文和参考文献的自动生成。与 EndNote 和 NoteExpress 类似,Mendeley 可以和 Word 等文字处理软件协作,实现引文和参考文献的自动生成。

(4)协作和分享。Mendeley 的 Web 功能还可以实现在网络上与他人的协作和分享。

参考文献:

[1] 郑玉萍.参考文献管理软件比较分析.科技情报开发与经济,2013(10).
[2] 邹小筑,李宏芳.参考文献管理软件的比较分析.情报杂志,2010(6).
[3] 陈定权,刘颉颃.参考文献管理软件评析与展望——以 EndNote、NoteExpress 为例.现代图书情报技术,2009(Z1).
[4] 董建军.EndNote 在科技期刊编辑中的应用.中华医学图书情报杂志,2012(6).

思考题:

1. 什么是个人文献管理工具? 简述文献管理工具有哪些功能。
2. 请结合所学专业查找学术论文并将其导入管理工具。

第十二章　文献检索综合利用

第一节　本科毕业论文与文献检索

毕业设计(论文)是高校教学计划中最重要的实践性教学环节,是大学生运用所学的基本理论与专业知识融会贯通和学以致用的关键环节,是大学生从事科学研究活动的最初尝试。它不仅训练学生的综合研究能力,也是培养学生综合素质能力的集中体现。要撰写出有质量的论文,文献检索是很关键的第一步,从论文选题到资料收集、分析、鉴别、整理到最后的论文撰写,整个过程都离不开文献检索。可以说文献检索水平将直接影响毕业论文的质量。

一、毕业论文的基本要求

毕业论文一般重点考察毕业生以下几个方面能力:选题质量;文献资料应用能力;调查研究能力;论文(设计)格式;论文(设计)质量;创新能力;工作量及工作态度;论文(设计)质量、水平;论文(设计)报告、讲解;答辩情况。

(1)毕业论文的选题必须与写作者所学专业相吻合,选题必须属于所学专业范围之内,并能够运用所学专业的理论和知识对当前解决的现实问题和理论问题予以研究。

(2)毕业论文的撰写要在教师的指导下独立完成写作的全过程。

(3)本科学历阶段的论文写作时间一般要求在3—4个月时间内完成,写作准备可提前进行,但从选定问题到完成定稿必须在规定时间中进行,并按要求编辑、打印和装订。

(4)论文须做到问题(课题)确定,主题明确、集中,材料翔实,结构完整,语句通顺,符合论文格式要求。学士学位论文的字数,一般而言在8000字左右(毕业设计的设计说明书的字数不少于20 000字),而一些要求较高的学校则要求论文字数在10 000字左右,总之各个学校在论文字数上的规定都有细微的差异。

(5)在内容上,毕业论文须较好地综合运用所学的理论与本专业有关的知识解决现实问题,分析问题要有一定的深度或创见性,有很强的逻辑性,论题的结论对现实有一定的指导意义。

二、写作步骤与检索实例

(一)完成一篇毕业论文通常要经过的几个步骤

1. 论文的选题和开题论证

选题,就是选择研究的课题或写作的论题,是在占有大量资料的基础上,选择研究的方向、范围、目标,确定研究论证的中心问题。选题决定着论文的价值也关系着学术研究的成败。

选题一般要本着以下4个原则:第一,要符合所学专业学科范围。一般毕业论文选题是在指导教师指导下,参照学校给专业指定的范围或参考题进行确定。学生也可以在经过指导教师同意后,选择既有现实意义又与自己学习的专业紧密结合的课题。第二,要选择具有研究价值的课题。选题应注意时代性和应用性,要选择现实生活中被普遍关注的重要问题和热点问题,运用所学的理论,从理论与实际的结合上予以分析说明和研究,以体现论文的社会效益和社会价值。第三,要选择有能力解决的课题。选题必须从自己的专业知识、研究能力、材料收集的难易程度等方面通盘考虑。不要选择自己不感兴趣、与自己专业无关、无法全面获取资料的课题。第四,所选课题要难易适当、大小适中。选择课题应尽量具体一些、范围小一些,而对问题的分析,则要力求深透,富有远见卓识,宁可小题大做也不要大题小做。

毕业论文选定课题后,一般需要撰写简短的开题论证,以厘清选题过程的逻辑思路,重新理性审查选定课题的价值及解决的可能性,并向指导教师汇报选题工作的过程和下一步深入研究的初步打算和计划,得到老师的指点和帮助。开题论证报告的内容一般可以包括:①选题的目的和意义;②国内外的发展现状、趋势(文献综述);③选题内容、拟采用的方法和手段;④预期达到的水平及所需的科研条件;⑤工作量、工作进度计划。

2. 论文材料的收集、整理

科学研究的实力在于资料的占有,占有资料,才能有学术发言权。任何学习和研究工作都要从现有的基础出发,根据《北京地区高校毕业生完成学位论文期间信息查询行为的调查与研究报告》的统计,毕业生查询资料和信息占去完成学位论文全部时间的40%。文献信息的查询、选择、分析、评价和利用的能力在一定程度上决定了学位论文的质量,它是完成毕业论文的基础和关键。文献材料是论文写作的"本钱",收集和占有材料是写作前的一种极为重要的"投资"。本科生在完成学位论文的过程中,需要频繁地搜索和查阅大量文献资料。

3. 论文的构思和提纲的拟制

当确定了选题,并且围绕选题进行材料收集、整理、分析,初步形成自己的学术见解后,接下来便进入毕业论文的写作阶段。拟定提纲是论文写作所必需的环节,需要作者根据自己的研究所得,提炼出论文的标题及中心论点,然后大致勾画出围绕中心论点而进行论证的不同层次的纲目,以及各个层次对材料的运用和编排。提纲的项目包括:题目(暂定);论文的论点、目的;中心论点所隶属的各个分论点;各分论点所隶属的小论点;各小论点所隶属论据材料(理论材料、实例材料、实验材料);每个层次采取的认证方法;结论分析与意见等。提纲要求清晰、明确,能较好地反映毕业论文的观点、材料及观点与材料的组合方式,也能反映出论文的大意,形成一个粗线条的框架结构。提纲应征求指导教师的意见,并注意多加修改。

4. 论文的草拟、修改和定稿

俗话说:"七分材料三分写。"毕业论文执笔前重要的准备工作为论文执笔成文打下了良好的基础。如何把相关领域中好的研究成果,形成创造性的见解和观点,落实在书面篇章中,这是毕业论文写作的关键环节。

起草初稿。根据编写的论文提纲,撰写论文初稿。初稿撰写有两种方法:一是从头到尾、不间断、不停顿,一气呵成写完初稿,然后再从头仔细推敲加工修改;二是根据文章的层次结构,一部分一部分地撰写、推敲、加工修订,全文分部分写完后,再合并起来通读、统稿完成。

学生撰写毕业论文时,在搜集材料充分的前提下,撰写论文初稿应适度掌握论文写作速度,不宜求快,应该做到纲举目张,顺理成章,井然有序,详略得当。

文稿修订。一般说来,好文章是修改出来的。论文初稿完成后,往往存在不成熟、疏漏、重复、有误、用词不当等问题,需要反复推敲修改。修改前,应重新阅读有关参考文献和资料,虚心听取论文指导教师的意见。修改论文,也是培养严谨的治学态度和良好学风的难得机会,因此要认真、严肃、不厌其烦地反复修改。修改要注意精炼、简明。

(二)毕业论文过程中的文献检索

1. 文献检索目的

准备毕业论文离不开文献资料的收集,其目的是了解前人在该方面做了哪些工作;了解目前有哪些研究者在做同样的研究及其进展情况;了解该课题的研究者们采用了哪些方法和技术。

2. 文献检索类型

各学科文献材料种类繁多,数量庞大,主要类别有图书、学术期刊、会议文献、学位论文、专利、标准等。其中最重要的是学术期刊。

3. 材料收集的范围

重点收集经典著作中的有关论述、有关的理论专著和学术论文、各种工具书中的有关条目、有关的党政文件、有关的统计数据和典型事例。

4. 资料的选择要把握的原则

准确:准确是指资料必须正确。无论是通过阅读查找的资料,还是在观察、调查、实验中获得的资料,首先都必须保证准确,不能为了论文的写作而杜撰或伪造资料。

典型:典型是指资料能够反映事物的本质,具有强大的说服力。典型资料能够反映事物的共同规律,具有强大的说服力。

新颖:新颖是指资料具有独创性。自己论文中的资料是别人没有使用过的,或是司空见惯的资料但做了新的阐释的。

充分:充分是指资料要能足以支撑论文的观点。资料并不是越多越好,只要能充分说明观点就行。

5. 在搜集论文资料过程中应注意的问题

在搜集论文资料的过程中要注意得到的结果是否与研究主题相关,是否是学术性文章,是否新颖、权威。重点需要做到以下几点:

(1)正确选择检索工具(系统)。

检索工具(系统)的选取要依据检索课题的要求而定。首先选取要全面,先电子文献,后纸质文献(印刷版文献),以印刷版补充电子版。因为全文数据库回溯年限短,全文数据库大部分是1990年前后的数据。检索工具的选取要具有一定的权威性。

(2)熟悉检索工具(系统),选用适当的检索方法,会正确书写检索式。了解各检索系统浏览器的使用方法,以便正确阅读、下载、保存、发送文件。

(3)注意正确确定检索途径。一般数据库都提供了作者、书名、篇名、关键词、主题、全文、机构、分类等途径的检索,此外数据库还提供了各种导航,如期刊导航、会议导航、年鉴导航、机构导航等,应根据不同需要选择检索途径。

(4)检索课题主题概念的提取要准确、全面。准确即要求主题概念要符合检索工具(系统)的要求,同时也要符合检索课题的要求;全面即要求主题概念的提取要全面,同义词、近义词的选取要全面。

（5）检索策略要适时地加以调整。选择的主题词或关键词(检索词)的正确与否是检索网络信息成败的关键。如检索结果不符合检索要求,要重新拟定检索策略,调整检索词,进行扩检缩检等。

（6）在检索过程中,可以从检索结果中发现一些非常有价值的新线索,如更加贴切的检索词、一些免费的相关信息链接以及有用的网络导航等,用户可以根据这些线索进一步查找更符合检索要求的或更多的信息。检索到的材料要及时下载或保存好记录。记录清楚出处,以备以后查找和著录参考文献。

6. 论文资料的原文获取途径

网络数字资源已经让资料查找的进度与方便程度有了很大提高,但是图书馆仍然是大多数的研究资料的重要来源。大学图书馆是为学校教学科研服务的文献信息资源中心,不论研究什么主题,都应该先从本校图书馆寻找相应的资料。

一般而言获取文献应本着先电子后印刷,先近后远的原则。数字化出版物一般更新快、出版快,查询输出非常方便。先近后远是指先查所在图书馆的馆藏,如果没有,可以利用联合目录数据库,查附近的图书馆或其他信息机构是否有收藏。难以获取的中外文文献可以利用学校图书馆的馆际互借及原文传递服务,或寻求图书馆参考咨询部的帮助,或利用图书馆远程访问系统。常用的检索工具与获取文献的途径见表12－1。

表 12－1　常用检索工具及获取文献途径

获取文献的途径	检索工具	检索内容
纸质书刊资料	利用图书馆 OPAC 公共查询系统	1. 图书专著,可查阅系统的专业知识 2. 中外文期刊、报纸,可查阅最新的学科前沿知识等 3. 工具书,如年鉴,可查阅统计数字,年度重大事件
文献数据库	中文数据库:中国知网、维普期刊整合服务平台、万方数据知识服务平台、读秀知识库 外文数据库:EBSCO	中外文电子图书、期刊论文、会议论文、博硕士论文、报纸文章、年鉴等
网络资源	搜索引擎、免费开放获取资源、博客等	对纸本资源与文献数据库检索的补充
文献传递	在读秀知识库中找到文献后,如果不能下载到全文,可以利用文献传递功能,填写 E-mail,多数文献由后台服务器自动传递文献,满足率在90%以上。此外,还可以通过图书馆提供的文献传递服务	

7. 文献检索步骤概述

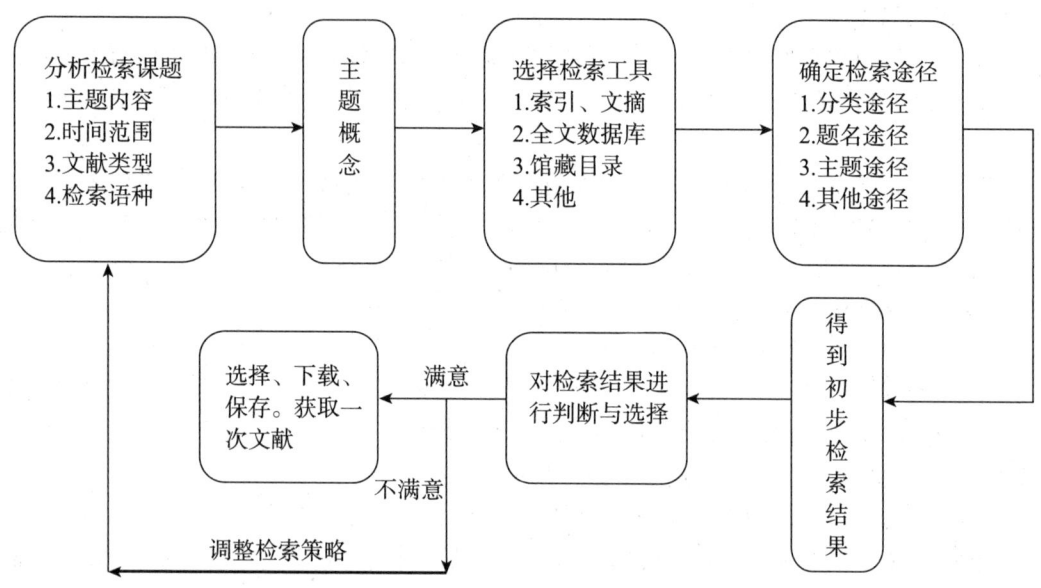

图 12 - 1　文献检索步骤示意图

（1）分析检索课题,明确信息需求（检索前的准备工作）

明确查找目的与要求以及要解决的实质问题。如果是开题调研,则应尽可能查全。对检索课题进行主题概念分析,找出核心概念,简化逻辑关系,明确检索的文献类型（期刊论文、会议论文、科技报告、图书、专利、标准、网站等）、结果形式（全文、文摘、题录、数值、事实等）、检索年限（如 2000 年以来的文献）、语种（中文、外文）。

需要注意的是分析主题并不是概念越多越好,要抓住主题的核心及最能表达检索课题内容而且具有实际检索意义的关键词;选择常用的专业术语;找出关键词,关键词内涵越小,界定越清晰,如"心理学"内涵范围比较大,检索时最好使用它的下位词,如"教育心理学""大学生心理学"等。

（2）选择检索工具,了解检索系统

对本科学生而言,最有学术价值的信息来源是学术期刊上刊登的文章。学术期刊是学者们发表他们最新研究成果的地方。目前,检索工具和数据库的数量不断增多,每种检索工具和数据库均有自己的特色和侧重点,检索时应根据课题需求加以选择。了解与检索主题相关的检索工具有哪些（主要看数据库的学科覆盖范围）;了解与文献类型相关的检索工具有哪些（如哪些数据库或网站中可以找到期刊论文）;了解检索不同语种、时间范围;了解不同结果形式（全文还是文摘）的检索工具,比如要检索 1989 年以前的中文期刊论文,可以选择 CNKI（中国知网期刊全文数据库）。

选择检索工具的一般方法:根据不同的文献类型和语种需求选择;根据利用方便、使用熟练的程度选择;根据响应速度、获得支持和帮助的程度选择;根据数据量、信息年限的需求选择;根据经验和推荐选择。

（3）确定检索途经,选定检索方法

查找资料前需要考虑,你所关心的研究主题主要在哪一类型的文献中,再利用适当的参

考工具,必能事半功倍,快速找到适用的资料。常用检索途径见表 12-2:

表 12-2 常用文献检索途径的比较

文献检索途径	说明	作用与特点
分类检索途径	从学科分类角度来查找文献的一种途径	会检索到一批相关文献
主题检索途径	从文献主题内容的角度来检索文献	适合比较具体专深的课题以及新兴学科、交叉学科、边缘学科的课题检索
题名途径	依据文献的题名(书名、刊名、篇名等)途径去检索文献	用于查找图书、期刊、单篇文献
责任者途径	依据文献作者名称来查找文献的一种途径,如作者、编者、译者、专利权人、出版机构等	集中找到某个作者的文章或著作
号码途径	根据文献出版时所编的号码顺序来检索文献。如专利号、标准号、ISSN 号、ISBN 号等	号码具有唯一性,检索结果准确
其他途径	分子式等	

(4)实施检索策略,浏览初步结果

在课题检索需求分析和了解检索系统的基础上,应用检索技术进行检索,注意逻辑组配与检索条件的限定。检索结果内容的判断。看检索结果记录的标题和摘要是否符合课题检索需要;注意根据信息来源判断信息的价值;看结果数量(太多或太少都不合适);适当利用关联检索和类别检索功能扩展检索领域和范围;根据以上对检索结果内容的判断进一步调整检索策略。

(5)调整检索策略,获取所需信息

根据初步检索结果判断,调整检索策略。检索词输入检索系统后,系统响应的检索结果通常很难一次就能满足课题的要求,例如,有时输出的篇数太多,而且不相关的文献所占的比例很大,而有时输出的文献数量太少,甚至为零。因此在检索的过程中用户需要不断地根据检索结果对检索策略进行调整和修改,包括检索词的重新选取以及检索提问式的重新构造,经过反复的检索最终获得比较满意的检索结果。常用调整检索策略的途径与方法,见表12-3。

表 12-3 调整检索策略的途径及方法

调整检索策略的途径	主要方法
扩大检索途径的方法(提高查全率)	扩大范围,放宽条件: 1. 降低检索词的专指度,选用上位词或相关词检索。如查找关于孙中山的文献,可用孙中山或孙文或国父进行检索 2. 选择同义词与相关词并用逻辑"或"连接 3. 减少使用逻辑"与",减少使用专指度高的检索词 4. 去除或放宽检索限制条件,如文献类型、时间、文献的作者、出版社等 5. 逐步扩大检索范围,题名—关键词—文摘—主题—全文 6. 外文数据库使用通配符或截词检索 7. 使用不同数据库相互补充

续表

调整检索策略的途径	主要方法
缩小检索途径的方法（提高查准率）	缩小范围,增加条件: 1. 精确确定课题的目标,使用专业词汇 2. 减少使用同义词与相关词 3. 选择专业性检索工具例如使用事实型数据库(中经网、国研网) 4. 逐步缩小检索范围,全文—主题—文摘—关键词—题名 5. 检索外文文献时调整位置算符,由松变严 6. 浏览部分中间检索结果,从检出的记录中选取新的检索词,对中间结果进行限制

（三）文献检索实例

拿到一个课题不要盲目上机检索,先要制定好检索策略,做到心中有数有的放矢。

检索课题实例:我国公益广告运作模式研究

步骤一,分析本课题主题概念:公益广告、运作模式

与主题词相关的同义词和相关词:"公益广告"的同义词、相关词有"公共广告"等。"运作模式"的同义词或相关词有"运行模式"等。

注意:分析课题主题概念时需要适当控制检索词的内涵与外延。本课题如果仅以"公益广告"和"运作模式"作为检索词,将会落掉一些文章,因为公共广告也是"公益广告",同样"运行模式"也是"运作模式",因此同义词和相关词也要进行检索,这样才可最大限度地保证查全率。

步骤二,编制检索式:(公益广告 or 公共广告)and(运作模式 or 运行模式)

检索过程中根据检索结果增加或减少或调整检索词。

步骤三,明确选择文献类型:电子书、期刊论文数据库

语种:中文

步骤四,选择检索工具和检索途径

检索工具:读秀知识库、中国知网期刊全文数据库

检索途径:主题途径、题名途径;高级检索

步骤五,执行检索

检索工具1:读秀知识库选择"图书"检索,检索框中输入检索词"公益广告",得到23条结果。见图12-2。读秀知识库一般与馆藏纸本目录相融合,即在检索电子图书的同时馆藏纸本图书的收藏情况可以在系统中同时检出,本次检索的23个结果中就包括本馆馆藏纸本图书4种,可以做到纸本图书和电子图书相互补充。

检索工具2:中国知网期刊全文数据库

检索途径:主题检索

检索词:公益广告、公共广告 并且 运作模式、运行模式

检索模式:一般检索模糊匹配

时间段:近十年(2005年—2015年)

执行检索:①选择知网期刊库;②选择主题检索;③检索式:(公益广告 or 公共广告)and(运作模式 or 运行模式)④时间段:2005年—2015年。得到检索结果28篇(见图12-4)。

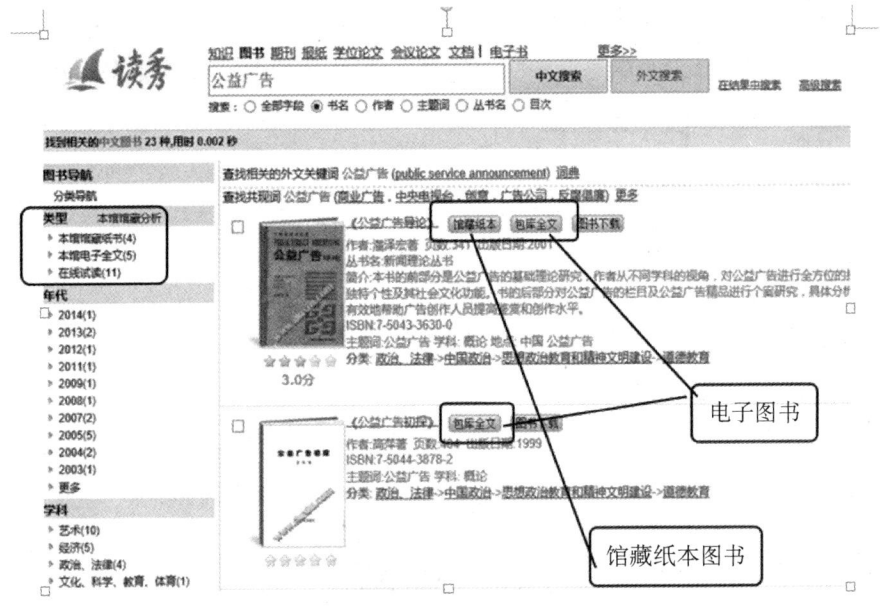

图 12 – 2　读秀知识库检索结果页面

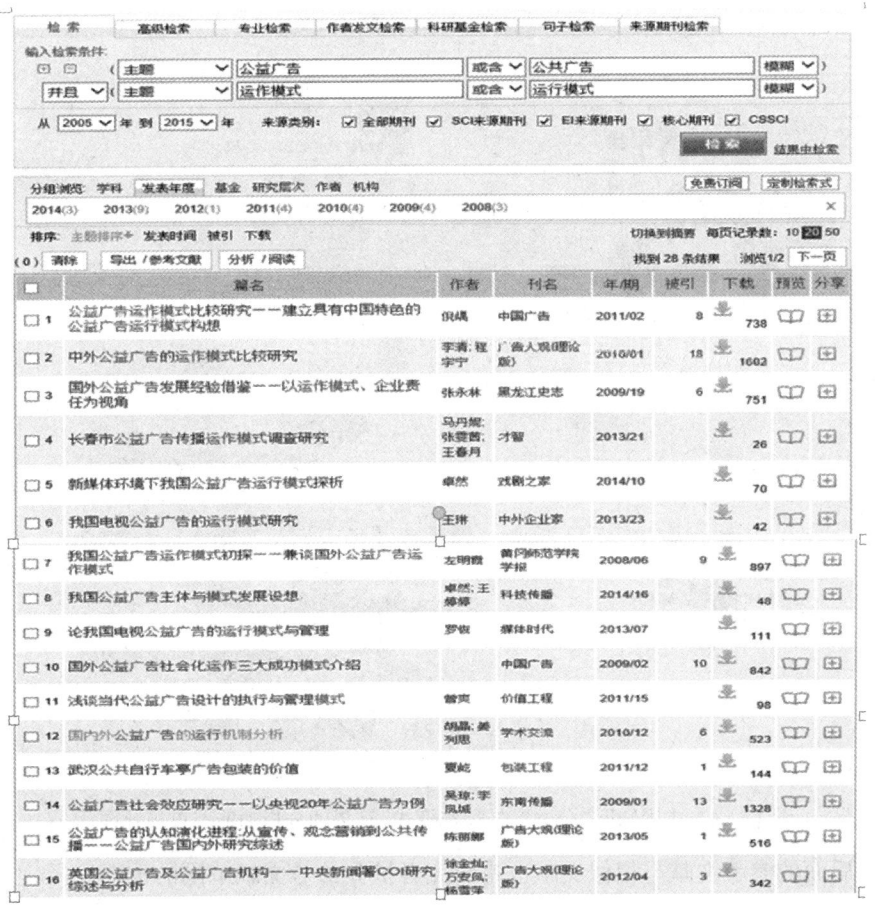

图 12 – 3　中国知网期刊全文数据库"公益广告运作模式"检索结果

选择符合研究主题的文章,利用知网期刊数据库中的"分析"功能,通过可视化图示,可以发现文章之间的相互关系以及高影响力的重点文章,为研究者提供重要参考。

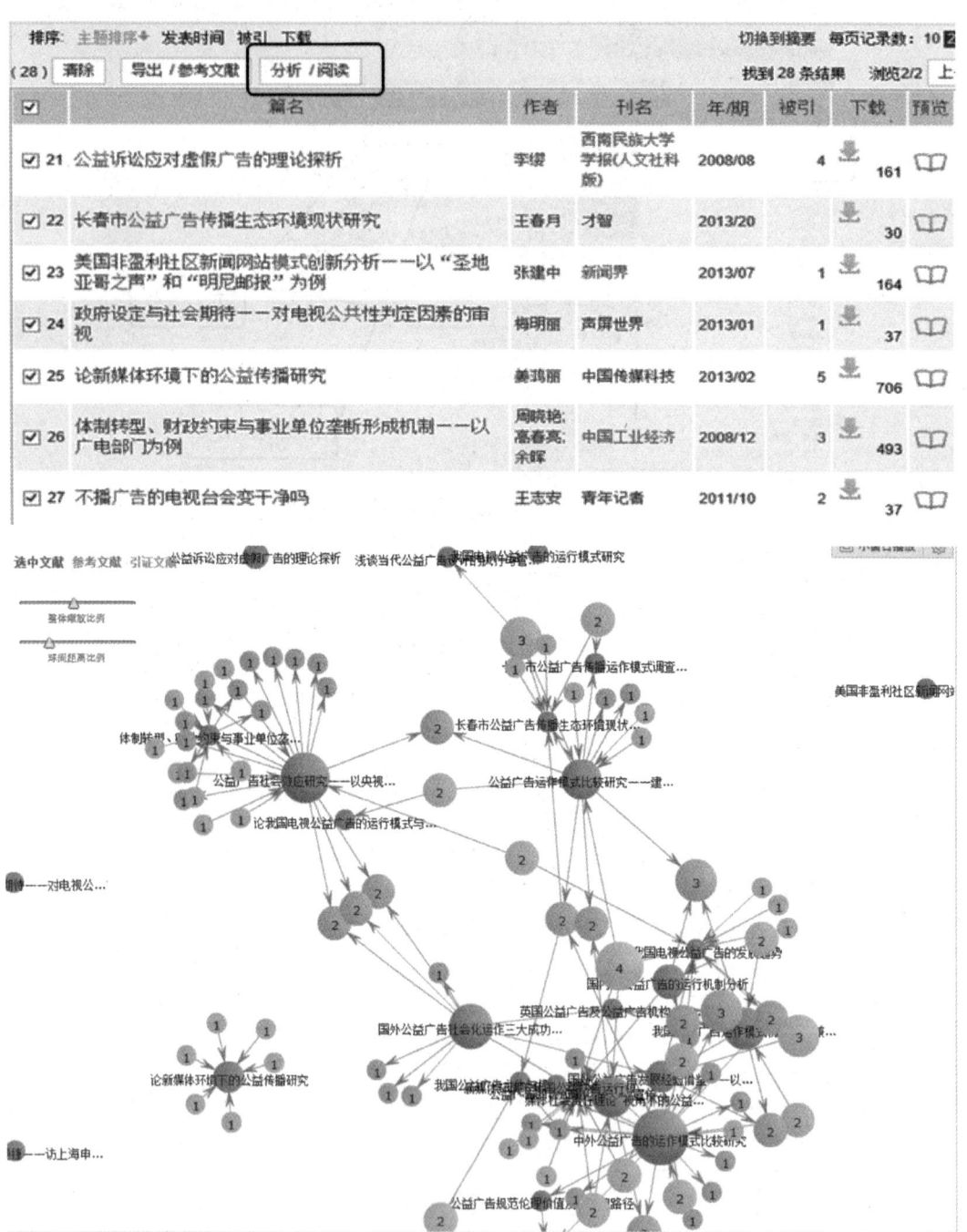

图 12-4　中国知网"公益广告运作模式"结果的分析功能及可视化图示

文章后面的参考文献与相似文献也是研究者扩大参考文献范围的重要途径。

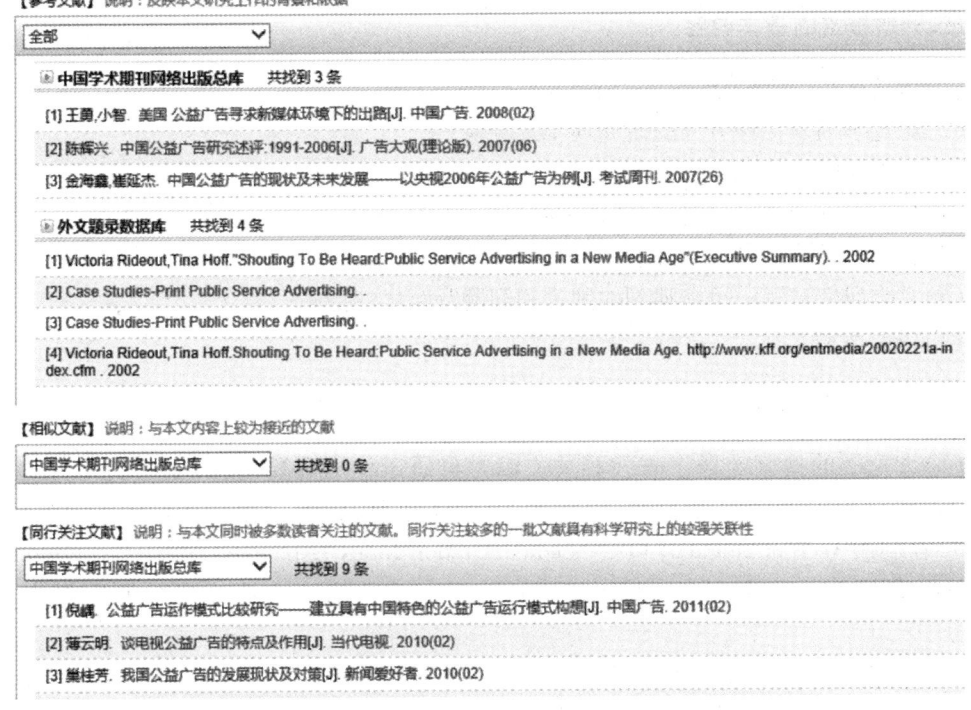

图 12 - 5　文后的参考文献和相似文献界面

研究者如果对检索结果不满意,还可以使用维普或万方数据库进行补充检索。

第二节　研究生论文选题与开题前的文献检索

一、开题报告

开题报告是为阐述和确定学位论文题目而做的书面报告,是研究生学位论文工作的重要环节,是研究生确定了课题研究方向后,在调查研究的基础上撰写的报请上级(一般是导师、学者、专家组或者学术委员会)批准的选题计划。

开题报告主要说明这个课题研究的意义、该课题的可行性、自己有条件进行研究以及研究方案(包括材料,方法和试验设计,研究目的和结果预期)等问题,也可以说是对课题的论证和设计。

开题报告是保证学位论文质量的重要环节。

二、开题报告的结构

开题报告一般为表格式,它把要报告的每一项内容转换成相应的栏目,这样做既便于开题报告按目填写避免遗漏,又便于评审者一目了然把握要点。

由于开题报告是用文字体现的论文总构想,因而篇幅不必过大,但要把计划研究的课题、如何研究、理论适用等主要问题写清楚。

三、开题报告的基本内容

（1）课题名称、来源及研究的目的和意义；

（2）综述国内外在该方向的研究现状及分析；

（3）主要研究内容及创新点；

（4）研究方案及进度安排，预期达到的目标；

（5）为完成课题已具备和所需的条件和经费；

（6）预计研究过程中可能遇到的困难和问题及解决的措施；

（7）主要参考文献。

四、开题报告的文献准备

（1）大范围的搜索定题。查找相关文献是科研工作的重要内容，除了利用科学搜索引擎 Scirus、Google Scholar、Google CrossRef Search 搜索之外，要重视使用各专业数据库，特别推荐利用 Web of Science（包括 Science Citation Index Expanded（SCI—E）、Conference Proceedings Citation Index（CPCI））、Ei Compendex（EI）等综合性检索数据库检索相关文献。

（2）文献整理和筛选（由宽到窄的过程）。

（3）阅读材料过程中的追加检索和问题修正。

（4）多结合以下字段检索：主题词、关键词、文摘、规范关键词（规范词、控制词）、分类、引文检索通过检索的层层递进，寻找与本研究课题相关的上述字段词汇或代码。

注意使用个性化服务，如 alert，检索式保存。

五、数据库对开题的帮助

（一）选题遵循的一般性原则

必要性：选定的主题及研究对象要着眼于社会实践和学科本身发展的需要。

价值性：选题要考虑课题本身有无科学价值。实现重大突破，填补学科空白，纠正通说，补充前说，都是有科学价值的研究。

可行性：对所确定的研究课题要从主、客观所具备的条件出发，充分估计自身对论文主题的驾驭能力。题目宜窄不宜宽，窄题目往往便于更集中、更深入地搜集资料、进行论述。

创造性：选题要有创造性，即作者自己的创见，有独到之处，言人之所未言，选择那些尚无人问津，或者是前人的研究成果或经验，经过研究，将其发展、完善，使之更为丰富、完整。

实用性：应用价值较大，观点和解决方案易被大部分人借鉴和采纳。

（二）Web of Science 数据库对选题的帮助，利用 SCI 或 SSCI、A&HCI 数据库全面了解课题检索国外相关文献了解国际研究现状是研究生开题文献调研的重要内容。

举例：以 SCI 数据库"网络安全"为主题，全面了解该主题研究现状。

1. 主题检索:"network security"

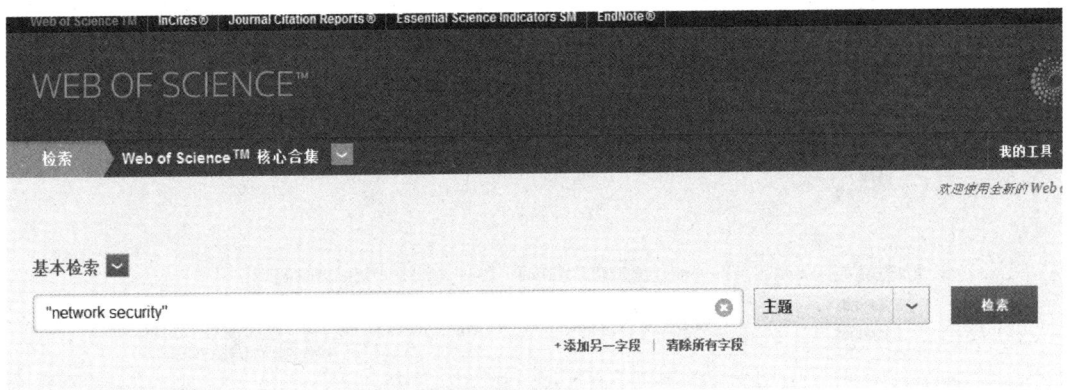

图 12 - 6 Web of Science 主题检索"network security"

得到检索结果 1588 条,如图 12 -7。

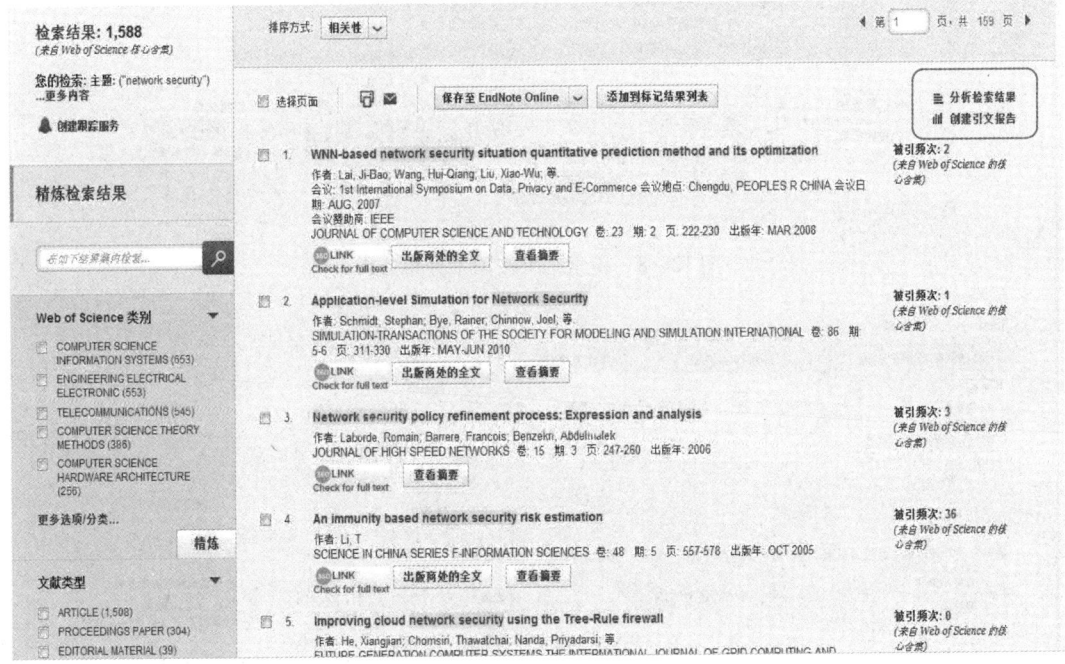

图 12 -7 "network security"检索结果

2. 分析检索结果

(1)通过检索结果界面右上角(见图 12 -7)"分析检索结果",对 1588 条结果进行分析。通过"国家/地区"的分析,了解"网络安全"领域研究的涉及的国家,该领域研究核心国是美国。

按照学科进行分析了解该课题涉及的学科范围,勾选研究方向后,例如勾选"computer science",点击"查看记录",显示出 1142 篇计算机学科领域中关于网络安全方面的研究论文。

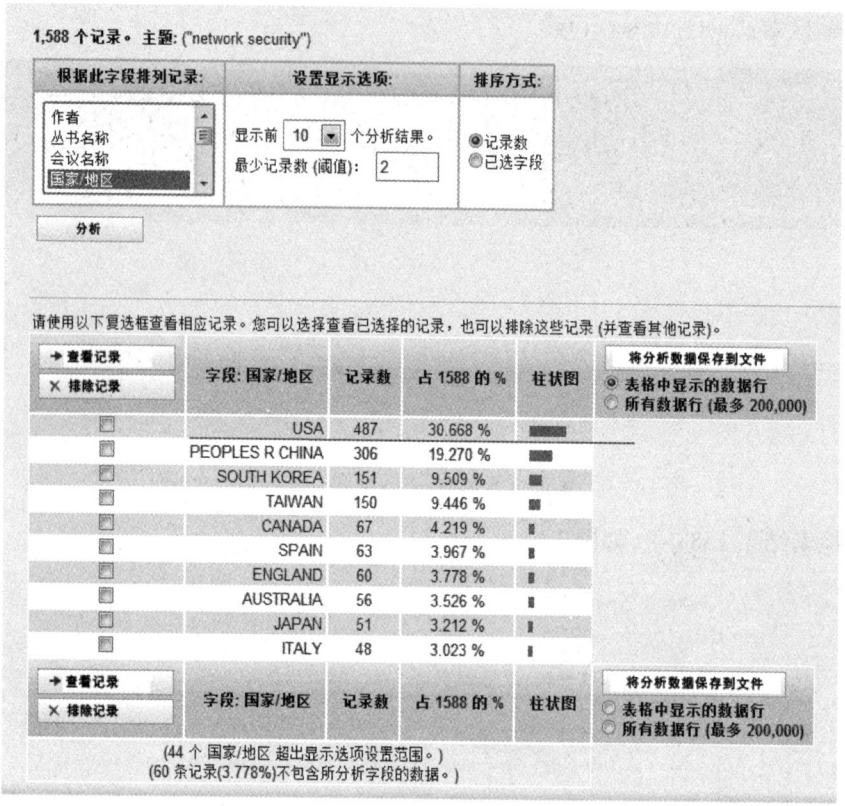

图 12 - 8 检索结果按国家分布分析

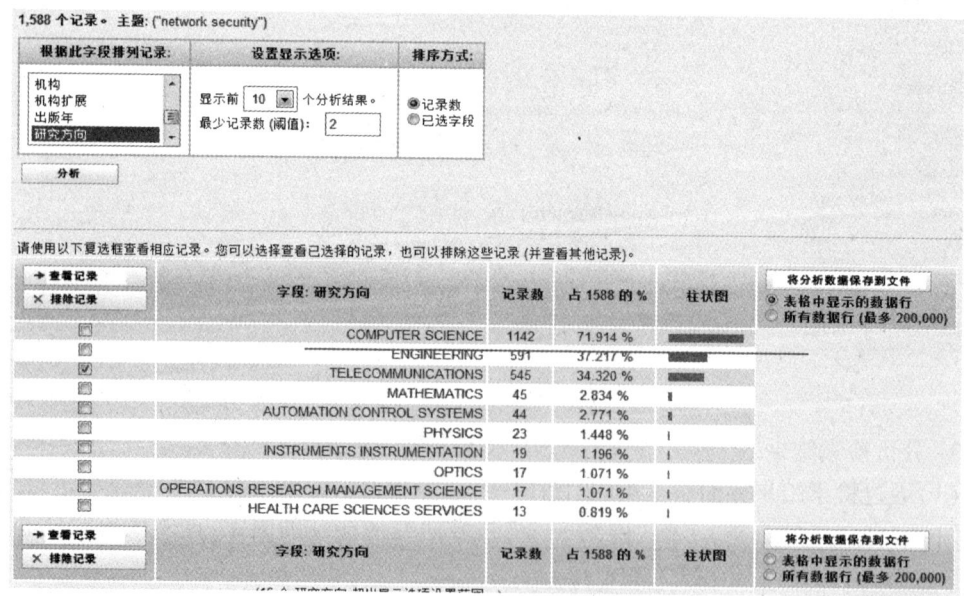

图 12 - 9 检索结果按学科分布分析

另外,还可以按文献类型进行精炼筛选,选择"REVIEW"(综述),则 15 篇文献综述性文章就会列出来,可以浏览"network security"方面目前的综述性文章。

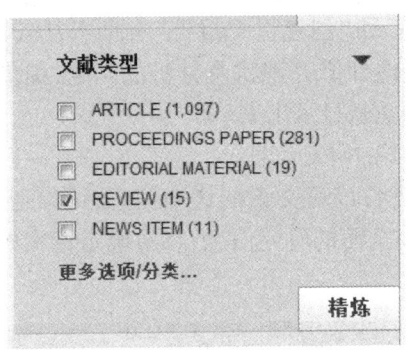

图 12 - 10　检索结果按文献类型精炼

此外还可以通过会议名称、文献类型、团体作者、语种、来源出版物、出版年等多角度对"网络安全"的研究现状进行分析。

按照作者分析：了解某个研究的核心研究人员是谁；按照文献类型分析：了解该研究通常以什么途径发表；按照机构名称分析：了解有哪些机构在从事这项研究；按照语种分析：了解该研究是以什么语种发表的；按照出版年分析：了解该研究的发展趋势；按照期刊标题分析：了解该研究通常发表在哪些期刊上；按照学科分类分析：了解该研究涉及哪些研究领域。

（2）通过检索结果界面右上角（见图 12 - 7）"创建引文分析"功能，对检索结果进行引文分析，近年被引频次较高的文献或许是代表研究的发展方向，是应该重点学习的文献，见图 12 - 11。

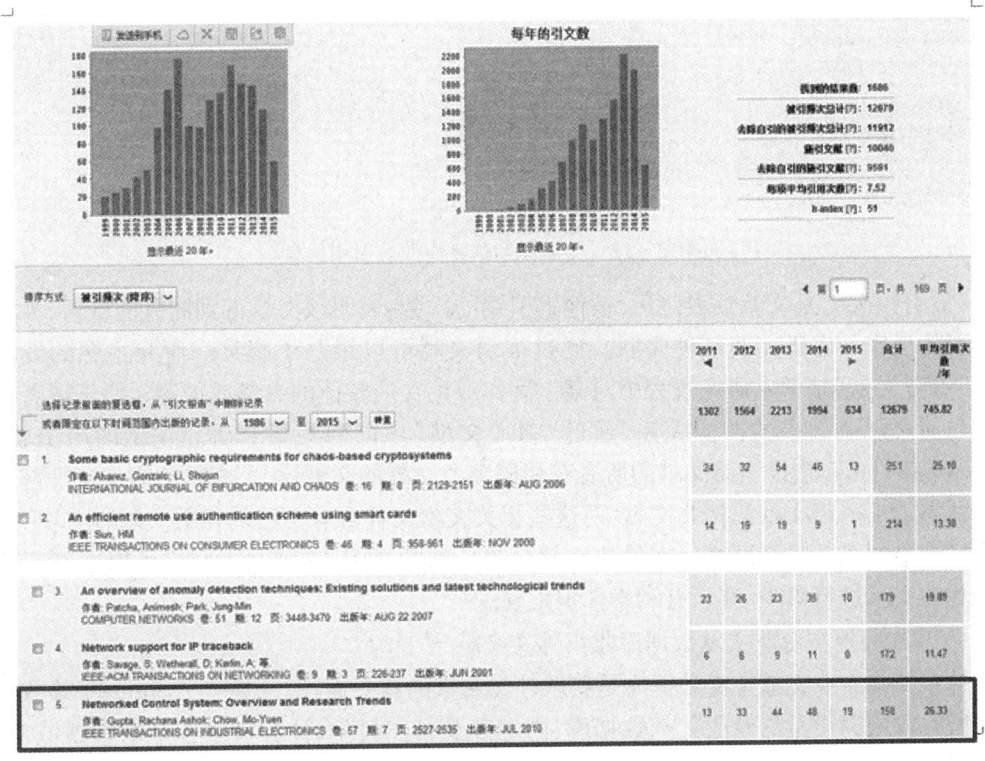

图 12 - 11　"创建引文分析"界面

通过利用"分析检索结果"和"创建引文报告"有助于从宏观上把握研究课题的基本情况,并帮助解决立项依据中国内外研究现状及分析的问题,提供相关的参考文献,帮助寻找合作对象等,同时可将需要的文献显示出来。

3. 通过检索结果获得更多的研究信息

选取自己最需要的文献查看该篇文章的详细信息,可以通过"被引文献""引用参考文献"以及"相关文献"获取更加全面的研究信息,将对确定论文的研究方案、研究路线和拟解决的关键问题起到重要作用。

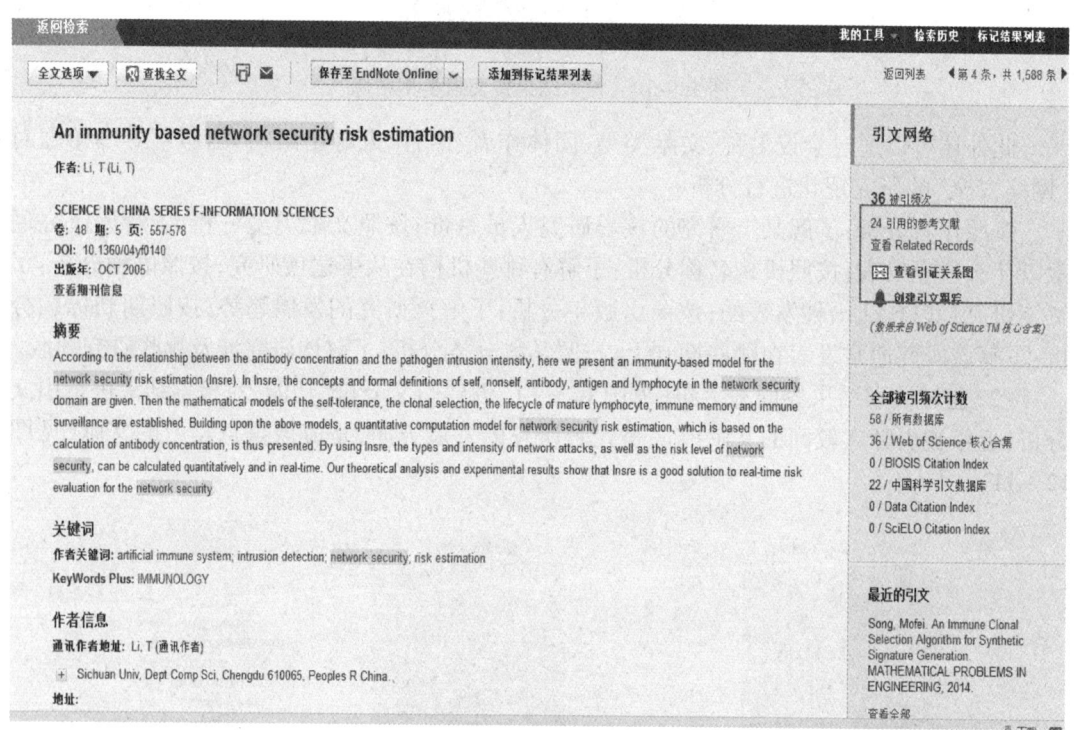

图 12-12　文章详细信息中的被引用信息

"被引频次",是文章发表之后,被他人引用的次数,表明该文章得到同行的认可,并且同行从事的工作与你研究的某种关联。通过被引文献可以跟踪了解某一研究主题的发展情况。"参考文献"是学术研究过程中对某一著作或论文的整体的参考或借鉴。便于读者研究作者与前人研究结果的渊源关系,通过"参考文献"可以回溯某一研究主题的历史轨迹。"Related Records"是指当前文献的所有有相同参考文献的文献;相关文献功能基于外部或内容特征揭示出一篇文献的相关文献,而这些相关文献又各自有自己的相关文献,由此形成一个纵横交错的相关文献网络。在科技文献日趋分散的今天,这种文献网络可以在一定程度上对相关文献进行集中,甚至有利于知识发现。

(三)利用外文专业文献数据库收集外文文献

检索外文专业文献全文数据库是获取外文文献的重要途径。Elsevier、Springer 等数据库都是国际权威高质量的专业文献数据库,内容涉及自然科学、社会科学各个学科领域,需要根据自己研究主题涉及的学科进行选择。需要注意的是各个高校图书馆根据各自学校的学科设置所购买的数据库是不同的,并且由于外文数据库的价格相对比较高,图书馆通常会根据本校具体情况选择购买其中与本校密切相关的学科选择购买,因此在检索外文数据库时应注意了解本校的引进情况,并不是数据库中的所有文献都可以下载。

1. 部分专业文献全文数据库介绍

查找外文文献前应了解与自己研究主题相关的文献数据库有哪些,下面简要介绍部分外文专业文献全文数据库。

表 12-4　部分外文专业文献全文数据库表

学科	数据库名称	内容所属学科
综合学科	ScienceDirect Online(SDOL)全文数据库	出版商为荷兰爱思唯尔(Elsevier)出版集团,内容涉及四大学科领域:物理学与工程、生命科学、健康科学、社会科学与人文科学
	SpringerLink 电子期刊数据库	Springer 出版集团,学科涉及商业与管理、人文社科、经济学、心理学、化学、材料科学、数学、计算机、物理、工程、生命科学、医学、环境科学等学科
	Wiley-Blackwell 期刊库	出版国际性的学术期刊,其中包含很多非英美地区出版的英文期刊。它所出版的学术期刊在科学技术、医学、社会科学以及人文科学等学科领域具有一定权威性
	Taylor & Francis 期刊全文数据库	Taylor & Francis 集团出版,其电子期刊库包括两部分:人文社会科学(SSH)领域及科学科技(ST)领域
化学、食品科学	EBSCO 食品科学全文数据库	食品科学数据库(Food Science Source)是一个可以满足食品工业各个级别信息数据需求的综合性全文数据库
	ACS 美国化学学会数据库	ACS 出版的期刊,内容涵盖了24个主要的化学研究领域
电器电子工程	IEEE/IET Electronic Library(IEL)	IEL 提供美国电气电子工程师学会(IEEE)和英国工程技术学会(IET)出版的期刊与杂志。内容覆盖电气电子、航空航天、计算机、通信工程、生物医学工程、机器人自动化、人工智能、半导体、纳米技术、机械工程、石油化工、水利水电、能源与核科学等各种技术领域
物理	APS 美国物理学会数据库	APS 全文数据库收录了7种物理领域的核心期刊
管理学、工程、图书馆学	Emerald 管理学、工程学和图书馆学全文	高质量的管理学和图书馆学综合全文期刊,Emerald Management Review 管理学评论,以及案例分析、预选文集、采访录、书评、专业的教学资源和作者及研究资源在内的许多管理学科其他辅助内容。高品质的工程学期刊,涵盖先进自动化、工程计算、材料科学与工程和电子制造与封装等相关领域

续表

学科	数据库名称	内容所属学科
商业经济金融	ProQuest ABI/INFORM Complete—商业信息数据库	收录商业、金融、经济学学科的期刊
	EBSCO—EconLit 经济学全文数据库	由美国经济学会(AEA)建立,收录国际性经济学领域的期刊文章、书籍、研究报告、会议论文及博硕士论文等相关文献。主题包括经济理论、历史、货币理论、财政制度、劳工经济、国际性经济、区域性经济及都市经济等相关领域
	EBSCOhost—BSC 数据库	涵盖商业相关领域,如营销、管理、管理信息系统(MIS)、生产与作业管理(POM)、会计、金融、经济。包含图书、专题论文、参考工具资料、书摘、会议论文、个案研究、投资研究报告、产业报告、行销研究报告、国家报告、企业公司档案、SWOT 分析等
	BVD 金融信息数据库	Bankscope 是欧洲金融信息服务商 Bureau van Dijk(BvD)与银行业权威评级机构 FitchRatings(惠誉)合作开发的银行业信息库。它详细提供了全球 32 000 多家主要银行及世界重要金融机构与组织的经营与信用分析数据 Oriana 是一个提供亚太和中东地区 46 个国家和地区内共计 2000 多万家公司包括 179 万家中国企业的企业财务、经营信息以及各行业发展情况的大型企业分析库,是国际权威性的亚太地区企业贸易投资信息检索库
传媒	EBSCO—CMMC 大众传播全文数据库	提供通讯及大众传播媒体相关领域期刊逾 600 种。内容主要来自美国传播协会(National Communication Association)的 CommSearch 数据库及美国宾州州立大学的 Mass Media Articles Index 数据库
法律	Westlaw 法律数据库	以汤森路透法律信息集团旗下的包括 West、Sweet & Maxwell、RIA、Carswell、Australian Tax Practice(ATP)等 28 家出版公司作为后盾,Westlaw 内容包括美国、英国、加拿大、澳大利亚、欧盟、香港地区的成文法、国际条约、判例、美国法院卷宗(Dockets),法学期刊,法学专著、教材、词典和百科全书、法律格式文书范本和实务指南,覆盖几乎所有的法律学科

2. 关键词的选用和各种逻辑符的使用

检索外文文献数据库时为提高检索效率应注意关键词的选用以及各种逻辑符的使用。

（1）关键词的选用

利用关键词检索是文献检索的基本途径,关键词的选择直接影响检索结果的质量,选择关键词进行检索时应注意几点:①选用涵盖主要主题概念的词汇,要能正确传达研究主题的中心概念。关键词必须能清楚地界定研究主题。②选用实质意义的概念词,不要使用过长的词组或短语。③为提高查准率,尽量选用各学科的专业词汇。不能用一般性的词或通俗用语做关键词。例如用"management"（管理）来查商业、经济管理方面的专门数据库 ProQuest ABI/INFORM 的话,检索出来的结果会很多。

（2）各种逻辑算符的使用

布尔逻辑组合关键词用以扩大或缩小检索范围的技巧,是提高检索效率的有效方法。中文检索与西文检索有很大的不同,中文检索使只涉及 AND、OR、NOT 3 种逻辑算符。但对西文检索除了这 3 种逻辑算符外,还有截词符、位置算符、通配符等。了解和使用好各种逻辑符是有效提高西文文献检索效率的重要方法之一。相关内容介绍详见本书第一章第三节相关内容。

3. 检索案例

（1）检索案例 1:检索 2003 年至 2014 年国内 Syndicate Loan 相关文献

检索分析:

1）明确检索需求

检索时间近十年（2003 年至 2014 年）国内 Syndicate Loan 相关的期刊文章。

2）确定检索工具

EBSCOhost 检索系统中的 ASC、BSC、EFT 3 个全文数据库以及 PROQUEST 检索系统中的 ABI/INFORM Global 都是国际上著名的收录比较全面的商业、经济文献全文数据库。因此选择 EBSCO（ASC、BSC、EFT）以及 ProQuest ABI/INFORM 为检索工具。

3）确定检索途径

上述检索工具都提供了简单检索和高级检索,两种途径均可选择,下面具体检索中 ABI/INFORM 数据库使用了简单检索,EBSCO 数据库使用了高级检索。

4）选择关键词（检索词）

Syndicate Loan 是一个能够反映主题概念的词,考虑到英文词性变化使用通配符" * "代表经过词性变化的多个字符,确定检索词 syndicat * Loan,并且其本身是一个能够反映主题概念的词组,可以用""进行精确检索。China 同样有词性变化问题,检索词用 chin * 。

限制条件:时间:2003—2014 年

全文文献,以期刊论文、学位论文为主

5）检索过程 1:ProQuest ABI/INFORM

简单检索页面输入"syndicat * loan"。

得到 24 214 个结果,根据需要进一步缩小检索结果。限制时间 2003—2014 年,出版类型限制学术期刊和学位论文,选择主题词 Participating Loans、Banking Industry、Economic conditions,之后检索结果缩小到 114 个。

图 12 - 13　ProQuest ABI/INFORM 简单检索

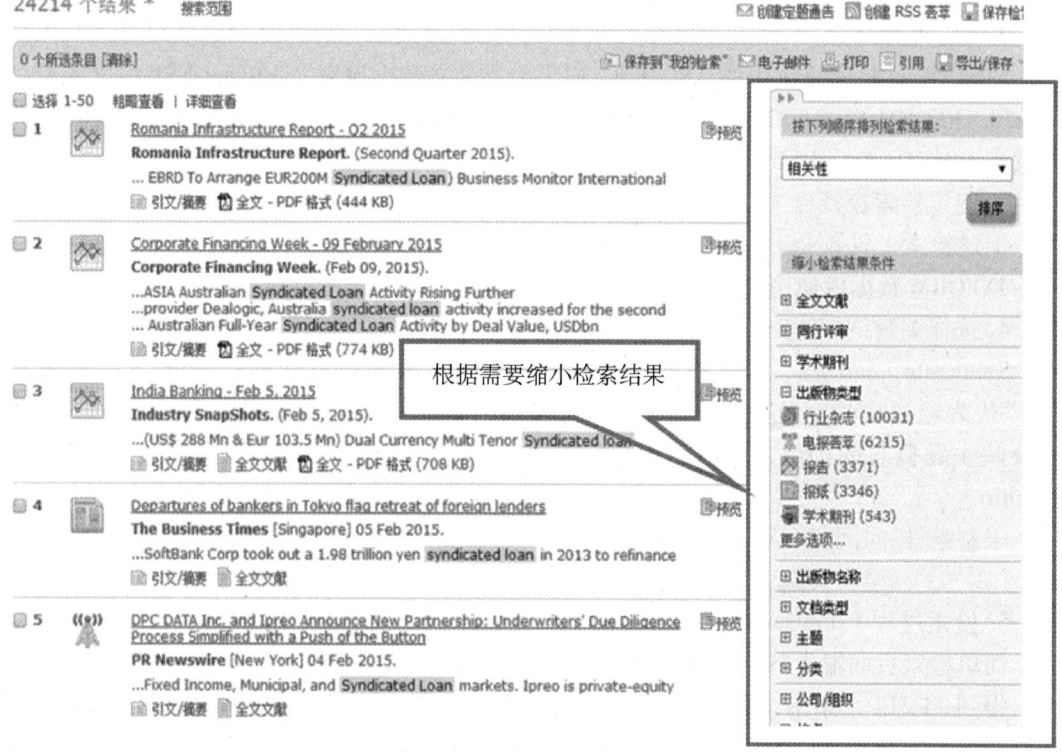

图 12 - 14　对检索结果选择限制条件,进一步缩小检索范围

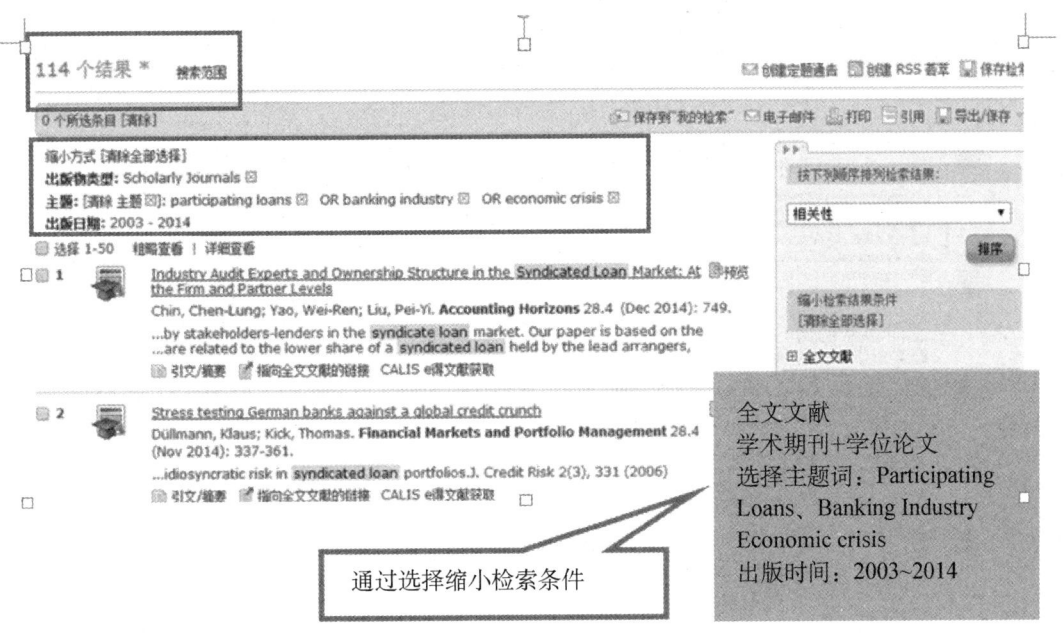

图 12－15　缩小检索范围的条件

　　课题要求是要检索国内有关 syndicat * loan 的文章,因此在上面检索的基础上进行二次检索。得到最终的结果。(注:如果对检索结果不满意,可以调整检索词或主题词等。)

...rather than the lack of written 20 China -0 and India have formally rejected

参考文献 (23)

引文/摘要　全文文献　全文 - PDF 格式 (106 KB)

────────────

* 无重复的近似结果计数

选择 1-6 显示 0 个所选条目

图 12－16　二次检索

　　选择满意的结果直接下载全文。

　　6) 检索过程 2:EBSCO(ASC、BSC、EFT)数据库

　　同样检索课题利用 EBSCO ECONOLIC 数据库高级检索功能,可以一次获得检索结果。

　　进入 EBSCOhost 系统平台,勾选 ACS、BSC、EFT 3 个数据库,进入高级检索界面。见图 12－17。

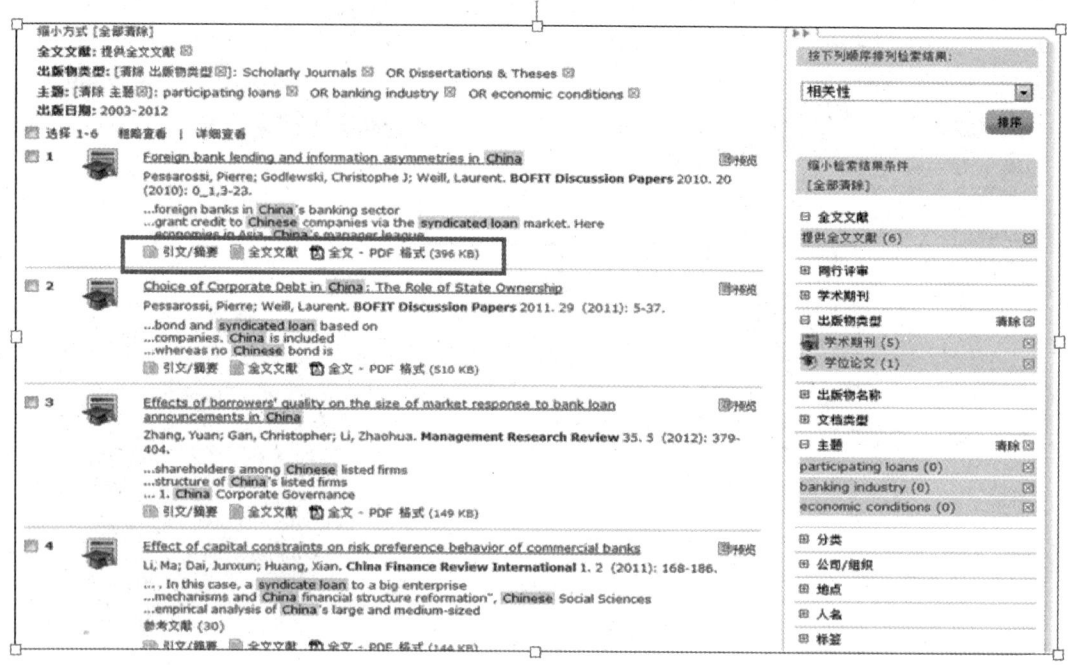

图 12 – 17　全文下载界面

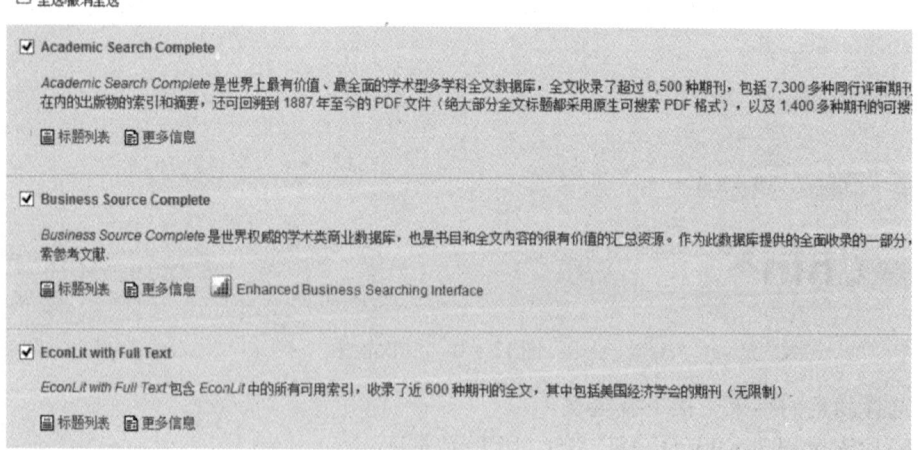

图 12 – 18　EBSCOhost 检索系统首页选择子库

　　进入高级检索界面在"所有文本"字段输入检索词"syndicat＊Loan"并且在"标题字段"输入 Chin＊,在限制结果中勾选"全文",出版时间输入 2003—2014,点击检索。见图 12 – 19。

图 12 – 19　EBSCO 高级检索

检索到与课题相关的可以下载到全文的文章 71 篇,见图 12 – 20。

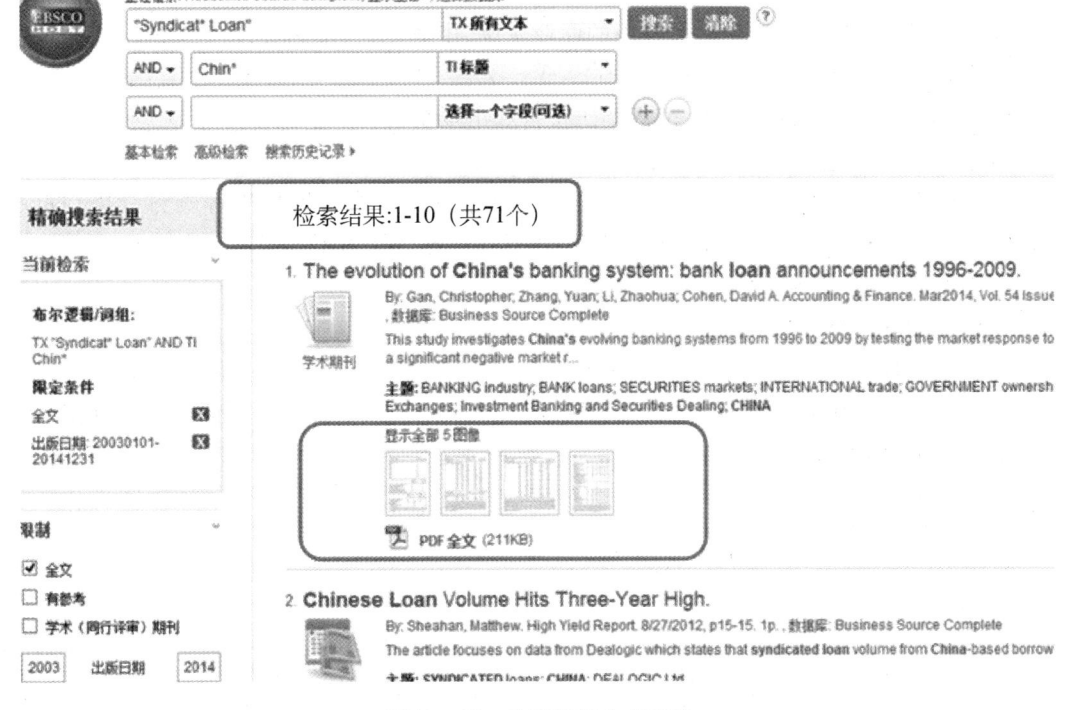

图 12 – 20　检索结果全文下载

全文导出与下载：EBSCOhost 系统中检索到的全文，只有在结果界面中打开 PDF 或 htm 全文之后才能下载保存到自己的文件夹中，而不能直接下载保存文章。见图 12 - 21。

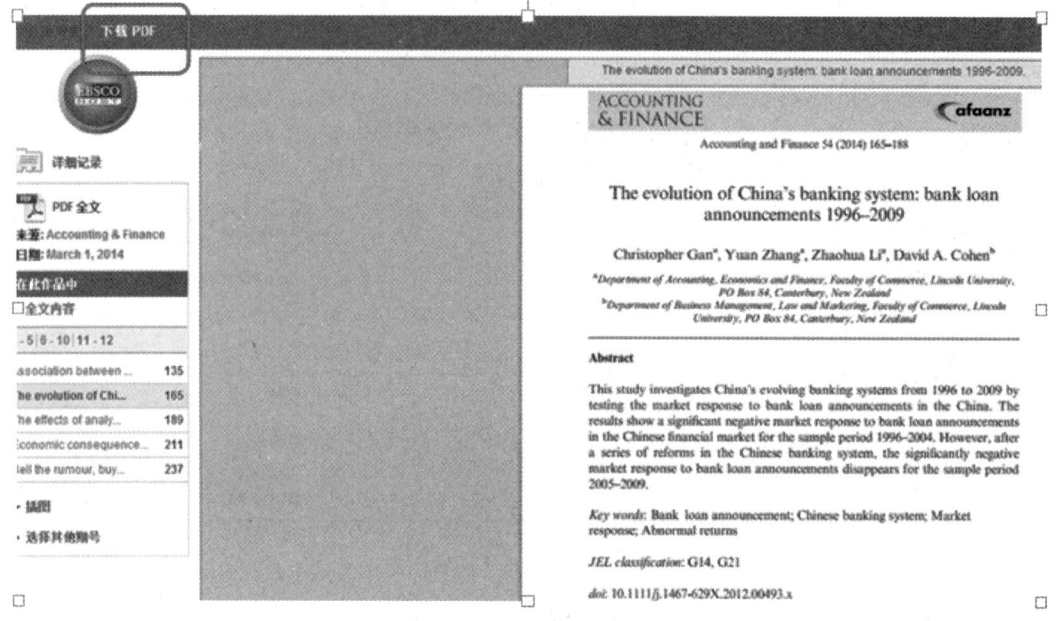

图 12 - 21　全文下载界面

（2）检索案例 2：检索关于苹果公司的商业案例、市场调研、市场报告

1）明确检索目标

检索 Apple 公司的商业案例、市场调研报告和市场报告。

2）选择检索工具

ABI/INFORM 数据库有丰富的公司信息的商业案例以及市场报告等资料，EBSCOhost 数据库中也有许多丰富的公司信息。本次检索工具选择 ABI/INFORM。

3）检索途径：高级检索

4）检索词：Apple

5）检索过程：

进入 ABI/INFORM 数据库，公司/组织输入"Apple"，文档类型选择商业案例、市场调研、市场报告。见图 12 - 21。

图 12 – 22 高级检索页面

得到 77 个结果,见图 12 – 23。可直接打开或下载全文。

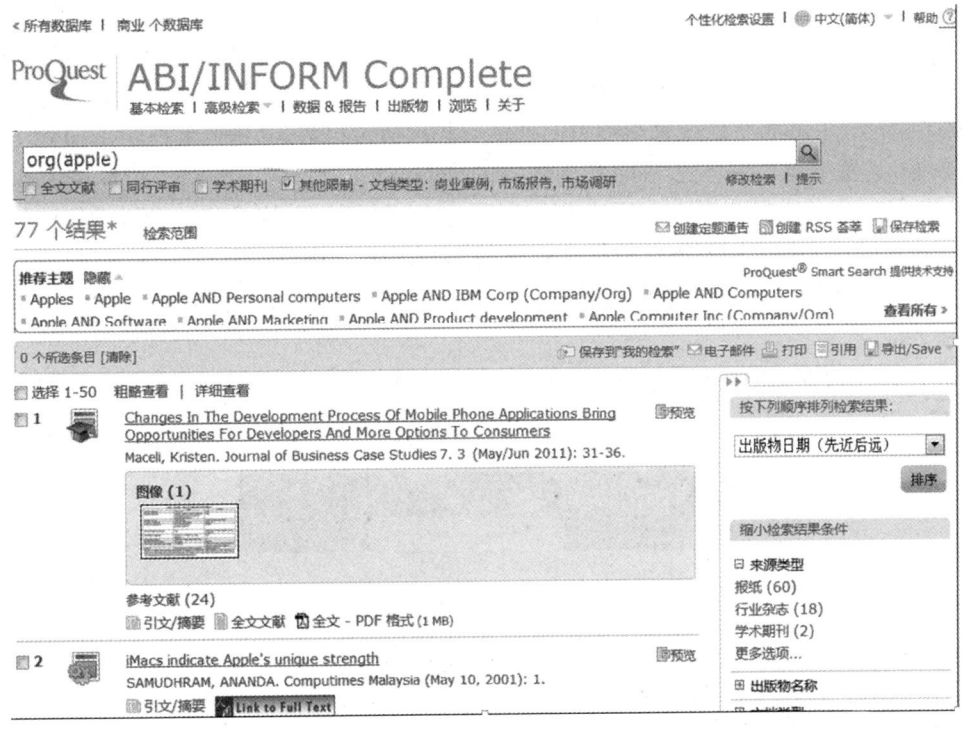

图 12 – 23 检索结果页面

第三节　利用 Web of Sicence 平台选择投稿期刊

一、影响因子(Impact factor,IF)

影响因子是由美国 SCI 创始人加菲尔德 1972 年提出的,是指一定时间内某刊论文的平均被引率,其计算公式为:影响因子 = 期刊论文被引量/前两年期刊论文可被引量。一般来说,期刊的影响因子越大,表明该期刊在本学科研究中的相对影响也就越大。由于直观、显示度高,影响因子迅速成为衡量期刊学术影响的一个重要指标。

图 12 - 24　影响因子计算示意图

二、Journal Citation Reports(JCR)期刊影响因子及期刊分级

1. Journal Citation Reports(JCR)是美国 ISI(科学情报研究所)出版的一种关于期刊评估的基本的、全面的综合性资源工具,可以根据期刊引用数据反映期刊的重要程度,可查询期刊的影响因子,了解哪些是最有影响力的期刊。JCR 从全世界 10 000 余种学术期刊中搜集引文数据,其覆盖范围是多学科的和国际性的,期刊选自 60 多个国家的 3000 余家出版单位。JCR 是查询外文期刊引文数据的重要来源,它收录了科学、技术和社会科学领域的专门期刊。JCR 以其大量的期刊统计数据及计算的影响因子等指数而成为一种期刊评价工具。图书馆可根据 JCR 提供的数据制定期刊引进政策;论文作者可根据期刊的影响因子排名决定投稿方向。

进入 JCR 数据库的路径:在 Web of Science 平台中点击"Journal Citation Report"的链接。见图 12 - 25。

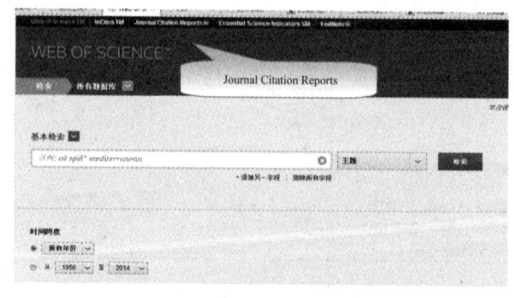

图 12 - 25　进入 JCR 的路径

2. JCR 对选择投稿期刊的帮助

(1)世界上影响因子最高的期刊

在 IP 范围内进入 JCR 数据库首页选择“JCR Science Edition”和“View all journals”(见图 12－26)。

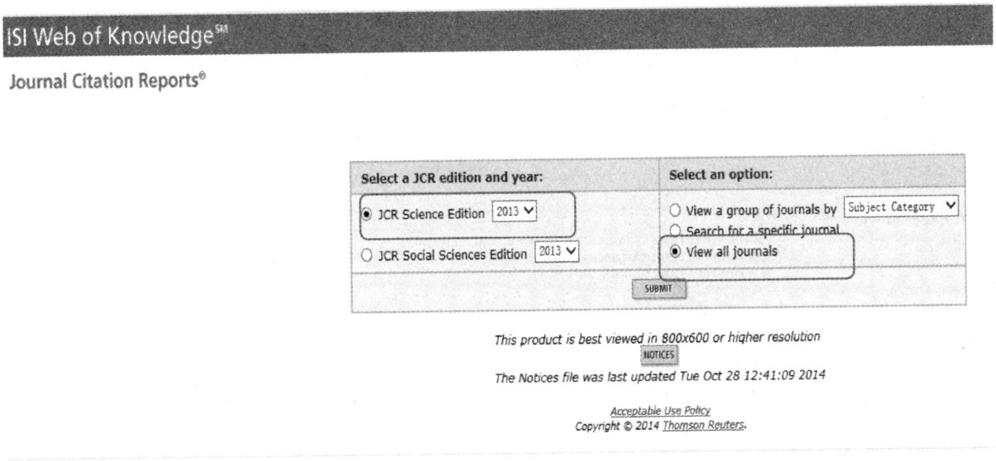

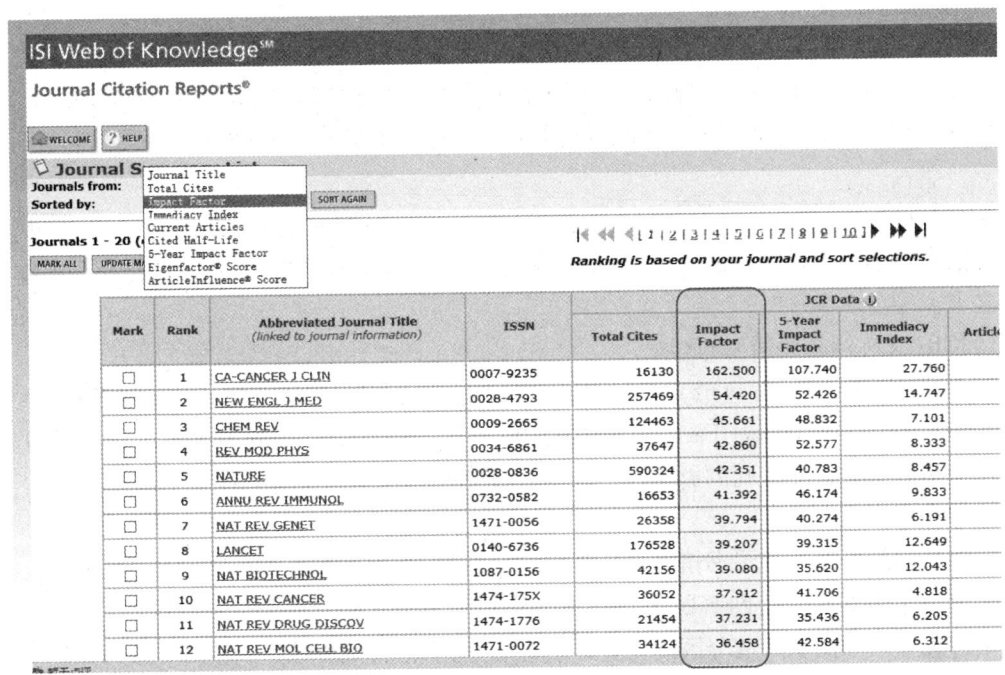

图 12－26　JCR 数据库首页

将得到的结果按照影响因子排序(见图 12－27),排在第一位的期刊“CA-CANCER J CLIN”IF＝162.5 位于数据库中所有科技期刊的第一位。

Mark	Rank	Abbreviated Journal Title (linked to journal information)	ISSN	Total Cites	Impact Factor	5-Year Impact Factor	Immediacy Index	Articl
□	1	CA-CANCER J CLIN	0007-9235	16130	162.500	107.740	27.760	
□	2	NEW ENGL J MED	0028-4793	257469	54.420	52.426	14.747	
□	3	CHEM REV	0009-2665	124463	45.661	48.832	7.101	
□	4	REV MOD PHYS	0034-6861	37647	42.860	52.577	8.333	
□	5	NATURE	0028-0836	590324	42.351	40.783	8.457	
□	6	ANNU REV IMMUNOL	0732-0582	16653	41.392	46.174	9.833	
□	7	NAT REV GENET	1471-0056	26358	39.794	40.274	6.191	
□	8	LANCET	0140-6736	176528	39.207	39.315	12.649	
□	9	NAT BIOTECHNOL	1087-0156	42156	39.080	35.620	12.043	
□	10	NAT REV CANCER	1474-175X	36052	37.912	41.706	4.818	
□	11	NAT REV DRUG DISCOV	1474-1776	21454	37.231	35.436	6.205	
□	12	NAT REV MOL CELL BIO	1471-0072	34124	36.458	42.584	6.312	

图 12－27　JCR 期刊按影响因子排序

点击“CA-CANCER J CLIN”进入该期刊介绍页面,可以了解该期刊的基本信息,如出版机构、出版周期、发表文章数量、期刊所用语种以及反映期刊质量的影响因子、期刊所在分区等相关信息(见图 12 - 28)。

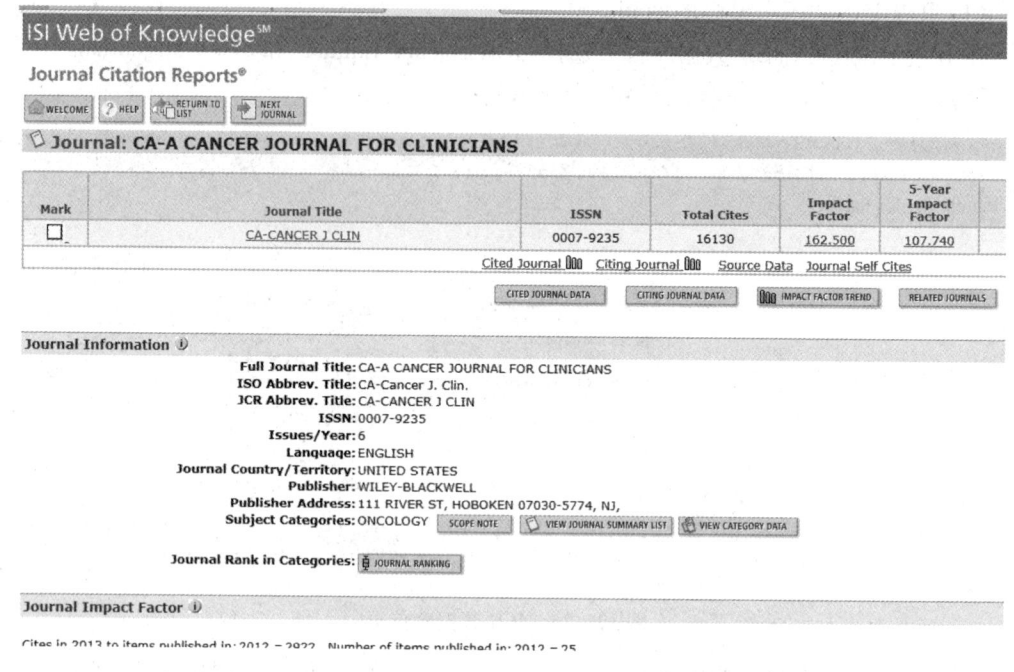

图 12 - 28　JCR 中影响因子最高的期刊介绍页面

(2)期刊排名或分区

影响因子是评价学术期刊的重要指标,用影响因子评价学术期刊有其科学性、合理性,但也存在着明显的局限性。影响因子评价法忽视了不同学科之间的不可比性。为对 SCI 期刊给出一个较合理的评价标准,正确引导国内学者向 SCI 期刊投稿,普遍采用期刊分区的办法。

期刊分区影响较为广泛的有两种:一是 Thomson Reuters 公司自身制定的分区,一是中国科学院国家科学图书馆制定的分区(简称中科院分区)。它们均基于 SCI 收录期刊影响因子基础之上。

1)JCR(又称汤森路透)分区法

汤森路透(Thomson Reuters)每年出版一本《期刊引用报告》,即 JCR。JCR 对 8600 多种 SCI 期刊的影响因子(Impact Factor)等指数加以统计。将收录期刊分为 177 个不同学科类别。每个学科分类按照期刊的影响因子高低,平均分为 Q1、Q2、Q3 和 Q4 四个区。

2)中国科学院分区法

中国科学院国家科学图书馆世界科学前沿分析中心(原中国科学院文献情报中心)根据汤森路透每年的 JCR 数据创新划分了一个分区区间,形成了中科院的分区标准。

中科院分区与汤森路透分区的主要区别有三点:①中科院分区中,将 JCR 的 177 个学科整合成 14 个大类学科。②2013 年起,中科院分区采用期刊的 3 年影响因子平均来分区。③按照期刊的影响因子高低,分为 4 个区:各学科分类中影响因子前 5% 期刊划分为 1 区,期刊影响因子位于学科中总刊数的前 5%—20% 为 2 区,期刊影响因子位于学科中总刊数的前 20%—50% 为 3 区,期刊影响因子位于学科中总刊数的后 50% 为 4 区。

期刊分区在 JCR 中发布在"Journal Ranking"中。例如 CA-CANCER J CLIN 期刊属于 ONCOLOGY(肿瘤学),在该学科 203 种期刊中影响因子排在第一位,属于 Q1(见图 12 - 29)。

影响因子和 Q 值在一定程度上反映该期刊的质量和影响力,为作者投稿选择期刊提供一定的参考。

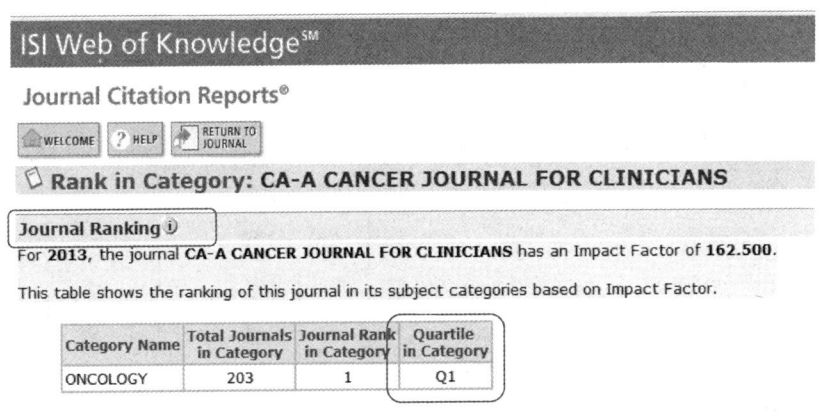

图 12 - 29　JCR 中期刊分区(Q 值)

(3)查找某一主题期刊的影响因子

查看某一研究主题的期刊影响因子,选择"View a group of journals by Subject Category"(见图 12 - 30)。

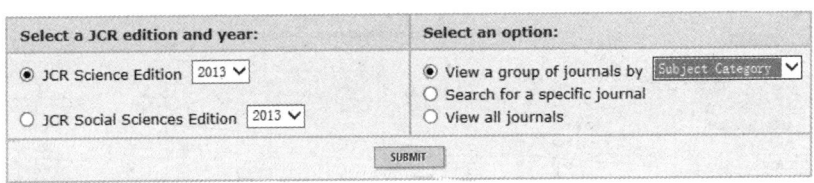

图 12 - 30　JCR 中选择某一主题的影响因子的入口

例如要发表研究应用化学方面的论文,选择期刊可在主题列表中选择"CHEMISTRY, APPLED"按照"Journal Title"排列,得到应用化学主题的期刊列表,再按照影响因子排序,得到结果可以作为选择投稿期刊的参考。(见图 12 - 31、12 - 32)。

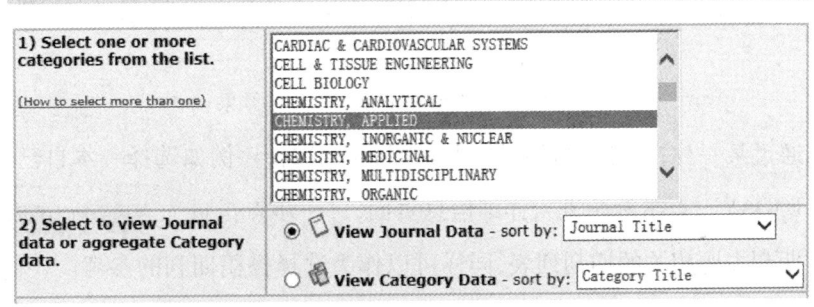

图 12 - 31　JCR 中选择"CHEMISTRY, APPLED"主题

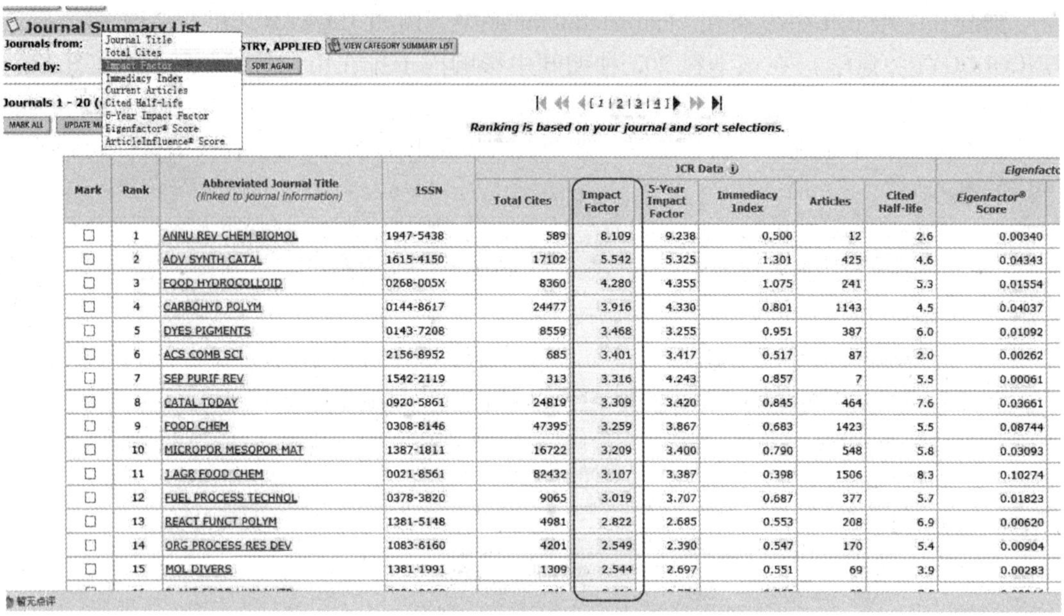

Mark	Rank	Abbreviated Journal Title (linked to journal information)	ISSN	Total Cites	Impact Factor	5-Year Impact Factor	Immediacy Index	Articles	Cited Half-life	Eigenfactor® Score
□	1	ANNU REV CHEM BIOMOL	1947-5438	589	8.109	9.238	0.500	12	2.6	0.00340
□	2	ADV SYNTH CATAL	1615-4150	17102	5.542	5.325	1.301	425	4.6	0.04343
□	3	FOOD HYDROCOLLOID	0268-005X	8360	4.280	4.355	1.075	241	5.3	0.01554
□	4	CARBOHYD POLYM	0144-8617	24477	3.916	4.330	0.801	1143	4.5	0.04037
□	5	DYES PIGMENTS	0143-7208	8559	3.468	3.255	0.951	387	6.0	0.01092
□	6	ACS COMB SCI	2156-8952	685	3.401	3.417	0.517	87	2.0	0.00262
□	7	SEP PURIF REV	1542-2119	313	3.316	4.243	0.857	7	5.5	0.00061
□	8	CATAL TODAY	0920-5861	24819	3.309	3.420	0.845	464	7.6	0.03661
□	9	FOOD CHEM	0308-8146	47395	3.259	3.867	0.683	1423	5.5	0.08744
□	10	MICROPOR MESOPOR MAT	1387-1811	16722	3.209	3.400	0.790	548	5.8	0.03093
□	11	J AGR FOOD CHEM	0021-8561	82432	3.107	3.387	0.398	1506	8.3	0.10274
□	12	FUEL PROCESS TECHNOL	0378-3820	9065	3.019	3.707	0.687	377	5.7	0.01823
□	13	REACT FUNCT POLYM	1381-5148	4981	2.822	2.685	0.553	208	6.9	0.00620
□	14	ORG PROCESS RES DEV	1083-6160	4201	2.549	2.390	0.547	170	5.4	0.00904
□	15	MOL DIVERS	1381-1991	1309	2.544	2.697	0.551	69	3.9	0.00283

图 12－32　“CHEMISTRY，APPLED”主题的期刊按影响因子排序结果

还可以按照“current articles”进行排序，期刊中 articles 数量多少也是投稿时重要参考依据。见图 12－33。

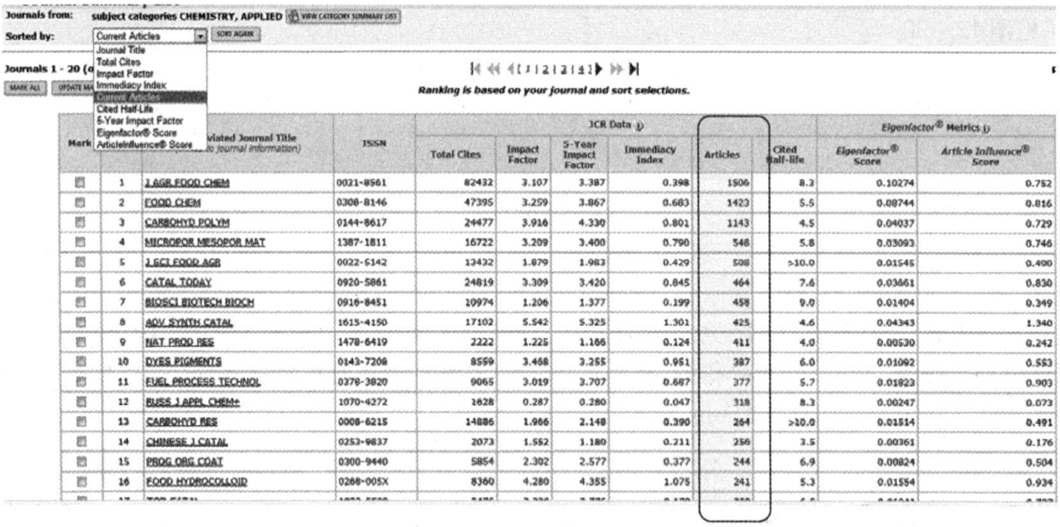

Mark	Rank	Abbreviated Journal Title	ISSN	Total Cites	Impact Factor	5-Year Impact Factor	Immediacy Index	Articles	Cited Half-life	Eigenfactor® Score	Article Influence® Score
□	1	J AGR FOOD CHEM	0021-8561	82432	3.107	3.387	0.398	1506	8.3	0.10274	0.752
□	2	FOOD CHEM	0308-8146	47395	3.259	3.867	0.683	1423	5.5	0.08744	0.816
□	3	CARBOHYD POLYM	0144-8617	24477	3.916	4.330	0.801	1143	4.5	0.04037	0.729
□	4	MICROPOR MESOPOR MAT	1387-1811	16722	3.209	3.400	0.790	548	5.8	0.03093	0.746
□	5	J SCI FOOD AGR	0022-5142	13432	1.879	1.983	0.429	508	>10.0	0.01546	0.490
□	6	CATAL TODAY	0920-5861	24819	3.309	3.420	0.845	464	7.6	0.03661	0.830
□	7	BIOSCI BIOTECH BIOCH	0916-8451	10974	1.206	1.377	0.199	458	9.0	0.01404	0.349
□	8	ADV SYNTH CATAL	1615-4150	17102	5.542	5.325	1.301	425	4.6	0.04343	1.340
□	9	NAT PROD RES	1478-6419	2222	1.225	1.166	0.124	411	4.0	0.00530	0.242
□	10	DYES PIGMENTS	0143-7208	8559	3.468	3.255	0.951	387	6.0	0.01092	0.563
□	11	FUEL PROCESS TECHNOL	0378-3820	9065	3.019	3.707	0.687	377	5.7	0.01823	0.903
□	12	RUSS J APPL CHEM+	1070-4272	1628	0.287	0.280	0.047	318	8.3	0.00247	0.073
□	13	CARBOHYD RES	0008-6215	14886	1.966	2.148	0.390	264	>10.0	0.01514	0.491
□	14	CHINESE J CATAL	0253-9837	2073	1.552	1.180	0.211	256	3.5	0.00361	0.176
□	15	PROG ORG COAT	0300-9440	5854	2.302	2.577	0.377	244	6.9	0.00824	0.504
□	16	FOOD HYDROCOLLOID	0268-005X	8360	4.280	4.355	1.075	241	5.3	0.01554	0.934

图 12－33　按 current articles 排序结果

还可以通过某一种自己感兴趣的期刊的相关期刊选择。例如选择一本自己感兴趣的期刊“CATAL TODAY”，点击标题进入详细信息页面，进一步点击进入 RELATED JOURNALS ，又会得到一个与该期刊主题相关的期刊列表，同样可以作为选择投稿期刊的参考。（见图 12－34、12－35）。

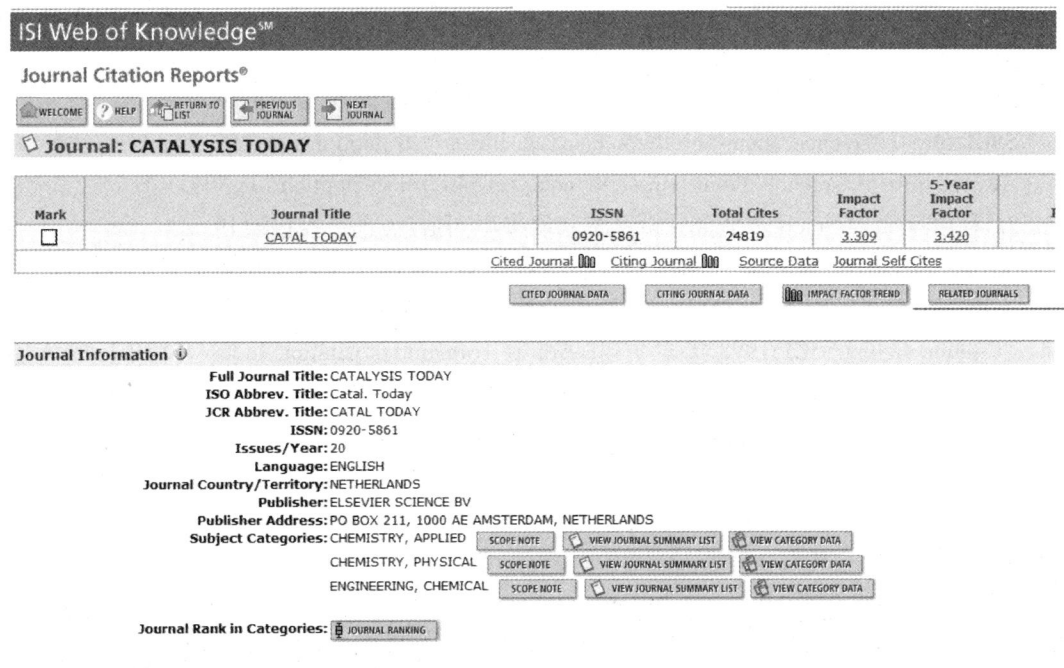

图 12-34　"CATAL TODAY"期刊详细信息页面

R_{max}	Related journal (J)	Relatedness (R)	
		CATAL TODAY to j	j to CATAL TODAY
860.24	ADV CATAL	860.24	61.93
597.13	CATAL REV	597.13	75.12
243.45	J CATAL	243.45	87.84
237.94	SURF SCI REP	237.94	11.95
136.33	CATAL TODAY	136.33	136.33
133.16	TOP CATAL	46.55	133.16
121.03	APPL CATAL A-GEN	121.03	91.86
96.40	CATAL LETT	96.40	91.42
95.16	J JPN PETROL INST	4.11	95.16
92.37	CATAL SURV ASIA	89.85	92.37
91.02	KINET CATAL+	9.50	91.02
89.53	APPL CATAL B-ENVIRON	82.54	89.53
88.03	CATAL COMMUN	39.17	88.03
80.21	REACT KINET MECH CAT	4.22	80.21
59.51	THEOR EXP CHEM+	2.03	59.51
58.69	CHINESE J CATAL	6.65	58.69
58.02	CATAL SCI TECHNOL	6.05	58.02
57.95	CHINA PET PROCESS PE	1.96	57.95
57.30	CHEM REV	57.30	6.17
54.94	J MOL CATAL A-CHEM	44.83	54.94

图 12-35　"CATAL TODAY"期刊相关期刊列表

三、利用 Web of Science 分析系统选择投稿期刊

　　Web of Science 平台除了拥有 SCIE 之外,还有《社会科学引文索引》(简称 SSCI)、《艺术与人文科学引文索引》(简称 A&HCI)。此外,该平台还具有强大的分析功能。研究工作者借助于它,可以有的放矢地挑选适合自己投稿的学术刊物。

　　1. SCI/SSCI/A&CI 官网期刊列表

　　目前 SCI 网络版共收录期刊 8683 种,SSCI 收录 3159 种,A&HCI 收录 1748 种。研究者平时可提前做好功课，多收集 SCI/SSCI/A&CI 中自己感兴趣的期刊信息。通常有以下几种方式可以检索到学科相关期刊的列表：

SCIE：http://science. thomsonreuters. com/cgi-bin/jrnlst/jloptions. cgi?PC = D

SSCI：http://science. thomsonreuters. com/cgi-bin/jrnlst/jloptions. cgi?PC = SS

A&HCI：http://science. thomsonreuters. com/cgi-bin/jrnlst/jloptions. cgi?PC = H

2. 利用 Web of Science 平台分析系统获取来源刊信息，选择投稿期刊

Web of Science Core Collection 是世界上有影响的多学科的学术文献文摘索引数据库，其中3个期刊引文子数据库——Science Citation Index Expanded（SCIE,1900 至今），Social Sciences Citation Index（SSCI,1998 年至今）和 Arts & Humanities Citation Index（A&HCI,1998 年至今）。数据来源于自然科学、社会科学、艺术及人文科学等多学科领域的超过 1.2 万种期刊。检索论文时需要根据自己的研究方向选择 SCI/SSCI/A&HCI。

平时检索文献时应注意期刊的相关信息了解和保存，作为投稿前的准备。从检索本人研究的某一主题入手，例如查找电子商务方面的论文，检索框中输入"e-commerce"得到5098篇结果（见下图 12 - 36）。

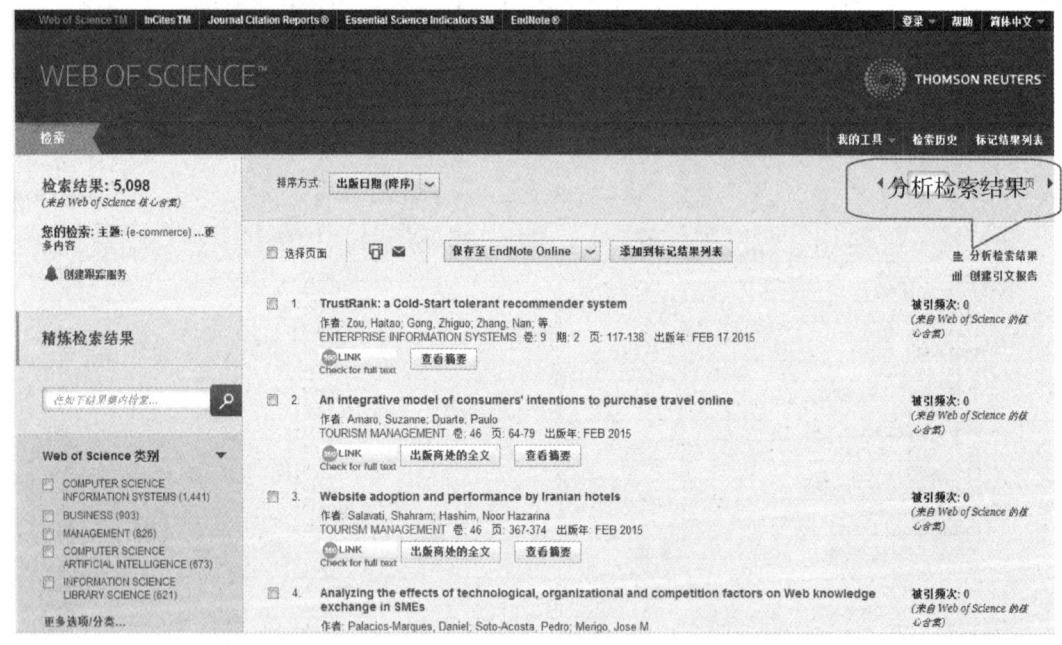

图 12 - 36   "e-commerce"检索结果界面

在此结果基础上通过选择不同的分析项目，从不同角度得到几种期刊列表，作为投稿期刊的选择。

（1）在"根据此字段排列记录"中选择"来源出版物"进行精炼分析得出下列期刊列表（见图 12 - 37）。

图 12 – 37 按"来源出版物"分析得出的期刊列表

（2）在"根据此字段排列记录"中选择"国家/地区"进行分析得到，中国发表"e-commerce"方面的文章有 529 篇，查看这 529 篇论文并对这些论文再进行"分析检索结果"，还是用"来源出版物"进行分析，得到一个中国出版的研究 e-commerce 的期刊列表。（见图 12 – 38、12 – 39、12 – 40）。

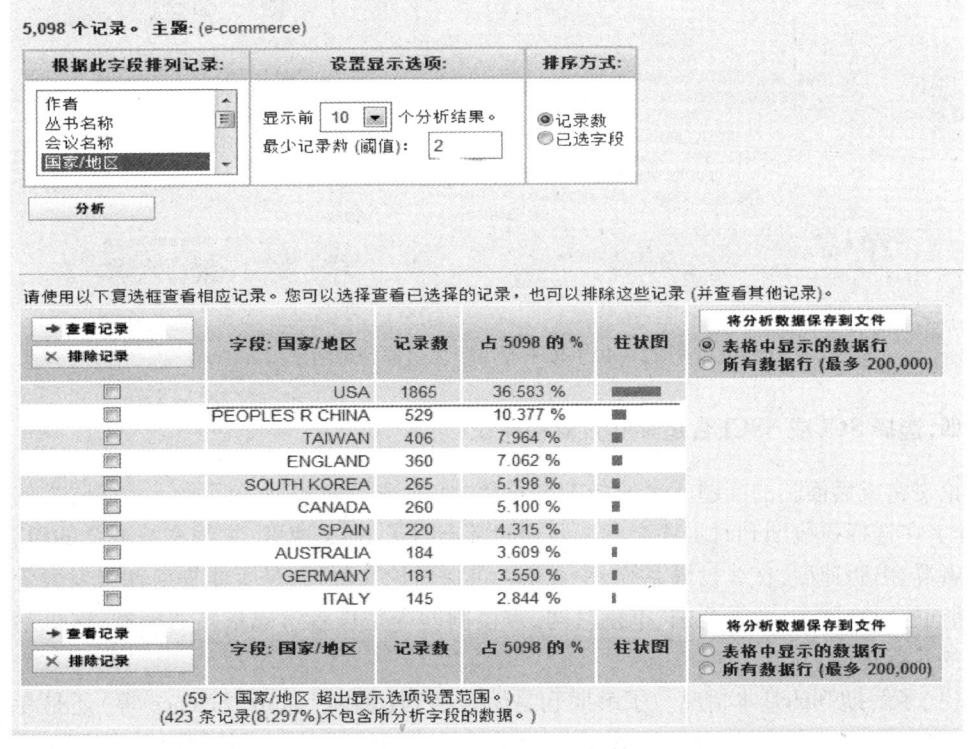

图 12 – 38 按国家地区分析结果

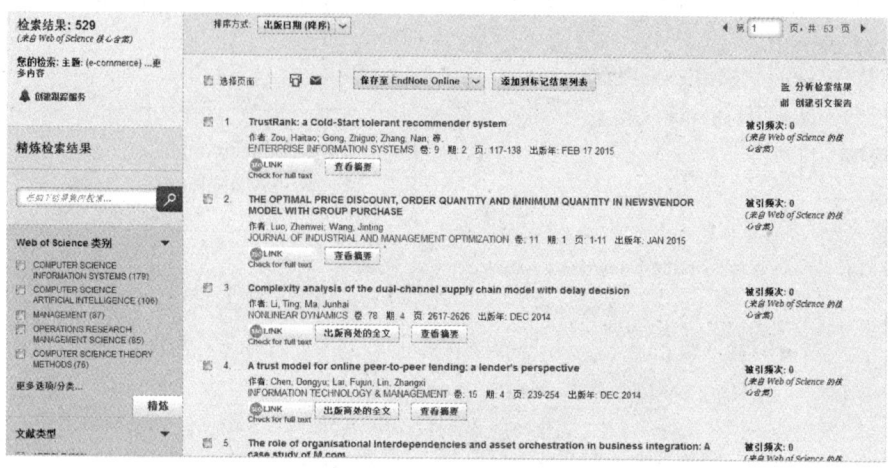

图 12 - 39 "e-commerce"发表在中国期刊的结果

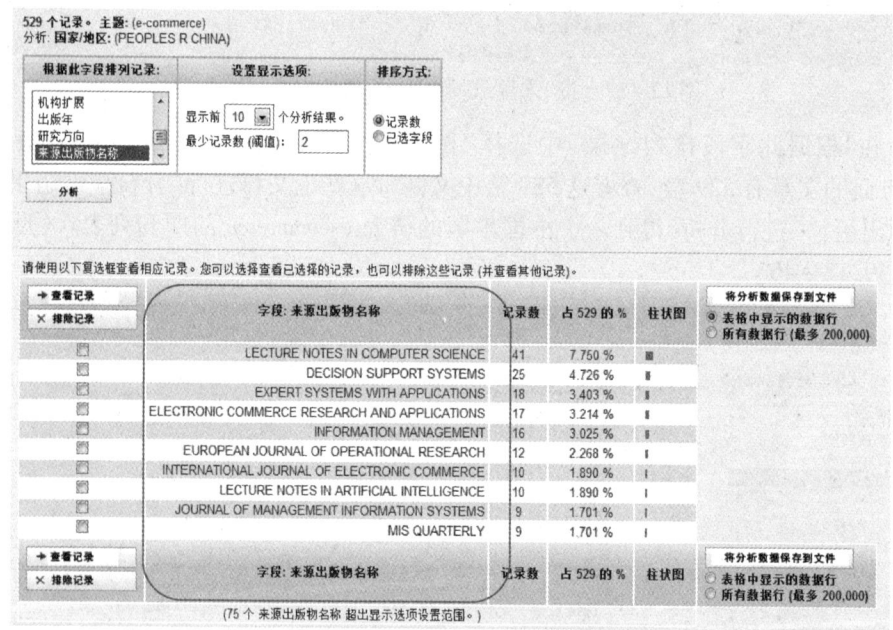

图 12 - 40 按来源出版物名称精炼结果

四、选择 SCI 或 SSCI 合适期刊投稿的建议

论文完成后面临的问题就是选择期刊投稿,如何选择期刊是一门学问。有调查数据显示,作者在选择投稿期刊时主要会考虑期刊的影响因子、发文速度、主编和编委会的声誉、期刊读者群、出版速度、在线投稿系统、作者是否可保留论文版权、是否能提前在线发表等。其中,期刊的影响因子、读者范围、审稿时间、审稿制度等是作者考虑最多的因素,这里给出投稿前的几点建议。

(1)了解期刊的基本情况。了解期刊是综合期刊(例如 Nature、Science 等)还是专业期刊(例如 pRL、Blood 等),专业期刊相对更容易接受本领域的文章,利用检索工具了解本专业有哪些期刊,如果有分区的话各自又属于哪个区。

（2）了解期刊的收稿范围,每种期刊都有一定的定位,都有自己的办刊旨,如有的期刊偏重理论研究性,就很少发表技术应用的文章。就是属于同一学科的期刊,发表论文的侧重点也有所不同,如物理学科类的期刊,有的侧重于理论研究,有的重视应用实例、实验改进,有些理论与应用兼收并用,有些只录用科研性的论文。像高能物理类的期刊一般不录用力学类的文章,因此选择一个适当的专业期刊来投稿是很重要的,以避免稿件因不符合所投期刊的范畴而被退稿,从而耽误论文发表的时间。慎重选择一个适合论文内容的期刊来投稿,是顺利发表论文的关键一步。

（3）了解期刊每年刊载的文章数量。这是一个很重要的参数,相对来说刊载多的期刊发表可能更容易。

（4）审稿周期和发表周期。尽量选择审稿周期短而明确,且发表周期短的文章。这样做一方面有利于退稿后改投他刊,另一方面保证文章的创新性。

（5）选定投稿期刊之后,下一步应该进入该刊网站,获取投稿方面的信息。通常可采用两种方法进入期刊网站。其一,在 SCIE 来源期刊检索界面(http://science. thomsonreuters. com/cgi-bin/jrnlst/jloptions. cgi?PC = D)中查找,点击该刊出版单位的链接,进入出版社之后需要查找你所选定的刊物,注意要仔细阅读"读者须知"或"读者指南"(Author Guidelines)栏目,按照刊物的要求撰写论文和投稿。其二,利用搜索引擎 Google 或百度搜索期刊的主页。例如以 Bioresource Technology 为投稿目标期刊,点击该刊的出版单位的链接,进入出版社的网站主页:http://www. journals. elsevier. com/bioresource-technology/,见图12 - 41。

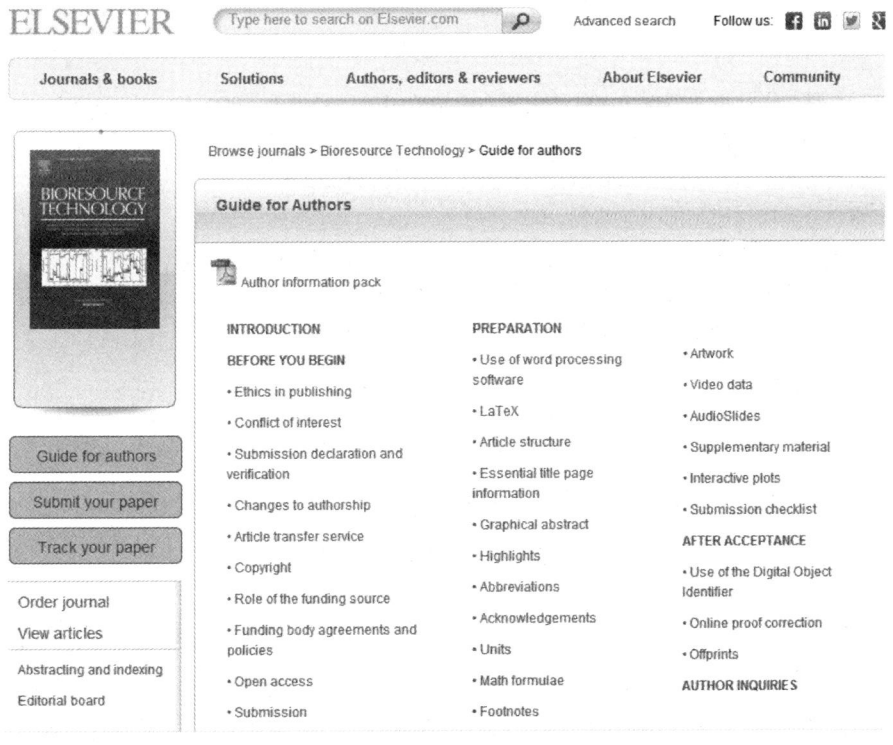

图 12 - 41　Bioresource Technology 主页

点击"Guide for Authors"可以查看该刊的期刊简介等;点击"Download the Author information Pack PDF"查看论文撰写和投稿的指南,包括稿件撰写的格式布局、图片表格的格式、参考文献格式和字数。见图12-42。

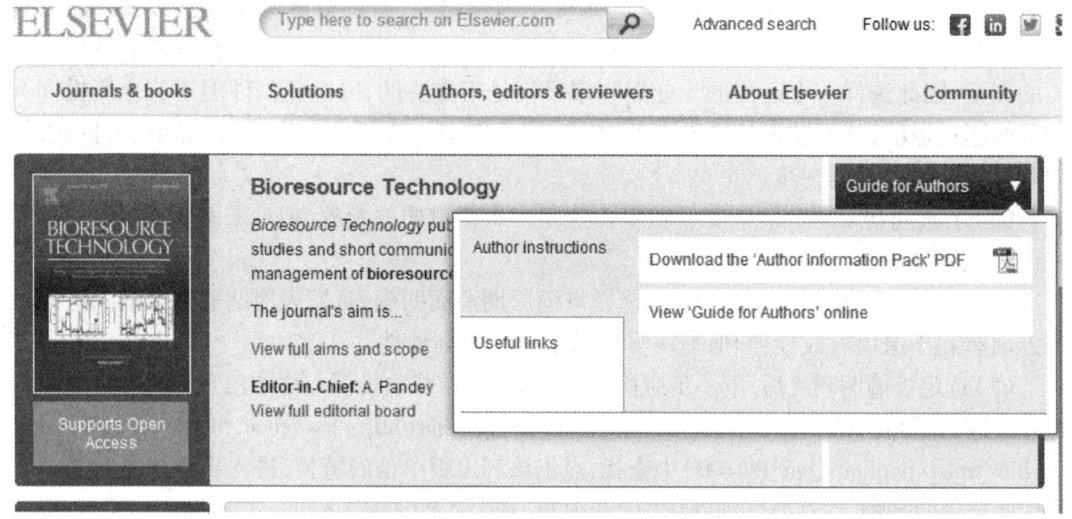

图12-42 Bioresource Technology"Guide for Authors"页面

总之,应该在正确评估的基础之上,选择一个合适的期刊,并且应该下载最新的投稿指南,仔细阅读。

参考文献:

[1] 付以琼.本科生毕业论文写作中文献检索能力的培养[J].兰台世界,2009,22.
[2] 张志兰.大学生毕业论文文献检索方法探究[J].内蒙古财经大学学报,2014(1).
[3] 汪琳.期刊的产生和发展历程[J].科技情报开发与经济,2012,22(14).
[4] 樊瑜.期刊分类探讨[J].图书馆建设,2005,(1).
[5] 郭海鸥.学术论文投稿选择期刊的几点建议[J].河南教育学院学报,2012,21(4).
[6] 夏武登.影响作者投稿动机的因素分析[J].编辑学报,2008,20(1).
[7] 尹玉吉.学术期刊分级问题研究综述[J].河南大学学报,2009,49(3).

思考题:

1. 请简述文献资料对学术论文撰写的重要性。
2. 请利用SCI、SSCI、CSSCI等检索工具,分析所学专业近五年的研究热点。